Hanno Rinke

FAST AM ZIEL

99 Umwege

Ich selbst fand mich nie sehr quer und sehr queer. Ich fuhr immer auf der richtigen Seite. Die anderen fuhren falsch.

Rafał ist mein Koch, Chauffeur, Garderobier, Masseur, Apotheker, Aufmunterer, Begleiter – tagsüber.

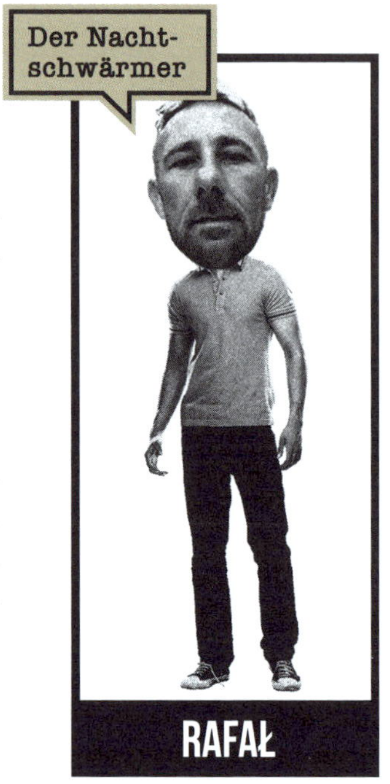

Silke ist immer auffallend, nie ausfallend. Wir kennen uns bereits seit 1971, als wir beide international für die ‚Deutsche Grammophon' arbeiteten. Später hat Silke Pop gemacht und dabei die Welt gesehen, geheiratet und sogar Holländisch gelernt, bis sie nach Hamburg zurückkehrte. Jetzt organisiert sie mich und mein Leben.

Roland und ich haben seit 1976 fünfzehn Jahre lang zusammengelebt. Dann starb er. Die Beziehung war oft schwierig, immer wichtig und der Mittelpunkt meiner Welt.

Pali war meine erste große Liebe, die als Freundschaft bis zu seinem Tod erhalten blieb.

Harald war mein Freund seit der Schulzeit. Wir waren immer sehr philosophisch und sehr albern miteinander. In meinem späteren Freundeskreis wurde seine Heterosexualität bestaunt und bezweifelt.

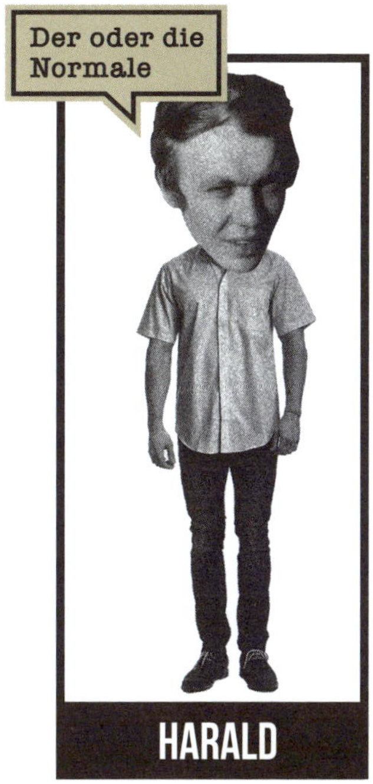

Fotos: Privatarchiv des Autors und Shutterstock-Bildmaterial, Montage: ALEKS & SHANTU
Foto Siegessäule (S. 2): UbjsP/Shutterstock, Foto Palmen (S. 2): Yongcharoen_kittiyaporn/Shutterstock,
Foto Kolosseum: Maxx-Studio/Shutterstock, Foto Vogel: Kamenetskiy Konstantin/Shutterstock

Mein Vater war ehrgeizig und charmant. In dieser Kombination erreichte er seine Ziele und konnte auf ein gelungenes Leben zurückblicken. „Aber nochmal würde ich das nicht wollen!“, sagte er. Der Weg war nicht das Ziel gewesen, sondern steinig.

Meine Mutter hatte Attitüde. „Wenn sie den Raum betritt, passiert etwas“, sagte Pali. Meinen Eltern verdanke ich mein Bewusstsein und mein Auftreten. Das machte mich ungeeignet für die Revolution.

Guntrams zweitjüngster Bruder nahm das Leben leicht. Das wurde im Alter immer schwieriger.

Der Zweitälteste nahm das Leben schwer. Deshalb schaffte er es nicht bis ins Alter.

Maria Rinke, geborene Elshorst, war Tochter eines Brauereibesitzers und eine gute Partie, zunächst. Nach Krieg und Inflation war die Party vorbei. Da hatte sie einen pensionierten Offizier und ihre vier Söhne von ihm durchzubringen. Ein zermürbendes Schicksal.

Reinhold Rinke konnte Militär und sonst gar nichts. Nach dem Ersten Weltkrieg war die Mitgift aufgebraucht und er sollte seine Familie selbst ernähren. Eine Zumutung!

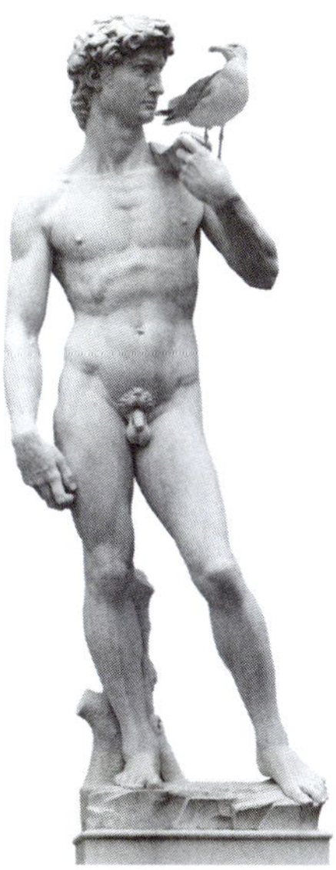

Achim, der älteste Bruder meines Vaters wäre der einzige Sohn, den sein Vater geliebt hätte, sagte mein Vater.

Fotos: Privatarchiv des Autors und Shutterstock-Bildmaterial, Montage: ALEKS & SHANTU
Foto David-Statue: MisterStock/Shutterstock, Foto Vogel: a_v_d/Shutterstock

PROLOG

Es gibt einen Intelligenztest: Futter liegt hinter einer kurzen Glaswand. Die meisten Tiere stoßen mit der Schnauze immer wieder gegen die Wand, statt um sie herum zu laufen. Nur wenige Arten erkennen, dass sie einen Umweg machen müssen, um ihr Ziel zu erreichen. Einsichtiges Verhalten setzt die Fähigkeit voraus, in ungewohnten Situationen durch Umwege zum Erfolg zu kommen.

Wer die kerzengerade Strecke sucht, wer in Gedanken und Gefühlen Abschweifungen sieht, wer Erinnerungen als Ballast empfindet, der sollte einen anderen Reiseführer wählen. Hier läuft das so: Der Weg ist die Richtung. Der Umweg ist das Ziel.

NORDDEUTSCHLAND

UNWEG STATT UMWEG

UMWEG #1

MONTAG, 23. MAI 2016

In Hamburg im Winter kann man sich am Bildschirm wunderbar Versprechungen zusammenschustern, deren Einlösung durch die Wirklichkeit noch keine handfeste Bedrohung darzustellen scheint. Und so wurde an einem nebligen Februar-Sonntag – sonntags bin ich immer allein – aus dem angedachten Ausflug nach Kroatien gegen Mittag ein etwas längerer Ausflug und schließlich gegen Abend das Gebilde, das meiner ausufernden Fantasie angemessen ist.

Am Montag, dem 23. Mai musste das Vorhaben mit derselben tapferen Ängstlichkeit angegangen werden wie ein Sonntagsbraten, den man, schon leicht beduselt, aus dem Rohr zieht, ohne sicher zu sein, ob er noch roh ist oder schon vertrocknet. Die erste Abweichung von meinem Plan, von Triest aus ein bisschen den Balkan zu erkunden, hatte schon recht viel weiter nördlich eingesetzt: Ich wollte über Berlin fahren. Die Entwicklung meiner Geburtsstadt liegt mir sehr am Herzen. Wenn ich merke, dass ich sehen möchte, wie es dort weitergeht, rechne ich mir das immer als eine Art von Interesse an. Das macht mich stolz. Interesse hält vom Selbstmord ab. Allerdings führt es leicht dazu, nicht sterben zu wollen, was einen bei Durchfall sofort an Darmkrebs denken lässt – bei Verstopfung natürlich auch. So ein Sonntagnachmittag ist lang, und da hatte ich gedacht: Die Autobahnstrecke nach Berlin ist langweilig. Was liegt denn da wohl am Wegesrand? Wenn ich mit meinen Eltern in den Fünfziger-, Sechzigerjahren des vergangenen Jahrhunderts durch die gruselige DDR nach Berlin gefahren war, kamen wir immer am abgewrackten Schloss in Ludwigslust vorbei. Anhalten durfte man nicht. Meine verstohlene Neugier, das Gemäuer betreffend, befriedigte ich bald nach dem Fall der Mauer und ließ auch meine Eltern an der Möglichkeit teilhaben, auf der Chaussee anzuhalten, um die Stallungen zu betrachten. Früher hätte ich das Zuchthaus in Bautzen riskiert, glaubte ich. Sogar meinen Reisebegleitern Silke und Rafał war die Anlage geläufig, weil wir sie, meinem Wunsch entsprechend, auf einer Rückreise von Berlin im vorigen Frühjahr angesteuert hatten. Der Ausflug ist allerdings in unserer Erinnerung etwas umwölkt, weil kurz hinter Ludwigslust das Auto zu stottern anfing und Rafał in der Fernfahrerkneipe, in der wir auf den Abschleppwagen warteten, leicht hibbelig sein Erfrischungsgetränk über Silkes Lederrock kippte. Da musste ich mir dieses Mal schon etwas anderes einfallen lassen und tat das auch: Mecklenburg und Mercedes hatten versagt. Mit dem neuen Daimler würden wir gleich weiterfahren nach Preußen, Friedrichs Preußen.

Ein glücklicher Mensch, na ja, wer war das schon? Der ‚Alte Fritz' jedenfalls war es bestimmt nicht: in seiner Jugend vom Vater niedergemacht, im Alter von seinem Freund Voltaire verspottet. Hätte er nur Flötenkonzerte geschrieben und keine Schlesischen Kriege geführt, dann wäre ihm die kurze Unsterblichkeit versagt geblieben. Was weiß ein U-Bahn-Fahrer zwischen Potsdamer und Alexanderplatz über ihn? Was geht er die türkischen oder friesischen

Deutschen heute an? Wie viel wurde seit viertausend Jahren für ‚Ruhm' getan, und wie wenig blieb von ihm übrig? Frühere Wichtigtuer konnten in der offenbar tröstlichen Hoffnung auf Ruhm ins Mausoleum oder ins Flussbett fallen. Heute hat niemand große Chancen, der sein Quäntchen Prominenz nicht auskostet, solange er noch Schlagzeilen macht. Friedrich, so schätze ich ihn ein, wollte nicht berühmt werden, sondern das Richtige tun. Und weil er nicht religiös war, ist seine Hingabe, wenn nicht bewundernswerter, dann doch zumindest erstaunlicher. Ob sein Charakter heute in den Berliner Schwulenclubs verlottert wäre? Unmöglichkeiten sind gute Vorsichtsmaßnahmen. Wer kein T-Shirt hat, kann es nicht einsauen. Den Genius Loci des leichtlebigen Prinzen wollte ich sehen, das Sanssouci des verbitterten Alten kenne ich ja.

Schloss Rheinsberg liegt für jemanden, der seine Reisegefährten im vergangenen Jahr von Prag nach Wien über Karlsbad geführt hat (250 km Umweg, vier Stunden) eigentlich fast direkt an der Strecke Hamburg – Berlin. Wenn man die langweilige Autobahn bei ‚Herzsprung' (netter Name, nicht?) verlässt, fährt man beschauliche Landstraßen entlang; die hohen Chausseebäume lassen an Kutschfahrten denken. Nach einer Weile sind sich Navidame und Straßenschild einig, dass es nach Rheinsberg links lang geht. Allerdings ist das Wort ‚Rheinsberg' durchgestrichen, und die Linie darunter auch. Wir zögern ein wenig. Eine Umleitung ist nicht angezeigt. Also fahren wir weiter durch den warmen Frühlingstag. Der Himmel ist blau, der Raps gerade noch gelb, und von Zeit zu Zeit macht uns ein Schild darauf aufmerksam, dass es hier nach durchgestrichen Rheinsberg geht. Kleine, verwaiste Orte weisen weniger auf das Schloss als auf das Durchgestrichen hin, und es fallen einem ja auch gleich diese B-Movies ein, in denen ein gestrandeter Hauptdarsteller in eine Gegend mit menschenlosen Plätzen kommt. Als Zuschauer kann man nur geduldig abwarten, ob ein Atomversuch schiefgegangen ist oder zehn Meter dicke Spinnen aus einem Versuchslabor entkommen sind. Für uns Beteiligte war an der Stelle Schluss, an der die Straße aufhörte. Der Verlauf des Sandes ließ ahnen, dass sie vielleicht irgendwann dort mal wieder weitergehen würde. Einen Hinweis darauf oder gar einen Arbeiter gab es nicht. Dafür erschien dann aber doch eine Person mit Fahrrad. Dabei erkundigte ich mich bei ihr, wie man denn wohl nach Rheinsberg käme.

Das war gar nicht so schwer. Man musste ein Stück Gehweg nehmen, dann rechts abbiegen, dann links durch den Wald, dann wieder rechts und so lange weiterfahren, bis man wieder auf der Straße war, auf der Rheinsberg-Seite. Es war allerdings Sperrgebiet und strikt verboten. Der hilfreiche Brandenburger, dem altersmäßig noch die DDR geläufig war, gab uns den Rat: „Sie dürfen sich aber nicht erwischen lassen!“ Ich hasse es, wenn jemand mich verabschiedet mit den Worten: „Pass auf dich auf!“ Ich weiß dann nie so recht, wie ich mich verhalten soll. Betrifft das meine Brieftasche oder meine Unschuld? Und nun? Sich mit einem voll beladenen Großwagen nicht erwischen zu lassen, ist etwas weniger einfach als unter einem Maschendraht durchzuschlüpfen. Rafał tat das einzig Richtige: Er fuhr los. Dass wir hier nicht die Ersten waren, merkten wir daran, dass am Waldrand überall Schilder mahnten: Das Betreten war nicht bloß verboten – es herrsche Lebensgefahr, stand da. Die konnte unmöglich von ein paar versprengten Sowjet- oder DDR-Soldaten ausgehen. Es waren diese Zehnmeterspinnen aus dem B-Movie. Ich war wirklich dankbar, dass ich ausnahmsweise nicht aufs Klo musste, und eine unendliche Viertelstunde später waren wir auf der Landstraße. Rheinsberg war auch nicht mehr weit. Verblüffend war nur, wie viele donnernde Lastwagen den verschwiegenen Ort gefunden hatten.

Oben: Hanno und Birgit (1967 im Partykeller)
Unten: Roland und Hanno (1976 in Berlin)

Ich wurde vor dem Schloss ausgesetzt, Silke und Rafał sahen sich nach einem Parkplatz um, den sie am anderen Ende der Grünanlage fanden, so nahe, dass selbst ich die Strecke nachher bewältigte. Erstmal aber wurde das Bauwerk besichtigt, von außen zumindest. Es war Montag, also geschlossen. War mir recht. So konnte ich mir ausmalen, wie der winzige, mädchenhafte König da entlangflaniert ist; es gab recht wenige Besucher; das Wasser war spiegelglatt, und die Schwäne machten lange Hälse.

Silke hatte schon vor Wochen meine lange Hotel- und Restaurantliste abgearbeitet, und so wurden wir im ‚Ratskeller' bereits erwartet, natürlich als Einzige, die reserviert hatten. Das war auch gut so, denn sonst hätten wir keinen Tisch im Schatten bekommen. Gäbe es Google nicht, hätte ich den ‚Ratskeller' für eine dunkle Höhle gehalten; so aber wusste ich, dass die weiträumige Terrasse, nur durch ein bisschen bebaumtes Grün vom Schloss getrennt, vor dem historischen Gasthaus mit einer ansehnlichen Speisekarte aufwartet. Sehr freundliche Bedienung, sehr schöner Blick, na ja, und sehr viele LKW. Es erhob sich die Frage, ob Schloss Rheinsberg unmittelbar an der Tanklasterstrecke Berlin – Rostock – Stockholm liegt, sie blieb aber unbeantwortet. Wir dagegen wurden von unserer Navifrau sehr merkwürdig und unter strikter Autobahn-Vermeidung geleitet. Ein märkischer Flecken nach dem anderen zeigte uns leicht angeberisch seinen Dorfplatz und seinen Friedhof. Dann kamen wir nach Oranienburg, wo ich meine Mitreisenden auf das KZ Sachsenhausen aufmerksam machte. Schon im vorigen Jahr hatten sie Theresienstadt ausgelassen und so fuhren wir weiter nach Berlin zu unserem Hotel ‚Dude'. Das ‚Dude' liegt so gerade eben noch in Mitte, fast schon Kreuzberg, am letzten Zipfel der Köpenicker Straße, die dann südöstlich verläuft und sehr lärmig wird. Man wird im ‚Dude' nett behandelt und kann dort schlafen, wenn man Zimmer zur Straße hat. Auf der Hofseite entsteht ein Komplex, groß wie der Hauptbahnhof, und die Bauarbeiten beginnen zu einer Zeit, zu der ich mir ein Aufwachen selbst im Traum nicht vorstellen kann.

Zum Abendessen waren wir mit Birgit verabredet. Mit ihr war ich 1966 bis 1971 befreundet; dann verließen wir beide Hamburg in unterschiedlicher Richtung. Seit ein paar Jahren treffen wir uns wieder in Berlin. Auf dem Kopf und im Herzen ist sie ganz rot, mit der Zunge sehr schnell und mit dem Vater ihrer zwei Söhne auseinander. Birgit kam pünktlich und schlug gleich vor, mit ihrem Auto zu fahren, was es Rafał, der ja heute schon einiges an Strecke hinter sich gebracht hatte, gestattete, aus dem Seitenfenster zu sehen und sich auf hinreichend Weißwein zu freuen.

‚Die weiße Villa' war auch mit Navi nicht leicht zu finden und etwas verkramter, als ich sie mir vom Bildschirm her vorgestellt hatte. Der – konnte man den *Empfangschef* nennen? – schien mir halbwegs routiniert zu überspielen, dass ihm Silkes Reservierung nicht sehr bekannt vorkam. Aber er führte uns auf die Terrasse, zwei Tische wurden zusammengerückt; es war heiß, und der Müggelsee lag völlig entspannt zu unseren Füßen. Das Verhältnis von lebhaften Gästen zu angestrengtem Personal war nicht besonders arbeitnehmerfreundlich, was aber nach meinen Erfahrungen schon zu DDR-Zeiten so gewesen war; bloß, dass sich die Kellner inzwischen nicht mehr trauen, unangenehm zu sein: eine wesentliche Errungenschaft des Kapitalismus.

Bei ‚TripAdvisor' las ich erst am nächsten Tag: „Es ist eine Katastrophe! Habe am 05.05. von 14:15 Uhr bis 15:20 Uhr mit Familie auf das Essen gewartet. Das Essen meiner Ehefrau war völlig ungewürzt. Keiner der Kellner kam auf die Idee, uns neue Getränke zu bringen. Schlechter geht es nicht!!" So schlimm fand ich es nicht, obwohl wir ab 20:15 Uhr etwas länger als 65 Minuten warten mussten, aber ich liebe es ja, nicht zu essen. Mich hätte das Urteil, wenn ich es eher gekannt hätte, wohl sowieso nicht abgeschreckt, wenngleich ich auf Fades allergisch reagiere. Wichtig war mir für uns, möglichst hübsch am Müggelsee zu sitzen, und das taten wir.

Mit Roland war ich 1977 am Müggelsee gewesen. Rolands Großvater wohnte dort. Wir lebten seit einem Jahr und vier Monaten zusammen. Ich hatte Aufnahmen in der Philharmonie; im Mai ist Berlin, Duisburg aber auch, schöner, als es im November gewesen war, als wir uns gleich neben dem Ku'damm kennengelernt hatten; und wir nutzten den freien Sonntag, um vom ‚Kempinski' im Westen zu Rolands Verwandtschaft ‚drüben' zu fahren. Ostzone und Gespensterbahn, das waren neben Walt Disneys Schnewittchen-Hexe die Sensationen meiner Kindheit gewesen. Auf zwei und drei verzichtete ich 1977 bereits, aber der Müggelsee – viel weniger rausgeputzt als der Wannsee im Westen und irgendwie rührend. Ich habe bei meinen jährlichen Besuchen in Büros, Privathaushalten, Clubs und Lokalen der DDR nicht ein einziges Mal eine Kulisse erlebt, die nicht spießig war.

Neununddreißig Jahre später, jetzt im März, fuhr ich mit Silke und Rafał wieder an den Müggelsee, als wir wegen einer Veranstaltung in Berlin übernachteten. Es war kalt und das dunkle Wasser etwas unwirsch. Ein womöglich ungerechter Eindruck, der jetzt ausgeglichen werden sollte. Birgit redete engagiert wie immer, und unsere Meinungen wichen nicht störend voneinander ab, während der Wein dank Kühler nicht warm wurde. Das Wetter gab sich da interessanter, und viele Gäste drängten zum Aufbruch, was das Eintreffen unserer Speisen, nachdem die Bezahlvorgänge im Griff waren, deutlich beschleunigte. Blitze über einem See sind ein gern gesehenes Schauspiel. Wenn das Schlafzimmer um die Ecke ist, macht es noch mehr Spaß. Aber wir erreichten auch so trockenen Fußes Birgits Auto, nicht allerdings unsere Hoteltür. Über Hochhäusern, von denen ich immer vermute, dass sie ‚Hellersdorf' heißen, konnten die Wolken das Wasser nicht mehr halten. Beide Scheibenwischer erlebten eine gewaltige Herausforderung. Birgit blieb vor dem ‚Dude' im Wagen sitzen; wir konnten das nicht.

RHEINSBERG
BERLIN
HALLE
LEIPZIG
PREUSSEN&
SACHSEN

INS WASSER GEFALLEN

UMWEG #2

DIENSTAG, 24. MAI 2016

Am nächsten Vormittag waren wir im Wedding. Bei Aleks & Shantu in der Müllerstraße. Dort lernte ich Tobi kennen, der seither meine Homepage betreut und sich ausdenken muss, wie das hier ins Netz gelangt.

Bei der Bebilderung versuche ich zu helfen, soweit mein Archiv und Rafałs Smartphone-Bilder das zulassen. Dann ging es weiter westwärts, zu meinen ehemaligen Wirkungsstätten. Am Ku'damm wird zurzeit nicht ganz so viel Staub aufgewirbelt wie im Osten, aber das Westberlin meiner Kindheit ist kaum noch zu sehen, zumal es überwiegend aus Ruinen bestand. Ich hatte das ‚New York' am Olivaer Platz ausgesucht, das nun dort firmierte, wo es früher mexikanisch zugegangen war. Es war neu und chic und cool und kühl, und wenn es nicht geregnet hätte, hätte man draußen auf Leute und Platanen gucken können.

Am Nachmittag wohnte ich mein Hotelzimmer ab und las ‚Spiegel', damit ich eine Ausrede hatte, um nicht schreiben zu müssen. Die Ausrede hat gut gehalten. Bis auf ein paar Notizen habe ich erst gestern angefangen, den Reisebericht anzugehen: sieben Wochen! Die Nervenstärke hat nicht jeder. Silke und Rafał nutzten derweil die Fuhrunternehmen von Berlin, um shoppen zu gehen. Dabei braucht man, glaube ich, nicht mal etwas zu kaufen. Früher hieß das ‚Schaufensterbummel'; aber das sagt man wohl nicht mehr.

Meine Idee, am frühen Abend auf dem Leipziger Platz zu sitzen und zu erleben, was sechzehn Jahre nach Abriss der Mauer aus dem geschichtsträchtigen Platz geworden ist, fiel ins Wasser. Also gingen wir gleich nach nebenan zu ‚Peppone', nicht vor dem Restaurant auf der Piazza Lipsia, wie es mir vorgeschwebt hatte, sondern drinnen, hinten. Nikolaus war pünktlich wie immer. Er ist – man sagt, glaube ich, ‚Art Director' – jedenfalls ist er Grafiker, und er gestaltet Hüllen von CDs und Logos von Filmen für meine Veröffentlichungslosigkeiten.

Die Lage des Lokals und die ‚TripAdvisor'-Kommentare hatten mich beflügelt: „OK, aber kleine Portionen – hohe Preise ..." „Unbedingt eine Vorspeise bestellen, denn nur eine Hauptspeise reicht nicht. Die schwarzen Gnocchis mit Scampis sind wirklich empfehlenswert, nur es hätten einige mehr sein können." „WLAN funktioniert nicht, weil es angeblich vor einigen Tagen Probleme gegeben hat. Hochpreisig, dafür kleine Speisekarte und nur eine Sorte Fassbier. Ziel ist anscheinend, dass man sich auf die Weinkarte konzentriert." Es war auch wirklich alles sehr gut, nur leider viel zu viel für mich.

TOTE OMA MIT SCHLOSSBLICK

UMWEG #3

MITTWOCH, 25. MAI 2016

Am Mittwoch war das Wetter auch nicht besser, aber wir wollten sowieso abreisen: nach Halle! Also nicht wirklich, aber es mal kurz ansehen, das wollte ich. Die beiden ältlichen Kommissare des Hallenser ‚Polizeiruf 110' (die ehemalige DDR-Antwort auf den ARD-‚Tatort') ziehe ich mir auch in den Wiederholungen masochistisch gern rein und rede mir ein: Das ist jetzt meine Altersklasse und mein Niveau, und dabei komme ich mir vor wie ein schwanzschlaffer Rentner, der sich nur noch zu gebisslosen Nutten traut.

Trotz der inzwischen als nicht mehr lauftüchtig pensionierten Kommissare gab sich Halle extrem behindertenphob. Ans Zentrum war einfach nicht ranzukommen. Erst nachdem Rafał, der Gott sei Dank eine Zuneigung zu Verbotenem hat, längere Zeit kerzengerade durch gesperrte Straßen gefahren war, erreichten wir eine unüberwindbare Sperre, vor der er anhielt. Meinen Behindertenausweis, der mich berechtigt, verbilligt mit der Hamburger Hochbahn zu fahren, legte er vor die Windschutzscheibe – ich fand, sie sah gleich aus wie die Schaufensterauslage für gehobenen Krüppelbedarf – dann liefen wir los: direkt auf den Marktplatz. Da war alles beieinander: die Kirchtürme, die Gemüsestände, das Händel-Denkmal und das ‚Rossini'. Die vielen Reihen mit Caféhaus-Stühlen sahen sehr einladend aus, und wenn es nicht so kalt und regnerisch gewesen wäre, hätten wir bestimmt keinen Platz mehr bekommen. So aber saßen nur ein paar abgehärtete Damen mit Eisbechern beisammen und sahen genauso aus, wie ich mir das für die Provinz vorstelle. Dem Kellner blieb gar nichts anderes übrig, als uns zu bedienen. Rafał begleitete mich in den ersten Stock. An solchen Orten müssen Toiletten im Lokal immer gut versteckt sein, sonst geht da jeder hin. Der Blick von oben auf den Platz war noch viel imposanter als von unten, was nicht als Kritik an der regenabwehrenden Markise gemeint ist. Ober kredenzten, und ich wollte Silke mal beurteilen lassen, ob wir da nicht eindrucksvoller speisen würden als dort, wo ich es vorgesehen hatte.

Silke kam zurück und sagte: „Nein". Ich hätte es schon ahnen müssen, als ich oben die Papierservietten bemerkt hatte. Noch viel dankbarer war ich ihrem untrüglichen Urteil, nachdem ich dann bei ‚TripAdvisor' gelesen hatte: „Es gibt sich – laut maßlos aufgeblähter Karte – durchgehend italienisch, ohne mit der italienischen Küche Vertiefteres gemein zu haben. Mitteldeutscher geht es gar nicht. Selbst einfache Gerichte sind so unzulänglich zubereitet, dass man am liebsten davonliefe. Wenn man es nicht tut, dann wegen der – spätabendlich – fehlenden Konkurrenz oder aus nacktem Hunger. Selbst das Bier ist zu warm, der Wein wässrig und das Brot abgestanden." „Das alles geschieht im Rücken der Statue des größten Sohns der Stadt, des Komponisten Georg Friedrich Händel. Er kann so wenig dafür wie sein Kollege Rossini, der sich, jeder Zoll ein Gourmet, im Grabe umdrehen mag für den Missbrauch seines Namens." „Ich wohne seit Jahren in Deutschland, aber die Pizza bei Rossini war bei Weitem die schlimmste, die ich mal gegessen habe. Das Gleiche meinten auch alle meine Freunde."

Rafał erkundigte sich bei einem Einheimischen, wie er wohl mit unserem Auto wieder wegkäme. Wenden und Rückwärtsfahren ging nicht. Der Hallenser wusste Rat: Die Barriere ließ sich vom Pfosten heben, man fährt auf den Marktplatz und in der nächsten Straße wieder raus. Silke half sogar jemand dabei, den Pfosten wieder zu befestigen. Erwischen lassen durfte man sich natürlich genauso wenig wie im Kriegerforst vor Rheinsberg. Gut, dass die ‚Polizeiruf'-Kommissare in Rente sind.

Also machten wir uns doch auf den Weg zum vorbestellten ‚MoritzKunstCafé', das auf irgendeine Weise Teil der Moritzburg sein sollte. Es war nicht leicht, aber wir fanden die Burg aus dem 15. Jahrhundert, und weil das Wetter so schlecht war, sogar einen Parkplatz. Den Weg in den Innenhof schaffte ich zu Fuß. An Draußensitzen war nicht zu denken. Meine Träume von ‚Toter Oma' (einer anhaltinischen Spezialität) mit Schlossblick begrub ich schweren Herzens, und wir betraten etwas Mensaartiges, in dem noch zwei andere Personen saßen. Etwa zwanzig leere Resopaltische waren zu überblicken. Auf einem von ihnen stand ein ‚Reserviert'-Schild: Das war wohl unserer.

In der Aufregung hatte ich meine weiße Mappe mit den Erläuterungen vergessen, die ich mir, bei Wikipedia ersammelt, für jeden Tag zurechtgelegt hatte. „Aber vielleicht geht es ja noch authentischer", dachte ich, und fragte die Frau, die hinter der Vitrine mit allerlei Essbarem hervorgekommen war, offenbar, um uns zu bedienen: „Wie ist die Moritzburg zu ihrem Namen gekommen?“ „Was?“ „Wer hat hier früher gelebt?“ „Also ... früher war hier die FDJ drin, hab' ich mal gehört.“ Nennt man das ‚bildungsfern'? Rafał rannte zum Auto zurück und holte meine weiße Mappe. Nachdem wir alles Notwendige über Halle am eigenen Leibe erfahren zu haben meinten, verließen wir Anhalt und fuhren nach Sachsen. Leipzig erwartete nicht nur uns, sondern Unmengen von Katholiken in der Diaspora. Einen Katholikentag finde ich nicht viel schlimmer als ein Freundschaftsspiel im Weserstadion oder einen Urlaub im Zeltlager – Hauptsache, ich muss nicht dabei sein. In Leipzig waren alle Quartiere belegt, doch im ‚Fürstenhof' waren noch herrschaftliche Zimmer für uns zu haben gewesen, weil nicht alle Gläubigen so reich sind wie der Vatikan und mehr Rucksacktouristen als Kardinäle angereist waren.

Da ich mich selbst, unter ziemlichen Gewissensqualen, mit dreiundzwanzig vom Katholizismus getrennt habe, halte ich jeden, der schon vierundzwanzig ist und immer noch katholisch, für schwachsinnig. In der Mädler-Passage saßen wir vor der ‚Mephisto-Bar', also durchaus richtig; denn selbst Goethe hat dem Teufel viel süffigere Texte geschrieben als dem doofen Faust, der eigentlich wissen möchte, „was die Welt im Innersten zusammenhält“, sich dann aber doch mit einer Minderjährigen zufriedengibt.

Als wir da so selbstzufrieden unsere Drinks zwischen Tischchen und Lippen balancierten, erklangen Stimmen. Einzelne Stimmen, die miteinander anschwollen, Menschen, die diese Töne erzeugten, eine Gruppe, die dicht neben uns Halt machte, und dann wurde aus den hochhimmlischen Sphärenklängen ein irdischer, wenn auch natürlich tiefreligiöser Gesang. Passanten blieben stehen und uns nichts anderes übrig, als zu lauschen. Solch Eifer ist nun mal ergreifend: Mitten in einer dem Konsum geweihten Passage dieses Manifest von Gläubigkeit. Dieses Vertrauen, diese Zuversicht! Gerührt stiegen wir hinab in ‚Auerbachs Keller'. Wie gläubig haben auch die Hitlerjugend und die FDJ gesungen! Da lasse ich mich doch lieber von Mephisto führen.

Wir sonderten uns wie üblich ab und gingen nicht in den ‚Großen Keller', in dem ja schon Faust leicht angewidert war, und in dem der Teufel die dümmlichen Trinker verwirrte, sondern hatten im vornehmen kleinen ‚Goethe-Keller' reserviert, in dem das Essen teuer ist und die Kellnerin nicht nur Schüsseln tragen, sondern auch alles das über ihre Örtlichkeit berichten kann, was die Hallenser Bedienstete nicht über die Moritzburg weiß. Ich akzeptiere ja, dass es Menschen gibt, die sich nicht für ihre Umgebung und ihre Entstehungsgeschichte interessieren, aber wieso dürfen die dann wählen? Andererseits haben hochgebildete Professoren die Nazis unterstützt. Wissen macht nicht immer klug.

Wir hatten schöne Plätze, was kein Wunder war, denn die Preise sorgten für eine Auslese, die dem Lokal nur eine begrenzte Anzahl an Gästen bescherte. Neckisch wirbt der feudale Keller mit seinem Namenspatron: „Es wird wohl ein ewiges Geheimnis bleiben, welcher sein Stammplatz war. Somit darf sich heute jeder Gast an diesem sitzend wähnen." Ich verzichtete auf getrüffelten Sellerieschaum und rosa gebratenen Hirschrücken und aß ein Leipziger Allerlei, für das ein gut bestückter Marktstand leer gekauft sein musste. Jedes Gemüse einzeln al dente gekocht und veganerfreundlich ohne Mehlschwitze. Was war hier wohl in DDR-Zeiten auf die Teller gekommen? Zur Toilette musste man am ‚Großen Keller' vorbei, in dem die Frommen in Heerscharen mit gesegneten Appetit einfache Speisen zu sich nahmen. Ich musste mich der sechsten Todsünde erwehren: des Neides.

Eine Taxe kam so dicht wie möglich an Auerbach heran. Ich quälte mich durch die inzwischen schon recht ausgelassenen Gottesanbeter zum Ende der Fußgängerzone: Behindertengerecht geht anders! Vor meinem Schlaganfall hätte ich das Fahrverbot noch viel weiter getrieben, weil Autos das Stadtbild noch viel hässlicher machen als schlecht angezogene Menschen.

Silke und ich gingen in unsere schönen Zimmer, Rafał dorthin, wo ihm sein Smartphone anzeigte, dass er das finden würde, was er sich erträumte. Mein Neid war inzwischen wieder beherrschbar.

Wissen macht nicht immer klug.

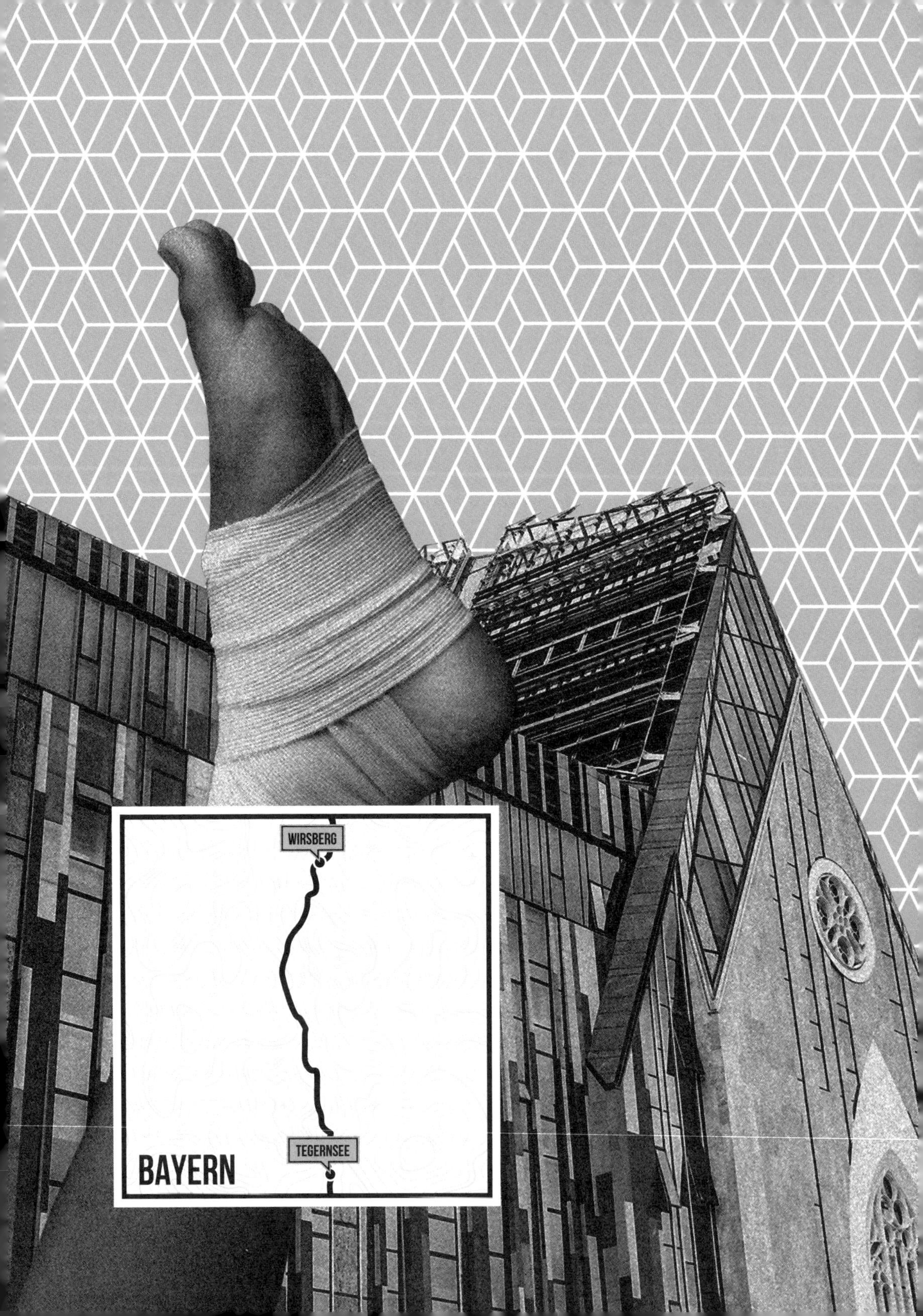
WIRSBERG
TEGERNSEE
BAYERN

MIT DEM TICK RAFFINESSE

UMWEG #4

DONNERSTAG, 26. MAI 2016

Am frühen Morgen ging Silke in ihr Bad. Als sie es wieder verlassen wollte, bedachte sie nicht die drei Stufen, die den sanitären vom Schlafbereich trennten und stürzte abwärts. Ihr rechter Fuß war schlimm verstaucht und machte ihr zunehmend zu schaffen. Eine Stadtbesichtigung aus dem Autofenster war nicht nur durch den beruhigten Verkehr erschwert, sondern wegen der aufgebrachten Katholiken nahezu unmöglich.

Immerhin sahen wir jenseits der gläubigen Menge den Neubau der Paulinerkirche, der dem Original glaubwürdig nachempfunden ist. Die Kirche geht auf das 13. Jahrhundert zurück, wurde 1521 in ihrer Renaissance-Variante eingeweiht und am 30. Mai 1968 von der SED gesprengt, um einem Plattenbauklotz zu weichen. Wer Kulturbarbarei erleben will, braucht nicht zu den Taliban oder den IS-Terroristen zu reisen. Ideologie hat in Leipzig erreicht, was der Krieg nicht geschafft hatte: ein Manifest des Glaubens in Trümmern.

Ich wollte gern die ausgedehnten Parkanlagen an der Pleiße sehen. Ein Stück des nach Entwürfen von Lenné angelegten Landschaftsgartens heißt nun wieder Johanna-Park. Zu DDR-Zeiten war das der ‚Zentrale Kulturpark Clara Zetkin'. Es war auch hier nicht einfach, die Gegend im Wagen zu erkunden. Erst kam man nicht hin, dann nicht wieder weg, aber Rafał, der auch in dieser Beziehung nicht zimperlich ist, fuhr an einer eisernen Absperrung vorbei, haarscharf zwischen zwei Bäumen auf dem Gehweg hindurch und unbekümmert weiter durch Thüringen bis nach Franken. Die Polizei hat nichts gemerkt: Sie musste wohl Christen schützen.

Nicht zum ersten Mal stiegen wir in Alexander Herrmanns ‚Posthotel' in Wirsberg ab. Der Gasthof des Sternekochs ist besonders zur Festspielzeit gut besucht, weil auf jede Götterdämmerung ja ein Nachtgericht folgen muss, und schon Wagner zog die Crème bavaroise der Götterspeise vor. Wir saßen auf der Terrasse und sahen abwechselnd auf den idyllischen Marktplatz und auf Silkes anschwellenden Knöchel. Der angedachte Ausflug nach Bayreuth unterblieb, was zumindest mein träges rechtes Bein freute. Silke und ich ruhten lesend und sinnend, Rafał erkundete wie immer die Gegend, und ob er dabei auf Waldwege, Barockkirchen oder Männer trifft, ist nicht besonders wichtig: Er ist allem gegenüber aufgeschlossen.

Silke war einverstanden, das Abendessen nicht im gepriesenen Sterne-Restaurant einzunehmen, sondern sich mit dem ‚kleinen Bruder' zufriedenzugeben. Doch selbst da erwarteten Silke und ihre beiden Begleiter laut Eigenaussage: „Moderne Bistroküche mit AH-Effekt ... Wer Alexander Herrmann abseits der Sternegastronomie erleben möchte, ist in ‚AH – Das Bistro' richtig. ‚As seen on TV' heißt das Motto. Hier erleben Sie die Seite von Alexander Herrmann, die man aus dem Fernsehen kennt. Unkomplizierte, nachvollziehbare Gerichte, immer mit dem Tick Raffinesse ... Im ‚Fränkischen Tapas-Menü' kommt seine regionale

Verwurzelung zum Vorschein – mit einer puristisch-modernen Version seiner Heimatküche in überraschender Form, à la Tapas ... Saisonale Specials mit heimischen Produkten", und ewig so weiter. Eine ,Walhall-Lounge' gibt es auch für Wagner-Liebhaber, aber die sind wir ja nicht.

KRÖTE, GAUL UND SUSHI

UMWEG #5

FREITAG, 27. MAI 2016

Am nächsten Morgen war das Wetter nicht mehr ganz so gut, und während Rafał unser Gepäck aus den Zimmern holte – im Unterschied zu Grandhotels gibt es in ,Romantik Hotels' stimmungsvollerweise keine Gepäckträger –, beschwerten sich zwei Autofahrer, dass sie nicht an unserem vor der Eingangstür wartenden Mercedes vorbeikämen. Rafał wurde zum ersten Mal ungehalten und wies die zeternden Franken darauf hin, dass er vor dem Hoteleingang richtig stand, verkehrt stand das Auto daneben, am Dorfbrunnen. Wohl wahr, vorbei kam trotzdem niemand.

Der Regen hörte zwei Stunden später auf, allerdings nur, weil wir aufhörten, in Franken zu sein. In der ,Tagesschau'

Hanno (1957 am Tegernsee)

wurde noch tagelang von Überschwemmungen berichtet. Weil aber das Wetter in Oberbayern so schön war, drängte es mich, an München nicht einfach vorbeizufahren. Bei gleißendem Sonnenlicht den Englischen Garten zu sehen, die Maximilianstraße, die Isar – aus dem Autofenster, meine Welt, meine untergegangene Welt, die Achtzigerjahre. So wie sie heute abfällig geschildert werden, habe ich sie nie erlebt. Ich nahm mit Bernstein in München Mozart-Messen auf, schlief im ‚Vier Jahreszeiten' oder bei Kneipen-Bekanntschaften und hatte nicht eine Sekunde lang Angst vor Atomkriegen oder -kraftwerken. Im Gegenteil: Ich verachtete diese ganzen demonstrierenden Weltverschlechterer und bin noch heute davon überzeugt, dass die Berliner Mauer nicht fiel, weil beherzte Leipziger auf die Straße gingen (Panzer wären stärker als Menschen gewesen), sondern weil Reagan die Sowjetunion totgerüstet hat.

Goethe lässt Mephisto realistischer sein, als ich die Friedensbewegung einschätzte, wenn er ihm in den Mund legt, er sei „ein Teil von jener Kraft, die stets das Böse will und stets das Gute schafft". War es nun anrührend, bitter oder belanglos, an diesen Schauplätzen meiner Glanzzeit vorbeizurauschen? Ich wusste es nicht. Um halb zwei, genau

Hanno und Roland (1979)

nach Plan, waren wir bei ‚Bachmair an der Weissach'. Das erste Mal war ich dort 1956 gewesen, in den Sommerferien mit meiner Mutter am Tegernsee. Im April war ich aufs Gymnasium gekommen: reine Jungenklasse, Pauker mit Vorkriegsgesinnung. Aus mir war plötzlich ein schlechter Schüler geworden. Ich war sicher, ich würde sitzen bleiben und schämte mich schon im Voraus. Die Nordsee in den Jahren zuvor hatte ich nicht gemocht, aber der wolkenverhangene See mit den flachen Bergen machte mich auch nicht glücklich. Um die Langeweile zu unterbrechen, ging meine Mutter an einem Nachmittag mit mir in einen Zeichentrickfilm. Da sang eine der Figuren: „Humdadi, humdada, Hunger ist der beste Koch." Es ist doch wohl bezeichnend, dass ich diese Zeile nie vergessen habe. Wie oft habe ich seither vor erlesenen Köstlichkeiten gesessen und mich nach dem Koch ‚Hunger' gesehnt. Die grantige Wirtin unserer Pension behandelte uns schlecht, was meiner Mutter mehr als mir auffiel. Als dann aber mein Vater mit Chauffeur eintraf, war sie wie verwandelt, was meiner Mutter erst recht auffiel. Mein Vater blieb zwei Tage, an einem davon entflohen wir der ‚Kröte', wie meine Mutter sie nannte, und aßen bei ‚Bachmair an der Weissach'.

1962 und 1963 waren meine Mutter und ich wieder am Tegernsee. Dieses Mal sollte ich auf dem Margaretenhof Reiten lernen. So richtig klappte das nicht, und was ich besonders demütigend fand, war, dass mir ‚Alpensohn', der lahmste Gaul im Stall, als ich ihn satteln wollte, gegen die Kniescheibe trat. Daraufhin konnte ich tagelang nicht nur nicht reiten, sondern auch nicht laufen. Als mein Vater mit neuem Chauffeur kam, um uns abzuholen, schaffte ich aber die Strecke vom Parkplatz bis zur Wirtshaustür von ‚Bachmair an der Weissach' problemlos.

1979 auf dem Weg von Othmarschen zum Peloponnes war am ersten Tag ein Mittagessen an der Weissach selbstverständlich. Dafür hatten Roland und ich schon um halb fünf unser Bett verlassen, und Harald stieg als Dritter im Bunde um fünf Uhr dazu und bei ‚Bachmair' als Erster wieder aus. (Er hatte am Steuer gesessen.) Danach waren meine Eltern und ich bis in die späten Neunzigerjahre immer wieder in dem Lokal, meistens auf dem Rückweg aus Meran. Wir aßen Schweinsbraten in der Bierkruste und hinterher Salzburger Nockerln. Dann war die Welt irgendwie in Ordnung, selbst, wenn sie es nicht war. Mein Hang zur Tradition hat dazu geführt, dass wir inzwischen wieder bei ‚Bachmair an der Weissach' einen Zwischenstopp einlegen. Silke ist die Gaststube längst vertraut, und selbst Rafał kennt sie schon. Aus unserem Landgasthof von 1956 ist allerdings inzwischen ‚Kulinarik vom Feinsten' geworden, und mein Vater hätte sich über seiner Bierkruste bestimmt gewundert, was einige Jahre später nebenan los sein würde: „Die Vielfalt moderner japanischer Küche wird live im neuen Show-Cooking-Bereich der MIZU Sushi-Bar präsentiert."

Wir blieben beim Bayerischen und fuhren über Kreuth an den Achensee. Die Navifrau führte uns recht seltsam, irgendwann erreichten wir eine kostenpflichtige Straße, die in ein hochalpines Naturschutzgebiet führte und sonst nirgendwohin. Wir schalteten die Lügnerin ab und kamen ohne sie problemlos auf den Brenner. In Südtirol gaben wir ihr noch eine Chance, die sie nicht nutzte. Sie log, es seien noch 430 km bis Meran und würde sechs Stunden dauern. Wir stopften ihr das freche Maul und erreichten unser zweites Zuhause problemlos in einer Stunde.

Dann also wochenlang wieder das angenehme Haus, wir nennen es ‚Villa', für Rafał und mich, für Silke die Wohnung im Nebenhaus, die Gärten sind durch ein immer offenes Tor verbunden, wie wir durch unsere Seelen und unsere Telefone. Am meisten bedeutet mir der Blick aus dem Fenster, vor dem ich im ersten Stock an einer roh behauenen Holzplatte schreibe. Da, wo bis zum vorletzten Jahr zwischen Zypressen links und Magnolienbäumen rechts, hinter der Palme in meinem Garten die beiden Pinien standen, erhebt sich nun ein weißes, gar nicht so schlimmes und auch gar nicht so hohes, schlohweißes bauhausartiges Gebäude für zwei Personen, die dermaßen gute Beziehungen haben, dass ihnen das Bauen in dieser geschützten Gegend gestattet wurde. Die beiden herrlichen Pinien sollen sie so lange mit Benzin gedüngt haben, bis sie eingingen und es angeblich niemandem leidtat, sie zu fällen. Ich zumindest hätte mich sehr viel wohler gefühlt, wenn man die Grundstückseigner vorher an die Stämme genagelt und zu Tode gefoltert hätte, bevor man die Bäume fällt. Na, zu spät, jedenfalls fand ich es mit den Pinien hübscher.

ZIELE, IDEALE UND WAS DAVON BLEIBT

UMWEG #6

SA., 28. MAI – DI., 31. MAI 2016

Nun beginnt also die erste Ruhephase. Ist das erholsam oder anstrengend? Früher wollte ich an jedem Morgen wissen: Ich bin verantwortlich für etwas, ich muss nach London fliegen, ich muss ein Meeting vorbereiten oder ich muss einen Vortrag halten. Wofür steht man denn sonst überhaupt auf? Heute schlafe ich schon schlecht, wenn ich um elf einen Friseurtermin habe. Aufstehen ist jetzt eine unangenehme Unterbrechung meiner meist unangenehmen Träume, deren Charme ausschließlich in ihrer Konsequenzlosigkeit besteht. Und weil ich bei etwaigen Mittagsschläfen nicht erinnerlich vor mich hin träume, muss ich bis nach dem abendlichen Zähneputzen warten, bis ich diese Welt, in der ich es so gut habe wie nur wenige, verlassen kann – zurück in mein Traumreich.

Warten ist eine ausfüllende Beschäftigung, wenn sie von Sorge unterstützt wird: Hab ich die Prüfung bestanden? Kommt er noch? Ist sie tot? Wenn man aber auf nichts Bestimmtes wartet, muss man Pokémon Go spielen, lesen oder, wie ich, schreiben, was besser klappt, wenn man vorher gedacht hat. Wie in jedem Leben ist auch in meinem vieles so gelaufen, dass man es ‚schief' nennen könnte. Dazu gehört mein Mangel an Vorbildern.

EIN KLEINER EXKURS ÜBER: IDEALE UND IDOLE

Da ich ja sowieso keines meiner Ziele mehr erreichen werde, ist das Einzige, was mir noch bleibt, über die Unerreichbarkeit von Zielen zu schreiben. In diesem Thema fühle ich mich zuhause. Sein Ideal zu finden, ist ja selbst dann, wenn die Eltern das entgegengesetzte Ideal haben, nicht so schwer, manchmal sogar leichter. Sein Ideal aufzugeben, ist schon schwieriger, und sich seinem Ideal – bei modifizierter Beibehaltung – schrittweise anzunähern, das ist am schwierigsten. Ich habe sie alle eingebüßt, wie der Griff in ein Gebilde aus Rauch – Weihrauch. Ideale sind nur aus der Ferne schön, wie Wolken. Noch schlimmer steht es um die Idole. Ich hatte nie welche. Nicht Albert Schweitzer, nicht Elvis Presley, nicht Uwe Seeler. Und ich weiß nicht, ob das ein Mangel ist oder ein Privileg. Geschwärmt habe ich nur für Tote wie Beethoven oder Watteau, was man, glaube ich, nicht zählen muss. Mein Vater hatte Idole: Sportler, Hitler; meine Mutter fand Rita Hayworth als ‚Gilda' bewundernswert, und in dieser Rolle entsprach Rita ‚Heuwurz', wie ich sie nannte, zweifellos dem, was meiner Mutter um 1949 vorschwebte.

Meine Mutter war als Irena Wydoff in Zoppot aufgewachsen. Herr Wydoff spielte keine wesentliche Rolle im Leben ihrer Mutter, verstarb oder verschwand praktischerweise auch gleich nach der Trauung, die nur dem Zweck gedient hatte, die jüdische Frucht im Bauch meiner Großmutter legitim und irgendwie arisch zu machen, wobei das Arische erst später interessant wurde. 1920 fühlte sich Maria, verheiratete Wydoff, trotz ihres russischen Gatten als Polin, was damals in Zoppot nichts besonders Schlimmes war. Zoppot war, wie Irena mich lehrte, nach Biarritz das prominenteste Seebad Europas, und ein Vorort von Danzig. Wie Hochgebildete wissen, hatte das Deutsche Reich 1918 den damals einzigen Weltkrieg verloren und dadurch nicht nur ersetzbare Soldaten, sondern auch unersetzliches Land eingebüßt: Westpreußen zum Beispiel. Danzig wurde ‚Freistaat', was im Allgemeinen schiefgeht, so auch hier, aber Irena konnte sich bis 1939 in einer Art Ostsee-Monaco vorkommen, Kleider auf Anzahlung kaufen und zum Tanztee ins Casino schlendern. Diese schöne Welt ging zwar unter, aber wenn Rita Hayworth ‚Amado Mio' sang, lebte der Glamour im ‚Astor' am Ku'damm 1949 leinwandbreit wieder auf. Weil die Original-Aufnahme damals in Berlin nicht aufzutreiben war, musste sich Irena mit der deutschen Version begnügen, und so bin ich mit ‚In deinen Armen' statt mit ‚Amado Mio' auf Schellack aufgewachsen. Rita Hayworth sang zwar nicht mal im Original selber, aber das störte nicht weiter, zumal ja ihre Stimme für den deutschen Markt sowieso synchronisiert worden war. Entscheidender: Sie war elegant, undurchsichtig und traurig, also genau so, wie mein Vater meine Mutter im Mai 1943 im Zug von Posen nach Berlin kennengelernt hatte.

Als Idol hatte Rita Hayworth Mitte der Sechzigerjahre, als auch ich ‚Gilda' sehen durfte, ausgedient. Es hieß, die alte Diva liefe besoffen durch

Hollywood. Erst später stellte sich heraus, dass ihr seltsames Verhalten nicht vom Alkohol kam: Sie hatte Alzheimer, eine damals weitgehend unbekannte Krankheit. Irene (ihr ‚A' war einem deutschen ‚E' gewichen) sah ihren Star rehabilitiert. Ahnungen sind nur nützlich, wenn man etwas ändern kann, wie etwa Irenas beherzte Flucht aus Danzig am ersten Kriegstag 1939. Das Kassandra-Schicksal, die Zukunft zu kennen, ohne sie ändern zu können, ist nicht wünschenswert. Und so war es auch gut, nicht zu wissen, dass Irene im neuen Jahrtausend ein ähnliches Schicksal von Kontrollverlust wie Rita Hayworth bevorstand.

Zu den Idolen meines Vaters fällt mir weniger ein. Meine Mutter korrigierte ihn immer leicht gereizt, wenn Guntram von ‚der Adolf' sprach. „Schatz, du kanntest ihn doch gar nicht!", sagte sie. Die Sportler seines Lebens waren für mich alle Vergangenheit, aber bei Fußballspielen nahm mein Vater seit den Neunzigerjahren die Fernsehübertragungen auf VHS-Kassette auf. Wenn das Spiel gelaufen war, konnte er sich mit dem Ergebnis abfinden. Sähe er es live, fürchtete er, einen Herzschlag zu bekommen.

Jeder Mensch ist ja irgendwie irgendwann mal einsam, besonders beim

Oben: Irena (1939)
Unten: Irene (1955)

Wegsterben. Deshalb war auch ‚Jeder stirbt für sich allein' ein so guter Roman-Titel. Sportereignisse sind das, was mich einsam macht – weil sie mir völlig egal sind. Wer wie schnell läuft, den Matchball übers Netz fegt oder ein Eigentor schießt, ist mir ausnahmslos schnuppe. Meine diesbezüglichen Selbstzweifel sind von Verwünschungen der übrigen Menschheit durchsetzt, ganz schlimm bei Fußball-Meisterschaften: „Wissen nicht, wer Kant war, können keine Guacamole hinkriegen, sind trotzdem wahlberechtigt und schreien schrill bemalt beim Public Viewing, als ob es um etwas Bedeutendes ginge." Natürlich habe ich das Problem des Geisterfahrers: Wenn alle Wagen mir auf der Autobahn entgegenkommen, fahre vielleicht doch ich verkehrt. Meine Wut über meine Begeisterungslosigkeit schlägt um ins Grundsätzliche: Wenn die Religionen nichts taugen und nicht mal die Ideologien, dann bleibt ja bloß noch der Humanismus. Der ans Kreuz genagelte Jesus und die ihre Kinder ins Licht geleitenden faschistischen oder sozialistischen Werktätigen sind mir alle genauso fremd wie Leute, die anderen Leuten beim Stabhochsprung oder Formel-1-Rasen zugucken. Ich finde das indiskret. Dass jemand hoch springen kann, ist toll. War vor 20000 Jahren

Oben: Guntram (1937)

Unten: Guntram (2. v. l.) und Freunde

sicher hilfreich zum Überleben, geht mich aber heute eigentlich nichts an. Die Luftverschmutzung durch Rennfahrer und die Champagner-Verschwendung nach dem Sieg überstrapazieren meinen Sinn für Ausgelassenheit erheblich. Rechts-konservativ komme ich mir nicht vor, links-zukunftsgläubig auch nicht. Ohne Idole, ohne Ideale und doch mit Ressentiments gegenüber denen, die ihre Tage durchleben, ohne nach dem Woher und Wohin zu fragen, so bin ich. Vermutlich haben sich schon um 300 vor Christus mehr Menschen für Olympia interessiert als für Platon. Und dabei ist es geblieben. Weil mich das zwackt, bin ich selbst den optimistischen Bildungsidealen des Humanismus gegenüber skeptisch. Dass Gott die Welt in seinen sechs Tagen nicht so ideal erschaffen hat, wie es seinem Ruf entspräche, wird einem schon vom Mückenstich bis zum Krebstod klar. Die blöde Behauptung, alles Miese läge nur daran, dass Gott den Menschen den freien Willen gelassen habe, den sie sträflich missbrauchen, diese Behauptung ist ja genauso plausibel wie die, Katastrophen seien dazu da, die Menschen im Glauben zu festigen bzw. Sünder zu bestrafen. Ich weiß schon, so banal darf man Mysterien nicht aufdröseln. Warum eigentlich nicht? Weil sie sich sonst als Scharlatanerie erwiesen?

Schiebt man die Religionen als Volksverdummung weg, was bleibt dann noch? Ich mag mich wirklich nicht als ‚Nihilisten' bezeichnen, das Wort mag ich einfach nicht. Aber ‚Atheist' nenne ich mich auch nicht gern, obwohl ich nicht an einen lenkenden Gott glaube (die unüberwindlichen Barrieren meiner Kindheit). So habe ich es gelernt: Man trägt keine braunen Schuhe zum dunkelblauen Anzug; man schneidet Kartoffeln nicht mit dem Messer; man ist nicht Kommunist, homosexuell oder gottlos. Seit meine Mutter tot ist, brauche ich ihre Gebote nicht mehr zu befolgen, aber diese Gebote zu übertreten, löst immer noch wohlige Schauer oder Betretenheit in mir aus.

MERAN
SÜDTIROL

AUFGABEN AUFGEBEN

UMWEG #7

MI., 1. JUNI – SA., 11. JUNI 2016

So, nun also die ersehnte Zeit der Aufgabenlosigkeit. Die macht ja fast jeden verrückt. Rafał war davon am wenigsten betroffen, weil er den Haushalt führen und kochen musste. Ich, der ich immer schon sehr liederlich, aber recht rezeptfreudig war, redete ihm kaum in die Kochwäsche rein, machte aber allmorgendlich für das Mittagessen Vorschläge, die zu meiner Freude als Weisungen ausgelegt wurden.

Außerdem musste Rafał den Wagen in Meran zu Mercedes bringen, weil unterwegs an der hinteren Stoßstange ein Stöpsel für einen nie geplanten Anhänger in irgendeiner Garage abhandengekommen sein soll. Diebstahl mit Fahrerflucht? Jedenfalls stellte sich bei dieser Gelegenheit heraus, dass das Navi auf ‚Fahrten ohne Tunnel' programmiert war. So musste ich der Frau im Cockpit Abbitte dafür leisten, dass sie uns über Ungarn statt über den Brenner hatte schicken wollen.

Silke konnte sich von der Aufgabenlosigkeit fast genauso gut befreien wie Rafał, weil sie Mails beantworten, braun werden und schlank bleiben musste. Aber ich! Außer mein Selbstmitleid zu pflegen, gab es, wie die Dinge nun mal liegen, wenig zu tun, zumal ich alle hier in Meran sonst üblichen Therapien wegen meiner seelischen Unausgewogenheit auf unbestimmte Zeit verschoben hatte. Zunächst mal las ich tagelang: über die Phönizier, die Pompadour, die USA. Ich stellte mir die Welt mit Trump, Putin, Marine Le Pen und Beatrix von Storch vor und freute mich schon aufs Totsein.

Doch dann begannen auch meine Pflichten. Als ich noch arbeitete, kannte ich etwa fünfhundert Leute: teils beruflich, teils sexuell. Heute kenne ich immer noch fünfzig Menschen, Tote nicht mitgerechnet, und ein paar von ihnen wollten mich zu meinem Geburtstag besuchen. Das war schmeichelhaft, aber vor allem eine Aufgabe; denn wenn ich etwas besonders schlecht kann, dann ist es, Dinge einfach auf mich zukommen zu lassen. Diese (Un-)Fähigkeit begründete meine Paranoia wie meine Erfolge: Ich sehe die Welle, bevor der Ozean von ihr weiß, und ich habe mich bereits entschieden, ob ich ihr trotzen oder ihr entrinnen will, bevor das Wasser überhaupt darüber nachdenkt, ob es sich kräuseln soll. Natürlich waren die meisten Vorbereitungen schon von Hamburg aus angekräuselt worden, aber damit es nachher auch wirklich ganz spontan wirkt, muss man bis zum letzten Augenblick an jeder Einzelheit feilen. Da mich alle Gäste gut kennen, glaubt mir sowieso keiner, dass nicht jede Sekunde durchgeplant ist, aber alle geben sich erwartungsfroh in ihr Schicksal, also meine Hände.

ENDE DER EINSAMKEIT

UMWEG #8

SO., 12. JUNI – MI., 15. JUNI 2016

Als Erste kam Susi. Am Sonntag. Sechzehn Tage nach uns. Susi fügt sich gut ein, und wenn sie das nicht kann oder will, bleibt sie für sich. Wir kennen uns seit 1969, haben also schon viele Tote gemeinsam. Aus Solidarität oder Ehrgeiz schloss sich Susi meiner bereits seit einer Woche durchgehaltenen Abstinenz an, machte allerdings meine Quarkdiät nicht mit. Susi will nach ihrer durch Kieferoperationen bedingten Nahrungseinschränkung zunehmen, um etwas gesünder auszusehen, ich möchte meine Hosen wieder schließen können, ohne Erstickungsanfälle zu riskieren: Das sind schon Unterschiede. Vielleicht bin ich heute gebildeter als vor vierzig Jahren, aber das entschädigt mich ja nicht dafür, dass meine durch nichts zu ruinierende Schlankheit von damals einem zweifelsfrei dem Alkohol anzulastenden Blähbauch gewichen ist. Da ich die Brautschau auch als One-Night-Stand längst aufgegeben habe, ist es eigentlich egal, aber aus Geiz scheue ich mich davor, meine überwiegend dreißig Jahre alten Kleidungsstücke auszutauschen, erst recht gegen

Oben: Susi (1975)

Unten: Susi (1970)

Billigware. Rafał sorgt dafür, dass ich täglich etwas Frisches anziehe, und weil ich Unmengen an Garderobe habe und nie etwas wegschmeiße, finde ich, dass das meiste noch recht anständig aussieht. ‚Klamotten' gibt es bei mir nicht.

Mein sechzigster Geburtstag vor zehn Jahren war auch in Meran begangen worden, während in Deutschland das durch Bestechung erkaufte ‚Sommermärchen' der Fußballweltmeisterschaft für Begeisterung sorgte. An meinem in Hamburg groß gefeierten 66. Geburtstag 2012 fand das Spiel der Europameisterschaft an einem Ort statt, den ich in meiner Rede erwähnen wollte und den ich mir deshalb aufschreiben musste: Донецьк. Inzwischen ist Donezk ständig in den Nachrichten, traurige Berühmtheit. Zu meinem Siebzigsten jetzt ereilte mich die nächste Europameisterschaft, gewürzt durch Spekulationen über weitere Anschläge in Frankreich und knüppelige Auseinandersetzungen zwischen jungen Männern, die unterschiedlicher Meinung darüber waren, ob sie lieber auf die englische oder auf die russische Mannschaft stolz sein wollten. Gerechterweise gingen beide unter. Dass Italien, wo ich war, gegen Deutschland, wo ich nicht war, verlor, fand ich traurig, auch wenn es meine Gäste freute, weil ihnen so ein Schlaf störendes Hupkonzert erspart blieb. Dass man auf seinen Pass, seinen Postboten oder überhaupt auf etwas stolz sein kann, was man nicht selbst geleistet hat, habe ich nie verstanden und werde es nie verstehen. Auf mein Geld bin ich auch erst stolz, seit ich das Kapital nicht nur ausgebe, sondern auch vermehrt habe. Dass ich darauf viel weniger Steuern zahle als früher auf meine Gehaltsgelder, die ich mir mühselig erschuftet hatte, ist Glück. Und Glück kann man einfach genießen, ohne darauf auch noch stolz sein zu müssen. Sollte die Vermögenssteuer, über die sich mein Vater als ‚Besteuerung von Versteuertem' immer aufregte, diese nicht fiskalisch, sondern bloß optisch wirksame ‚Gerechtigkeits-Neid-Steuer' nach der nächsten Bundestagswahl wieder eingeführt werden, dann kann ich stolz sagen: „Ich habe im Sommer 2016 ordentlich viel ausgegeben, um das zu versteuernde Einkommen zu mindern", und „ich habe, seit ich geerbt habe, jährlich so viel in die von mir gegründete Stiftung investiert, dass ich keine Lust habe, mich moralisch abtatschen zu lassen von Leuten, die noch nie unter Beweis gestellt haben, dass sie mit Geld pfleglich umgehen können."

DONNERSTAG, 16. JUNI 2016

Am Donnerstag kam der zweite Schwall angereist: Rafałs Ehemann Carsten aus

Kassel, mit Beagle Sally; Rüdiger aus Freiburg, mit Auto; Bo aus Stockholm mit seiner Frau Ingrid und aus dem Veneto Giuseppe, den ich 1981 in Venedig kennengelernt hatte, der also der Einzige der Anwesenden war, dessen Bekanntschaft ich nicht meinem Beruf, sondern meinem Charme verdankte, abgesehen von Rafał, den ich seinem Beruf und Charme verdanke, inklusive Mann und Hund.

Das Abendessen war zur Einstimmung der Neuankömmlinge bei ‚Sigmund' arrangiert: Man sitzt oberhalb der autofreien Hauptstraße und lässt von der Terrasse herab den Blick auf die Passanten, die Passer und die Berge schweifen, während der Himmel purpurn zu leuchten beginnt und man spürt: Nun bin ich angekommen. Dieses Schauspiel unterblieb. Es schüttete derart heftig, dass Rafał das Auto in gewohnter Skrupellosigkeit über die verbotene Brücke fuhr. So konnten Ingrid, die ebenfalls nicht gut zu Fuß ist, und ich direkt vor dem Wirtshauseingang aussteigen. Das hätte Rafał sich bei Sonne nicht getraut, schon wegen der Polizisten, die unter den stattdessen waltenden Umständen auch nicht im Regen stehen wollten, und das wiederum musste mich über den vermasselten Einstieg in die Feierlichkeiten hinwegtrösten. Eine dennoch etwas heikle Situation, denn wenn meine Pläne sich nicht haargenau umsetzen lassen, neige ich zum Durchdrehen. Aber sei's drum: Drinnen im ersten Stock war es auch hübsch. Rüdiger hatte nach den beschwerlichen Reisen allgemeine Magenleere vorausgesetzt und schon mal ein paar Aufschnittplatten für den quälendsten Hunger bestellt, als Ingrid und ich die Treppe erklommen und Rafał noch nach einer Möglichkeit suchte, den Wagen so abzustellen, dass es niemand merkte.

EIN ABGESCHAFFTER FEIERTAG

UMWEG #9

FREITAG, 17. JUNI 2016

Die längste Zeit meines Lebens war das ein Feiertag gewesen: der Tag der deutschen Einheit, an die niemand mehr glaubte. Als sie dann doch kam, wurde er abgeschafft. Seither liegt mein Geburtstag etwas ungeschützt irgendwo in der Woche, was aber nicht so schlimm ist, weil ich gleichzeitig aufhörte, ins Büro zu gehen. Als am 17. Juni 1953 in Ostberlin der Aufstand ausbrach, war ich zehn Wochen zuvor in die zweite Klasse gekommen, und meine Eltern waren weg. Im Gegensatz zu Ulbricht fürchtete ich mich aber nicht vor den Konterrevolutionären, denn ich fürchte mich nun mal grundsätzlich nie vor Politischem, sondern bloß vor Privatem. Trotz meines nahenden Wiegenfestes schien es meinen Eltern interessanter, mit Freunden am Mittelmeer zu urlauben, als mich am Wannsee zu betreuen, was ich aus heutiger Sicht nachvollziehen kann und damals wie alle Zumutungen des Lebens hinzunehmen hatte.

Aus Westberliner Sicht ging ja alles letzten Endes noch recht glimpflich ab, aus Ulbrichts Sicht auch. Welche Vorwürfe hätte sich meine Mutter, rivieragebräunt, gemacht, wenn sie eine Woche darauf an der versperrten Grenze hätte mit ansehen müssen, wie ich ungeachtet ihres Händeringens in einem sowjetischen Panzer nach Sibirien verschleppt worden wäre und statt Schildkrötensuppe jahrelang Soljanka hätte essen sollen.

Nun gibt es also seit 26 Jahren keinen politischen Puffer mehr vor meinem Geburtstag, und dass er, eine von sieben Möglichkeiten, in diesem Jahr auf einen Sonntag fiel, konnte ich als Geschenk der Astronomie betrachten und bei Bedarf stolz sein darauf.

Um halb zwölf traf Anette in Bozen ein. Natürlich war ich mit Rafał mitgefahren, um sie abzuholen, natürlich war sie nicht da, natürlich hätte ich mich daraufhin noch dringender als sonst untenrum erleichtern müssen, und wenn ich nicht weiß, sondern bloß hoffe, dass es vorne ist, ist es natürlich hinten; seit meine Prostata geschält ist, bekommt mein

Hirn nicht mehr ganz so wie früher mit, was sich da zwischen den Öffnungen alles abspielt, aber während ich noch überlegte, was die Ankömmlinge und Abholer wohl von einem alten Mann mit Krückstock denken mochten, der sich hinter dem Behinderten-Parkplatz neben eine Linde hockt, erschien Rafał im zweiten Anlauf doch noch mit Anette, die offenbar nicht den Zug verpasst hatte, sondern nur meinen Helfer. So kam Anette ins komfortable Hotelzimmer und ich – tapfer wie jahrelang antrainiert – aufs eigene Klo. Auch Anette wollte nach der langen Bahnfahrt aus Osnabrück das tun, was viele Menschen als ‚Sichfrischmachen' bezeichnen und das von meinem Freund Harald und mir immer als ‚Sich-den-Schritt-Auswringen' gedeutet wurde.

Um halb zwei saßen wir im ‚Relax', das zwar wie ein Friedrichshainer Strandclub heißt, aber zwischen Sisipark und der Straße nach Dorf Tirol liegt. Dort gibt es gut zu essen, Pizza nur abends, und es überfordert mein Gehvermögen nicht, den Weg von unserem Privatweg bis hin zu der geschützten Ecke seitlich des Eingangs zu meistern. Als zufällig Bo und Ingrid zu uns stießen – zwischen Hotel und Welt weniger verblüffend als an einem Sonntag Geburtstag zu haben – waren wir fast komplett. Am Abend wurden noch Thomas und Loïc

Oben: Guntram und Irene (1953)

Unten: Guntram und Irene mit Werner Russ (1953 an der Côte d'Azur)

erwartet. Sie waren bis Verona geflogen und wollten von dort einen Mietwagen nehmen. Das fand Anette so umständlich, dass sie dann doch lieber im ‚Damenabteil' mit dem Zug gekommen war. Was einem im Damenabteil entgeht oder erspart bleibt, beschäftigte mich vorhersehbarerweise die halbe vorangegangene Nacht lang, aber seit ich nicht nur die gut gekleideten Freundinnen meiner Mutter, sondern auch die Übertragungen vom ‚Kugelstoßen der Damen' auf dem Bildschirm verwundert erlebt hatte, gab ich mich da keinen übertriebenen Hoffnungen auf nächtliche Eleganz mehr hin.

Für 18:00 Uhr war ein Zusammentreffen in meinem Haus geplant. ‚Empfang in der Villa' stand auf dem Blatt Papier, das jeder in seinem Zimmer vorfand und das auch Auskunft darüber gab, wer wann in welchem Auto zu sitzen habe. Damit nicht alles nach dem Körperpflege-Ausflug einer Besserungsanstalt klang, war es so formuliert, dass man es auch ironisch lesen konnte, freilich, ohne sich über Zeit und Ort hinwegsetzen zu dürfen: Vierzehn unpünktliche Personen mit zu vielen oder gar keinen Ideen – das hätten meine Nerven nicht durchgehalten. Also kamen auch alle erschreckend rechtzeitig, besonders der Regen. Aber die ziemlich neue Markise hält ja ziemlich viel aus. Unsere Nachbarn Hiltrud und Albert hatten den kürzesten Weg. Aber selbst Loïc und Thomas hatten es von Verona nordwärts derart uhrgenau hinbekommen, dass meine Sitzordnung im Schloss Rametz keinen Schaden litt. Die Örtlichkeit war mit Bedacht so gewählt, dass sie sowohl vom Hotel ‚Mignon' wie von der ‚Villa' in vier Wagen rasch zu erreichen war. Außerdem ist das Essen gut und der Geschäftsführer nicht herzlich, sondern ehrerbietig, was für den ersten Abend eines Festivals durchaus passend ist. (Gestern zählte noch nicht.)

Das erste Mal habe ich 1981 meinen Geburtstag in Meran gefeiert. Meine Eltern hatten vier Jahre zuvor eine Wohnung am Ortsrand gekauft. Sie liebten Südtirol und wussten, dass ich es auch liebte. Unsere gegenseitige Zuneigung hat uns nahezu gänzlich um den damals in anderen Familien besonders ausgeprägten Generationenkonflikt gebracht. Kompromissfähigkeit habe ich mit der Vatermilch eingesogen, und sie hat in meinem Privat- und meinem Berufsleben zu solchen Erfolgen geführt, dass ich wohl auch in der Politik etwas hätte werden können. Aber vielleicht hätte mir meine Ideologielosigkeit im Wege gestanden: Sie macht Durchsetzung ein bisschen langweilig.

1981 war Silke wie so oft mit ‚Künstler' genannten Pop-Interpreten auf Tourneen, aber ihre Schwester Esther war da, mit Walter, den sie schon dringend wollte, obwohl er damals noch anderweitig verheiratet war. Meine Eltern hatten die beiden im ‚Mignon' untergebracht, das zu jener fernen Zeit noch keine fünf Sterne hatte und zur Wohnung meiner Eltern das Nächstliegende war, wenn auch nicht so nahe wie jetzt zu unseren heutigen Anwesen. Pali und Arthur im Doppelzimmer und Susi im ‚Einzel' schliefen ebenfalls dort, Harald in der nicht weit entfernten Wohnung von Hasso, dem ewig klammen Bruder meines Vaters, der sich die Anschaffung in Meran von seiner dritten Frau Karen hatte bezahlen lassen und das Zubrot für Haralds Unterbringung gern einstrich. Roland und ich hatten ein ordentliches Zimmer in dem Haus, in dem meine Eltern gedacht hatten, Teile ihres Lebensabends zu verbringen: eine Vierzimmerwohnung im obersten Stockwerk mit Blick auf nichts als Apfelplantagen. „Unverbaubar", hatte der Eigentümer gelogen. 1981 wurden zu beiden Seiten Häuser errichtet. In den glaslosen Fenstern knallten die Plastikabdeckungen im Sturm, und Pali sagte: „In Hamburg wohnt ihr hübscher." Irene ging in die Küche, um ihrem Wutanfall freieren Lauf zu lassen. Sie rammte die Schere, mit der sie eigentlich Schnittlauch hatte schneiden wollen,

Oben: Harald, Esther, Hanno, Walter

Mitte: Hanno, Irene, Guntram

Unten: Geburtstagsgesellschaft (alle 19. Juni 1979)

in den Küchenboden, dessen PVC-Belag Kacheln vortäuschte. „Das muss ich mir in meinem Haus nicht sagen lassen", zischte sie. Guntram sagte begütigend: „Püppchen!", was sie nun wirklich nicht war, und ich dachte: „In wessen Haus denn sonst?"

Aber dann saßen wir doch alle ganz friedlich in dieser Wohnküche und spielten das Wahrheitsspiel, das Roland und ich so liebten: Nacheinander darf sich jeder eine Frage ausdenken, und alle am Tisch müssen sie beantworten. So wie die Gruppe zusammengesetzt war, brauchte man nicht zu befürchten, dass die Fragen harmlos blieben, oder gar die Antworten. Irene zeigte sich am nachhaltigsten von Susis Antwort zu ihrem Traumberuf beeindruckt: „Zuhälter".

Susi kam, nun wieder 2016, vom anderen Tischende her in meinen Nachtisch und sagte, der für den nächsten Vormittag geplante Aufstieg zum Wasserfall würde den meisten zu viel. Es konnte sich bei diesen ‚meisten' nur um die vier Personen handeln, die in Susis engerem Umfeld saßen, und Susi steht in dem Ruf, einen besonders guten Draht zu mir zu haben. Da mir die ganzen Tage über nicht klar gewesen war, ob ich erleichtert oder enttäuscht hätte sein wollen, wenn mein Geburtstag ausgefallen wäre (Einmarsch der Russen in Italien, nordkoreanische Bomben auf Europa, der nächste Schlaganfall, das Jüngste Gericht oder Ähnliches) nahm ich Susis Mitteilung gelassen.

Der Wasserfall von Partschins gilt als Touristenattraktion, er ergießt sich aus schwindelnder Höhe hinab ins Vinschgau. Obwohl ich seit Mitte der Sechzigerjahre des vergangenen Jahrhunderts dauernd in Südtirol war, hatte ich keine Ahnung von ihm, bis Rafał uns im vorigen Jahr dorthin schleppte. Es war, als hätte mich nach 63 Jahren in Othmarschen jemand darauf hingewiesen, dass dort die Elbe entlangfließt. Als wir Susi, die ein paar Wochen später eintraf, das Schauspiel zeigen wollten, war das Ausflugslokal unterhalb des steilen Pfades geschlossen, was ich für einen Samstag ungewöhnlich fand. Würde ein Skiliftbetreiber im Februar Urlaub machen? Obwohl ich im Allgemeinen kaum etwas die Kehle runterkriege, finde ich eine Erkundungstour ohne Lokaltermin unangemessen. Das Essen kann ich wegen Blockade oft nicht beurteilen, aber Sprachstil der Speisekarten und Zustand der Waschräume sagen oft ähnlich viel über die Örtlichkeit aus wie über die Aromen der Gerichte.

In der Nähe des prächtigen Wasserfalls fand ich ‚Onkel Taa', bei Google natürlich. Zunächst wollte ich es nicht in die engere

Wahl nehmen, weil ich nicht recht einsah, warum ich im Vinschgau thailändisch essen sollte. Aber der knorrige Wirt erklärte mir später, dass er den Spitznamen von seinen kleinen Neffen bekommen und beibehalten habe. Das Lokal gibt es seit 1430. Damals herrschte in Thailand สมเด็จพระบรมราชาธิราชที่ 2, also Borommaracha II., und der Staat hieß noch 509 Jahre lang Siam.

Auf den mühsamen Anstieg zum Wasserfall konnte ich schmerzlos verzichten, und wenn die anderen keine Natur wollten – ich würde nicht schulmeisterlich auf Bundhosen bestehen. „Dann fahren wir eben erst um zwölf los und gleich zu Onkel Taa", sagte ich und rührte den Löffel im Topfenmousse. Bei der Süßspeise bin ich immer schon so erleichtert, dass ich sie häufig aufesse.

LEBENDE UND UNSTERBLICHE

UMWEG #10

SAMSTAG, 18. JUNI 2016

Alle saßen pünktlich in den Autos, für die sie eingeteilt waren. Rafał fuhr mit Bo, Ingrid und mir vorneweg und verzichtete wegen seiner guten Ortskenntnisse auf die Navigatorin, was uns und die anderen drei Autos hinter unseren Rücken mehrfach durch Algund führte. An der ewig selben ewig roten Ampel machten wir uns Mut, die Nachzügler würden das bestimmt für eine Ortsbesichtigung halten, dann kamen wir doch nach Töll, wobei Rafał unentwegt den Rückspiegel anschrie, warum Giuseppe so langsam führe. In Töll mussten wir die vernünftige Landstraße auf den Reschenpass verlassen, über die Etsch-Brücke setzen, am Endzeit-Stimmung verbreitenden Bahnhof vorbeigleiten, und wenn man dann nach einer Weile auf dem ganz ehrlich als ‚Sackgasse' ausgeschilderten Weg denkt: „So, nun ist alles aus!", dann kommt ‚Onkel Taa'. Bei gutem Wetter kann man draußen sitzen. Wir saßen drinnen. Der Regen verhinderte, dass irgendwer den Wasserfall vermisste.

Unser Tisch war festlich gedeckt, und es dauerte eine Weile, bis alle an ihm saßen, weil es viel zu begucken und zu bestaunen gibt. Wir tauchten ein in die österreichische K.-u.-k-Welt: Plüsch und Spitze und Sisis Badewanne im Hof vor steilem Felsen.

Was als Imbiss gedacht war, wurde ein reichhaltiges Menü. Ich aß, wie andere Nostalgiker auch, Schnecken. Das war in den Siebzigerjahren Mode gewesen. Silke schenkte mir damals zum Geburtstag Pfännchen aus feuerfestem Glas und chirurgisch anmutende Bestecke dazu. Die Schnecken lagen zu dieser Zeit in ziemlich einfallslosem Sud; man kaufte sie bei besseren Feinkost-Geschäften in der Dose, füllte die ausgewaschenen oder neu erworbenen, dekorativen Häuschen mit den glibberigen Dingern, bestrich die Öffnung mit sehr viel Knoblauch-Petersilien-Butter, und dann ab in den Ofen. Das war wesentlich umstandsloser, als es die durchtriebenen Alten Römer trieben: Sie sollen die nichts ahnenden Schnecken mit Milch gefüttert haben, damit sie anschließend schöner schmeckten. Aber auch heute noch freut sich Tierversteher und Bestseller-Autor Wohlleben kauend, wenn es das Huhn in seinem Mund vorher gut gehabt hat. Artgerecht gehalten, artgerecht gegessen. Wahrscheinlich ist es auch artgerecht,

Oben: Hanno mit 16 Jahren (1962)
Mitte: Hanno mit 19 Jahren (1965)
Unten: Hanno mit 22 Jahren (1968)

Menschen in Religionen gefangen zu halten. Evolution bevorzugt das Schneckentempo. Während wir vor vierzig Jahren die gesottenen Weichtiere mit den chirurgischen Zangen aus dem Gehäuse lösten und dann auf die Gabel piekten, um sie gekonnt an die Lippen zu führen, kamen wir uns sehr weltläufig vor: Vietnam ging uns nichts an, aber Manieren hatten wir. Unsere Eltern hatten nach dem Krieg noch Blumenkohl in Mehlschwitze gegessen, wenn überhaupt. Bei uns gab es allenfalls Broccoli mit gerösteten Mandeln. Pali merkte zurecht an, dass Schnecken wie ausgespuckter Kaugummi schmecken und nur dank ihrer forsch gewürzten Knoblauch-Verpackung genießbar werden. Veganer nehmen heute natürlich Distelöl mit enzymatischer Veresterung statt Butter.

Anschließend an die ausgedehnte, ausgelassene Mahlzeit musste noch das Sisi-Museum über den Seiteneingang des Restaurants besucht werden: Da ist alles an Puppenstuben, Küchen-Utensilien und Zierrat angesammelt, was es im späten 19. Jahrhundert gegeben haben mag.

Die vorgesehene lange Ausruh-Pause schrumpfte auf eine halbe Stunde. Der Raum, in dem ich auch jetzt sitze, in dem links vor dem langen Balkon mein Schreibtisch steht und vorn der Flachbildschirm, groß genug, um die Welt wohldosiert in unsere Abgeschiedenheit zu integrieren, dieser Raum war mit Gartenmöbeln und gepolsterten Auflagen so hergerichtet, dass er tatsächlich vierzehn Personen fassen konnte. Die Berge waren nicht zu sehen, aber die Gäste sollten ja auch mich angucken, denn nun hielt ich meine Rede. Für alle, die nicht dabei waren oder sie vergessen haben, ist sie hier nochmal. Scheinbar weit ausholend begann ich:

Liebe Seelen-Verwandte!

Mein erster runder Geburtstag, als ich zehn Jahre alt wurde, ...

... an den erinnere ich mich nicht mehr. Zwei Monate vorher war ich aufs Gymnasium gekommen: der Wechsel von gemischter Klasse mit netter Lehrerin zu reiner Jungensklasse, von Alt-Nazis unterrichtet – das war ein Kulturschock, von dem ich mich bis zur Oberstufe nicht erholte.

Dabei ist Jugend nicht zwangsläufig ein Nachteil, obwohl man das mit 14 damals oft so empfand. Zu meiner Kinderzeit sah man in Erwachsenen ja noch Vorbilder und nicht digital rückständige Bevormunder.

Die Älteren zu verachten, das ging eigentlich erst '68 so richtig los.

Ich war immer der Jüngste und der Ungeschickteste in der Klasse und dazu noch katholisch. Noch schlimmer hätte es in der Diaspora Hamburg um 1960 nur kommen können, wenn ich gesagt hätte: „Ich glaube nicht nur an den Papst, ich glaube außerdem, ich bin schwul.“ Meine Waffen wuchsen mir erst so richtig, als die Waffen mancher Draufgänger bereits stumpf zu werden begannen.

Ziemlich ungern verbrachte ich Zeit in unserem Schullandheim auf Föhr, weil es mir damals recht schlecht gefiel, mit anderen Jungen in einem Zimmer zu schlafen, und auch später lag mir immer sehr daran, mir auszusuchen, neben wem ich morgens aufwachte. Tagsüber gab es Unterricht. Abends saßen wir bei ‚Zumpe‘, was ich damals schon lautmalerisch fand. Drei der älteren Sitzenbleiber sahen in mir dünnem Ding eine fette Beute und forderten mich zum Skat auf. Wenn abwechselnd immer einer aussetzt, kann man das ja auch zu viert spielen. Da ich nie einen Ball ins Tor schoss, war es für die Sportskanonen überraschend, dass ich überhaupt bereit war, mich auf

Oben: Roland und Hanno

Unten: Guntram, Irene, Pali, Harald, Roland, Hanno und Susi bei ‚Mary‘ (beide 1979 in Meran)

irgendetwas einzulassen, was nicht zum Unterricht gehörte, und weil um Geld gespielt wurde, schien ich das perfekte Opfer.

Mir die Skatregeln zu erklären, war freundlich von ihnen, aber überflüssig: Wenn meine Eltern verreist waren und meine Großeltern mich betreuten, dann hatten wir vorm Zubettgehen allabendlich Skat gespielt. Fernsehen gab es bei uns noch nicht, und meine Eltern waren oft verreist ... – Ich nahm die drei Profis aus bis auf den letzten Pfennig.

Danach hatte ich weniger Probleme mit der Überlegenheit der Älteren. Vermutlich war ich eine Nerd-Vorform, und weil es Heimcomputer noch nicht gab, wurde ich Partituren-Freak.

Jungsein ist, wie gesagt, nicht immer ein Nachteil; als Tarnung ist es, wie in diesem Fall, sogar ganz hilfreich. An der Kinokasse musste ich allerdings noch mit achtzehn meinen Ausweis zeigen für Filme, die jetzt sonntagnachmittags im Fernsehen laufen.

Dann wurde ich volljährig, damals mit 21; aber ich blieb albern, und inzwischen habe ich die Hoffnung aufgegeben, das zu werden, was viele unter ‚Erwachsensein' verstehen. Bei meinem 40. Geburtstag in Venedig war noch Roland dabei. Meinen 50. Geburtstag, auch in Venedig, begleitete noch mein Vater; meinen 60. hier in Meran meine Mutter.

Inzwischen bin ich Vollwaise.

Unter anderen Umständen, bei anderer Lebensführung hätte ich jetzt keinen Schlaganfall, sondern Kinder. Sogar Enkel. Schicksal! Mit Familie ist es wohl vorbei für mich, aber: Ich habe Freunde. Und so bin ich Euch aufrichtig dankbar, dass Ihr mich durch diese eigentümlichen Tage begleitet.

Ganz besonders danken möchte ich Silke und Rafał. Silke und Rafał sorgen jeden Tag für mich, und sie setzen meine Ideen um in Taten. Ich sage bloß ‚Fragsburg', aber Silke organisiert das. Ich sage bloß ‚Ossobuco', aber Rafał schmort es. So gut habe ich es.

Die Anreise hierher ist ein bisschen beschwerlich, bis ‚Lana International' endlich eröffnet wird, kurz vor Berlin-Schönefeld. Wie schön, dass Ihr trotzdem alle hier seid. Auf Euch! Auf mich! Auf uns!

Danach zeigte ich einen Film. „Besser bei Regenwetter als bei 38 Grad im Schatten", stachelte ich mich an, um die Darbietung zu genießen. Manchmal reicht es ja, sich auszumalen, wie viel schlimmer alles hätte kommen können, um mit dem Ist-Zustand seinen Frieden zu machen. Für Euphorie langen solche Überlegungen allerdings selten aus.

Der Film, den ich kurz vor der Abreise von Hamburg aus Bestehendem zusammengeschnitten hatte, zeigte den Schmiedlhof, oberhalb von Lana. Dort war ich ab Mitte der Sechzigerjahre mit Harald, später auch mit Roland, alljährlich für ein, zwei Wochen gewesen. Anfangs war das unserem studentischen Budget angemessen, später Weltflucht ins Ländliche. Die Wirtin Maria Malayer, hatte ich zu ‚Mary, der Herrscherin von Grissian' hochstilisiert und aus der braven Wirtin eine gemeingefährliche Terroristin gemacht. Selbst die grün schillernden Schmeißfliegen gehorchten ihrem Kommando. Ohne solche Uminterpretationen der Wirklichkeit bin ich schon seit frühester Kindheit nicht ausgekommen. Marys Sohn hatte eine verhärmte Frau geheiratet, die in ihrem Lady-Macbeth-haften Ehrgeiz darauf bestanden hatte, oberhalb des urigen Schmiedlhofs ein modernes Hotel zu errichten. Jedenfalls trauten wir ihr diesen Frevel eher zu als Marys phlegmatischem Nachwuchs.

Nachdem der Film also zur Einstimmung verdaut war, zerquetschte Aufständischen-Leiber und unter Schmeißfliegen begrabene Gesichter inklusive, machten wir uns auf den zugeregneten Weg in die Höhe. Gerade, als wir nach dreiviertelstündiger Fahrt vor dem Schmiedlhof parkten, durchbrach die Sonne die Wolkendecke: Wir stiegen aus unseren Archen und dankten Gott für den neuen Bund. Draußen an den langen, wettergegerbten Holztischen mit Blick auf Meran links und Bozen rechts zu sitzen, war unmöglich, aber auch an die heimelige Gaststube hatte ich lebhafte Erinnerungen: Bei meinen Wutanfällen über ein schlechtes Blatt hatte ich dort abends so manche liebe Skatkarte zerfetzt.

Es gab ‚Speck am Brettl', und Albert als Ortsansässiger verstand ihn so meisterhaft dünn zu schneiden, wie ich das nicht mal mit der Maschine hinbekäme.

Mary ist ja seit zwölf Jahren tot. Sie soll erhebliche Mengen an ‚Williams Birne' nicht bloß an die Gäste ausgeschenkt haben. Als ich sie zuletzt gesehen hatte, war aus einer fetten Matrone eine dürre

Alte geworden. Im fünfhundert Jahre alten Flur plauderte ich mit Marys gutherzigem Enkel über Sommer, die weit vor seiner Zeit lagen. Er griff in die mir vertraute Kühltruhe und trank mit mir einen tiefen Schluck auf die Oma. Und all die vielen Toten, mit denen ich hier dereinst gestanden hatte, sahen zu und rührten sich nicht.

Unsolidarischerweise gingen oder fuhren wir dann die fünfzig Meter aufwärts zu seinem Onkel im ‚Grissianer Hof'. Der Ort Grissian besteht aus diesen beiden Häusern und einer Feuerwehr-Station. Wenn es brennt, ist der Schlauch nicht weit.

Wir hatten wieder eine schöne, lange Tafel. Die Sitzordnungen für die einzelnen Veranstaltungen drückt mir Silke immer rechtzeitig in die Hand, damit nicht plötzlich zweimal dieselben Leute nebeneinander sitzen: Das wäre ein gastgeberischer Fauxpas. Wichtig auch, dass jede Dame einmal mich zum Tischherrn hat. So etwas ist genauso wichtig wie die Speisefolge, aber ich habe genügend internationale Meetings ausgerichtet, um an solchen Aufgaben nicht zu verzweifeln. Mary, die in ihrer rußgeschwärzten Küche zwischen Schnitzel und Schweinsbraten hin und her gewechselt war, hätte sich womöglich darüber gewundert, dass sich ihr Sohn, agenturberaten, schon im Internet anpreist: „Wir möchten unseren Gäste vor allem mit regionalen Produkten ein ganz besonderes Geschmackserlebnis bieten." Das Geschmackserlebnis hielt den Anforderungen stand; wir hatten ja auch schon einiges im Magen. Sehr froh war ich, dass später unten im Ort niemand den Vorschlag machte, aufzubleiben, bis mein neues Lebensjahr begann. Carsten, Rafał und Giuseppe traue ich zu, um Mitternacht zwischen all den jungen Männern im ‚Rossini' einen Schluck auch auf mein Wohl getrunken zu haben, falls sie dort nicht gerade anderweitig beschäftigt waren.

FÜNF STERNE UNTER GRAUEM HIMMEL

UMWEG #11

SONNTAG, 19. JUNI 2016

Siebzig zu werden ist kein Ruhmesblatt, seit es Antibiotika gibt. Bedeutende Menschen haben dieses Alter zuvor nicht erreicht, längst Vergessene haben es seither weit übertroffen. Ich liege wie üblich im Mittelfeld dazwischen, habe also eine noch mindestens so glorreiche Zukunft, wie Honecker sie der DDR zum vierzigsten Jubiläum vorhergesagt hat.

Hatten wir gestern auf dem Weg zu Mary die Hänge westlich der Etsch erobert, so machten wir uns heute auf den Bergweg östlich des Flusstals: zur Fragsburg. Alles aus möglichst vielen unterschiedlichen Blickwinkeln zu betrachten, ist in westlichen Köpfen und Medien verankert: Der Kapitalismus muss sich in die Konsumenten hineinversetzen und Gemeinsamkeiten aufspüren – wie will er sonst der Kundschaft etwas verkaufen? Dem strammen Sozialisten reicht die edle Idee, der Ungläubige muss sich an der Kasse etwas einwickeln lassen, um Befriedigung zu finden. Die noble Fragsburg liegt in überschaubarer Höhe. Früher ließen wir dort das Auto stehen, spazierten die Wiesen erst aufwärts, dann wieder abwärts und aßen anschließend an karierter Tischdecke Kaiserschmarrn. Jetzt nicht mehr.

„Eingebettet in die alpin-mediterrane Bergwelt Südtirols thront das Schlosshotel ‚Castell Fragsburg' als ein Refugium der Ruhe hoch über Meran." Und weiter: „Egal, wie oft wir selbst unsere cinematographische Glas-Loggia schon betreten haben und über die Brüstung der Panorama-Terrasse hinweg die faszinierende Kulisse Merans erblickten, selbst wir sind jedes Mal aufs Neue von der gewaltigen Schönheit der Natur rund um uns wie verzaubert", singen alle vom Fünf-Sterne-Generaldirektor aus Wien bis zum Zwiebelzerkleinerer aus dem Senegal unter Tränen im Werbechor der Homepage.

An Draußenessen war nicht zu denken, Panorama hin oder her, aber das

Getränkebüfett konnten wir doch für den Aperitif in der Veranda ‚plündern', dazu gab es schon mal ein paar Häppchen, die im Senegal eine ganze Familie ernährt hätten. Nun packte ich wie vorgesehen meine Geschenke aus und war gerührt über Einfallsreichtum und Einfühlungsvermögen meiner Freunde. Da ich mir den Ruf erworben habe, kaufen zu können, was ich will, besteht die Herausforderung darin, mich mit Dingen zu überraschen, auf die ich selbst nicht gekommen wäre. Inzwischen habe ich die Bücher gelesen, die Kleidungsstücke angetragen und meine Vorfreude auf den Besuch der Elbphilharmonie gesteigert.

Während immer mehr farbiges Papier auf dem Holzboden landete, wurden die Kanapees weniger, die Gläser leerer und die Berge freier. Ich sah mir die feierliche Tafel an: ging gar nicht! Silkes telefonische Anordnung war nicht befolgt worden. Fürs Personal ist es natürlich bequem, wenn oben und unten niemand sitzt und die Bedienenden den Tisch leichtfüßig umrunden können. Mit meiner Sitzordnung war es unvereinbar, denn es hätte bedeutet, dass vier Personen auf je einer Seite keinen Nachbarn hätten, und zwei dieser Unglücklichen wären ausgerechnet Silke und ich gewesen. Wir gehörten ans Kopf- und ans Schwanz-, äh, an die beiden Kopfenden. Es musste eilig umdekoriert werden, dann kamen auch schon die Frohgestimmten leicht fröstelnd von draußen. Nun saßen wir so weit auseinander, dass jede Unterhaltung den Kehlkopf übermäßig strapazierte. Nachdem ein Tisch aus dem Ensemble entfernt worden war und alle gemütlich zusammenrücken konnten, wurde es dann aber ein sehr schönes, langes, stimmungsvolles Geburtstagsessen mit mehr und mehr Sonnenschein jenseits der riesigen, geöffneten Fenster.

Dementsprechend fiel die abendliche Verköstigung weit weniger gehaltvoll aus. Das ‚357' liegt gleich bei uns um die Ecke. Sein Name bezieht sich auf die Hausnummer an der ‚Via-Cavour-Straße' wie sie in Südtiroler Zweisprachigkeit heißt, und die Zahl wird von Italienern ‚trecinquesette' ausgesprochen. Deutsche sagen: „Dreihundertsiemunfuffzich". Es gab Pizza und viel zu erzählen, und ich horchte in mich hinein, ob ich mich so alt fühlte, wie ich jetzt war.

Meine Altersgenossen, die damals alles umkrempeln wollten, waren mindestens so radikal und gläubig, wie ihre Eltern es gewesen waren, nur dass alles, was den Jungen nicht ins Weltbild passte, jetzt ‚faschistisch' hieß: ein Begriff, ehemals

Auszeichnung, jetzt Schimpfwort, so wohlfeil wie inflationär. Ich hatte sie für Idioten gehalten, alle zusammen. Von der Liberalisierung profitierte ich trotzdem, eher lauthals als stillschweigend, aber der nachprüfbare Kontrapunkt interessierte mich immer mehr als der angebliche Konsumterror. Partituren sind realer als Utopien: Sie lassen sich wenigstens umsetzen. An etwas glauben zu können, ist vielleicht Gnade, aber niemals Verdienst. Und an etwas geglaubt zu haben, taugt vielleicht zu wehmütigen Erinnerungen, aber nicht als Entschuldigung – genauso wenig, wie es zur Rechtfertigung dienen kann, an nichts geglaubt zu haben. Im Alter werden die Huren fromm und die Radikalen zahm. Trifft nicht zu auf mich. Sähe ich nicht so abgewrackt aus, ich würde behaupten, ich habe mich nie verändert.

Zum Tagesausklang gab es noch eine besondere Attraktion: Wir versammelten uns auf der Terrasse, Licht gleißte auf, Feuerwerk-Fontänen stoben in die Nachtluft, Shirley Bassey behauptete in der englischen Version ‚Fafafa' einer italienischen Canzone aus dem Lautsprecher heraus, was ich seit, oh mein Gott, fünfzig Jahren schon von ihr wusste: ‚We're only young but once then youth is gone. You can't go back in time, for time goes on.' ‚Live for today, today is all that matters', behauptet sie weiter im Text kämpferisch-resignierend, während das italienische Original nur bedauert, dass ‚Il carnevale' vorbei sei. Vielleicht stimmt es nicht, dass ich keine Idole hatte, habe ich nicht doch auf inbrünstig-ironische Art für Shirley Bassey geschwärmt, während Gleichaltrige glaubten, ‚Black Sabbath' würde ihnen neue Welten erschließen? Dass Shirley Bassey auf dem Festival von San Remo sang und ihre Italien-Liebe so weit trieb, dass sie den Assistenten des Hoteldirektors heiratete, aber nicht irgendeines italienischen Hotels, sondern den vom ‚Excelsior' auf dem Lido, das passte in Haralds und meine Gewissheit, dass Glamour und Kitsch einander nicht ausschließen, sondern bedingen. Von Silke, unserer Artist-Promotion-Expertin im Pop-Bereich, wusste ich außerdem schon damals, dass Rabauken, die in ihren Songs die Ungerechtigkeit der Welt anprangerten, gern in Nobel-Restaurants feierten, dort immerhin, um unetabliert zu bleiben, mit Gläsern um sich schmissen, oder aber gleich jenseits der Bühne unerkannt im Maßanzug liefen und ihre Kinder auf Privatschulen schickten. Vielleicht war unser Modell, das falsche Pathos der echten Empörung vorzuziehen, zynisch, aber dafür blieb es uns erspart, im späteren Alter Lebenslügen als wahre Werte ausgeben zu müssen.

Shirley Basseys gespielte Zügellosigkeit ‚Today is all that matters' liebte ich vielleicht deshalb inbrünstig, weil sie mir auf immer versagt blieb: Ich konnte den Augenblick monatelang planen, ich konnte ihn hinterher jahrelang beschreiben – genießen konnte ich ihn nie, und so hätte Mephisto als Verführer an mir noch weniger Freude gehabt, als er sie an Faust hatte. Meine Mutter dagegen hat in ihrer Wahl für Rita Hayworth womöglich mehr Klasse bewiesen als ich mit meiner Shirley-Bassey-Schwärmerei: Irene konnte es fast ernst meinen, ich fast nicht. Rafał tanzte in der Mitte des Gartens, schimmernd erleuchtet, mit nacktem Oberkörper, während er zwischen den Fingern einen gefiederten Stab hin und her balancierte. ‚Fireball' nannte er die Performance. Es hatte etwas Magisches. Es war Artistik, es war Voodoo, es war eine Zueignung. Die Sterne zwinkerten in der Ferne: Einverständnis. Oder Bluff. ‚Il carnevale – fafafa – finice male – fafafa …' Ja, es endet eben alles schlecht, es sei denn, man betrachtet das Ende als Erlösung.

WIE WICHTIG BIN ICH?

UMWEG #12

MONTAG, 20. JUNI 2016

Vor ihrer Abreise durften Thomas und Loïc beim Frühstück auf der Hotelterrasse feststellen, dass es in Meran auch wolkenlosen Himmel geben kann; den hatten sie dann bis zum Abflug in Verona. Anette stieg stattdessen in den Bus und kam ganz ohne Zwischenfälle, also nicht weiter erwähnenswert, nach Südfrankreich in ihren provenzalischen Urlaub ganz ohne WLAN, was einem ja heute vorkommt, wie ohne fließend Wasser. Rüdiger fuhr zurück ins Badische, heute ein Klacks. Die Gedanken waren ja, entsprechend dem Volkslied, schon immer frei, falls man sich traute, sie zuzulassen. Inzwischen sind der physische Transport und die Digitalisierung so weit fortgeschritten, dass ich mir die Linie nicht nur als Verbindung zwischen zwei Punkten, sondern auch in einem höher dimensionierten Raum vorstellen kann, was aber nicht davon ablenken soll, dass ich nicht aufhören konnte, mich zu fragen, ob Gott, die Natur oder sonstwer mir etwas damit sagen wollten, dass sie das Wetter wie zum Schabernack gleich einen Tag nach meinem Geburtstag so prachtvoll gestalteten. War ich ihnen wirklich so wichtig, oder hatten sie so wenig zu tun? Egal, es ging um noch Wichtigeres: wohin heute? Montags haben ja die meisten Lokale geschlossen, Schloss Thurnstein nicht. Rafał kennt wie üblich den Besitzer und seine sexuelle Ausrichtung.

Im Innenhof mit Blick ins Tal saßen wir Zurückgebliebenen entspannt in legerer Kleidung und freuten uns, keine Touristen zu sein, was man schon daran merkte, dass wir weder Wanderschuhe von Salomon oder von Jack Wolfskin trugen noch Rahmgulasch mit Krautsalat bestellten.

TIER UND MENSCH

UMWEG #13

DI., 21. JUNI – DO., 14. JULI 2016

Nachdem sich auch Bo und Ingrid wieder auf den Weg nach Stockholm gemacht hatten, war die Party vorbei. Susi blieb etwas länger bei Silke, Giuseppe bei mir. Beide hatten ja Zimmer mit Bad. Wo man nicht teilen muss, stört man auch nicht. Carsten blieb am längsten, im zweiten Stock der ‚Villa', Rafałs Reich, und Sally mit beiden.

Ich bin nicht tierlieb, deshalb mögen Tiere mich: Ich lasse sie in Ruhe statt ihnen mit Zärtlichkeiten zuzusetzen. Das gefällt ihnen, und darum kommen sie gern zu mir. Mit Kindern ist es genauso. Sally ist zehn, da Hundejahre siebenfach zählen, also genauso alt wie ich. Hunde sind mir sowieso ähnlich. Wir verteidigen uns mit dem Maul:

Sie beißen, ich rede. Seit ich mich ausdrücken kann, bin ich nicht mehr so hilflos. Sally hatte beunruhigende Knoten in der Brust. Carsten wollte deshalb eher abreisen, aber ich ergoogelte eine Tierklinik in Bozen, und da wurde Sally operiert. Wie vermutet war der Tumor bösartig. Das Wetter war gut, unsere Stimmung gedrückt. Wann passt schon mal alles zusammen?

Als Carsten abgereist war, zog ich nur noch ausrangierenswerte Kleidung an. Im Rahmen dieser Einschränkung hatte ich bis zum Schluss die freie Wahl unter meinen betagten Textilien, ohne dass ich fürchten musste, ein noch halbwegs ansehnliches Stück befände sich zum Zeitpunkt des Kofferpackens gerade in Rafałs nimmermüder Waschtrommel. Allen meinen Kleidungsstücken gönne ich zwar väterlich, die wilde, weite Welt kennenzulernen, aber manche sind einfach zu abgewetzt. Und dann ging sie los, die große Sommerreise: an nie gesehene und an lang vermisste Orte. Neugier im Kopf und Furcht im Herzen. Oder umgekehrt.

MAROSTICA
BASSANO
TRIEST
VENETIEN

SCHACHFIGUR

UMWEG #14

FREITAG, 15. JULI 2016

Dass wir am Freitag, dem 15. Juli, gerade in der Mitte des Monats, aufbrachen, war genauso zufällig, wie dass wir auf den Tag genau vier Wochen später zurück sein würden: nämlich kein bisschen.

Die Ästhetik der Zahlen ist im Alter einer Fahrt ins Blaue vorzuziehen, auch wenn unrealistische Filme und Bücher von ziemlich besten Freunden und mobilen Hundertjährigen mit Honig im Kopf schwärmen, weil diese Figuren den Nerv der Zeit treffen: Alt sitzt man heute nicht mehr hinterm Ofen, sondern auf dem Rücksitz einer Harley Davidson. Im Kino. Ich saß vorn. Privileg meines Schlaganfalls. Schönes Wetter ist immer verdächtig: Es könnte ja schlecht werden. Bei Regen gibt es diese Sorge nicht.

So wie ich jeden Abend beim Lichtausknipsen darüber nachdenke, ob ich mir eher auf der rechten oder auf der linken Seite ein rasches Einschlafen erliegen kann, so wichtig sind die Gedanken darüber, wie man am schnellsten auf die MeBo kommt. Seit ich denken kann, war die unberechenbarste Größe in meinem Kosmos die Zeit, die es dauern würde, durch die beschaulichen Weindörfer von Meran nach Bozen zu gelangen. Da waltete nicht Einstein, sondern das Schicksal. Brach man frühzeitig auf, um jemanden abzuholen, dann stand man eine halbe Stunde lang missmutig am Bahnhof im Halteverbot; fuhr man dagegen etwas später los, zuckelte man bei undurchdringlichem Gegenverkehr vierzig Minuten hinter drei Traktoren her, und die Abholperson saß tränenblind auf ihren Koffern. Aber dann plötzlich, 1999, war die Me(ran)Bo(zen) fertig, ohne dass ich je mitbekommen hätte, dass an ihr gebaut wurde. Seither ist das Leben um eine halbe Stunde reicher, und die will man nicht vergeuden. Zuerst sind wir einfach immer in Merano Sud auf die MeBo gefahren: Wir wussten es nicht besser. Dann entdeckte jemand aus meinem Umfeld den Anschluss ‚Marling': An den Außenfassaden der Rennbahn vorbei; und dann fiel mir die Strecke die Passer entlang nach Marling auf. Ich halte sie für die kürzeste Strecke, obwohl Silke sie nicht mag. Sie führt über die Bahngleise, und wenn die Schranke geschlossen ist, triumphiert Silke hinten lautlos. Als Pferdenärrin bevorzugt sie den Weg an der Rennbahn vorbei, obwohl eine ziemlich runtergekommene Anlage, in der niemand reitet, nicht viel anregender ist als ein nuttenloser Puff am Vormittag. Für Rafał ist die Auffahrt Merano Sud am praktischsten, denn da lenkt er nach einem etwas ärgerlichen Dreh um die einbahnstraßige ‚Via-Roma-Straße' herum das Steuerrad bloß noch geradeaus.

Wir fuhren meine Lieblingsstrecke, die Schranke war offen, und so konnte ich Giuseppe schon kurz nach elf aus dem Valsugana anrufen und ihm eröffnen, dass wir gegen zwölf in Marostica eintreffen würden. Marostica hat 13 989 Einwohner, falls der fleißigen Wikipedia nicht inzwischen jemand weggestorben oder zugeboren wurde. Giuseppes Gemeinde Mason Vicentino hat 3 503 Einwohner. Einer von dreitausendfünfhundertunddreien zu sein, darauf kann man doch stolzer sein, als sein Dasein in Tokio mit 37,37 Millionen Japanern abzuleben.

Marostica ist für Giuseppe der nächste kleinere Ort, Bassano der nächste größere und Venedig der nächste, von dem auch Menschen in Tokio schon mal gehört haben. Deshalb übernachten in Venedig 10 Millionen Besucher pro Jahr, 14 Millionen ‚Tagesgäste', wie die Heerscharen heißen, kommen hinzu, aber wir sind in diesem Jahr nicht dabei, obwohl wir weder bei ‚Cipriani' noch bei ‚Quadri' unangenehm aufgefallen wären.

An der Piazza von Marostica, die ein großes marmornes Schachbrett darstellt, das alle zwei Jahre mit verkleideten Menschen bespielt wird, habe ich zum ersten Mal 1983 mit Giuseppe gesessen und danach so oft mit so vielen meiner Lieben so viele Negroni getrunken wie andere in ihrer ganzen Erdenzeit nicht. Es wurde so ‚nah wie möglich' geparkt, und das blieb die ganze Reise über das, was ich neben der Aufgabe, doch noch ein guter Mensch zu werden, als das Problem meines Lebensrestes durchschaut habe: Aus dem Auto steigen und zu Fuß dort ankommen, wo ich hin will. Wenn man mit zwanzig überhaupt an später denkt, dann behauptet die Vernunft, dass man wohl Abstriche wird machen müssen, nicht nur an den Schleimhäuten, sondern auch an der Lebensführung. Aber wer rechnet damit, dass er nach zehn Schritten nicht mehr gehen möchte, dass er sich fast nicht mehr vorstellen kann, wie leichtfüßig er stunden-, ja, tagelang durch Städte und Wälder gelaufen ist? Früher.

Und dann war es die Piazza nicht mal wert, an ihr anzukommen. Falls sie es überhaupt war. Man sah nur Bretter. Innerhalb der Bretterwand fanden wir eine Lücke; da konnte man hindurchschlüpfen; dann sah man Tribünen und eine Bühne. Es war heiß und grell und grässlich, bis man auf der anderen Seite wieder ins Dämmerlicht trat. Dort konnten wir uns vor unser Stammlokal setzen und statt in Renaissance in Bretter gucken. Der Negroni schmeckte wie immer, Silke schickte Giuseppe eine SMS, und kurz darauf stieß er zu uns. Er hatte etwas schlauer geparkt als wir, aber noch besser hätte ich es gefunden, wenn er mir schon am Telefon gesagt hätte, dass Marostica dieses Mal keine so gute Idee sei, weil sich der Platz nicht nur zum Schachspielen eignet, sondern auch zum Lärmbeschallen, wenn Radau-Liebhaber dafür zahlen. „Cosa vuoi?“, fragte Giuseppe im Sinne von ‚Was soll man machen?‘, und die Antwort war, nachdem die Flüssigkeit von den Eisbrocken abgetrunken war, klar: weg hier!

Für das Mittagessen hatten wir im ‚Ca'Sette‘ außerhalb von Bassano gebucht. Als wir auf der Terrasse der Villa aus dem frühen achtzehnten Jahrhundert saßen und in den symmetrisch gestalteten Garten sahen, in der Ferne einen Olivenhain, fühlten wir uns in Italien angekommen; als wir die Speisekarte in Englisch bekamen, erst recht. Wäre in Südtirol nicht passiert. Der Ober war noch reservierter als unser Tisch, und ich fand, an den anderen Tischen wurden die Einheimischen freundlicher bedient, obwohl man ja nicht viel dichter zu diesem Beköstigungstraum als der Venetoese Giuseppe wohnen konnte, aber das wusste der Kellner nicht. Als Gast bin ich sehr empfindlich, lieber esse ich schlecht als schlecht behandelt zu werden. Ich bin nicht in Afrika und flehe um Hirse; ich will den Schweiß des Kochs und die Zugewandtheit des Tellerträgers schmecken. Sonst eben nicht. Ich komme tagelang ohne Nahrung aus, und wenn ich Gutes tun will, spende ich direkt und nicht an ein versnobtes Unternehmen.

Rafał als Fahrer trank kaum Wein, Silke gar keinen, und so hatten Giuseppe und ich die Flasche für uns. Eigentlich habe ich Karaffen lieber, und schlichte Nahrung liegt mir auch mehr als der aufgebrezelte Augenschmaus, den sich ambitionierte Köche ausdenken; bloß, dass in einfachen Lokalen die Teller immer so voll sind – das zwingt mich dann in diese Restaurants, in denen man viel Geld für fast nichts auf den Designer-Platten ausgibt. Ich bin eben von klein auf zur Sparsamkeit erzogen worden: Lasse ich die Hälfte zurückgehen, habe ich ein schlechtes Gewissen. Zahle ich viel dafür, dass ich nichts zu essen brauche, komme ich mir nobel vor.

DIE DREI VENEZIEN

UMWEG #15

Bis auf den kurzen Zubringer hatten wir den Rest der Strecke Autobahn. An Venedig vorbei – eigentümlich, dort nicht wie fast jedes Jahr zu verweilen, sondern dort wie noch nie einfach entlangzurauschen – aus dem Veneto über das Friaul nach Venezia Giulia. Wer sich ausschließlich für mich interessiert, muss die nächsten Absätze überspringen, wer auch ein bisschen Geschichte aushält, liest weiter.

Zunächst mal ist ja Gegend als solche bloß hübsch oder hässlich. Doch bereits da klaffen die Geschmäcker weit auseinander. Der eine liebt leere Heideflächen mit einem Wacholder in der Ferne wie im Totengrund, die andere liebt hohe, von Behausungen zugebaute Berge wie im Tibet. Gegend ist aber außerdem Schauplatz von Geschichte, besonders in Italien, und Geschichte bedeutet im Allgemeinen nicht, die Tochter des Herrschers über Tumpeldumpel wird ins Ehebett des Sohnes vom Herrscher über Hampeldampel gezwungen, sondern die Untertanen von Tumpeldumpel fallen über die Bewohner von Hampeldampel her, oder umgekehrt, weil sie selbst oder zumindest ihr Herrscher deren Land wollen, was sie aber so nicht sagen. Sie sagen, dass sie beleidigt wurden, einem Gegenangriff vorbeugen wollten oder die anderen völlig verkehrte Vorstellungen davon hätten, was Gott will. Für die von uns bereiste Gegend bedeutet das einiges Wissenswertes, das ich chronologisch ausbreiten möchte, wofür ich mich natürlich rechtfertigen muss.

‚Der Reihe nach' zu erzählen ist ja inzwischen selbst bei Fernsehkrimis verpönt. Wenn ich, gern schon vor den Credits, etwas halbwegs Interessantes (Mord, Explosion, Fahrerflucht) sehe, kann ich darauf warten, dass mich ein Schriftzug darauf aufmerksam machen wird: ‚vier Tage vorher', und dann muss ich mir mehr als eine Stunde lang, einschließlich Pinkel- oder Werbepause, die Stelle erarbeiten, an der die Fahrerflucht nach dem Mord während der Explosion stattgefunden hat. Zwischendurch hat der Schnitt eine Zeitlang immer hin und her gependelt zwischen dem Messer an der Kehle der Sympathieträgerin und dem Weinglas ihres infamen Geliebten in der Wohnung seiner heimlichen Freundin oder Dealerin. Dann holt als Rückblende die Kommissarin ihren Sohn aus der Kita ab, falls der nicht gerade entführt worden ist. Gleichzeitig rauchen Bösewichter in schmucken Häusern immer noch Zigaretten, Verdächtige aus schlimmen Vierteln sind unschuldig, und der prominenteste Schauspieler ist die Täterin, was die Zuschauerin countdownhalber eher erfährt als der tapfere Ermittler, der, ohne wie befohlen auf die Kollegen zu warten, in das Haus der Toten prescht, obwohl ihm gestern die Pistole geklaut wurde. Das Grundstück liegt genau an der Stelle, an der Öl gefunden wurde, eine Hochhaussiedlung gebaut werden soll und die Autobahn von Washington nach Moskau geplant ist. Das kam aber erst ‚vier Tage vorher' raus und hatte zu gewissen Erbstreitigkeiten geführt.

Also, so nicht. Ich erzähle der Reihe nach. Die Etrusker, die Völkerwanderung sowie Aufstieg und Fall Venedigs lasse ich hier einfach weg, so lehrreich dieser Abschnitt der Geschichte für diejenigen, die lernen wollen, auch sein mag. Was mich konservativ und alt macht, ist meine Vermutung, dass die meisten Menschen am Wissen nicht sonderlich interessiert sind. Die Strafe dafür kommt nicht immer, aber manchmal durchaus auf der Lohnabrechnung: niedrige Bildung – niedriger Verdienst. In Mitteleuropa ist das Bildungsangebot gegenüber Somalia ziemlich groß, und wer es nicht annimmt, verdient eben all das, was man für wenig Geld bekommt: schlechtes Essen, hässliche Kleidung, steriles Wohnen, billigen Urlaub und jede Menge religiöse Vertröstung auf später.

„Das Elternhaus!", höre ich die, die in allem das Gute sehen, schon sagen, „das Elternhaus!!" – Meine Mutter ist als quasi uneheliches Kind bei einer verbitterten, missgünstigen Mutter aufgewachsen und hat sich bis zu meinem Vater durchgeschlagen, nicht durchgeschlafen, was mich auch nicht gestört hätte, aber ich bin prinzipienloser als sie. Wie kommt es, dass sie mir Beethoven und Mozart – auf Schallplatte – vorgespielt hat, dass sie mir Marc Twain und Orwell zu lesen gab, dass sie mit mir, als ich dreizehn war, in die Chagall-Ausstellung gegangen ist? Ihre Gene – meine Gene? Immer hatte ich diese Diskussion mit ihr: „Talent setzt sich durch", sagte sie und meinte die Pompadour genauso wie Alice Schwarzer, und sie selbst war ja auch kein schlechtes Beispiel dafür, wie man sich mit keinem anderen Talent als dem sich durchzusetzen, durchsetzt. Mein Vater, Schulabbrecher mit geknicktem Selbstbewusstsein, hatte sich auch durchgesetzt. „Ich will nicht, wie die anderen, über die Geschäftsführung meckern", hatte er schnell herausgefunden, „ich will dazugehören." Unsere Gene. Kein Mensch hat mir aus den Genen oder dem Milieu prophezeit, dass ich jahrelang Orchesterwerke schreiben würde, und wahrscheinlich wird sie auch kein Mensch je hören. Aber sie sind da, in Noten, auch wenn sie nicht erklingen werden. Was man unbedingt will, das macht man auch, und ist es eine Frage des Elternhauses, ob es sich dabei um einen Bestseller oder einen Bankraub handelt?

„Mag ja sein, dass Talent sich durchsetzt", antwortete ich damals meiner Mutter, „aber es geht nicht um Genies, die alles erreichen, sondern darum, dass die Mittelmäßigen, die nicht die Gabe haben, in den Olymp aufzusteigen, dass auch die gerecht behandelt werden." Meine Mutter sagte: „Ja, aber" – so fing jeder ihrer Sätze an, und dieser Widerspruch bestimmt mein Leben, die Geschichte natürlich auch: Venedig wurde ein paarmal zwischen Frankreich und Österreich hin- und hergereicht und ging zum Schluss an das Königreich Italien.

Die Gegend machte König Vittorio Emanuele II. aber wenig Freude. Er hatte sowieso Pech: Weil er schrecklich gern jagte, verbrachte er im Dezember 1877 eine Nacht im Unterstand. Die Folge: Lungenentzündung, Tod im Januar. Die Rehe freute es, die Italiener waren traurig.

Sein Sohn Umberto ließ ihn in Rom im Pantheon beisetzen, das war irgendwie noch fescher als das traditionelle Grabgelege des Hauses Savoyen in der Basilika von Superga. Was soll der Quatsch, kann man fragen, aber da die Menschen nach wie vor auf solche Demonstrationen hereinfallen und alles glauben, was man ihnen leicht schluckbar serviert, war die Entscheidung wohl goldrichtig. Das Veneto jedenfalls war damals ziemlich runtergekommen, und wer Mut hatte, wanderte aus. Im Ersten Weltkrieg flog Österreich-Ungarn mehr als vierzig Luftangriffe gegen die Serenissima; zur Strafe existierte es anschließend nicht mehr: 1919 erhielt Italien das Trentino und Südtirol im Norden und im Osten Trient und Istrien zugesprochen. So kamen die drei Venezien zustande.

Mussolini hatte viel vor mit Venedig: Es sollte neben Genua der bedeutendste Hafen in Italien werden. Autobrücke und Bahnhof wurden gebaut. Das Gebiet kam wirtschaftlich auf die Beine, Mussolini nicht. Er war Hitlers Verbündeter im Zweiten Weltkrieg gewesen, wurde von Antifaschisten kopfüber an einer Tanksäule aufgehängt und von Menschen, die vermutlich seine Gegner waren, ins tote Gesicht getreten. Das veranlasste Hitler wenige Tage später, sich zu erschießen. Er wolle nicht so enden wie Mussolini, sagte er zu Speer im Führerbunker in Berlin. Italien durfte Südtirol und das Trentino behalten, aber – Strafe musste wieder mal sein – der größte Teil Istriens ging an Jugoslawien, gleich hinter Triest war Schluss. Die Tito-Anhänger warfen die Italiener tiefe Karst-Höhlen (‚Foibe') herunter und ließen sie dort verrecken, das ‚Foibe-Massaker'.

Manchmal wurden auch zwei Menschen mit Stacheldraht aneinander gefesselt. Den einen erschossen die Partisanen, den anderen nicht, dann stießen sie beide in die Tiefe. Jugoslawien und Italien waren keine freundlichen Nachbarn. Inzwischen ist Jugoslawien untergegangen, Italien gibt es noch.

GREIF MARIA!

UMWEG #16

Wir befolgten die Anweisungen der Navigatorin und verließen die Autobahn. Von Zeit zu Zeit mache ich Rafał darauf aufmerksam, dass er ihre Stimme durch eine männliche ersetzen will, aber er hat in der Gebrauchsanweisung immer noch nicht den Trick gefunden, wie das geht. Meine wiederholte Nachfrage hat damit zu tun, dass unsere Verwünschungen, wenn wir uns fehlinformiert fühlen, einfach zu frauenfeindlich klingen, und da könnte sich Silke hinten düpiert vorkommen. Ansonsten macht es großen Spaß, die stoische weibliche Stimme anzuschreien, und erleichtern tut es auch. Ein paar Minuten hinter der Abfahrt war es wieder so weit. Wir wurden eine enge, gewundene, abschüssige Gasse hinabgeschickt. Wäre uns ein Auto entgegengekommen, wir hätten nur aus dem Wagen springen und uns an den Felsen klammern können. Noch wussten wir ja nicht, dass uns solche Mutproben ab jetzt täglich bevorstanden. Während Rafał sich auf das Nächstliegende konzentrieren musste, schweiften meine Gedanken ab ins Erwartungsfrohe: Was für ein zauberhaftes Hotel würde das sein, das hier am steilen Hang lag, was für eine Umgebung, was für eine Aussicht!

Ursprünglich hatte ich uns ja im ‚Duca D'Aosta' schlafen gesehen. Schon, um Silke eine Freude zu machen. Sie ist nicht nur über Politiker und Sportler, sondern auch über Adlige wesentlich informierter als ich, weshalb ihr die Herzoge von Aosta gewiss geläufiger sind als mir. Für alle weniger Eingeweihte nur so viel:

Am 27. November 1927 heiratete Amadeus d'Aosta seine Cousine Anne Hélène Marie von Orléans. Das erlauchte Paar bekam zwei Töchter, nämlich Margherita Isabella Maria Vittoria Emanuela Elena Gennara, die Robert Karl Ludwig von Österreich (Sohn des letzten österreichischen Kaisers Karl I. und dessen Ehefrau, Kaiserin Zita) ehelichte und Maria Cristina Giusta Elena Giovanna, die Kasimir von Bourbon-Beider-Sizilien, einem Sohn von Gabriel Maria von Bourbon, das Jawort gab. Margheritas ältester Sohn, Lorenz von Österreich-Este, ist verheiratet mit Prinzessin Astrid von Belgien.

Margheritas Nachkommen gehören also dem belgischen Königshaus an, was sie womöglich sogar in Luxemburg kreditwürdig macht.

Trotz Silkes völliger Vertrautheit mit derartigen Familienverhältnissen mochte ihr das Reservierungspersonal im Grandhotel ‚Duca D'Aosta' keine Zimmer gewähren, weil alle Gemächer von Kongressteilnehmern belegt waren, die offenbar über ein großzügigeres Budget verfügten als die Katholiken in Leipzig. So hatte Silke – pikiert, aber nicht entmutigt – das ‚Hotel Greif Maria Theresia' ausfindig gemacht, das sehr nach Triests imperial-österreichischer Vergangenheit klang und mit Meerblick-Balkonen prahlte.

Meine Erwartungen wurden zunächst dadurch enttäuscht, dass unsere atemberaubende Gasse unten in eine breite, vierspurige Hauptstraße mündete, die man mit viel gutem Willen ‚Allee' nennen konnte. Die Navigateuse hatte uns also nur abkürzungshalber die halsbrecherische Strecke geführt. Rafał und ich fluchten Frauenfeindliches, Silke war still. „Sie haben Ihr Ziel erreicht. Das Ziel liegt auf der linken Seite", verkündete die Wegweiserin unbeeindruckt. War die erste Enttäuschung verkraftet, dann war gar das Hotel nicht so schlimm. Es lag ein paar Kilometer vor dem Zentrum, und es gab auf dem Grundstück einen Parkplatz, voll besetzt, was ja für die Beliebtheit der Unterkunft sprach. Rafał entdeckte, wie eigentlich immer, doch noch eine (Un-)Möglichkeit, das Auto abzustellen, einen Kofferträger gab es nicht. Wozu braucht man für zwei Übernachtungen in Triest einen Kofferträger? Na, bei acht monströsen Gepäckstücken kann er durchaus hilfreich sein. Wenn man vier Wochen lang unterwegs ist, führt man Computer, Bücher, Utensilien mit. Keiner von uns trägt gern an zwei Tagen hintereinander dasselbe am Leib, außerdem passen die Schuhe, die einen durch den Tag geleiten, so gut wie nie zur Abendgarderobe.

Schließlich war alles verstaut, und ich sah von meinem großzügigen Balkon aus über die sehr belebten Fahrbahnen hinweg in die Ansammlung von allem Möglichen auf der anderen Straßenseite. Dass dahinter das Meer war – man musste es einfach wissen. Vage überschlug ich, wie viel Wein und Grappa wohl nötig wären, um mit ausreichend ‚Ohropax' im Gehörgang am Lärm vorbei ein wenig Nachtschlaf zu finden. Das schwarze Tuch würde mich dabei vor überschüssigem Licht schützen. Ich weiß ja, dass ich nicht sensibel bin, aber dass ich empfindlich bin, kann mir keiner absprechen.

Wir ruhten uns aus, Rafał von Fahrt und Schlepperei, ich von nichts. Wegen des schon während der Planungsphase im Hamburger Februar gewussten opulenten Mittagsmahles hatte ich für den Abend nur eine Kleinigkeit im Hotel vorgesehen. Das Hotel-Restaurant war geschlossen: Umbau, dem auch der Garten zum Opfer gefallen war. Wenn man wohin kommt, wo man noch nie war, muss man mit so etwas rechnen. Wenn man wohin kommt, wo man schon mal war, auch. Wir ließen uns etwas empfehlen, gleich die Straße runter, stiegen ins Auto und fuhren da nicht hin. Stattdessen hatte es uns der höchste Punkt angetan: Hügelaufwärts, ganz oben, lockte ein Obelisk. Zu dem fuhren wir, war gar nicht so schwierig. Gleich dort lag am Hang ein Lokal, das mir sofort gefiel, zurückgesetzt hinter einem überrankten Vorbau. Viele Wagen. „Samstagabend, sicher kein Platz", dachte ich. Rafał quetschte sich trotzdem in die letzte Lücke, wir stiegen aus und die Stufen zum Vorgarten nach oben: ‚Al Faro'. Gleich würde die laue Abgeschiedenheit einer lärmigen Abendgesellschaft weichen. Nee. Die Terrasse war fast leer. Ich war verblüfft. „Aha, ganz schlechtes Essen", dachte ich. War aber nicht so. Das Essen war sehr gut, Triest lag uns unsichtbar zu Füßen, und die Stehklos ohne Sitze wiesen darauf hin, dass sich nun der erste Abend neigte, an dem wir wirklich in Italien waren, selbst wenn auch diese Gegend bis 1919 zur Donau-Monarchie gehört hatte. Und dann waren bei ‚Maria Theresia' die Fenster auch noch so gut isoliert, dass ich problemlos schlafen konnte. Rafał erkundete währenddessen die Umgebung. Seine Probleme sind andere als meine, in dieser Hinsicht.

AUFSCHNEIDER & ABSTECHER

UMWEG #17

SAMSTAG, 16. JULI 2016

Es war mein drittes Mal in Triest. 1991 war ich – auch von Meran aus – dort gewesen, in Vor-MeBo-Zeiten, neun Monate nach Rolands Tod. Mit Bill (tot) und mit Giuseppe (lebt noch). Roland hatte Bill kennengelernt, als ich – wie ständig – auf Geschäftsreise gewesen war; er war Roland zugefallen wie mir Giuseppe. Innigere Beziehungen hat es von unseren nächtlichen Ausflügen ohne einander nie gegeben. Damals lebte Bill in Los Angeles, wo Roland und ich ihn mit Silke besuchten, und später in Houston, wo ich ihn traf, einmal sogar mit Irene. Bills Mutter stammte aus dem Tessin, und bevor Bill Roland und mich in Hamburg besuchen kam, machte er jedes Mal einen Abstecher in die Schweiz, wo er mexikanische Drogengelder wusch. Ich fürchtete immer, er würde deshalb irgendwann seinem eigenen Abstecher ins Messer laufen, aber er starb doch 1999 ganz normal an Aids. Er war eher scheu und sagte zu mir: „Da habe ich ein Mal Sex, und dann noch richtig schlechten, und gleich kriege ich Aids." Er wusste, dass das komisch klang, aber wir lachten ja dauernd über Dinge, die wir so unendlich traurig fanden.

Bills berufliche Ambitionen wurden nie zwischen uns thematisiert, nur, dass er mit Mexikanern ‚zusammenarbeitete' und in Zürich auf die Bank ging. Er hatte Geld und sah hübsch aus. Selbst eine verkümmertere Fantasie als meine würde da ein Drehbuch wittern.

Bill war so wunderbar negativ, wie ich es nie geschafft habe, zu werden. Mit niemand anderem habe ich so über die Aussichtslosigkeit alles Lebenden herziehen können wie mit ihm. Ich füge hier einen gekürzten Tagebuch-Ausschnitt von 1991 ein, der meine damalige Verfassung wiedergibt. Vor nun also fünfundzwanzig Jahren schrieb ich:

> Am Dienstag, 22. Oktober, abends gegen halb sieben setzte ich mich in mein repariertes Auto und fuhr nach Bozen, um dort Bill am Bahnhof abzuholen und mit ihm zu Giuseppe zu fahren. Meine Eltern winkten in die abendliche Dunkelheit, und mir war beklommen zumute. Auch Abschiede auf kurze Zeit können bewegend sein, weil es keine Garantie gibt, dass die

Zeit der Trennung wirklich kurz sein wird. Allein im Auto auf Reisen zu sein, war ein Zustand, auf den ich mich ein paar Minuten lang einstellen musste, das voll aufgedrehte Radio half dabei, und bald war ich selber aufgedreht. Die Landstraße hat ja für viele, auch für mich, etwas Besonderes, nicht ohne Grund zieht sie sich als Thema durch viele Spielfilme. Immer denkt man: Vor dem nächsten Lastwagen beginnt die große Freiheit, man spürt den Gegenverkehr fast schmerzhaft im linken Auge, in der linken Brusthälfte, und man wägt das Risiko ab, den Lastwagen zu überholen, um die Lust der Grenzenlosigkeit einzuatmen – oder doch besser hinter ihm zu bleiben, um nicht den Rest seiner Strecke querschnittgelähmt im Rollstuhl zu fahren.

Eigentlich weiß man, die grenzenlose Freiheit endet hinter dem nächsten Siebentonner, also vierhundert Meter weiter. Aber den kann man ja ebenfalls überholen. Vielleicht überholt man sich sogar irgendwann selbst und sieht mitleidig-triumphierend im Rückspiegel auf sich zurück: Alle Skrupel, alle Erinnerungen haben wir – endlich! – hinter uns gelassen, und vor uns liegt diese idiotische Weite, deren Unbehaustheit uns das Gefühl gibt, wir könnten etwas errichten auf ihr, was Spätere dann im Vorbeisausen wahrnehmen werden wie das Hinweisschild auf ein Motel, das mangels Kundschaft schon vor Jahren eingegangen ist.

Die beflügelnde Fahrt meiner Gedanken wurde jäh gestoppt durch die aufleuchtenden Bremslichter meines Vordermannes. Rücklicht reihte sich an Rücklicht, endlose Kette roter Punkte, die sich wie ein schlafender Leuchtwurm durch die langgestreckte Kurve zog. Nachdem ich das Lichtspiel zehn Minuten lang genossen hatte, stieg ich aus und traf zwanzig Meter weiter vorne auf einen wunderhübschen, zierlichen Lastwagenfahrer, der freilich meine Neugier mehr anstachelte als befriedigte, obwohl er mir mitteilen konnte, dass weit, weit vorn zwei ineinander verkeilte Autos auseiandergeschweißt werden müssten.

Ende einer großen Freiheit ...?
Ich redete noch dies und das mit ihm, um eine Ausrede zu haben, meinen entleerten Blick an ihm aufzutanken. Diesen feingliederigen Menschen konnte ich mir überhaupt nicht hinter dem Steuer dieses

Ungetüms vorstellen, aus dem er gestiegen war, eher schon mich mit ihm in der Koje hinter dem Fahrersitz.

Verträumt begab ich mich zurück in meinen Wagen: Der Situation, eingekeilt in die endlose Autoschlange, in das Dunkel der Landstraße und in meine aussichtslosen Zusammenstöße mit dem drahtigen Lastwagenfahrer, konnte ich etwas abgewinnen, was mich über das einstündige (!) Warten hinwegtröstete. Stau drinnen, Stau draußen. Alles, was ich bin und habe, ist mit Roland gestorben, mir bleibt nur noch, was ich kann – und das ist, aus allem etwas Absurdes zu machen, auch aus dem Absurden: Die Perversion ist das Einzige, was mich noch am Leben hält. Besser als gar nichts, und so versuche ich, mich in ein neues Leben oder einen (verdienten) Tod zu hangeln.

Es blieb, zunächst mal, beim Leben. Bill wartete schon unruhig. Immerhin hatte er noch nicht bei meinen Eltern angerufen und dort Alarmstimmung ausgelöst. Wir rasten durch die Finsternis der Autostrada bis Vicenza Ovest, wo uns Giuseppe an der Ausfahrt erwartete. Es hatte gutgetan, ins Gaspedal zu treten und alles das, was ich schon unzählige Male auf Deutsch gesagt hatte, zu jedem, der Roland kannte, auf Englisch zu wiederholen. Giuseppe führte uns in ein nahes Restaurant, es war nach zehn inzwischen, es war Vollmond, und es war Italien. Von nun an wurde nur noch Italienisch gesprochen, Bill beherrscht es fließend. Erstaunlich, bis zu welchem Grade die Notwendigkeit, sich auf eine andere Sprache konzentrieren zu müssen, doch auch den Gemütszustand verändert.

Giuseppe sauste über die nächtliche Landstraße zu dem winzigen Ort, in dem sein Haus steht, ich mit Bill hinterher. Was für ein Spielverderber war ich gewesen, an Strick und Schlaftabletten zu denken! Man kann seinen Körper doch viel lustiger zerstören: so nämlich, dass er oder es vorher richtig Spaß macht. ‚Gefährlichleben' holt ja noch mal viel mehr raus aus dieser Zeitspanne des Menschseins als gefahrlos zu sterben. Giuseppe überholte; ich überholte, der Wein bestimmte meine Fahrweise, und meine Fahrweise berauschte mich mehr als der Wein. Ich will nie wieder etwas Vernünftiges tun, nie wieder etwas, das Sinn macht. Ich will nichts als Wahnsinn. Nie mehr normal. Nachdem mir das Schicksal genommen hat, was mich bändigte und in Zaum hielt, will ich nur noch gegen den Strich leben.

Na ja, na ja. Zunächst mal beschränkte sich meine Raserei darauf, auf einem Ausflug nach Triest Miesmuscheln als Vorspeise zu essen, ohne mich vor Hepatitis zu fürchten, und anschließend die beiden anderen dazu zu überreden, einen Abstecher nach Jugoslawien zu machen. Der gefahrlosen Gefahr habe ich noch nie widerstehen können, und so war ein kleiner Ausflug in das behütete Slowenien gerade das Richtige, um sich vorzumachen, an Krisenherden wie Kroatien und Albanien zu naschen.

Wir hatten uns Triest angesehen, eher flüchtig, das Schloss am Meer hatten wir kennerisch begutachtet, wir waren weitergefahren nach Florenz, und ich weiß genau, dass ich immer noch tod-unglücklich war und wir die ganze Zeit über rumgekichert haben wie vierzehn-jährige Mädchen, nicht wie vierzig-jährige Männer. Auf der Fahrt von Padua nach Bologna hatten wir über Scamorza gesprochen. Diesen geräucherten Käse

Bill (beide 1984)

kann ich nicht leiden und behauptete, den Kühen würde auf der Weide das Euter angezündet, um den Rauchgeschmack der Milch von Anfang an zu gewährleisten.

Von Jesolo aus war ich sechs Jahre später nochmal in Triest gewesen, mit meinen Eltern. Kein Mensch, der Geschmack hat, geht nach Jesolo, sagen Menschen, die finden, dass sie Geschmack hätten. Aber das Hotel in Jesolo hatte einen Garten, dessen Rasen direkt in den feinen Sandstrand überging. Wo hat man das schon? Meist liegt eine Autostraße dazwischen, selbst im Grandhotel in Rimini und im ‚Carlton' in Cannes ist das so. Wenn man Glück hat, gibt es eine Unterführung zum Strand, damit man sich nicht in Flipflops zwischen den Straßenkreuzern durchzwängen muss, wenn man großes Glück hat, sind einem die Zimmerpreise dort egal, und wenn man ganz großes Glück hat, ist man zufrieden auf dem Campingplatz und beneidet nicht die, die keine Jacht haben und deshalb im Hotel schlafen müssen.

1997 sahen wir uns Triest als Tagesausflug von Jesolo aus auch nicht gründlicher an, aber wir fuhren zum selben Lokal, in dem mir schon vor sechs Jahren die Miesmuscheln keinen Schaden zugefügt hatten. Dafür, dass ich es wiederfand, bewunderte ich mich sehr, denn es lag ziemlich versteckt an einem kleinen Kanal, war ganz schlicht eingerichtet, und die Terrasse grenzte an die Kaimauer.

Wir waren spät, die letzten Mittagsgäste, doch eine träge Gelassenheit in der Luft oder vom Wasser her verhinderte, dass wir uns gedrängt fühlten. Das Essen war wieder so unkompliziert gut, wie ich es in Erinnerung hatte, und der Blick über die Bucht war für die Augen so anregend wie die ‚pappardelle con salsiccia e funghi' für den Gaumen.

Aus der Ferne sehen große Häfen oft eindrucksvoller aus als aus der Nähe: die Schiffe, die Kräne, die Bauten am Meer, dahinter die Häuser, die an den Berghängen emporzuklettern scheinen. Von Nahem wirkt das alles eher verrottet. Beim Filmen habe ich immer auf Großaufnahmen geachtet, was damals wegen der schwierigen Bestimmung der Brennweite leicht zu Ausschuss führte. Aber Weitwinkel kann keine Atmosphäre einfangen. Nähe ist schwierig. Manchmal bin ich ihr nicht gewachsen.

Wir fuhren damals auch wieder über die Grenze nach Koper, das schon sehr viel rausgeputzter wirkte als sechs Jahre zuvor, und mit etwas langweiligem Schlangestehen am Übergang durchs

Inland zurück nach Italien, gleich bis ins Veneto.

Den Namen des Lokals von damals und den des Ortes hatte ich jetzt rausbekommen. Mit genügend Gegoogel geht das schon. Ein Mittagessen dort hätte meiner Erinnerungsseligkeit gutgetan. Ursprünglich hatte ich ja für den Vormittag einen Besuch im Schloss ‚Duino' geplant. Dann war mir aber eingefallen, dass wir mit Giuseppe und Bill ziemlich weit weg vom Schloss hatten parken müssen, und diese Strecke zu laufen, traute ich mir nicht mehr zu. Noch mehr hatte mich verunsichert, dass mich Giuseppe im Rahmen meiner Geburtstagsfeierlichkeiten darauf aufmerksam gemacht hatte: War ja gar nicht ‚Duino'! Das war ‚Miramare' gewesen. Also hatte ich gleich in der Nacht in Triest den Ausflug gestrichen – im Bett geht sowas ja leicht – und wollte nun lieber zum Mittag wieder nach Muggia in die Trattoria ‚Risorta'. Das ging nicht. An der Rezeption fand man heraus, dass sie geschlossen ist, nicht wegen des Sonntages, sondern überhaupt. Derartige Schicksalsschläge gilt es zu ertragen und wendig zu bleiben. Also los!

BRUST ODER FLASCHE

UMWEG #18

Zunächst mal musste ich ‚alter Hase' den beiden Neulingen ja Triest zeigen. Triest ist das Österreichischste, was Italien außerhalb Südtirols zu bieten hat, so viel wusste ich noch, viel mehr auch nicht. Die Häuser sind überwiegend vierstöckig, Ende neunzehntes Jahrhundert, ein bisschen wie Prag, etwas abgeblätterter, aber im Zentrum ist es schön unübersichtlich, ein wirbeliges Durcheinander von Gassen und Menschen. Das ‚Duca D'Aosta' war in dem Gewirr nicht auszumachen. War wohl doch nicht so pompös. Parken wie üblich unmöglich. Aber ich fand, Silke und Rafał mussten sich die Stadt erlaufen, anders kenne ich es nicht.

An einem kleinen Platz war Markt. Davor ein freier Behinderten-Parkplatz. Rafał breitete die farbig fotokopierte Vergrößerung meines Behindertenausweises vor der Windschutzscheibe aus, und ich konnte mir nicht vorstellen, dass ein Polizist in der Venezia Giulia dem Dokument ansah, dass ich damit in Hamburg verbilligt Bus fahren darf. Die Brücke vor dem Markt, also unserem Parkplatz, führte über einen Kanal, der wenig später ins Meer mündete, aber vorher straßauf rechts und straßab links dekorative Häuserzeilen zu bieten hatte. Rechts, direkt am Wasser, lagen einige Cafés, und gleich das erste war das hübscheste. Dahin gingen wir. Silke und Rafał tranken Espresso, ich bat um ein – wenigstens sprudelndes – Mineralwasser, weil ich mich um elf Uhr vor mir selbst nicht traute, schon einen Campari zu bestellen. Dann machten sich Silke und Rafał auf den Weg, ich blieb sitzen. Ein bisschen ärgerte ich mich, dass ich nichts zu lesen dabei hatte. Aber war es nicht sowieso schöner, hier am Samstagvormittag beschaulich zu sitzen und den Menschen bei ihrem Treiben zuzuschauen? Nein. Die Vietnamesin brachte mir ein zweites Mineralwasser, und es störte mich, dass sie Vietnamesin war. Ihr Italienisch war fließender als meins, aber es passte nicht. In Alaska würde ich mir auch keinen Seehundspeck von einer Thüringerin servieren lassen. Jenseits des Kanals sah ich Silke und Rafał vorbeigehen. Sie sahen nicht in meine Richtung. Wussten sie gar nicht mehr, dass ich hier saß? Es beruhigte mich, dass ich das Auto im Blick hatte. Ohne mich konnten sie nicht abfahren. Vielleicht hatten sie sich verlaufen und fanden nicht mehr zurück. Eine Stunde würden sie mindestens unterwegs sein. Aber nach einer halben Stunde wurde ich unruhig. Verlassen werden. Ich kann diese Angst nicht loswerden. Mir fallen immer zu viele Gründe ein, warum man mich würde verlassen wollen. Als ich ein Jahr alt war und mein Vater im Gefängnis, gab mich Irene, die noch nicht mit Guntram verheiratet war, zu ihrer erhofften Schwiegermutter nach Schmalkalden, wo sie es sich hübscher für mich vorstellte als im ausgehungerten Berlin. Meine Großmutter konnte Kinder zwar nicht leiden, aber der Bahnwärter hatte vier davon, da kam es auf eins mehr wohl auch nicht an.

Die Mutterbrust hatte ich sowieso verweigert, war also einfach über Flasche zu ernähren (bis heute). So ganz klappte das wohl doch nicht, denn aus dem Bahnwärterhäuschen kamen Hilfeschreie, man möge die Pflegeeltern von diesem Schreihals befreien. Meine Mutter reiste an, um mich zu entsorgen, aber dann hieß es, nun sei ich ruhiger geworden. Ich gehe davon aus, dass Guntram auch aus der Haft heraus über gewisse Gelder verfügte, die es an der Thüringer Schranke leichter machten, mein Gekreische zu ertragen. Meine Großmutter hielt sich heraus aus den Querelen. Sie hatte einen tauben Mann zu Hause rumzusitzen, den sie nicht liebte, und beschränkte sich auf das Wesentliche: Sie ließ mich taufen. Wäre ich beim Bahnwärter unter die Räder gekommen, dann direkt in den Himmel. Inzwischen ist diese Chance wohl vertan.

Im November nutzte alles Geld nichts mehr. Bahnwärters wollten mich los sein. Irene reiste wieder an und nahm mich mit. Die nächsten Wochen in Berlin waren die einzigen, in denen ich zufriedenstellend gegessen habe. Wenn meine Mutter mir den Löffel aus dem Mund nahm, schrie ich. „Die haben dich hungern lassen", schlussfolgerte sie empört. Aber auch die Nächte schrie ich durch. Mein Vater bekam es zu hören, nachdem er aus der Anstalt entlassen war. Trotzdem heiratete er meine Mutter, nachdem seine erste Frau ihn freigegeben hatte, wobei seine Hinweise an sie, er würde ihre Verstrickungen ins Nazi-Regime aufdecken, ihr die Entscheidung sicher erleichtert hatte. All das erfuhr ich natürlich erst viel später. Weder an die herrlich

Oben: Taufe (1947 in Schmalkalden)
Unten: Großeltern Reinhold und Maria Rinke (1948 in Schmalkalden)

männliche Faust des Bahnwärters in meinem Gesicht noch an das nasskalte Taufwasser an meiner Stirn kann ich mich erinnern, meine Mutter erzählte mir später den Teil der Geschichte, den sie kannte. Das spricht, finde ich, sehr für ihre Aufrichtigkeit. Auch wie sehr sie sich auf mich gefreut habe, obwohl ihr während der ganzen Schwangerschaft unerträglich schlecht war, hörte ich oft. Dass sie mich während meines Aufenthalts in Schmalkalden vermisst habe, hörte ich nie. Schlimme Zeiten waren das. Es ist wohl so, dass mir damals ein Grundvertrauen verloren ging. Angst ist das erste Gefühl, an das ich mich erinnern kann, und kein anderes Gefühl hat mich so treu begleitet wie die Angst.

Das Wichtigste, was ein intelligenter Mensch zu lernen hat, ist es, seine Angst zu ertragen: Das dauert ein ganzes Leben lang, bis hin zum Sterben, wenn man sich unsinnigerweise vor dem Tod mehr fürchtet als vor einer Narkose. Einfältige haben es da leichter, weil sie gar keine oder so dümmliche Ängste haben, dass man aufgeschmissen ist mit seiner Verständnisbereitschaft. Dafür ist ihnen ja das Himmelreich sicher, behauptet Jesus in der Bergpredigt; mehr geht nicht, und wer's glaubt, wird dann selig.

Zu wenig Angst kann zum Tode führen: Da erliegt man im Krieg einem Feind oder auf der Kreuzung einem Mercedes, wobei das christliche Symbol des Kreuzes ja im Verkehr inzwischen weitgehend abgelöst ist vom Kreis, also der Menge aller Punkte einer Ebene, die einen konstanten Abstand zu einem vorgegebenen Punkt dieser Ebene (dem Mittelpunkt) haben; und dabei herrscht im Verkehr das Prinzip: links vor rechts – wer schon drin ist im Kreis, hat Vorrang vor dem, der noch draußen ist, wie in der Politik. Revolutionen sind dazu da, daran etwas zu ändern, um den Regeln zu beweisen, dass sie nicht so ewig gültig sind, wie sie das von sich behaupten.

Ich sah auf den fließenden Verkehr; der Wagen, der neben unserem geparkt stand, fuhr weg, gleich schob sich ein anderer in die Lücke. Wenn jetzt ein Abschleppwagen käme, wäre ich rechtzeitig am Auto, um ihn aufzuhalten? Die Vietnamesin würde mir hinterherschreien, die Carabinieri wären mitleidlos, Silke und Rafał sind überfahren worden oder über alle Berge ...

Manchmal, wenn auch nur selten, erreiche ich einen Zustand von Angstlosigkeit, eigentlich ist es wohl eher Wurschtigkeit: „Is doch egal. Was soll schon sein? Dann sterb' ich eben." Herrlich. Diese Unbekümmertheit habe ich nie durch die Religion erfahren (wie auch?), sondern nur durch angesoffene

Gleichgültigkeit. Das Erhabene ängstigt nicht weniger als das Niederträchtige – das Unerreichbare und das Abstoßende. Schade, dass Gleichgültigkeit so unwünschbar ist wie ein Leben in Narkose. Zu viel Angst führt zu Stillstand, der diesseits des Todes nicht als Glück definiert ist, sondern wirtschaftlich und kulturell als Vorbote des Untergangs gilt. Also: Angstlos sind bloß fantasielose Tölpel. Der aufgeklärte Demokrat hat Angst zu haben, schon, damit er weiß, ob er gerade gegen Atomkraft, Handelsabkommen oder Überfremdung auf die Straße gehen muss. Zu wenig Angst würde da träge machen. Zu viel Angst ist aber auch nicht gut: Sie verhindert entweder, dass man das Haus verlässt, was die Lebensqualität einschränkt, oder sie führt dazu, dass man Amok läuft und erschossen oder in die Anstalt verbracht wird, was die Lebensqualität ebenfalls einschränkt. Ja, Angst oder nicht Angst, das ist nicht die Frage, sondern die Antwort liegt als Gleichgewichtsproblem zwischen den Polen. Der Schwebezustand, er ist das Maß aller Dinge. Dabei führen eigentlich alle Wege zum Ziel. Man muss nur den Mut haben, sie zu beschreiten. Mit zwanzig an Drogen gestorben, mit neunzig an Ungelebtheit, na ja. Wer die Angst nicht überwindet, erreicht sein Ziel nicht. Gerecht ist: Wer gar keine Angst hat, der hat auch keine lohnenden Ziele. Zweifellose Gläubigkeit ist ein Stumpfsinn, der höchstens Päpsten und anderen Diktatoren gefällt. Mein Ziel ist, keins zu haben. Endlich dieses ständige ‚Hinsteuern auf etwas', das mich mein Leben lang verfolgt hat, loszuwerden, wenigstens jetzt.

Teil des Altseins, also meines Altseins, ist es, immer wieder nachzuhaken: Wenn ich im Sommer 1975 gestorben wäre, hätte ich Roland nicht kennengelernt. Wenn ich im Sommer 1989 gestorben wäre, hätte ich den Fall der Mauer nicht mehr erlebt. Meinen Schlaganfall hätte ich nicht bekommen, wenn mich im September 2010 schon ein Panzer überrollt hätte, weil ich, wie das so meine Art ist, wieder mal in einem Krisengebiet nach dem Sinn des Lebens geforscht habe, der in meinem eigenen Garten – viel zu egoistisch und zu botanisch – nicht zu finden wäre. Im Alter wird man, besonders wenn man nicht töricht ist, einsamer; und damit stellt sich die Frage: Will man seine Einsamkeit teilen, mitteilen oder ausleben?

Ich habe nach reiflicher Überlegung meinen Entschluss für mein eigenes Dasein gefasst. Ich mache alles drei: teilen, wenn ich nun den Gefährten meines Alterns vorprogrammierte

Ortswechsel aufzwinge; mitteilen durch dieses Schreiben; und ausleben nachts, wenn ich nicht darüber hinwegkommen kann, was alles nicht mehr geht. Ja, jetzt weiß ich, wie sich das anfühlt: Altsein.

Als Kind war ich unsterblich und hatte anschließend das ewige Leben in petto, doch nun, wo das so viel dringlicher wäre, ist mir die Ewigkeit abhanden gekommen: Kein individueller Fortbestand meines unsteten Charakters blüht mir, wenn sich mein Leib dereinst zu den Radieschen verabschiedet haben wird. Das ist meine Ansicht, die ich ja schlecht ‚Glaube' nennen kann.

Mühsam zwang ich mich, nicht immer wieder auf die Uhr zu starren. Solch eine Situation kommt auf der ganzen Reise nicht mehr vor, beschwichtigte ich mich. Die beiden werden dann unterwegs sein, und ich sitze in aller Ruhe im Hotel. Das wird ganz entspannt. Nur heute, jetzt, hier ist es etwas unbehaglich. Still sitzen. Ein erbärmlicher Zustand. Ach wo! Es ist so wunderschön, wenn es zu spät ist für alles: Ich kann von einem makellosen Körper, dem Oscar und dem Nobelpreis träumen, ohne die geringste Anstrengung machen zu müssen, je etwas davon zu erreichen. Vor 30, 20, 10 Jahren hätten solche Träume mich noch geärgert, weil sie meinen Ehrgeiz angestachelt hätten. Jetzt sind sie wie Schlieren auf der Windschutzscheibe, und es gibt keinen Anlass, die Scheibenwischer zu betätigen. Ich wollte gewandt, durchtrainiert, einfühlsam und bedeutend werden. Und was bin ich geworden? Begütert – materiell zumindest. Das finde ich, wenn die Träume nicht in Erfüllung gehen, einen angemessenen Schadenersatz.

Silke und Rafał kamen zurück. Baudenkmäler hatten sie nicht gefunden, aber dafür umso mehr Boutiquen. Und in denen war sogar das Passende gewesen. Ihre Übereinstimmung freut mich, schon, weil sie mir das Leben erleichtert. So will ich es haben. Ist man glücklich, wenn man sich vormacht, dass man glücklich ist? Vielleicht sollte es wirklich ein Ziel sein, keins zu haben. Aber das muss sehr planmäßig angesteuert werden, sonst verwahrlost man – oder es klappt nicht.

Nachdem Triest von uns erobert worden war, wollten wir es verlassen. Das führte uns, nachdem auch die Zitadelle begutachtet worden war, durch sehr enge Straßen – erst sehr rauf und dann sehr runter in eine sehr lange Unterführung. Wäre es der Navifrau immer noch verboten gewesen, Tunnel zu benutzen, wäre sie unter der Motorhaube schreiend zusammengebrochen.

So aber kamen wir doch nach Muggia, das uns aber nicht weiter interessierte, weil das ‚Risorta' geschlossen hatte. Das war etwas ungerecht von uns, denn ein ganz so erbärmliches Kaff ist Muggia nun auch wieder nicht:

Während der Eroberungskriege Istriens fiel Muggia 181 (aber vor Christus!) an die Römer, die dort ihr Lager Castrum Muglae gründeten. Doch nichts hält ewig: Nach dem Ende des Weströmischen Reichs kam Muggia unter die Herrschaft der Goten, später der Langobarden, der Avaren und der Franken. 931 wurde Muggia von den Königen Italiens dem Patriarchat Aquileia übergeben. 1420 kam die Stadt unter die Herrschaft der Republik Venedig. Nach Napoleons Niederlage ging ja, wie besprochen, alles in der Gegend an Österreich, was gar nicht so schlecht war. In Muggia entwickelte sich eine prosperierende Werftindustrie, die größte Schiffswerft der K.-u.-k.-Monarchie, die bis 1912 als Einzige in der Lage war, die größten Schlachtschiffe zu bauen.

Wie es mit Österreich weiterging, wissen wir ja schon, und Muggia bekam seine Lage unmittelbar am Eisernen Vorhang auch nicht gut. Aber jetzt, wo es wieder so mitten in Europa liegt wie der Leipziger Platz in Berlin – wieso macht da das ‚Risorta' zu: ‚dauerhaft', wie man mit WLAN-Anschluss hätte erfahren können. Familienstreitigkeiten wahrscheinlich: Die Mutter war am Herd tot zusammengebrochen, den kellnernden Sohn drängte es an die Töpfe, aber sein einkaufender Bruder wollte nicht bedienen, oder so, jedenfalls fuhren wir weiter, die Küste entlang, und wenig später erreichten wir Slowenien: Ein blaues Schild mit zwölf gelben Sternen – das war's.

All diejenigen, die so jung sind, dass sie die europäischen Grenzkontrollen nicht mehr miterlebt haben, können sich kaum noch vorstellen, wie mühsam es früher war, von einem Land zum anderen zu reisen, und denjenigen, die es erlebt haben und die durch ihr politisches Verhalten diese Errungenschaft aufs Spiel setzen, denen ist es egal: Sie bleiben sowieso da, wo sie hingehören – in ihrem Reihenhäuschen; und wenn sie doch all-inclusive an den bulgarischen Goldstrand fliegen, sind sie Zollkontrollen gewohnt und verstecken den Schnaps in der vollgesudelten Unterwäsche. Sigmar Gabriel nennt sie ‚Pack', was nicht besonders sozialdemokratisch klingt. Gern würde ich, der wohl kein Sozialdemokrat ist, glauben, dass die Menschen immer besser werden. Schade bloß, dass gerade dort so viele nachwachsen, wo ich die Moralvorstellungen von der Beschneidung bis zur Steinigung nicht teile.

DER ISTRISCHE KOPF
UMWEG #19

Wir waren uns einig, dass es in Slowenien anders aussah als in Italien. Die Berge? Die Häuser? Vielleicht lag es nur an den unleserlichen Schildern. Doch gleich an der Peripherie des ersten Ortes grüßten die vertrauten Supermärkte, riesig, und Unmengen von neuen Autos, zum Verladen bereit. Massenkonsum, Globalisierung, Standortvorteil. Die Welt 2016. ‚Koper', Giuseppe hatte es italienisch ‚Capodistria' genannt: das Haupt Istriens.

Wir kreisten rund herum um den Kopf, sahen ihn vom Gebirge und von der Uferpromenade aus und spähten hinein in die Altstadt, die ich mit meinen fußrüstigen Eltern noch problemlos hatte durchfahren können. Also, näher als Rafał illegal parkte, nachdem wir mehrere Verbotsschilder missachtet hatten, ging es wirklich nicht. Wir waren fast am Rathaus, gleich bei der Basilika, und ein nahezu mondänes Café oberhalb herrschaftlicher Stufen gab es auch. Ungefähr zwölf Tische, nur drei besetzt. Silke und Rafał tranken mir zur Gesellschaft einen ‚Cappuccino in Capodistria' und ließen mich wie zuvor besprochen an meinem Negroni zurück, um den Ort zu erkunden. Wenn alle Invaliden vor jedem Portal aussteigen könnten, wenn alle Obdachlosen jede Grandhotel-Terrasse besuchen dürften – wäre die Welt dann besser?

Der Platz sah sehr venezianisch aus und ziemlich ehrwürdig. Er war so schön geräuscharm. Autolosigkeit bekommt den Orten. Der Himmel hatte dieses makellose Blau und die Gebäude dieses irdene Weiß – es war so friedlich. Ohne die paar wenigen Menschen wäre es zu leer gewesen. Die Glocken im Campanile läuteten vor sich hin, halb eins; dabei wusste sowieso jeder, wie spät es war. Das Smartphone hat die Armbanduhr ersetzt, die Bilder herrschen über die Worte.

RÜCKBLENDEN UND LACHNUMMERN

UMWEG #20

Zwischen 1975 und 1990 habe ich meine Jahresfilme gedreht. Ich habe gelebt, um zu filmen und gefilmt, um zu leben. Jetzt, 2016, hält man einfach sein Handy in die Luft. Damals musste man sich jede Einstellung genau überlegen. Filmen war teuer, und die traurige Kapitalisten-Erkenntnis ist: Was nichts kostet, ist nichts wert. Dafür war dann der fertig geschnittene Film eine Kostbarkeit, für mich jedenfalls. Der Film ist besser geeignet, eine Reise zu beschreiben, als ein Text es ist; man kann ihm zusätzlich die passenden Geräusche und die passende Musik unterlegen.

Als ich noch in der Grundschule war, hatte ich den Ruf, lustige Geschichten zu erzählen, und bevor ich vor der Klasse ein Ferienerlebnis zum Besten gab, bekam ich wohltuenden Applaus als Vorschusslorbeeren. Meine Eltern waren gerade aus Meran zurückgekommen und erinnerten sich, wie sich während eines Mittagessens der Himmel verfinsterte und es zu krachen und zu blitzen begann. Mein Vater sprach den Hoteldirektor an, der gemächlich die Reihen der Speisenden durchschritt: „Geht jetzt die Welt unter?", fragte Guntram fröhlich-ängstlich. Ich verkündete die Antwort vor der Klasse: „Ach, das ist nur ein kleines Gewitterle." Keiner lachte. Keiner fand es komisch. Dass ich mich an diese unerhebliche Episode bis heute erinnere, hat etwas damit zu tun, dass ich mir damals vornahm, nie mehr eine Geschichte ohne ‚Pointe' zu erzählen, obwohl ich dieses Wort wahrscheinlich noch gar nicht kannte. Ich hasse Geschichten, die in kein schlüssiges Ergebnis münden. Gemeinerweise trifft das auf das meiste zu, was Menschen so von sich geben: Sätze wie Kotze. Wenn man fremden Unterhaltungen zuhört, ist es ganz leicht, an der Menschheit zu verzweifeln. Nichts als akustischer Sperrmüll. Aber bornierte Belehrungen sind auch nicht besser. Lieber will ich kunstreich belogen werden, als mich von Wahrheiten langweilen zu lassen, an denen ich nichts ändern kann.

Als ich noch jung war, Anfang zwanzig, eine Zeit also, in der man die Möglichkeiten der eigenen Einflussnahme zu überschätzen pflegt, hatte ich mich, wie mein Vater ja bereits dreißig

Jahre vor mir, mehr um mein eigenes Vorwärtskommen geschert als um das der Menschheit, die mir inzwischen weitgehend recht gibt und sich über die sturen Eiferer von damals lustig macht. Ja, immer war ich lieber lustig als eifrig; darin habe ich meinen Vater übertroffen, der viel Sinn für Komik hatte, aber großen Eifer brauchte, um aus dem altmodischen Offiziershaushalt seiner Eltern in seine eigene Familie hineinzuwachsen, mit einer anpassungswilligen Frau und einem schwierigen Sohn. Meinen Mangel an politischem Engagement kann ich also sowohl genetisch wie mit Milieuschädigung begründen. Mehr können Historiker nicht verlangen. Weltverbesserer eigentlich auch nicht. Und um wie die Dubarry unter die Guillotine zu geraten, bin ich mit 70 eigentlich zu alt (sie war 50). Aber wenn doch, dann will ich nicht geköpft werden, sondern allenfalls enthauptet. Etikette sind mehr noch als Geld der Kitt im Mauerwerk der Gebildeten. Man schweigt, man spricht.

Seit ich denken kann, liebe ich Witze. Irene verabscheute Witze, noch mehr Witze-Erzähler. Das verstehe ich: Meistens sind sie humorlos und haben kein bisschen Sinn für Situationskomik. Wenn man sich nicht über ihren Witz, dessen Pointe schon nach dem zweiten Satz klar ist, das Zäpfchen aus dem Gesicht lacht, fragen sie womöglich noch: „Ach, Sie haben wohl keinen Humor?"

Lieber lese ich deshalb Witze und habe ‚Witze' sogar als Lesezeichen gespeichert. Da gefallen mir dann die unsympathischsten Sachen, die ich ungern erzählt bekäme wie: „Ich weiß gar nicht, welches Kind meine Frau meint, das ich angeblich unfair behandle? Thomas, Anton oder das fette hässliche?"

Ich war Einzelkind, darum finde ich das vielleicht lustig. Es ist boshaft und betrifft mich nicht. Das meiste, was Menschen so daherreden, kann man als Palaver bezeichnen. Ich will meinen Frieden damit machen und die Gesamtheit all meiner Texte über das Unterwegssein von Mai bis Oktober 2016 einsichtig als ‚Palaver' bezeichnen, ein etwas netteres Wort für ‚Geschwätz'. Das ist nicht kokett gemeint, sondern demütig, und das nicht ironisch, sondern aufrichtig.

Ein Palaver dient dazu, einander kennenzulernen und abzuschätzen, bevor man zur Sache kommt. In einigen Kulturen ist das Palaver als überflüssig verpönt, in anderen unerlässlich, was mir viel mehr einleuchtet. Wie jemand auf die Mitteilung „Gestern Mittag hat es aber ziemlich geregnet" reagiert, ist doch hochinteressant und gibt viel Aufschluss über die Persönlichkeit des Gesprächspartners, also darüber, wie er zu behandeln ist. Sagt er: „Ja, ziemlich" oder „Ach, das hab ich gar nicht bemerkt, ich hatte blöderweise meine Munition schon verschossen und war so damit beschäftigt, den Kassierer am Bankschalter irgendwie mit den Fäusten totzukriegen, damit er mich später bei einer Gegenüberstellung nicht verpfeifen würde, weil er nun mal mein Gesicht gesehen hatte, nachdem mir die Strumpfhose vom Kopf gerutscht war, dass ich gar nicht auf die Bewölkung geachtet habe."? Vielleicht sagt er auch: „Solch oberflächlicher Quatsch wie Wetter interessiert mich überhaupt nicht. Gehen wir ficken?"

Man kann das Palaver auch mit sich selbst machen, das führt natürlich zu den allerbesten Bonmots im Dialog, so wie auch Schachspielen gegen sich selbst im Film gern als Stilmittel genutzt wird, um darzustellen, wie gewitzt der Mörder ist, ohne ihm für Zuschauer unverständliche Texte in den Mund legen zu müssen. Im Allgemeinen kommt es ja nicht darauf an, was man erzählt, sondern wie man es erzählt, denn wer wirklich etwas zu sagen hat, wählt ein anderes Medium und ein anderes Forum, das noch weniger unterhaltsam ist.

Oben: Hanno (1952)

Unten: Hanno (1972)

Günter Neumann war in den Fünfzigerjahren des vorigen Jahrhunderts ein bekannter Kabarettist. Er schrieb irrsinnig witzige Texte. Mit meinen Eltern hockte ich vor dem Radio und lernte, wie Komik erzeugt wird. Mein Vater konnte das auch sehr gut, und Pali war ein Meister darin. Aber was ist von all dem übrig? Wir haben gelacht. Bis ans Ende meines Lebens werde ich mich an unser Lachen erinnern; die Anlässe habe ich vergessen. Das muss reichen, reicht aber nicht allen. Der unerschütterliche Glaube an posthumen Jubel hilft manchem Kultur-Erzeuger dabei, weiterzumachen. Von Tag zu Tag wird dieser Glaube allerdings unrealistischer, wenn man seine Augen auf die Wirklichkeit, also das Display, richtet: Wer mir heute nicht applaudiert, ist morgen tot. Und wenn nicht, zieht er sich morgen etwas Neues rein. Trotzdem ist immer wieder jeder Film schön, in dem Nachkommen in den Nebenrollen in der letzten Kammer in einer morschen Kiste irgendwas entdecken, und dann tritt als Rückblende erstmals der Hauptdarsteller auf, falls es sich dabei – wie meistens – um Meryl Streep handelt, ist er eine Frau. Nun wird die Vergangenheit aufgerollt und rührt zu Tränen. Vergangenheit ist eben erst zu Ende, wenn niemand mehr von ihr weiß.

RÜCKZU
UMWEG #21

Silke und Rafał waren zurück. Sie hatten betrachtet, was von der glorreichen Herrschaft Venedigs übrig geblieben war und was in den Schaufenstern der Gegenwart auslag. Die Turmuhr schlug eins, ihre kürzeste Stundenmitteilung, die Tauben stritten um einen Fetzen Brot, und Silke holte ihr Portemonnaie aus der Handtasche.

Wir fuhren denselben Weg zurück, den wir gekommen waren. Schon bei kurzen Ausflügen mag ich das nicht. Bei langen Reisen wäre es ein dramaturgisch unverzeihlicher Fehler. In meiner Familie hieß das: ‚Auf hinzu' sind wir so gegangen, gefahren, geflogen, ‚auf rückzu' haben wir es so gemacht. Ein Trost war, dass wir nun schon wussten, welche beiden Restaurants uns am Wegesrand erwarteten.

Ich war sehr für das auf dem Hinweg zweite, also jetzt erste. Irrtümer zugeben, das kann ich. Bei näherer Betrachtung war Totalverzicht noch attraktiver als dieser Schuppen. Dafür machte beim Nichtvorbeifahren, sondern Anhalten das erste Lokal, also jetzt zweite, einen kompetenten Eindruck. Der wurde durch die Anzahl der Gäste bestätigt. Gern hätte ich, nachdem ich die vielen Stufen vom Parkplatz hinauf zur Gaststätte bewältigt hatte, am Rand der Terrasse mit Blick nach unten gesessen, da war aber alles besetzt. Wir gesellten uns also, leicht zögernd, an einen der langen Tische, an dem bereits drei slowenische Schurken saßen, die bei Wein und Langustini den nächsten Einbruch ausheckten. Ich wähnte bereits die Nationalgalerie von Ljubljana (österreichisch ‚Laibach') in Gefahr, aber als dann auch wir an sehr wohlschmeckenden Meerestieren knabberten, hatte ich durchschaut, dass es sich bei ihrer Unterhaltung um einen besonders abgefahrenen italienischen Dialekt – also nicht Verbrecher, sondern Touristen – handelte.

Ein stimmungsvolles Essen, das nicht nach Messer und Gabel, sondern nach Fingern in Tomatensud schmeckte. Der Schatten tat gut, das Haus, vor dem wir saßen, gab mit seinem in Säulen gefassten Portal eine gediegene Kulisse ab. Ein weltabgeschiedener Platz, mitten im Leben. Silke griff zur Börse. Wir hatten zwar Euros, aber nicht genügend Bildung, um zu wissen, dass der Euro sowieso die Währung in Slowenien ist. Schließlich zahlte ich doch mit Bankkarte, eine der wenigen Verrichtungen, die ich noch schaffe, auch wenn Silke sicherheitshalber immer einen kleinen Zettel dabei hat, auf dem meine Geheimzahlen stehen: Man weiß ja nie, wann und wo der Verstand endgültig aussetzt.

Beschwingt fuhren wir zurück nach Italien. Meine Beschwingtheit war auf den Wein zurückzuführen und musste im Hotelzimmer auskuriert werden. Silkes und Rafałs Beschwingtheit durfte sich beim Shoppen in der Triester Altstadt Bahn brechen.

Eine Weile lang legte ich mich aufs Bett. Wozu? Schlafen konnte ich nicht. Das Zimmer war in Ordnung. Die geschlossenen Gardinen machten ihm nichts aus. Mir schon. Ich öffnete die Flügeltür und setzte mich auf den Balkon. Er hatte wohl Anspruch auf die Bezeichnung ‚Terrasse'. Die Geräusche von der nahen Fahrbahn waren gar nicht so schlimm. Die Sinne gewöhnen sich schnell, um die ihnen aufgedrängten Zumutungen zu ertragen, doch gleichzeitig fiebern sie nach Neuem. Ich habe mal geschrieben, ich sei der Welt unterdrüssig. So vieles wollte ich noch erleben! Nun sehe ich von meiner Terrasse auf den pulsierenden Verkehr, weder beteiligt noch abseits; andere tun für mich, wozu ich nicht mehr imstande bin. Ich merke: Ich bin scheinselbstständig.

Auf Hilfe angewiesen zu sein, fremde oder auch vertraute, das war einmal eine neue Erfahrung gewesen, inzwischen ist es eher ein gutes Argument, sich umzubringen. Es findet eine Vereinsamung statt, die in Gesellschaft eher zu- als abnimmt. Alles, was mir etwas bedeutet hat, kann ich nicht mehr. Ja, es wäre wohl besser, ich stürbe. Aber selbst das ist wohl zu altmodisch: ‚Ich würde sterben', heißt es. Will ich das? Ich möchte mich vor dem Wegsein drücken, vor allem, weil ich weiß, dass anschließend an den belanglosen Tod eines einzelnen Lebewesens für dieses weggelebte Stück Natur nichts mehr kommt – das weiß ich genauso sicher wie jeder Selbstmordattentäter weiß, dass Gott ihn toll findet.

Merkwürdig: Mein Kopf denkt immer noch, er sei jung, aber Schwanz und Arschloch widersprechen heftig und wischen ihm ganz unintellektuell ständig eins aus, so dass er inzwischen das Fürchten gelernt hat. Der Geist, der nie die Realität akzeptiert hat, verheddert sich in der Wirklichkeit. Am allerliebsten wäre ich nie geboren. Am liebsten wäre ich tot, glaube ich zu meinen. Am zweitliebsten wäre ich zufrieden mit meinem Schicksal. Ich komme mir so ausgeschlossen vor, so abgekapselt, und dann denke ich: „Diese Weltverlorenheit! Verdient habe ich sie, als Buße." Dieser Gedanke ist besonders blöd, weil er einen strafenden Gott voraussetzt, an den ich nicht glaube. Baden in Welt! Nun bin ich also wieder unterwegs. Es ist mein letzter Versuch festzustellen, ob ich es noch will zu wollen.

DUINO

UMWEG #22

Dreimal war ich von meinem weiß lackierten Terrassenstuhl aufgestanden, weil ich ein Klopfen vom Zimmer her gehört zu haben glaubte. Jetzt stand Rafał wirklich im Flur. Er und Silke hatten nicht nur Kaufenswertes entdeckt, sondern sogar den Eingang vom ‚Duca D'Aosta'. Eher unscheinbar. Kein Monument glorreicher Zeiten. Dann konnten wir ja getrost weitere Ziele abarbeiten. Silke war schon umgezogen, als wir aus der Fahrstuhltür traten. Keine Experimente: Man kann nie wissen, ob das Leben nicht doch plötzlich elegant wird ...

Wir fuhren in der Abendsonne, eigentlich fuhren wir in *die* Abendsonne, was besonders für Rafał am Steuer weniger Marlboro-Romantik als Aufklappen der Sichtblende bedeutete. Zunächst mal steuerten wir, weil wir ja sowieso am Wasser waren, das Schloss ‚Miramare' an. Meine Erinnerung hatte mich nicht getrogen: Es lag leicht erhaben am Wasser und ließ Besucher nur bis zu einer Barriere an sich heran, für alles Weitere forderte es die Füße oder den Rollstuhl. Wir blinzelten in das gleißende Rot und das weiße Gebäude davor (wie langes Jenisch Haus plus Turm), das musste reichen. Kehrtwende, nächster Punkt.

Die Navifrau bekam zu tun, sie sollte uns zum Schloss ‚Duino' lenken. Das war ja nun kein Kinderspiel für sie, aber immerhin wusste sie, dass wir erst mal den Berg rauf mussten und oben an der Steilküste entlang. Auch für Silke und Rafał war der lässige Straßenbummel vorbei: ‚Duino', das ist Geschichte, nicht gleich Cäsar, Napoleon und Hitler, aber immerhin: ‚Duino' gehört Prince Carlo della Torre e Tasso, (in Deutschland sagt man dazu Thurn und Taxis), Duca di Duino. Wer will, kann, wenn der Duca es erlaubt, den Flügel, auf dem Franz Liszt musiziert hat, zwar nicht bespielen, aber betrachten. Wer war noch da? Kaiserin Sisi und Kaiser Franz Josef I., Erzherzog Maximilian mit Charlotte, Eleonora Duse, Johann Strauss, Gabriele D'Annunzio, Paul Valéry, Mark Twain, Victor Hugo und Erzherzog Franz Ferdinand von Österreich-Este. ‚Neue Welt'-Leserinnen wird ganz schwindelig von sowas, doch auch die Navidame wollte uns gerade eben noch die Ortschaft Duino zeigen, aber mehr auch nicht. Ein verschämtes Schild wies uns dann doch den Weg.

Außer uns waren nur ein Mann und eine Frau da. Ein unbefahrbarer Kopfsteinpflasterweg führte zu einem versperrten Tor, hinter dem das alte Gemäuer vor sich hinsiechte. Bis 1399 war die Herrschaft Duino Lehen und die dort an der Küste gelegene gleichnamige Burg Stammsitz der Herren von Duino. Um diesen alten Klotz ging es aber nicht. Das den Füßen und selbst den Blicken nahezu verschlossene Schloss lag eine Ecke weiter, und wenn man zu einer besucherfreundlicheren Zeit dort ankommt, sieht man nicht nur Liszts Klavier, sondern auch die Bucht von Sistiana und den Golf von Triest von oben. Die größte Berühmtheit genießt dieses Schloss innerhalb der riesigen Gemeinde der Lyrik-Freaks aber deshalb, weil Rainer Maria Rilke dort seine ‚Duineser Elegien' zu schreiben begann. Die zehn Elegien beschreiben wenige glückliche Augenblicke und beklagen die Unvollkommenheit menschlichen Bewusstseins. Irene war von ihnen so beeindruckt, dass dieser Insel-Band das erste Geschenk war, das sie meinem zukünftigen Vater machte.

Rinke war aber wohl nicht so hin und weg von Rilke; jedenfalls erinnerte sich meine Mutter später, als auch ich begonnen hatte, Gedichte zu verfassen und vorzutragen, mehr einsichtig als enttäuscht: „Ihn hat es wohl nicht so beeindruckt." Sie hatte ja inzwischen auch dreißig Jahre Zeit gehabt, sich daran zu gewöhnen, dass Rinke mit Rilke nicht so viel anfangen konnte. Pali hingegen hat es meinen Eltern nie verziehen, dass sie mich nicht ‚Hanno Maria' genannt haben. Seinen vorübergehenden Katholizismus hatte er längst abgestreift, aber sein Faible für Klangmalerei blieb ihm bis zum Tod erhalten. Meine Großmutter Maria, selbstgerecht und gottesfürchtig, hätte diesen Mittelnamen geliebt an mir, ich hätte es schrecklich manieriert gefunden und das ‚Maria' in meinen Visitenkarten weggelassen.

Trotzdem. Wer will, kann jetzt den letzten Teil meines Poems über die vier Jahreszeiten von 1965 lesen:

Doch dann der Winter –
trockene Askese,
glitzernde Eiskristalle
schärfer als Verstand;
ein Insichdringen,
Rückzug in den Geist,
der Rechenschaft verlangt.
Die eigne Form, die eigne Kraft
der Bilder,
sie muss sich neu entdecken,
meditieren.

Durchsichtig ist der Frost,
Schnee hüllt das Fenster.
Dahinter ist es still,
denn dort entsteht
das Neue,
das bestehen muss.
Die tiefe Einkehr baut sich
ihr Gerüst,
um das Gedanken und Gefühle
ranken werden.
Gehalt wird jetzt geprägt, der
nüchtern wirkte,

Hanno (1966)

gäb ihm nicht jeder Monat
seine Eigenart;
durchwandern muss in
wechselnder Beleuchtung
der Sinn die ihm gegeb'nen
Möglichkeiten,
stets neu verhüllt, doch nie
verborgen,
liegt hier der wahre
Schöpfungsakt.

Auch ich bin wie das Jahr,
erprobe ständig,
durchglüht von aller Zeit und
jedem Wissen,
das einmal nur sich mir
erschlossen hat.

Oft bin ich einsam,
häufig in der Menge;
ich scheine abgetrieben,
doch ich treibe niemals weit –
so soll es bleiben,
lebenslange Suche,
ich bin zufrieden mit der
Ungenügsamkeit!

Noch nicht wirklich ich, aber auch nicht mehr ganz Rilke. – Das war nun aber genug Kultur.

KRIEGSFRIEDEN

UMWEG #23

Wir versuchten, was wir konnten, aber diesen Schlossblick von der Bucht in den Sonnenuntergang, den erwischten wir einfach nicht. Wir kamen weder mit den Beinen noch mit den Rädern dicht genug an den Abhang, um runterzugucken. Aufgeben, wenn es um nichts geht, ist mir fremd. Rafał, so gutmütig wie abenteuerlustig, folgte meinem Vorschlag, die Klippe einen schmalen Weg herunterzufahren, der nichts als ‚Beach' versprach, was hier üblicherweise bedeutet, dass man dafür zahlen muss, auf Felsen liegen zu dürfen. Ein paar späte Sonnenselige kamen uns in ihren Autos entgegen. Unten war es leer: Diese Leere, die vorher schon im Trubel zu spüren ist, die sich aber erst mit dem Abziehen der letzten ‚Juxer' über das Land breitet und die die Wellen einzuebnen scheint. Alles wird flach. Wir stiegen aus. Ein Stück weiter sah ich etwas, das ich mir als Lösung unseres Wohin-Problems vorstellen konnte. Rafał fuhr weiter über Sand und auf den Parkplatz. Von Nahem sah das Gebilde aus Räumen und Terrassen einladend aus, und das Personal so, als sei es anspruchsvolle Kundschaft gewohnt. „Wir wollen nur etwas trinken", wehrte ich in meinem schnöseligsten Italienisch ab, aber jemand, der mir auch einen Smoking oder seinen Liebhaber verkauft hätte, führte uns verbindlich lächelnd an den Essmöglichkeiten vorbei auf eine Terrasse mit Strandbar ohne Strand und wenigen Gästen mit Gläsern.

Wir setzten uns dicht ans Meer, die Sonne war weg, und ich fand es etwas kühl. Silke trinkt dann meist Mineralwasser ‚con gas' und wenn möglich mit einer Scheibe Zitrone, manchmal gibt es sogar Sanbitter, das erinnert von Ferne an Campari ohne Alkohol; Rafał bestellt im Allgemeinen Aperol Spritz, besonders, wenn er wieder ans Steuer muss, und ich bleibe bei Negroni. So wie vorhin an der Badebucht gerade alles vorbei war, so hatte hier noch nichts angefangen. Die schwarzweiß angezogenen jungen Männer und Frauen, die später der Kundschaft gefallen sollten, lehnten noch lässig an der Theke. Schwarzweiß war auch die ganze Einrichtung mit den tiefen Tischen und hochlehnigen Sesseln. Alles war wunderbar künstlich und gestylt. Nichts erinnerte an irgendetwas Lebendiges, es war die Kulisse für das Manifest von Unvergänglichkeit der Materie: Sterben ist unmöglich, alles wird zu Pulver und aus Pulver neu gemacht. Die Sonne war weg, die Gläser leer, wir gingen.

Form besteht aus Wiederholung, als wörtliches Zitat oder als Abwandlung des Ursprünglichen. Wir wählten den einfachsten Weg und fuhren zum Obelisken. Wer zwei Abende hintereinander ins selbe Lokal geht, der ist doch Stammgast, nicht? Der Wirt fragte: „Avete riservato?" Da ich sonst ja eigentlich immer reserviere, fühlte ich mich ertappt, als hätte ich die Pasta-Zange in die Tasche gesteckt. „No", antwortete ich schuldbewusst. Wir bekamen aber trotzdem einen Tisch, in der zweiten Reihe. Es war voller als gestern. Die Gruppe direkt vor uns beherrschte die Szene. Alle waren hübsch angezogen. Eine höchst aufgeräumte junge Frau versuchte, die ganze Gesellschaft zu belustigen, dreizehn, ohne sie. Sie ging herum und hielt dabei Plädoyers wie im Gerichtssaal. Einige lachten an einigen Stellen, andere schienen durchgehend das Einschlafen zu vermeiden. Offenbar sprach sie über jeden von ihnen, nicht unfreundlich, aber auch nicht sehr inspiriert, eher engagiert. Vielleicht war es unterhaltsamer, den Auftritt vom Nebentisch aus zu beobachten als dabeizusitzen. Das wäre mir früher nicht passiert: lieber zu beobachten als teilzunehmen. Warten statt machen. Eigentlich stand ich nie auf der Bühne, immer saß ich im Parkett. Ein schaler Gedanke. Der Averna schmecke wie Hustensaft. Ich trinke ihn ohne Eis, nicht, weil es gesünder ist, sondern, weil es intensiver schmeckt, heute nach Hustensaft.

Silke ging nicht nach drinnen wie Rafał und ich. Sie mag Stehklos nicht. Rafał hatte ein Date. Sein Smartphone bietet ihm allabendlich genügend Auswahl, um nicht im Hotelzimmer versauern zu müssen. Ich versüßte mir den Abendrest mit ‚Vienna' von Eva Menasse. Ab morgen würden wir auf dem Balkan sein, dem ‚Pulverfass', wie er wegen seiner revolutionären Unruhen gegen die österreichische Herrschaft seit dem Zusammenbruch des Osmanischen Reiches genannt wurde. Mir kam mein Gedicht von 1994 in den Sinn, dann schlief ich ein.

Kriegsfrieden

Auf einem Stehklo
in Sarajewo
stand ich beim Hagel
der Granaten
mit einem bosnischen Soldaten
allein zu zweit.
Alles war eh so
total beschissen,
es kam schon gar nicht
mehr drauf an.
Da hab ich ihn – verrückte Zeit! –
mitten im Pissen
küssen müssen:
schaurig, traurig,
von Mann zu Mann.

DIE SCHWEINE UND DER ADEL

UMWEG #24

SONNTAG, 17. JULI 2016

Um 10:00 Uhr waren wir schon wieder in Slowenien. Wir hatten es geschafft, uns eine halbe Stunde eher als vom Plan befohlen, auf den Weg zu machen. Rafał hatte meine Habseligkeiten eingesammelt und verstaut, während ich in mein ‚Reisekostüm' geschlüpft war: taubenblaue Jeans, taubenblaues Polohemd, taubenblauer, serviettendünner Pullover über den Schultern. „Ton in Ton", machten sich Roland und Pali über mich lustig. An mir prallte das ab: Wenn sich alle Menschen von Kopf bis Fuß in einer einzigen Farbe kleiden würden, egal ob Shocking Pink oder Béchamel-Beige, dann wäre die Touristenwelt keine solche ästhetische Katastrophe, wie sensible Augen sie allsommerlich durchleiden müssen. Während Rafał beim Verfrachten des Gepäcks in ersten Morgenschweiß geraten war, hatte ich meine Kreditkarte aus dem Portemonnaie genestelt und die Rechnung beglichen. Wenn ein Rechtshänder das mit links macht, wirkt es nicht besonders lässig. Silke ist sowieso immer als Erste fertig. Ihre Zeiteinteilung ist perfekt. Sollte sie nicht auf die Sekunde pünktlich sein, weiß man, sie kommt gar nicht mehr.

Dieses Mal fuhren wir nicht an der Küste entlang, sondern abkürzend durch das slowenische Inland. Das Auffälligste hinter der sonst kaum erkennbaren Grenze waren die Schweine. Alle zwei, drei Kilometer konnten wir sie besichtigen, manchmal sogar einander schräg gegenüber zu beiden Seiten der Straße. Ihre Besonderheit bestand darin, dass sie im Ganzen an langen Spießen über Holzkohlefeuern hingen und schon ersten Schmorduft in den morgendlichen Himmel entsandten. Gewiss, wir waren nicht mehr in Italien, aber zum Islam Bosniens war es noch weit.

Um das Land nicht einfach zu achtlos zu durchqueren, hielten wir an einer Tankstelle. Ich gönnte dort nicht nur dem Mercedes seinen Diesel, sondern auch mir eine schön verpackte Flasche Whisky mit zwei Gläsern: Johnnie Walker. Silke machte das dazu passende gouvernantenhafte Gesicht, dann ging es weiter nach Kroatien. Die Grenze war offen auf unserer Seite, auf der Gegenfahrbahn herrschte Andrang. Überall denkt man: ‚Flüchtlingsroute'. Seit vorigem Sommer, als ich ‚Europa im Kopf' schrieb, hat sich in allen europäischen Köpfen von Istanbul bis Edinburgh alles verändert.

Die Landschaft blieb gleich, eine leicht hügelige Ebene mit Wiesen, Laubbäumen, kurzen Häusern entlang der Straße, die jetzt zur gebührenpflichtigen Autobahn ausgebaut worden war. Da kam man sich doch gleich wieder kosmopolitischer vor als bei den slowenischen Schweinen. Aber nachdem wir die Autobahn verlassen hatten, hörte ‚Südkärnten' rasch auf. Die Ebene war gar keine gewesen. Wir erreichten eine Anhöhe, und von der aus sahen wir erst, dann fuhren wir, in Serpentinen steil hinab. Unten lag die Adria, weit und blau, oben wurde es von Kurve zu Kurve mediterraner: Pinien, Oliven, Agaven. Der in den Hang gebaute Ort, das war Opatija. Ich war gespannt. Meine Eltern waren 1960 von einem Golfurlaub in Kärnten dort gewesen und hatten es ‚niederziehend' gefunden.

Zwischen 1966 und 1979 war ich fast jedes Jahr in Italien gewesen. 1973 nicht. In Rom war Ingeborg Bachmann gestorben, in Neapel die Cholera ausgebrochen. Beides hatte mich genügend entsetzt, um mich auf andere Gedanken zu bringen. Die Europäer beschäftigte die Ölkrise, die Amerikaner die Watergate-Affäre, Harald und ich sannen nach Jahren des selbstverständlichen Italienurlaubs darüber nach, ob Ferien außerhalb Italiens möglich wären. So kamen wir auf die Balkan-Route, allerdings von Nord nach Süd, und unser erster Aufenthalt war in Opatija gewesen. Wir hatten im ‚Gailtal' in Kärnten übernachtet – damals lieferte der Name noch Munition für Zoten – und wir waren schwelgerisch begeistert gewesen von der Landschaft: zeitlos verträumt. Von Opatija waren wir nicht begeistert. Ostblock! Alexanderplatz am Mittelmeer, so schien es uns. Wir blieben keine Stunde.

Opatija, dieser Adria-Dreck, das war früher ‚Abbazia' gewesen, das mondänste Seebad der Donau-Monarchie. So viele gekrönte Häupter gaben sich dort die Ehre und die Klinke in die Hand, dass ‚Das goldene Blatt' eine Dependance hätte einrichten müssen. Neben dem Wiener und dem Berliner Kaiser nebst Gattinnen war dort aber auch die Familie Rinke anzutreffen. Maria Elshorst, die schöne ‚höhere Tocher' aus Essen, wollte so schnell wie möglich weg von ihrer kaltherzigen Mutter, die an ihren Kindern den Groll darüber ausließ, dass sie statt ihres ärmeren Favoriten den ungeliebten, reichen Bierbrauer hatte heiraten müssen.

Maria hingegen heiratete den feschen Leutnant Reinhold Rinke, die Anträge von Kommerzienräten und Bankdirektoren hatte sie abgewiesen, weil sie nicht nur katholisch, sondern auch doof – na ja, verblendet – war. ‚Offizier', das war Ende des 19. Jahrhunderts absolut angesagt, schmückender als jeder andere Beruf. Reinhold gab vor der Ehe sein Ehrenwort, dass er keine Schulden hätte, hatte aber doch welche, die dann sein Schwiegervater bezahlen musste, und obendrauf noch die Rechnung für ein neues Pferd. Das war ein Offizier sich damals wert, wenn er sich herabließ, eine Bürgerliche zu heiraten. Nach dem Ersten Weltkrieg saß Maria dann da: Ihr untüchtiger Gatte fand nie mehr eine vernünftige Position, ihr Vater verlor sein ganzes Vermögen während der Inflation, und ihre vier Söhne mussten großgezogen werden. Noch in den Sechzigerjahren hat sie auch mir gegenüber ihre Entscheidung bereut. Selber schuld. Gott, zu dem sie jeden Sonntag ging, konnte nichts dafür; allerdings hat er ihr den Schenkelhals gebrochen – eine Woche, nachdem sie die Caritas-Spende eingestellt hatte –, um sie zu strafen, wie sie ahnte.

Oben: Irene (1960 am Wörthersee)

Mitte: Irene mit Verehrer (1960)

Unten: Reinhold Rinke (um 1900)

Im Juli 1914 war die Welt der politisch nicht sehr aufgeweckten Maria Rinke noch in Ordnung. Die Familie machte Urlaub in Abbazia. Alle vier Söhne hatten Keuchhusten gehabt, Guntram, den Jüngsten, hatte es am schlimmsten erwischt. Während sich die älteren drei erholten, sahen sich die Eltern schon mal weiße Särge an, weil sie beschlossen hatten, die Leiche ihres Jüngsten nicht extra überführen zu lassen ins Reich, erzählte Guntram gern feixend. Wäre er damals wie befürchtet gestorben, wäre ich nicht geboren worden, und auch ohne Hitler wäre ich nicht auf die Welt gekommen, weil sich ohne seinen Krieg meine Eltern nicht im Zug begegnet wären. Spermien, Eizellen, Gene. Hätte es jemand in Indien oder Kanada, schwarz, weiß, gelb, rot, irgendwann ins Leben geschafft, der trotzdem ‚ich' gewesen wäre? Schwer zu sagen, fest steht, dass am 1. August 1914 der Erste Weltkrieg begann, Reinhold wurde sofort eingezogen, und eine Ära ging zu Ende. Abbazia erholte sich nie davon. Nach dem Ersten Weltkrieg ging es an Italien, das war nicht so schlimm, aber nach dem Zweiten Weltkrieg kam es zu Jugoslawien und verfiel völlig.

**Merkwürdig:
Mein Kopf denkt
immer noch,
er sei jung,
aber Schwanz
und Arschloch
widersprechen
heftig …**

KOPER
PRIMORSKA

WILLKOMMENE ENTTÄUSCHUNG

UMWEG #25

Seit Kroatien selbstständig ist, haben sich alle viel Mühe gegeben. Als wir den Stau zum Zentrum hinter uns hatten, kamen wir auf eine gepflegte Palmenpromenade mit herrschaftlichen Hotels aus K.-u.-k.-Glanzzeiten.

Weiße Fassaden, hohe Fenster, Stuck. Rechts und links, über Kilometer. Aber so ein Trubel. Menschenmassen in Cafés und Strandbars. Um die Hautevolee handelte es sich dabei offensichtlich nicht. Silke war nicht begeistert, aber ich fand, wir müssen der Umgebung eine Chance einräumen. Mittendrin, vor dem Grandhotel ‚Palace Bellevue', fanden wir sogar eine einsame Lücke am zugeparkten Straßenrand, für die sollte man sich in Kuna erkenntlich zeigen. Selbstverständlich hatte Silke bereits in Hamburg Kuna besorgt, aber eher, um Restaurant-Rechnungen zu begleichen, als um Kleingeld in Automaten zu stopfen. Rafał wollte wechseln, die ‚Boutiqueusen' wollten nicht. Schon vorher hatte ich eine herbe Enttäuschung zu verkraften gehabt: Die Balustrade zur Terrasse musste zwar über viele Stufen erobert werden, doch von dort bot sich bestimmt ein herrlicher Blick über die Promenade aufs blaue Meer, während man in bequemen Fauteuils versank und anregende Getränke schlürfte. So war es nicht. Das Meer war durchaus blau, die Terrasse nicht bewirtschaftet. Das Hotel wirkte bestreikt. In der Halle musste ich an ‚The Shining' denken. ‚Grandhotel Palace Bellevue'! Warum nicht noch ‚Excelsior Casino Bellagio Mandarin Four Seasons Alcazar' dazu? Jemand, der das Hotel später und gründlicher als wir besucht hatte, stellt bei ‚TripAdvisor' fest, dass dort der Charme des Kommunismus wieder auflebe. Aber von außen sah es gut aus, fand ich. Silke und ich setzten uns an der Promenade unter die Arkaden eines ansehnlichen Gebäudes und warteten ab, bis Rafał vom Geldwechseln plus -einwerfen zurückkam und die überforderte Kroatin unsere Bestellung aufnahm. Wir sahen den Ausschnitt von Opatija und seinem Strand, den unsere Plätze uns boten, und Silke sagte: „Hier möchte ich nicht Urlaub machen."

Viertel nach eins stiegen wir wieder in den gut durchgewärmten Mercedes und fuhren entsprechend den Vorstellungen der Navifrau die Promenade weit entlang bergauf bis zu einer schmalen Seitenstraße, die dann wieder runterführte. Als der Weg gerade besonders unübersichtlich war, verkündete sie ihr gefürchtetes „Sie haben Ihr Ziel erreicht." Wagen standen dicht an dicht geparkt, hinter uns hupte es, Rafał ließ uns aussteigen und fuhr auf gut Glück weiter. Irgendwo vor Koper musste Istrien doch noch eine Abstellmöglichkeit bieten.

Silke und ich gingen zum ‚Valle Losca'. Draußen konnte man nicht sitzen, schade. Drinnen auch nicht. Sehr schade. Es war geschlossen. Silke hatte nicht nur geschrieben, sie hatte mit den Leuten telefoniert. War trotzdem zu und wir aufgeschmissen. Silke versuchte, Rafał auf dem Handy zu erreichen, klappte nicht. Bei ‚TripAdvisor' hatte es geheißen: ‚Super Lokal, lecker Essen, toller Chef und Bedienung, geniales Ambiente, entspannte Atmosphäre ...' und nur in diesen Tönen. Half ja nichts. Die Luft stand schwül vor der abweisenden Tür. Obwohl ich sowieso nie Hunger habe, kam ich mir ausgesperrt vor. Ich teilte Silkes Mischung aus Empörung und Schuldgefühlen: Als ob man in Badehose am Vatikan abgewiesen wird oder in Burka am Bankschalter. Nur war eben keiner da, bei dem wir uns beschweren konnten, dass wir doch manierlich angezogen seien und Trinkgeld in der Landeswährung bereithielten. Rafał kam, und wir gingen gleich mit ihm zurück durch die fahle Hitze. In dem Einbahnstraßengewirr hätte er uns mit dem Auto nie wieder gefunden. Es war natürlich schmerzlich, die schöne, rare Parklücke so schnell zu verlassen, aber dort zu parken, wo man nicht sein will, nur weil da Platz ist, wirkt irgendwie dickköpfig.

Mit stechendem Blick sah ich nach rechts und wurde bald fündig: Ein Dreieck zwischen unserer und einer einmündenden Straße beherbergte ein Restaurant mit großer Terrasse. Davor fanden wir sogar eine Möglichkeit zu parken, versehen mit einem Schild, dass das verboten sei. Wir dachten, das Lokal sei auch geschlossen, aber eine freundliche Frau kam und sagte, wenn wir ihre Gäste seien, dürften wir da parken, sie kenne die Polizisten. Wir saßen unter Sonnenschirmen von ‚Jana', dem kroatischen Mineralwasser, dass Rafał so schlecht leiden konnte, dass er bis zu unserer Abreise aus Kroatien auf alle möglichen Getränke auswich, die seine Leber sicher nicht alle lieber mochte als den salzigen Sprudel. Während derselben Zeit bekam ich keinen Fernet Branca, ein Malheur für meinen Darmtrakt ab Kehle; gut, dass ich wenigstens Whisky hatte.

Die nette Frau erschien mit Fischen, die so behaglich auf Eis gebettet lagen, dass man fast mit ihnen tauschen wollte. Es wurde ein wunderbares, sorgloses Essen. Die Toiletten waren Schmuckstücke, und es kamen sogar noch zwei weitere Gäste. Ich wünschte unserer Gastgeberin für den Abend mehr Publikum, aber wir mussten ja weiter; die Küstenstraße südwestlich, entlang an Villen und Nadelhölzern in etwa hundert Metern Höhe. Es hätte laut Routenplaner 35 Minuten dauern sollen, nach einer Stunde kamen wir ans Ende einer Schlange. Ich vermutete ein Verkehrshindernis. Rafał stieg aus und ging um die Ecke: Bis unten standen Autos, die alle auf die Fähre wollten. Ich war wütend. Warum blieben die nicht in Opatija oder in Bad Salzuflen? Wir warteten fast zwei Stunden, bis auf der Straße etwas geschah. Mein Unterleib war wie üblich schneller, musste sich aber vom Hirn disziplinieren lassen. Gleichzeitig sagte ich mir gebetsmühlenartig, wie schön es hier am Straßenrand sei, das gut gekühlte Auto, das Gras, der Sand, die Dornen.

Ich war gerade dabei, mich zu beschimpfen, dass andere jetzt im Schlauchboot auf dem Mittelmeer treiben und die Nacht nicht überleben werden, da ging es weiter, zwar langsam, doch stetig. Wir kamen sogar noch auf die Fähre, ich konnte es kaum fassen, und fast genauso schön, es gab sogar eine Toilette. Kein Vergleich zu der gediegenen Örtlichkeit unseres Mittagessens, aber manchmal hat man keine Wahl und kann, um das Gegenbild zu bemühen, eine schlichte Mahlzeit zur rechten Zeit mehr genießen als ein erlesenes Gericht zur falschen. Die Menschen im Schlauchboot brauchte ich gar nicht, um dankbar zu sein. Menschen, die ihr Glück nicht genießen können, weil das Leid der Welt sie zu sehr stört, sind zu bewundern, wenn sie daraus Konsequenzen ziehen, ansonsten denke ich, die haben einen an der Waffel.

Menschen, die ihr Glück nicht genießen können, weil das Leid der Welt sie zu sehr stört, sind zu bewundern, …

MOZART
Shirley Bassey
CATE
RINA VALENTE
OPATIJA
ISTRIEN

AM HANG

UMWEG #26

Die Überfahrt nach Cres dauerte keine Stunde. Rafał flitzte wie immer durch die Gegend. Ich saß mit Silke auf einer Bank.

Ständig traten Leute an die Reling und versperrten uns den Blick aufs Wasser. Sie hatten alle mein Plädoyer für einfarbige Kleidung nicht gelesen, sondern bevorzugten als Lieblingsfarbe Bunt. Menschenfreundlicher wird man wohl nicht im Alter, das kommt nur in rührenden Kinderbüchern vor. Wenn man viel Geld hat, kann man ausweichen, wenn man keins hat, muss man seine Umwelt ertragen.

Raus aus dem Schiff kommt man immer schneller als rauf auf das Schiff. Das klingt nach Arche Noah und Titanic, ist aber bloß wahr und trifft auch auf Flugzeuge zu. Wir hatten bald Asphalt unter den Rädern und waren in Erobererlaune. Damit wir nicht zu übermütig wurden, mussten wir hinter einer Caravan-Karawane herfahren. Bergauf, bergab. Die Umgebung war ziemlich garstig: karstig, steppig, Gestrüpp. Trotzdem verließ ein Wohnwagen nach dem anderen die Straße, um es sich auf einem der vielen Campingplätze gemütlich zu machen. Hochmütig winkten unsere Blicke ihnen nach: Wir würden es viel, viel schöner haben. Da war ich mir sicher. Silke legt mir unter Briefe, die ich lesen muss, und Vordrucke, die ich unterschreiben muss, immer ein, zwei Magazine, die ich nicht zur Kenntnis zu nehmen brauche. Dazu gehört auch das ‚American Express'-Magazin ‚Departures'.

Bis ich zwölf war, bekam ich 50 Pfennig Taschengeld in der Woche. Nach zwei Monaten hatte ich die vier Mark für eine Caterina-Valente-Platte zusammen. Dann wurde mein Taschengeld auf zwei Mark im Monat erhöht, aber ich mochte Caterina Valente nicht mehr, konnte also sparen. Erst weitere zwei Jahre später kam Mozart, und Shirley Bassey trat ihren Siegeszug in mein Herz nicht vor 1967 an.

Nach heutigen Begriffen wurde ich knappgehalten, aber weil meine Mutter an den Kassen von ‚C&A' und ‚Salamander' für meine Kleidung und meine Schuhe zahlte, brauchte ich nicht mehr, fanden meine Eltern. Essen gab es ja für mich umsonst, Süßigkeiten mochte ich sowieso nicht, und zu Weihnachten und zum Geburtstag bekam ich neue Puzzles, die konnte ich dann legen. Mir reichte das, ich fühlte mich nicht unterversorgt. Pali sagte später: „Du wurdest immer zu knappgehalten, darum hast du kein Verhältnis zum Geld bekommen." In seinen Augen war ich geizig, er in meinen verschwenderisch.

Nach dem Abitur bekam ich vierzig Mark im Monat, das reichte fürs Kino und einmal Restaurant. Für Garderobe war weiterhin meine Mutter zuständig, die Privatstunden für Komposition bei Professor Klussmann zahlte mein Vater.

Als ich 1969 Lehrling bei der ‚Deutschen Grammophon' wurde, musste ich mir ein Konto zulegen, auf das die 270 Mark im Monat überwiesen wurden. Im zweiten Jahr waren es fünfzig Mark mehr. Mein erstes Gehalt als Festangestellter betrug 1 200 Mark. Da fing ich an, über eine eigene Wohnung nachzudenken. 1973 bezog ich sie. Da verdiente ich schon 1 800 Mark und kam gut damit aus. Inzwischen hatte ich europaweit zu reisen begonnen. Mein Reiseetat überschritt bald mein Gehalt. Damals hatte jedes Land seine eigene Währung, es war praktischer, mit Kreditkarte zu zahlen. ‚Diners Club' war die erste am Markt und auch meine erste. Dann wurde es chic, mehrere Kreditkarten zu haben, ich hatte drei. Die ‚American Express' habe ich behalten, als ich ‚Deutsche Grammophon' verließ, und sogar ‚platinum' beantragt. Warum, weiß ich gar nicht. Ich habe sie wohl am meisten genutzt und fand sie ‚exklusiver' als ‚Visa' und ‚Mastercard', dafür ist sie zur Strafe auch weniger einsetzbar.

Zwischen Hawaii und Australien habe ich in den Achtzigerjahren große Summen mit dieser Karte bezahlt. Zwischen 1994 und 2014 wurde wenig mehr als eine monatliche Versicherung bei ihr abgebucht. Jetzt freut sie sich wieder. Mein Leben gliedert sich, die

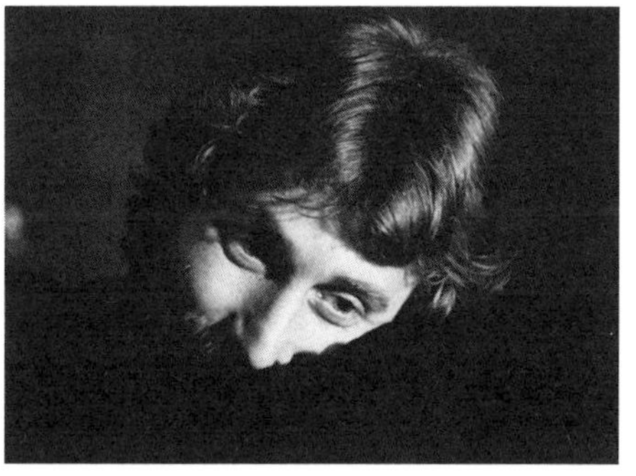

Roland (1979)

Seele mal weggelassen, per heute in drei Abschnitte: 23 Jahre Entwicklung, 24 Jahre Berufsleben, 23 Jahre Selbstständigkeit. Wie lange nun die Entwicklung dauern wird, bleibt interessiert abzuwarten, auch von meinem ‚kundenorientierten' Kredit-institut. ‚American Express'-Mitglied bin ich seit 1979, da waren die meisten Mitarbeiter des Unternehmens noch gar nicht geboren, und das Magazin gab es auch noch nicht. Gegen meine Gewohnheit blätterte ich die Februar-Ausgabe durch und stieß auf das ‚Boutique Hotel Alhambra', genauer gesagt, auf dessen Bilder. Die gefielen mir, und ich dachte, das müsse doch von Meran aus für eine Urlaubswoche zu erreichen sein: nach 28 Jahren endlich wieder etwas Neues. Achtundzwanzig Jahre. Kaum zu glauben! Aber seit Maui hatte ich keine Insel, kein Land mehr besucht, das neu für mich war. Die eine Übernachtung in Oslo 1991 zähle ich nicht.

Nun habe ich aber, die Festplatte macht es möglich, meinen Bericht von damals an Pali nochmal gelesen: Die norwegische Landschaft passt zu dieser hier, 2 000 Kilometer weiter südlich, und die Stimmung von damals ist allgegenwärtig, also zähle ich jenen Aufenthalt doch und füge hier meinen gekürzten Text ein:

Oslo, den 11.09.1991

Erstaunlich. Meine erste Stunde in Norwegen. Ich ging den Weg vom am Hang gelegenen Hotel hügelaufwärts. Man kann lernen von der Landschaft: Sie ist felsig, aber üppig bewachsen, nie eben, aber ganz ehrgeizlos – auf einen unübersehbaren Buckel folgt der nächste, kein höchster Punkt, den es zu erklimmen gilt, nichts, um stolz oder entmutigt zu sein. Man sieht von überall auf alles, und alles ist gestaltet, alles ist Stein, aber kein Stein ist nackt.

Als ich über diese Hügelkette, dicht bewachsen mit Nadelgehölz, in die fast noch weiße Sonne blinzelte, dachte ich qualvoll an den Ausblick auf einen Augenblick, in dem ich den 15. November 1975 bis zum 15. Januar 1991, die Zeit mit Roland, als eine in sich abgeschlossene Periode meines Lebens werde betrachten können, an eine ferne Zeit dachte ich, in der ich mich nicht mehr wichtig genug nehme, um mich umbringen zu wollen, in der ich mich fragen werde: Was ist Erfolg: ‚Deutsche Grammophon' auf hundert Prozent gehalten zu haben; meine Überzeugung gefunden zu haben, dass es Gott ja oder nein gibt; in den Augen einiger Menschen gelesen zu haben, dass ich etwas ausgedrückt habe, was sie gemeint haben; mich zynisch von der Bürde befreit zu haben, anderen etwas geben zu wollen; mich dazu aufgerafft zu haben, anderen etwas bedeuten zu können; jemanden, dem ich nachlaufe wie ein herrenloser Hund und daran Erfüllung finde oder zugrunde gehe; den Mut finde, mich aufzubauen oder aufzugeben; heile oder vernichte; anfange, an meine Macht zu glauben und damit umzugehen – zu mir finde (oder zu etwas anderem), um Wärme auszustrahlen, statt Kaltschnäuzigkeit zu vermitteln –; Roland? – er wäre ja sowieso nicht hier gewesen, aber ich hätte ihn gleich angerufen und ihm erzählt, ich sei begeistert, und dann hätte ich ihn in meiner fernmündlichen Begeisterung dem Fernsehprogramm oder der Sauna überlassen und wäre, irgendwie ja philosophischer als der Rest der Teilnehmer, zum skandinavischen Abendessen gegangen.

Er hat mir verblüffend genau gesagt, dass er hofft, dass sein Tod dazu beitragen würde, dass mir diese leichtfertige Flucht nicht mehr gelänge, sondern dass ich mir unbequemere Wege suchen müsste. Wenn ich in all dem tagtäglichen Abschiednehmen, das mein Leben ausmacht, seit ich es gestalte, je einen Neuanfang auffischen sollte (ein wirklicher Zufallstreffer in dem trüben Bassin), dann außerhalb dieser zu kurzfristigem Erfolg verurteilten Normen, die zu erfüllen man nur ertragen kann, indem man sie lächerlich macht, womit man auch sich lächerlich macht und zerstört.

Endlich wieder beteiligt sein, endlich wieder Abstand gewinnen – das möchte ich. Aufhören, mich so wichtig zu nehmen, dass ich in Selbstmitleid und dessen Umkehrung in Selbstzerstörung vergehe. Endlich anfangen, mich ernst zu nehmen und meinem Schicksal und meinem Körper zuhören, was sie zu sagen haben. Anderen zuhören aus einem anderen Grund als dem, mir die passendste Antwort auszudenken, noch während sie reden.

Schön für Dich, dass ich die Kamera nicht mithabe. So musst Du meinem Drängen, Publikum zu sein, nicht widerstehen. Ich will nichts mehr festhalten. Das heißt aber: Ich will nichts mehr sehen. (Offenbar will ich mich aber weiterhin schriftlich ausmähren.) Mein Gott, wenn ich mich doch endlich in Frieden lassen könnte! Aber statt mich einfach gewähren zu lassen, nehme ich mich so wichtig, dass ich mir meine Verfolgung und Zerstörung anordne und deshalb permanent als politischer Flüchtling vor mir und, wenn ich mal zutraulicher bin, in mir Unterschlupf suchen muss.

Roland hat mir diesen Unterschlupf gewährt: dieses Gefühl von Vertrautheit und Geborgenheit. Bei meinen Eltern halte ich mich im Zaum, bei Dir bin ich auf der Hut, bei Roland war ich schrankenlos ich. Irene liebt mich abgöttischer, Du verstehst mich besser, aber keiner kannte mich wie er. Von Euch fühle ich mich ertappt, von ihm fühlte ich mich akzeptiert, vielleicht war er im Gegensatz zu Eurem Glühen mehr resignierend als feurig – mir hat's gereicht.

Ich bilde mir ein, mal Gottvertrauen gehabt zu haben, zumindest Zuversicht. Nichts mehr davon. Soll ich etwa noch einmal mit jemandem verstohlen Heimlichkeiten austauschen, dessen Leichenstarre mich später aushöhlen wird? Wenn ich von meinen Eltern kam und den sterbenskranken Roland im Bett liegen sah, dann wusste ich: Hier bin ich zu Hause. Aber jetzt?

Wird Totsein schön sein? Ist der Tod das Paradies? Ist die Ungewissheit die Hölle oder himmlisch in ihrer Ahnungslosigkeit, gemessen an dem, was bevorsteht? Wenn es keinen Körper mehr gibt, sind dem Leiden des Bewusstseins keine Grenzen gesetzt, auch zeitlich nicht. Bis zur allerletzten Sekunde des Lebens kann es immer noch schlimmer kommen, wer weiß, vielleicht danach auch noch: Während man unerträgliche Schmerzen erduldet, wird, jede Sekunde neu, der geliebteste Mensch zu Tode gefoltert, in alle Ewigkeit, und man weiß, dass es ewig sein wird. Vielleicht gibt es Höllenopfer, die niemals jemanden geliebt haben und deren himmelstürmende Liebe zum Zweck der unendlichen Peinigung für sie erst maßgeschneidert erfunden werden musste. Vielleicht hat es Roland nie gegeben, er ist meinem Gedächtnis nur angedichtet worden, um mich zu quälen.

Ich war nie sicher, ob ich die Menschheit für erlösbar hielt. Jetzt bin ich nicht mal mehr sicher, ob ich sie für erlösenswert halte. Gott sei Dank kann das der Menschheit ganz egal sein und mir, zum Teufel, eigentlich ebenfalls. Wie undankbar ich bin! Anderen geht es materiell viel schlechter, und sie haben nicht das Übermaß an Zuwendung, das mir beschieden ist. Um die sollte ich mich kümmern. Aus Erfahrung reif, sollte ich Aids-Kranken Trost spenden. Ach ja, Menschen selbstlos und aufopfernd pflegen, das werde ich wohl nie tun. Na ja, man kann nicht alles haben.

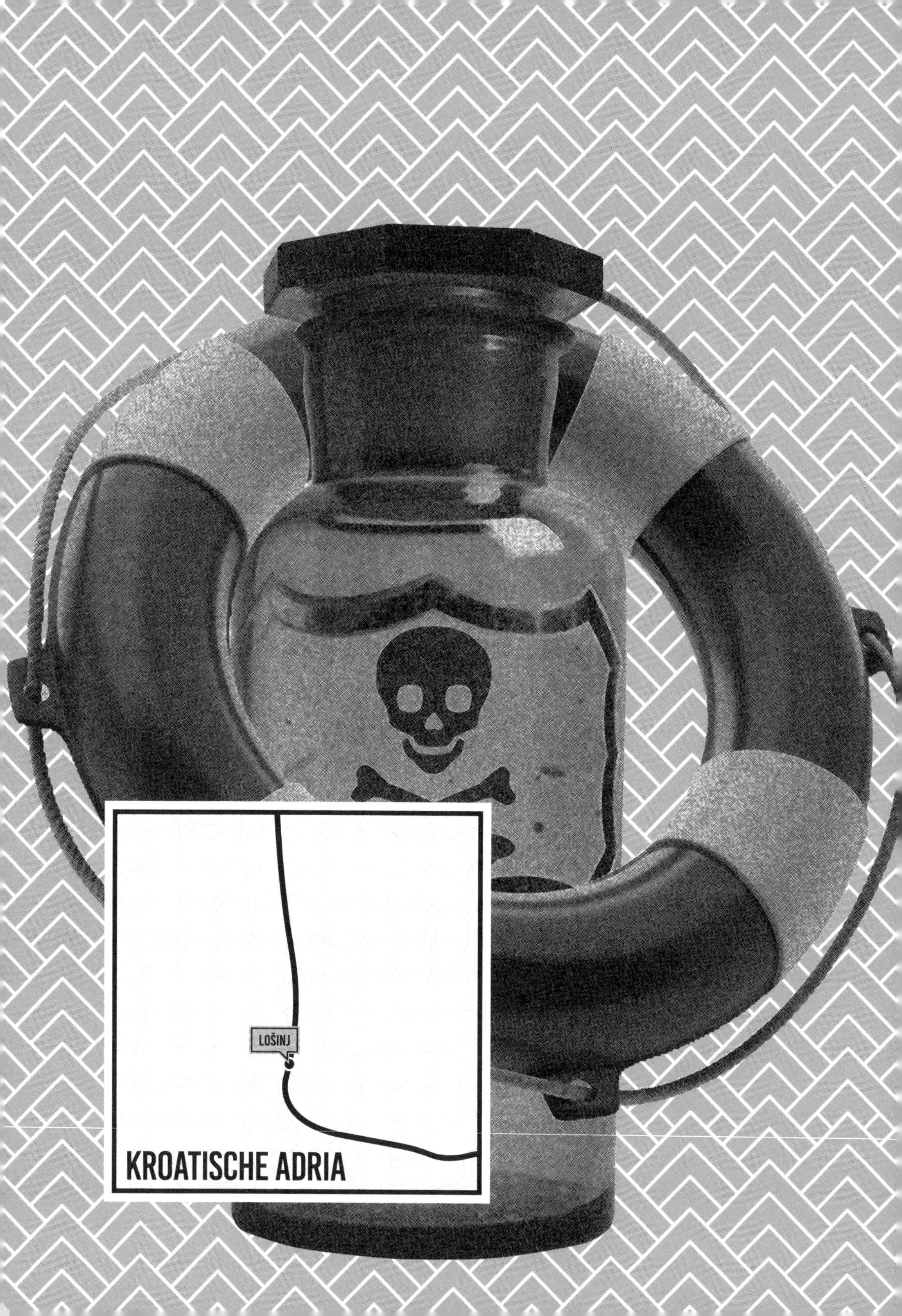
LOŠINJ
KROATISCHE ADRIA

AM ZIEL, AM START

UMWEG #27

Wir überquerten eine handtuchschmale Brücke, höchstens sechs Meter, dann waren wir auf der nächsten Insel: Lošinj, da wollten wir nun bleiben, ursprünglich eine Woche und dann wieder zurück, aber den siebten Tag, auch noch den Sonntag, an dem Gott ruht, hatte ich abgeknapst, um drei zusätzliche Wochen dranzuhängen, die alle Orte am Mittelmeer, die mir mal etwas bedeutet hatten, zu vereinen. Ein kühner Plan? Ein bescheuerter Plan? – Ein Plan!

Wer nicht so ehrfürchtig ist, Gott, Allah, Jupiter einen Plan zuzutrauen, der muss selber einen schmieden. Meiner führte uns also über weiterhin garstige, karstige Hügel die Insel abwärts. Es wurde ansehnlicher. Auch bebaumter. Als wir in beträchtlicher Höhe die Klippen entlangfuhren – unten das blaue Meer, oben die grünen Pinien – da schöpfte ich Hoffnung, dass wir es vielleicht netter haben würden als die Camper. Als die Gegend anfing, hübsch auszusehen, drohte Rafał, nun seien es nur noch vier Kilometer: Neben der Navifrau hatte er noch das Display, über das er uns auch ständig über Temperaturschwankungen unterrichtete. Vier Kilometer, würde das ausreichen, um mir einen Ort zu weisen, für den es sich gelohnt hatte, jahrzehntelang zu warten?

Wir kamen an eine Schranke, Rafał zog einen Zettel, wir fuhren einen Abhang hinunter, ein Laden neben dem anderen, ich sah mit Silkes Augen, dass man da nicht kaufen konnte, rechterhand eine kleine Bucht, Boote, Häuser zum Oval gedrängt, alles viel beschaulicher als Opatija, das ginge doch, redete ich mir ein, dann ging es wieder aufwärts, dann sollten wir an der nächsten Schranke zahlen. Rafał schrie den Pfosten neben der Schranke so lange an, bis er sie öffnete. (Ein nervenschwacher Mensch mag die Situation über Mikrofon und Lautsprecher verfolgt haben.) Jenseits von Schranke und Hügel dräute der nächste, gigantische Campingplatz. Das Display mahnte, jetzt seien es bloß noch sechshundert Meter. Wir kamen an die nächste Schranke, und die Navisau tönte mit menschlicher Stimme: „Sie haben Ihr Ziel erreicht". Rafał war so kulant, sie nur abzuschalten, ich hätte ihr den Hals umgedreht: Vor uns lag an einem abschüssigen Weg ein Gebäude wie von Tito in Albträumen ersonnen, ein schlimmer Bunker mit ein paar Schießscharten, die aber auch als Sehschlitze geeignet schienen. Wir passierten die Schranke, schrien vor Entsetzen, dann machte Rafał kehrt und fuhr wieder hinaus, der Pfosten hatte nichts dagegen.

Rafał gestattete der ‚Navigeuse' einen zweiten Versuch. Sie beharrte: „Sie haben Ihr Ziel erreicht!" Also fuhren wir erneut die Einfahrt hinab, da winkte auch schon ein Empfangskomitee von sechs Personen, nun kam ich mir wirklich vor wie auf Staatsbesuch in Jugoslawien. Leicht benommen stiegen wir aus, jemand kümmerte sich ums Gepäck, jemand führte uns in die Halle, reinster Tito, Honecker wäre begeistert gewesen, wir kramten die Pässe raus, die sind den Damen am Empfang immer viel wichtiger als die Gäste, dann sanken Silke und ich hinab in

Plüschweiches mitten in diesem Grauen, während Rafał noch Gepäck-Anweisungen gab. Silke duldete still, ich beschwichtigte mich ebenfalls stumm: Sechs Tage, das geht rum.

Eine höfliche Kroatin schlug vor, einen Drink zu nehmen, und den konnte ich auch gebrauchen. Am liebsten hätte ich nach Chloroform gefragt, aber ich ließ es bei Negroni bewenden. Wir traten hinaus auf einen Balkon und setzten uns. Der Ausblick war nicht übel. Eine Terrasse öffnete sich zu den Tischen des Restaurants hin, Kellner, Gäste, ein Gehweg, ein Liegeplatz, das Meer, die Bucht, Pinien am Hang, der Himmel am Dämmern, es war wohltuend ruhig. Die Getränke kamen, die Sorgen nahmen ab.

Wir wurden einen Gang entlang von Tito zu Sisi geführt: das palastartige Gebäude, in dem die Gästezimmer lagen. Meine Koffer standen vorn. Links das wohnzimmergroße Bad zur Terrasse: die Wanne aus einem einzigen Alabasterbrocken gefertigt, die Dusche in durchsichtigem Gehege mit riesigem Sprühkopf, zwei Waschbecken, eingelassen in Marmor, die Toilette, diskret hinter gläserner Wand. Rechts der begehbare Kleiderschrank mit Schränken und Schubladen. Vom orgiengeeigneten Bett aus der Blick auf den 1,20-Meter-Bildschirm, alle deutschen Programme, darunter der Schreibtisch, mein Hauptrequisit, und dann die Terrasse: die Treppe, der Weg, die Bucht, das Meer, der Himmel. Ich war oft unterwegs, so habe ich noch nie gewohnt, und was an diesem Abend begann, blieb so die ganze Woche. Ich kam mit den Augen gar nicht nach, wie oft die Bettwäsche und die Handtücher gewechselt wurden, alles war eine Parfümwolke von Luxus. Hatte man einen Wunsch, war er schon erfüllt. Der Blick von der Restaurant-Terrasse auf die Bucht einerseits und das Sisi-Schloss andererseits sparte den Titobau im Hintergrund diskret aus. Am ersten Abend saßen wir noch etwas im Schatten, so dass wir trotz aller Gutwilligkeit die Speisekarten kaum lesen konnten, aber schon am nächsten Abend geleitete der Ober uns feierlich an den schönsten Tisch am Meer, und der Mond wurde so voll, dass er fast platzte.

Luxusleben. Der Liegestuhl unter dem Sonnenschirm, die sanften Wellen gegen den Fels. Rafał springt ins Wasser, Silke dreht sich auf den Bauch. Etwas essen an einem der weißen Tische, etwas lesen in einem der hoffnungsvollen Bücher, etwas denken in einer der verschrobenen Hirnwindungen. Die Julisonne macht so tatenlos lebendig! „Das ist doch nicht das Leben", höre ich alle die, die sich um alles kümmern, aus Redaktionen und Asylantenheimen angeekelt rufen. Shirley Bassey log noch effektvoll, wenn sie sang: ‚This is my life'. Dazu habe ich keine Lust, ich bin noch einen Tick trotziger: Ja, Scheiße – mein Leben? So ist es!

LAUTLOS

UMWEG #28

Was macht man, wenn es nichts zu sagen gibt? Man schweigt. Ich doch nicht! Und eigentlich niemand: Wenn alles überflüssige Gerede in den Hälsen der Sprecher stecken bliebe, herrschte eine wundervolle Ruhe, schon deshalb, weil die Menschheit erstickt wäre. Kein Palaver. Lichtenberg, ich meine, er war es, hat gesagt, man soll nur so lange reden, bis man an einem Punkt angelangt ist, an dem das Gegenüber Bescheid weiß, und man soll mit dem Reden erst dort wieder einsetzen, wo man seinem Zuhörer etwas Neues mitteilt. Daran denke ich immer. So gut es geht, versuche ich, mich danach zu richten, auch wenn das alle ‚Weißt-du-noch?-Träumereien' ausschließt. Der Trick ist, entweder neue Geschichten zu erzählen oder sich ein neues Publikum zu suchen. Das eine erfordert Ideen, das andere Marketing. Andernfalls – Schweigen.

Lichtenberg hat im Deutschen das vollbracht, wofür Oscar Wilde im Englischen berühmt ist: Aphorismen. Typisch, dass die doofen Deutschen daraus viel weniger mit ihrem Formulierungskünstler gemacht haben, als es die gewitzten Engländer mit ihrem Vorzeige-Bonmot-Lieferanten tun. Was nicht vergrübelt daherkommt, gilt im Deutschen nichts. Dabei ist doch Lichtenbergs Erkenntnis ‚Wer einen Engel sucht und nur auf die Flügel schaut, könnte eine Gans nach Hause bringen' für alle gläubigen Ideologen eine Mahnung, die natürlich nicht gehört wird, weil sich jeder lieber reinsten Gewissens mit einer Engelsfeder schmückt als sich – wie im alten Rom – eine Pfauenfeder in den dekadenten Mund zu schieben, damit nach dem Abkotzen noch ein paar weitere Schafsbockhoden in den Magen passen. Aber weil Schweigen mich zu sehr an Totsein erinnert und ich diesem Zustand ja mit unserer Reise entgegenwirken will, schreibe ich trotzdem weiter.

Alles war Luxus pur, also nicht erwähnenswert. Wer will erfahren, dass jeder Wunsch von den Augen abgelesen wurde und alle Wäsche im Bad und im Bett zu jeder Tageszeit reiner war als Mutter Teresas Gewissen im Morgengrauen? Leser von ‚TripAdvisor' womöglich. Vielleicht könnte ich mir da eine Fangemeinde erschließen, die alles übersteigt, was Gedanken denken können. Herzlich willkommen! Wer nichtssagende Floskeln liebt, der wird hier gut bedient.

Eine Misslichkeit gab es allerdings: Tütenkaffee in der Zimmerbar! Ich trinke ja unterwegs keinen Kaffee, aber Silke – und die war schockiert. Solche Verdrüsse nimmt sie sich immer sehr zu Herzen. Mich hätte mehr verdrossen, dass im Hotel kein Fernet Branca aufzutreiben war, wenn ich mir nicht hellsichtig Whisky aus Slowenien mitgebracht hätte. Die Werbung lautete: ‚Der Tag geht, Johnnie Walker kommt.' Im Hochsommer steht die Sonne noch recht prall am Himmel, wenn Johnnie bei mir ins Glas kommt.

Natürlich ist es immer wichtig, von Dingen zu träumen, die man nicht haben kann, aber ich weiß noch, als Pali mich fragte: „Möchtest du einen Drink?", und die Antwort kannte. Dann war in seinem geschickt eingerichteten Zimmer und in meiner geschickt eingerichteten Welt alles in Ordnung, und es gab nichts als die Vorfreude auf den ersten Schluck und auf den ersten Satz, den ich ihm auf seine erste Bemerkung antworten würde.

Erfüllte Wünsche stürzen nicht immer ins Elend, auch wenn das im Kino zunächst mal dramaturgisch geboten scheint. Ich sehe dabei immer auf die Uhr: Bis zur Hälfte eines Films ist das erreichte Ziel ein Megaflop, das den Glücklichen unglücklich macht. So ab zehn Minuten vor Schluss läuft es eher auf ein Happy End zu. Der riesige Bildschirm im Hotel, mit allen deutschen Sendern im Programm, hat mir keine Ruhe gelassen. Alle zwei Tage schaltete ich die Nachrichten ein. Sonst vermeide ich Fernsehen unterwegs genauso strikt, wie andere sich nicht auf fremde

Klobrillen setzen können. Zum Fernsehen gehört für mich Gesellschaft und Geselchtes, Brot muss nicht sein. Dass ich wunderlich bin, weiß ich, aber wer ist das mit 70 nicht?

Nun gab es ja aber gleich am Montag etwas in den Nachrichten, das in Aleppo gar nicht erst erwähnt worden wäre, aber für Franken schon besonders war: das Würzburg-Massaker. Jemand ging mit Axt und Messer auf Leute los. Muss ich das wissen? Kann ich helfen, kann ich es verhindern? – Nein. Wenn ich höre, in den Anden ist ein Flugzeug abgestürzt, es war eine Deutsche unter den Passagieren, dann klingt das für mich wie: ‚Bei den diesjährigen Sommerfestspielen um den Großen Preis von Singabebien hat Deutschland nur knapp die Bronzemedaille verpasst.' Was soll das?

Deutschsein fängt bei Kiefersfelden an und hört bei Flensburg wieder auf. Oder andersrum. Hätte die Frau drei Kilometer weiter gewohnt, wäre eine Österreicherin oder eine Dänin unter den Passagieren gewesen. Wird deshalb in Wien oder Kopenhagen halbmast geflaggt? Aber die Medien selbst regen sich – ziemlich verlogen – genug darüber auf, dass wir dauernd mit Nachrichten bombardiert werden, die wir nicht brauchen; das ist inzwischen eines der vielen Hörner, in das ich nicht stoßen muss. Die penetrante Scheinheiligkeit der ‚Die-Öffentlichkeit-hat-ein-Recht-zu-erfahren'-Mikrofonhalter weckt in mir Mordgelüste.

Die Öffentlichkeit hat ein Recht, von überflüssigen Informationen verschont zu bleiben! Ein B-Promi heiratet, ein C-Promi lässt sich scheiden, ein Z-Promi stirbt. Im Jenischpark ist die Flottbek über die Ufer getreten. Wahr ist, niemand wird gezwungen, einen ‚Brennpunkt' zu sehen, aber die Menschen gieren danach. Sensationslüsterne Meute: „Man muss doch informiert sein!" Heuchlerisches Gewäsch!

Dann informier dich doch mal richtig über Afghanistan, von wo der Attentäter kommt, oder über Würzburg, das gibt es schon seit dem 8. Jahrhundert! Beim britischen Bombenangriff am 16. März 1945 kamen dort 5 000 Menschen um. Sind das nicht noch geilere Zahlen? Ich schalte bei ‚Brennpunkten' immer ab. Die einzige zusätzliche Information, die man da bekommt, ist die interessante Erklärung des ‚Korrespondenten vor Ort', dass er zur Stunde noch nichts Genaueres sagen kann. ‚Und damit zurück ins Studio zu Judith Rakers, ach nein, Susanne Daubner.' Jaja. Es geht mich nichts an, es macht mir keine Angst, und es ist weit weg, von hier sowieso.

HÖHEPUNKTE UND AMOKLÄUFE

UMWEG #29

Wir hatten es einfach schön, was am Anfang des Unterwegsseins immer Probleme aufwirft: Wird der Rest der Reise ein Abstieg werden, ein Niedergang? Höhepunkte habe ich immer angestrebt und vermieden. Entweder man traut ihnen gar nicht erst über den zieltrunkenen Weg oder sie markieren das Ende von Vorfreude und Lust: Höhepunkt gleich Endstation. Wenn man Glück hat, wie beim Liebestod in der Oper, kommt danach gar nichts mehr, üblicher ist die emotionale Talfahrt. Vom Forum Romanum zum römischen Strich ist es nur ein Schritt. Napoleon hatte es auf seinem peinlichen Rückzug aus Russland staatsmännischer ausgedrückt: „Vom Erhabenen zum Lächerlichen ist nur ein Schritt", sagte er einsichtig. Hat Hitler wohl nicht gelesen.

Ich habe mich immer davor gehütet, irgendetwas in meinem Leben als den Höhepunkt zu bezeichnen. Deshalb bleibt mir die biografische Möglichkeit, die allerletzte lebensverlängernde oder -beendende Spritze dereinst als den Höhepunkt meines Daseins empfinden zu können, selbst wenn ich ihn nicht mehr schildern kann. Doch so weit will ich noch gar nicht vorausschauen.

In Europa war ja bereits vor unserer Abreise etwas los gewesen. Am Tag, bevor wir unser geschütztes Heim verließen, war ein Fanatiker in Nizza mit dem Lastwagen in die Menschen gebrettert, die am Straßenrand standen, um den 14. Juli zu feiern. Am 14. Juli vor 227 Jahren fand in Paris der ‚Sturm auf die Bastille' statt, was nachträglich dem Volk als Beginn der Französischen Revolution eingeimpft wurde. In der Bastille hatte zuvor mal Voltaire eingesessen – Gebildete wissen, der war Philosoph – und Marquis de Sade schmorte da auch schon – Prügelknaben kennen ihn als Namenspatron von Nachtclubs.

1789 lungerten in dem Riesenbau gerade mal sieben Häftlinge rum, bewacht von einem Kommandanten, dem 80 Kriegsveteranen und 32 Soldaten assistierten. So viel Brimborium wurde nicht mal um die RAF gemacht. Der Kommandant, offenbar lebenslustig, gab sofort auf. Für den ‚Sturm' bedurfte es nicht mal eines

Windhauchs. Erhaben oder lächerlich? Wie üblich, wenn gefeiert wird, zählten aber nicht im Mindesten die Tatsachen, sondern ausschlaggebend war bloß die Idee, und die war in ihrer Umkehrung dem Attentäter wohl bewusster als denen, die er niedermähte. Die standen nur da und wollten Feuerwerk sehen. Er wollte zeigen, dass die Idee gescheitert ist. Wer die Geschichte nicht kennt, ist verdammt, sie zu wiederholen, wissen wir spätestens seit Santayana. Viele kommen allerdings erkenntnislos um im Rahmen der Geschichte, was der Natur völlig egal ist, solange sich die Verstorbenen vorher nur tüchtig fortgepflanzt haben.

Die wenigen Misslichkeiten einer spannungslosen Woche sind schnell benannt: Am Mittwoch fuhren wir in den Ort. Er wirkte ein wenig ausgestorben, und ich musste mir sehr zureden, das hübscher zu finden als Touristenmassen. Wir umrundeten den winzigen Hafen, für mich eine Strecke wie für die Weinbergschnecke der Weg von ihrem Haus bis zur Kräuterbutter, und setzten uns da hin, wo ich es am nettesten fand. Da habe ich einen Instinkt, ich finde immer das Beste. Diesmal nicht.

Aber wer bestellt auch in Mali Lošinj Thunfisch Sashimi? Jemand, der wenig auf dem Teller haben will und nicht damit rechnet, einem unwirsch zerhackten Stück rohen Fisches in die Wunden sehen zu müssen. Silke und Rafał waren cleverer und bestellten ein Risotto, dessen leichenhaft aufgequollene Körner sich mit Chappi-Bröckchen zu einem ganz beachtlichen Mörtel verkleisterten. Hungernde wären dankbar gewesen. Wir nicht so. Aber was mir in der folgenden Nacht so schlecht bekam, war wohl weniger das Alter des Fischkadavers als die Erinnerung an ihren Anblick. Wenn ich keine Angst hätte, dass die Karotten mich verfluchen, würde ich Vegetarier werden.

Für ein zweites Mittagessen kleidete sich Silke so, dass die Speisung auch auf Schloss Windsor hätte stattfinden können, ich mich ähnlich. Das Lokal war dann aber doch etwas weniger mondän als erwartet. Wir saßen zwischen Badehosen und Bikinis und empfanden die Umgebung als eher tiefgestochen. Wie hätten sich wohl diese Fettwänste in Bermudas gefühlt, wenn sie mitten im Hochzeitsmahl von Coco Chanels Urenkelin mit Armanis Großnichte gesessen hätten? Wie wir? Unbehaglich? Das Essen war gut, aber dafür geht man doch nicht vor die Tür!

Ein dritter Ausflug verlief befriedigender: mit dem Boot die Küste entlang. Bei der Fahrt aus der Bucht heraus war noch alles gut, aber dann polterte der Bootsmann so über die Wellen, dass ich froh war, nie zu frühstücken, und mein Darm vor Verwunderung aufgab, Signale in Richtung des vorderen oder hinteren Ausgangs zu senden. Zweimal fragte unser Führer, ob alles ‚okay' sei, und natürlich wäre ich lieber in den Fluten und im Maul einer Sardine versunken als zu sagen: „Etwas langsamer, bitte!"

Zweimal hielt er sogar an, damit Rafał beherzt ins Wasser springen konnte. Rafał tauchte und juchzte. Im Wasser zuhause, ohne Furcht, das Ufer fern, aber Zuversicht im Herzen. Vorbei. Für immer. Habe ich es genügend genossen, als es war, was es war? Manchmal muss man die Erinnerung genießen im Glauben daran, dass man das Ereignis selbst so überwältigend gefunden hat, wie es sich dem Gedächtnis darstellt.

Unser Bootsmann brachte uns zu einer Insel mit einem Fischlokal, bei dem er Prozente bekommt oder das er für besonders gut hält oder beides. Aus- und Einsteigen ist immer etwas, bei dem ich hoffe, mich bloß lächerlich zu machen, aber nicht auch noch ins Wasser zu fallen, um mir an der Schiffswand das gesunde Bein zu brechen. Anlegen, rausklettern, da sein. Es klappt ja immer, und dann ist es ein kleines Erfolgserlebnis.

Die Plätze waren gut, die Meerestiere waren gut, alles war gut. Freundliche Menschen, freundlicher Schatten, ruhige See. So ist das Leben schön. Besonders schön war der Tag, wenn man abends nicht die Nachrichten sah. In München hatte ein Amokläufer neun Menschen und sich selbst getötet, mehr als 30 wurden verletzt. Wir setzten uns auf die Terrasse, sagten: „Schrecklich!", und tranken unsere Cocktails, während die Sonne hinter den Hügeln verschwand, ohne unterzugehen.

DIE ENDLOSIGKEIT DES EWIGEN AUGENBLICKS

UMWEG #30

Am Samstag ließen wir uns vom Hotel-Minibus den gesperrten Weg auf der gegenüberliegenden Seite der Bucht zur ‚Lanterna' fahren. Der Name hat wohl nichts mit Beleuchtung zu tun. Wir hatten das Lokal am Vortag vom Boot aus auf der höchsten Spitze am Ende der Bucht gesehen, und jetzt an allen missmutig zur Seite tretenden Fußgängern vorbeizurauschen, das vermittelte mir endlich wieder dieses Gefühl von Überlegenheit, das ich gewohnt war, wenn ich früher alle Spazierenden mit forschen Schritten überholt hatte.

Wir trugen wenig bemerkenswerte Kleidung, denn wir hatten mitbekommen, dass in dieser Gegend auf ein modisches Erscheinungsbild nur geringer Wert gelegt wird, und so aßen wir unser schlichtes Essen schlicht unter Schlichten: Čevapčići, endlich mal keinen Fisch und trotzdem fast so folkloristisch wie am Hauptbahnhof. Einmal nur nutzten wir die Errungenschaften des Wellness-Bereiches. Man konnte sein welkendes Fleisch dort kneten und bepinseln und besprühen lassen, aber die Wirbelmaschine, von der ich mir einen Eindruck davon erhofft hatte, wie es sich anfühlt, an einem Felsen inmitten der Niagara-Fälle zu hängen, sie funktionierte nicht. Wir wurden von den einen zehn Minuten auf die nächsten zehn Minuten vertröstet, und massieren kann mich auch Rafał. So verließen wir enttäuscht den Hort der Entspannung, in dem wir ohnehin die einzigen Gäste rund um die Betreuer gewesen waren, und kamen nie mehr wieder. Unsere Körper blieben während des ganzen Aufenthalts unbewirtschaftet vom Personal.

‚Mens sana in corpore sano' – Juvenal war Satiriker. Er hat ursprünglich mit seinen Worten die sportlichen Idole seiner Zeit parodiert, weil seiner Meinung nach deren geistige Fähigkeiten wesentlich dürftiger waren als die körperlichen; und Juvenal machte sich lustig über Römer, die ihre Götter mit törichten Gebeten belästigten. Bitten solle man höchstens um ‚einen gesunden Geist in einem gesunden Körper'. Zu Werbezwecken wurde diese Aussage zur Neuzeit in ihr Gegenteil verkehrt, wie üblich. Spätestens seit Olympia 1936 im faschistischen Berlin wird der Körper weit mehr geschätzt als der Geist.

Die Namen der Olympiasieger sind geläufiger als die Namen von Nobelpreisträgern. Doping war dann im Ostblock Massensport. Bodybuilding, Fitnesstraining und angesagte Bekleidung (jiddisch-berlinerisch: Klamotten) sorgen heute für mehr Anerkennung als eine Ausbildung in *Geistesbildung*. Es gibt im Fernsehen noch ‚Wer wird Millionär', aber bezeichnenderweise heißt bei den Öffentlich Rechtlichen ein neueres Format ‚Wer weiß denn sowas?', und es werden nur Fragen gestellt, bei denen sich keiner wundern oder gar schämen muss, dass er die Antwort nicht kennt. Bei den Privaten geht es gleich ungeniert um Sackhüpfen und Schmeißfliegen mit dem Mund aus einer Schnapsflasche zu fischen. Mutprobe ersetzt die Bildung.

Ich dagegen habe lange Zeit den Körper zu wenig geachtet, er lief so nebenher. Am Anfang, in meiner katholischen Zeit, war er mir nichts wert; beinahe betrachtete ich den Körper so wie der heilige Franz von Assisi, der in ihm nur Sünde und Unheil sah; dann habe ich den Körper benutzt, um mir Genuss zu verschaffen – und jetzt bin ich auf ihn angewiesen. Das, was er mir an Genugtuung bereitet hat, schmecke ich noch nach und besänftige ihn mit Therapien und ausgefeilter Nahrung.

Weil Sex, Freude und Trauer im Kopf stattfinden, habe ich den Körper einfach lange, viel zu lange, unterschätzt, und das, obwohl es mir so wichtig war, ihn im Schaufenster des Lebens für alle wünschbaren Kunden zu präsentieren – untenrum war er ja vorzeigbar, aber der Schädel: Toupieren, um Hinterkopf vorzutäuschen, der viel denken kann, das war schon wichtig. Aber noch wichtiger war es mir, das Dasein zu durchdenken. Nun habe ich meine Strafe dafür: Unbeholfen in all meinen Bewegungen und trotzdem nicht zu Weisheit und Gelassenheit gekommen; aber mein Verhalten während der vergangenen fünfzig Jahre zu bereuen, habe ich auch keine Lust. Schon mit zwanzig habe ich schnöselig formuliert: ‚Bereuen muss man vorher. Nachher bringt es nichts.'

Als ich 29 war, 1975, sang der damals prominente Curd Jürgens bei meinem Arbeitgeber auf dem Label ‚Polydor': ‚Sechzig Jahre und kein bisschen weise', worauf sich auch noch ‚auf dem Weg zum Greise' reimte. Ich mochte den Titel nicht. Ich würde später bestimmt nicht mehr kokettieren, ich wollte weise werden. Curd Jürgens ist den Greisenweg auch nicht besonders lange gegangen. Er starb einen Tag vor meinem 32. Geburtstag: mit ‚66 Jahren', einem Alter, bei dem laut Udo Jürgens ‚noch lang noch nicht Schluss' sei. Er hat es ja auch bis 80 geschafft. Die Beatles hatten 1967 schon bange gefragt: ‚Will you still need me, will you still feed me when I'm sixty-four?' – ein auch für mich damals utopisches Alter und eine Frage, um deren Beantwortung Yoko Ono sich drücken konnte.

Wie hängen Körper und Seele zusammen? Diese Frage hat meine Generation weniger beschäftigt als die – von Progressiven schnell im Voraus beantwortete Frage –, ob für die Entwicklung eines Menschen die Gene (um es ärgerlicher zu machen, sagte man die ‚Rasse') oder die Umwelt verantwortlich sind. Selbstverständlich war ausschließlich die Umwelt verantwortlich: Wer reiche Eltern hatte, machte Abitur wegen seiner Eltern, wer arme hatte, machte Einbrüche, auch wegen seiner Eltern. Für Progressive gab es keinen niedrigen Intelligenzquotienten des Schülers, sondern nur niedriges Einkommen des Vaters.

Das Sein bestimmt das Bewusstsein. Das ist zweifellos richtig, aber wie man das umsetzt oder sich daraus befreit, diese Entscheidung muss man dem Individuum doch zugestehen. Der Geist lenkt den Körper, oder umgekehrt? Inzwischen wissen wir, dass die Beweglichkeit des Körpers beim Schießen eines Tores unabhängig ist von der Beweglichkeit des Geistes, hinterher im Interview zu sagen, warum er nicht vorbeigeschossen hat und wann der Beininhaber zu Real Madrid wechseln wird. Inzwischen weiß sogar ich: Der Körper bestimmt das ganze Leben. Die ihn als Fußball- oder Olympiafans anhimmeln, sie haben vollkommen recht – Sport bereichert, besonders die Funktionäre. All das viele Geld generieren die im Sport Beschäftigten mit dem Körper, dem eigenen oder dem Körper dessen, der für sie die Medaillen gewinnt und die Rechnung zahlt. Immer der Körper! Dafür ist er es auch, der wegsterben muss, das elende Stück Dreck. Ich verfluche ihn, weil ich mir jetzt solche Mühe gebe, ihn zu lieben, und er mich überhaupt nicht anerkennt. Wer beherrscht wen? Wie glücklich sind die, die unglücklich sind: Sie haben die Möglichkeit, etwas verändern zu wollen.

Mein Leben spielt sich jetzt also in meinem Kopf ab. Wie der Altersblinde, der früher Farben gesehen hat, stelle ich mir nun die farbigen Begebenheiten vor, die ich, während sie stattfinden, versäume. Das Wichtigste für mich war immer die Entdeckung, einer Idee oder einem Menschen hinterherzulaufen: Erfahrungen einsammeln oder – zumindest oder sogar? – Genüsse. Nun gibt es keine ‚Oder' mehr, sondern nur noch eine Aneinanderreihung von ‚Unds'. Eigentlich sehr modern: die Wirklichkeit nicht mehr auf der Haut spüren, sondern auf dem Smartphone nachvollziehen und das Abbild auf dem Display für Leben halten. Ich muss nichts mehr tun, ich muss nur noch sein.

Die meiste Zeit lag ich ausgestreckt auf einem Liegestuhl unterm Sonnenschirm. Silke wendete ihre Körperteile in der Sonne, Rafał schwamm durch die Bucht – er nennt es ‚Plumpsen', wenn er sich ins Wasser fallen lässt –, und ich machte mir so meine Gedanken. Ich sehe mir die Leute an und denke: „Was denken die wohl?" Nicht viel, fürchte ich. Sie verbringen ihre Tage und glauben an irgendeinen Gott, der sie nicht weiter belästigt und im Ernstfall ein bisschen beschützt. Dann behaupten sie, ja, sie seien gläubig.

Was demgegenüber den, der zugibt, an gar nichts zu glauben, so sympathisch macht, ist, dass er keine Wahrheiten zu verstecken braucht: weder die Gräueltaten der Inquisition noch die des Kommunismus. Er lacht über die,

Maria Rinke (1938)

die behaupten: Die Idee war doch vollkommen in Ordnung, die dämliche Ausführung hat die Glaubwürdigkeit des eigentlich Richtigen überstrapaziert. Stimmt schon. Auch Hitler hätte ohne die Judenbeseitigung und den Zweiten Weltkrieg besser dagestanden. Die Juden, die Germanen. Das auserwählte Volk – wer ist das schon? Ohne Hitlers Wunsch, Kiew deutsch zu machen, hätte er Breslau nicht an die Polen verloren.

Das Angenehme am Atheismus ist, dass die Furcht vor Strafen jenseits des Diesseits wegfällt. Bei all seinen Morden, Vergewaltigungen und Diebstählen muss man sich durchaus vor der Polizei vorsehen, nicht aber vor der Hölle. Eine höhere Gerechtigkeit gibt es Gott sei Dank nicht. Das Unangenehme ist, dass man jeden Augenblick genau planen muss, weil man nichts auf das tröstliche ‚Danach' verschieben kann. Darum gibt es ständig diesen Entscheidungsnotstand: Bleibe ich jetzt im Bett liegen und mache mich über das Leben lustig, indem ich es vergeude, oder mache ich eine Weltreise kofferlos in Jeans durch Krisengebiete, um dort zu helfen und innerlich geläutert zu werden, und danach, wenn meine Finanzen es erlauben, mache ich eine Weltreise in Designerjeans durch Grandhotels, um mich am Unterschied zu ergötzen. Wenn meine Finanzen es aber nicht erlauben, dann sehe ich mir TV-Serien an, die mich darüber belehren, wie schwer selbst Reiche es haben, privat und geschäftlich, oder ich engagiere mich in einer der vielen Wut- und Angst-Genossenschaften, die sich immer vor irgendwas fürchten (Krieg, Umweltzerstörung, Islam, Zika-Mücke, Handelsabkommen) oder das Finanzsystem so ändern wollen, dass kokainsüchtige Börsenspekulanten nicht mehr verdienen als alkoholkranke Opfer einarmiger Banditen.

Wer Familie hat, die er ernähren muss, oder Skrupel, die er lindern muss, ist natürlich zusätzlich beschränkt in seinen Mitteln und kommt für den Test ‚Wie lebt der Mensch, wenn er sich ums Tägliche nicht zu scheren braucht?' nicht infrage. Diese Frage ist bereits von Thomas Morus und vom Kommunismus unbeantwortet geblieben, weil beide ihre utopischen Ziele nicht erlebt haben, und allenfalls ‚Die Geissens' auf RTL II lassen ahnen, wohin Geld ohne Verstand führt: zum Wunsch des Betrachters nach Außerirdischem, das weniger gebratene Tauben für den Rachen oder Jungfrauen für den Schwanz bereithält als Früchte vom Baum der Erkenntnis fürs Hirn, obwohl auch das ja schon mal schiefgegangen ist.

Die Endlosigkeit des ewigen Augenblicks, der nicht als Stillstand, sondern als Abenteuer empfunden wird, das wünschen wir uns. Gibt es aber nicht. Sich das wünschen zu können, ist die höchste Leistung, die der Verstand der Seele anzubieten hat. Auf den Tod folgt das Paradies. Das Paradies ist das durch nichts mehr bedrohte Ende von allem. Das Paradies ist, dass alles vorbei ist. Schade eigentlich.

Ich rücke etwas weg vom Sonnenschirm. Meine Mutter behauptete immer, man wird auch im Schatten braun, wenn man unter blauem Himmel liegt. Irene hatte nicht in allem recht, aber ich glaubte ihr immer. Darum blieb ich auch meistens weißlich. Pali sagte kennerisch: „Du bist eben kein Levy, sondern ein Horowitz." Damit meinte er, dass ich kein jemenitischer, sondern ein ‚Ostjude' sei. Die haben rote Bärte und prägten das Straßenbild einiger Viertel in Wien und Berlin durch ihre Pejeslocken und Kaftane und waren in den Zwanzigerjahren des vorigen Jahrhunderts nicht beliebter als heute Burkini-Frauen an französischen Stränden.

Meine Großmutter Maria erzählte in ihrem Grunewald-Zimmer gern die Geschichte, wie sie 1933 zu ihrer Bridge-Partnerin gesagt habe: „Frau Rubinstein, wie konnten Sie nur diese Ostjuden ins Land lassen?", und Frau Rubinstein habe geantwortet: „Ach, Frau Rinke, wir sind ja selber am unglücklichsten über diese Leute!" Ich war damals zwischen acht und zwölf und dachte mir nicht viel. Inzwischen ist mir klar, wie es allen Levys, Horowitzens und Rubinsteins ergangen ist, und ich lege mich zurück unter den schützenden Sonnenschirm.

HIRN CONTRA SCHLEIMHAUT

UMWEG #31

Gegen 20:00 Uhr nehmen wir unsere Plätze auf der Terrasse ein und bei Harfenmusik unseren Aperitif. An unseren Dinner-Tisch begeben wir uns erst, wenn es ringsherum schon genügend Menschen gibt, deren Aufmerksamkeit wir erregen können. An schwachen Abenden sind das bloß die Kellner. Dafür ist das Risotto mit Foie gras unschlagbar. Gleich am ersten Abend hatte Rafał einen Schlaf raubenden Erkundungsgang unternommen. In der Hoffnung, im Ort noch ein bisschen zu erleben, war er aufgebrochen, aber das Gelände ist tückisch, eine Bucht reiht sich an die nächste, und man kommt seinem Ziel kaum näher. Rafał landete statt bei Clubs und Drinks vor einem kleinstadtgroßen Campingplatz, fand aber mit Hilfe seines Handys im Morgengrauen doch noch den Weg zum ‚Boutique Hotel Alhambra' zurück.

Rafałs Glück: Wo Tourismus ist, gibt es schwule Kellner. Die sagten schon vor fünfzig Jahren bedeutungsvoll: „Ich arbeite in der Gastronomie." Man wusste gleich, die tragen Gläser durch eine Kaschemme, und man achtete auf andere ihrer Merkmale. Ja, früher in der Schwulenkneipe grübelte man noch: Geh' ich jetzt mit dem mit, der mich gerade anmacht, oder warte ich doch noch auf was Besseres? Wenn man Pech und zu große Erwartungen hatte, ging man am Ende leer aus, wenn auch voller Träume. Heute sortiert man die Angebote auf dem Handy und wundert sich höchstens nachher beim ‚Date', wenn das vorausgesandte Bild, das die Entscheidung bestimmt hatte, etwa 13 Jahre alt ist.

Im 19. Jahrhundert trug man seine Verliebtheit schmachtend vor sich her und dachte, das sei nun Liebe, weil ja nichts passieren durfte, was zur Ernüchterung geführt hätte. Die Erfüllung ist der Tod des Wunsches. Aber wunschlos ist man als Mensch nie glücklich, sondern nur unglücklich. Ich hatte mich so auf die Zeit ohne Sex gefreut, aber nun sehe ich, ohne Lust ist es auch nicht lustig. Glücksmomente habe ich nie durch den Glauben erlebt – wie auch? –, sondern nur im Sex. Komisch, ich erinnere mich daran, dass ich außer mir war vor Be- und Entgeisterung, doch richtig nachvollziehen kann ich es nicht mehr. Ich muss es – glauben.

Obwohl ich doch weiß, dass Form erst durch Wiederholung entsteht, kommt mir dieses Streben nach immer neuen Geschlechtsteilen im Nachhinein dennoch unverständlich, ja wie reine Zeitverschwendung, vor. Einem Schwulen würde ich sagen: „Schwanz? Hast du doch selber!" Einen Hetero würde ich belehren: „Eine Möse sieht doch ziemlich aus wie die andere." Wo die Lust fehlt, fehlt auch das Verständnis. Ein Laster, das ich nicht teile, muss bestraft werden. In einem schwulen Verona wäre Romeo dafür hingerichtet worden, dass er Julia liebte und nicht ihren Vetter Tybalt. Gut, dass er Gift trank, was ihm den Tod vor allen Leuten auf dem Marktplatz ersparte.

Es erfordert ein hohes Maß an Toleranz, Neigungen, die man nicht teilt, zuzulassen. Zu akzeptieren, dass Menschen AfD wählen, fällt schon den Medien schwer, wie soll man da Verständnis für den Tschador aufbringen? Ich zum Beispiel stelle mir genussreich vor, wie ich einer Frau, der ich auf der Straße im Tschador begegne, den Fetzen vom Leib reiße und sie fotografiere. Vielleicht würde ich auch bloß dazu anstiften. Aber ich tue es nicht. Weil ich es nicht kann. Auch weil ich es nicht darf? Es gibt wirklich keine Gemeinheit, in die ich mich nicht hineinversetzen kann.

Mit dem Edelmut ist es genauso. Gesetze sind dazu da, solche Frage ohne die Hoffnung auf das Gute im Menschen zu beantworten. Wenn dieses Gesetz allerdings die Scharia ist, möchte ich alle, die für sie eintreten, zerstampfen, aber langsam, der Todeskampf soll mehrere Wochen dauern ... und so weiter.

Kann ein Gedanke meinem Hirn dieselbe Wohltat verschaffen wie eine Schleimhautreibung meiner Eichel? Ist eine Idee so schön wie ein Orgasmus? Das Andauernde wird immer vom Kurzfristigen übertrumpft. Im Moment hören mehr Menschen Justin Bieber, aber auf lange Sicht werden mehr Menschen Mozart hören. Alle die, die wie meine Klavierlehrerin Mozart seit 1792 hinterherrufen: „Aber du warst doch so ein Genie!", brauchen sich in ihrer Selbstgefälligkeit von der inzwischen 215 Jahre alten Leiche Gott sei Dank nicht mehr sagen zu lassen: „Scheiß drauf, lieber wäre ich ein blöder, reicher Esterházy gewesen."

Der späte Ruhm nutzt weder Mozart noch irgendjemanden, dem im Augenblick niemand zuhört. Wer nicht komponiert, weil er muss, sondern, damit ihm jemand zuhört, der hat es oft schwer. Wer schreiben möchte, aber es nicht kann, hat es auch schwer. Ein Rollstuhlfahrer, der vom Tanzen träumt, ein Schneemann, der die Sonne anbetet – alle haben es schwer, und leicht ist es, die zu beneiden, denen das nicht bewusst ist. Muss man sie aufklären, damit sie merken, wie schlecht es ihnen geht?

Das ist schon Baader-Meinhofs misslungen und klappt heute vor den Filialen des Konsumterrors auch nicht besser. Die Aufklärung ist eine Geisel der Menschheit. Die Unwissenheit auch. Lernen. Lernen, Widersprüche auszuhalten. Lernen zu ertragen, dass alles Lernen mit dem Tod endet und man nicht für die Ewigkeit gelernt hat, sondern nur dafür, bis zum allerletzten Augenblick noch eine Einsicht gehabt zu haben, die dann verlischt.

Rafał erzählte mir am Morgen, ob oder dass er eine schöne Nacht hatte, und mehr will ich gar nicht wissen. Ein sabbernder Alter, der sich an fremden Lüsten satt trinkt, werde ich wohl nie. Meine Fehler sind pädagogischer: Hier in Kroatien verlasse ich mich zu sehr darauf, dass Rafałs Muttersprache Polnisch eine slawische Sprache ist. Das ist vielleicht so, als würde ich mir zutrauen, Keltisch und Sanskrit zu übersetzen, weil beide wie Deutsch indogermanische Sprachen sind. Aber so bequem mache ich es mir, entgegen meinen Vorsätzen: Eigentlich möchte ich überall, wo ich hinkomme, zumindest „Ja – Nein, Bitte – Danke" und „Guten Tag – Auf Wiedersehen" in der Landessprache sagen können, und ich esse das Nationalgericht mindestens einmal. Das finde ich auch von meinen Mitmenschen nicht zu viel verlangt.

Wer als Flüchtling an der Bayerischen Grenze ankommt, hat eine Weißwurst zu essen, ein Bier dazu zu trinken und „Danke" zu sagen. Wer das nicht kann oder will, der hat im CSU-Land nichts verloren, also auch nichts zu suchen, und gehört zurück zu den Hammel-Dönern. Und mit solcher Stammtisch-Weisheit beende ich das Kapitel mal, damit diese Proklamation ein paar Tage im Raum stehen bleiben kann. Andererseits, da ich mir ‚Dobar dan!', ‚Doviđenja!', ‚Hvala!' und ‚Molim!' auf Lošinj auch nicht habe merken können, erfülle ich meine eigenen Kriterien, um in Kroatien bleiben zu dürfen, selber nicht und tue es trotzdem. Aber ich beantrage ja auch kein Asyl. Bisher.

Glücksmomente habe ich nie durch den Glauben erlebt – wie auch? –, sondern nur im Sex.

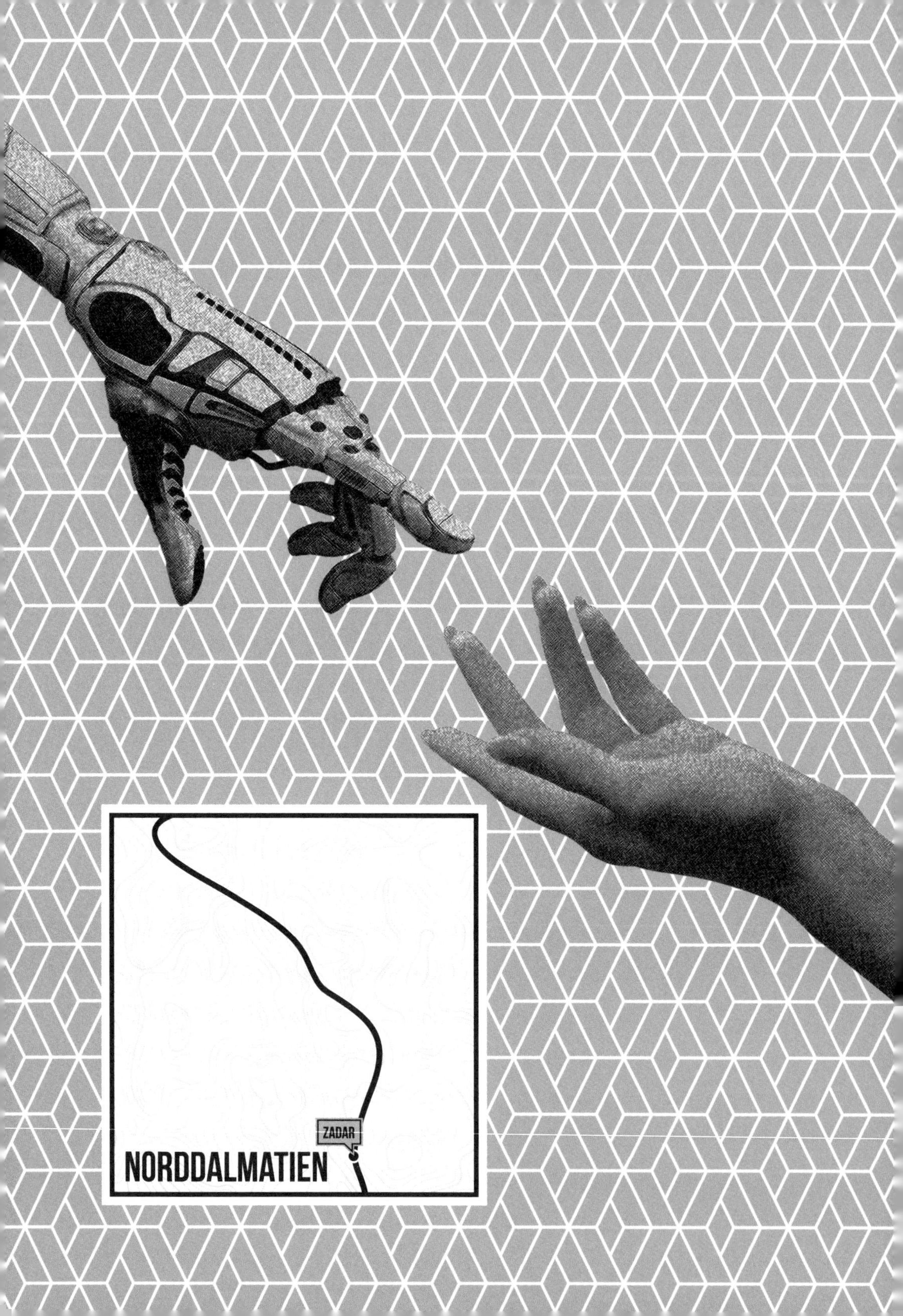

NORDDALMATIEN

ALLE WOLLEN ZADAR

UMWEG #32

Eigentlich hatte ich am Sonntag im ‚Boutique Hotel Alhambra' eintreffen und am Montag wieder abreisen wollen. Mit einer Woche dazwischen. Dann fand ich aber Sonntag bis Sonntag formal befriedigend genug. Es war ohnehin der längste Aufenthalt der Reise, die einzig geplante Neuentdeckung, und es war gut, dass es so gut gewesen war.

Als Lošinj noch zu Österreich-Ungarn gehörte, hätte ich hier wohl nicht sein mögen, und auch Kaiserin Sisi verbrachte ihre Zeit lieber auf Korfu: Damals gab es auf ‚Lötzing', später italienisch ‚Lussino', nur Einöde mit Küste. Jetzt aber war dieses Hotel – und nichts sonst – eine Reise wert gewesen. Na ja, vor fünfzig Jahren hätten mir der Pinienduft und das blaue Meer vielleicht gereicht, und ich hätte mir auf einem der vielen Campingplätze Mühe gegeben, die Leute mit Kindern im Nachbarzelt auszuhalten. Jetzt ist das Leben schwer genug, und ich muss das, was ich mich auszuhalten traue, dosieren wie eine gefährliche Droge. Schlecht zumutbar für uns alle drei fand ich die Idee, neun Stunden Fahrzeit bis Dubrovnik zu verkraften. So fahndete ich nach einem Ort, an dem wir übernachten konnten, ohne dass klar würde, wie willkürlich er gewählt war. Split sah auf dem Bildschirm nicht verheißungsvoll genug aus; ich ahnte gleich all die Schwierigkeiten, die es zu bieten hatte, davon morgen mehr. Dann stieß ich auf Zadar.

Zadar war schon eine Siedlung der Illyrer. Viel weiß man von denen nicht, macht nichts, im 2. Jahrhundert vor Christus unterwarfen sowieso die Römer die Stadt. Nachdem das weströmische Reich sich in die Geschichtsbücher verabschiedet hatte, wurde Zadar Hauptstadt Dalmatiens. Aber dann ging es erst richtig los: Erst war es fränkisch (Nürnberg gab es da noch gar nicht), zu Beginn des 9. Jahrhunderts wurde es byzantinisch, später venezianisch. Die Eroberung von Zadar 1202 hat Tintoretto mehr als 300 Jahre später aus dem Gedächtnis gemalt – wäre man nicht gern dabei gewesen?

Die Stadt war offenbar allseits beliebt: Mal war sie ungarisch-kroatisch, dann wieder venezianisch. Ladislaus von Neapel war drolligerweise ungarisch und verkaufte im Jahre 1409 Zadar für 100 000 Dukaten an Venedig. Finde ich preislich in Ordnung. Bis 1797 war Zadar die Hauptstadt der venezianischen Doppelprovinz Dalmazia e Albania. Dass mit Venedig 1797 Schluss war, sagte ich schon. Zadar kam an Österreich, zur Napoleon-Zeit natürlich an Frankreich, von 1813 bis 1918 zurück an Österreich, als Garnisonsstadt der K.-u.-k.-Armee. 1920, als Folge des Ersten Weltkriegs, man ahnt es, ging Zadar an Italien, das es nach dem Zweiten Weltkrieg, auch das ahnt man, an Jugoslawien abtreten musste, woraufhin den Italienern, die nicht gleich verschwanden, das Foibe-Massaker (siehe #15) schwierig zu überlebende Probleme bereitete. 1991 griff die jugoslawische Volksarmee Zadar aus der Luft und mit Artillerie an. Die Belagerung dauerte bis zum 22. Januar 1993, als die kroatische Armee die Verbindung von Zadar mit Zagreb hinbekam. 1995 erst wurde die staatliche Gebietshoheit wiederhergestellt. Junge, Junge! Welche Ortschaft hat das zu bieten? Dabei habe ich das meiste schon weggelassen, und gewusst hatte ich nichts davon.

Krieg, Sieg und Niederlage: So läuft das nun mal. Der Einzelne leidet, und einige wenige wähnen sich an einem Ziel, für das ihre Enkel nicht einmal mehr Verständnis aufbringen werden. So ein Geschubse! Hin und her. Und es ist klar: Das hört nie auf. Die Menschheit wird es nicht schaffen, das zu ändern. Syrien, Ukraine, Afghanistan. Gut, wenn man nicht zu den Betroffenen gehört. Betroffen bin ich trotzdem. Müssen sich unsere Nachkommen von den Robotern beibringen lassen, friedlich zu werden – also geknechtet?

Dieser Frage gingen wir aber nicht nach, sondern wir folgen Frau Navis Vorschlägen, wie Zadar und überhaupt erst mal das Festland zu erreichen sei. Unerwartet früh erreichte uns ein Stau (er fand, wir erreichten ihn). Wir wussten nicht, was er von uns wollte, und das macht ja immer unruhig: Verkehrsunfall? Bombendrohung? Dritter Weltkrieg? Auf dem Balkan ist alles denkbar. Rafałs flinke Beine klärten uns darüber auf, dass die Brücke, die wir überqueren mussten, in der Luft hing. Sie gewährte Segel- und sonstigen Booten die Durchfahrt vom offenen Meer irgendwo anders hin, was mir nicht ganz so einleuchtete wie der Suezkanal, zu dieser vormittäglichen Zeit schon gar nicht, aber es trotzdem hinzunehmen, war wieder mal die einzig sinnvolle Möglichkeit und gleichzeitig eine gute Vorübung auf die Wartezeit, die uns bevorstand, um von Cres mit der Fähre nach Krk zu kommen. Der Name dieser Insel hat mich beschäftigt, seit ich ihn das erste Mal gelesen hatte. Das italienische ‚Veglia' und das österreichische ‚Vegl' sind nicht halb so schön, vor allem, wenn man, wie ich es selbstredend tat, wirklich KRRRRRK sagt und nicht etwa unsportlich mit ‚Kirk' schummelt. Ähnlich gut gefiel mir allenfalls das Örtchen oberhalb von Mary: ‚Gfrill', wobei das i etwas stört. ‚Bcdfghk' sieht, finde ich, auch ziemlich kroatisch aus, obwohl es nur die ersten Buchstaben des Alphabets ohne Vokale sind.

Derartige Flausen konnte ich mir eine Stunde lang im Kopf rumstromern lassen, während wir für die Überfahrt anstanden. Sollte es mich jemals wieder ins ‚Alhambra' ziehen, dann muss es, wie ich das von James Bond gewohnt bin, mit dem Hubschrauber sein, wohl ab Rijeka – hieß italienisch ‚Fiume' und zu Österreichs Zeiten ‚Sankt Veit am Flaum', klingt das nicht wie Kaiserschmarrn? Vorbei, vorbei. Die Warterei auch, und von Krrrrrk zum Festland gibt es eine Brücke – Gott sei Dank, Tito auch! Die Brücke wurde 1980 eröffnet und war bis 1996 die längste der Welt, bis sich die Chinesen vordrängelten. Nun hatten wir also wieder Festland unter den Rädern und den Blick auf Inseln, die versonnen in der Adria lagen. Nach dieser umständlichen Anreise und der gewussten Entfernung nach Dubrovnik bekam ich von mir ein Sonderlob für manövergerechte Planung. Ich war sehr geschmeichelt und berührte die Zähne des Kommandanten scheu mit meiner Zunge.

Am Nachmittag erreichten wir Zadar. Das gibt es nicht! Gegenüber dem Hotel gab es einen Parkplatz. Gibt es doch ... Das Hotel lag auf der einen Seite der Bucht an einer stillen Straße, gegenüber ging die Stadt weiter: Es war, auf Hamburger Verhältnisse übertragen, so, als blicke man vom ‚Vier Jahreszeiten' auf den Ballindamm. Der Manager war hilfsbereit und von einer Geschmeidigkeit, die heterosexuellen Männern fremd ist. Wir ließen uns nicht nur unsere Zimmer, sondern auch die Restaurant-Terrasse zeigen, mit Blick nach unten; aber am schönsten war die City-Beach, gegenüber dem Hotel: eine begrünte Anlage, direkt am Wasser. Man konnte in Liegestühlen oder Sofas lümmeln oder an Tischen alles trinken, was man wollte. Chillen also. Silke und Rafał leisteten mir auf einen Espresso oder so Gesellschaft, bevor sie aufbrachen, um all das von der Stadt zu sehen, was die Geschichte übrig gelassen hatte, und um nicht vorlaut zu sein, hatte ich ihnen nicht mal das Wenige mit auf den Weg gegeben, das ich eben aufgeschrieben habe. Ich wusste, sie würden spontan Eindrücke sammeln, und ich würde mir meinen Teil denken müssen.

Der Spätnachmittag strahlte trotz trompetender Hitze so viel Gelassenheit aus! Menschen waren da und taten nichts, eine wohltuende Belanglosigkeit. Auf der Seite gegenüber der Verkehr, den man sah, aber nicht hörte, hier die Zeitlosigkeit des Müßiggangs, der weder von den Illyrern noch von Ladislaus aus Neapel etwas wusste oder wissen wollte. Schreiben mit den Fingern kann ich ja nicht mehr. Musste ich halt wieder mal rumdenken. Es tut gut, Menschen dabei zuzusehen, nichts zu wollen. Keine Höhepunkte. Kein Aufbegehren, kein Sturm auf eine unverteidigte Bastille am Ufer rechts der Seine oder auf eine heiß begehrte Schöne links am Nebentisch, nur Sonntag und das leise Summen einer vertrauten Musik, die mal Hit war und jetzt Allgemeingut ist. Es können ja nicht alle Menschen in jedem Augenblick darüber nachdenken, warum es sie gibt. Es wäre verkehrt, sie für ihre Unaufmerksamkeit zu verachten: Vielleicht suchen sie gerade in Aleppo nach etwas Essbarem oder in San Francisco nach etwas Fickbarem. Soll ich sie beneiden? Solange ich Fragen wichtiger finde als Antworten, bin ich dazu nicht bereit.

Ich setzte mich an einen anderen Tisch. Die Sonne stand tiefer, ich konnte sie ertragen und ich wunderte mich darüber, dass ich durchaus noch etwas brauner werden wollte, obwohl ich nicht mehr glaube, dass irgendetwas mich attraktiv machen kann und ich niemanden mehr brauchen will, der mich attraktiv findet. Die Ebene ertragen, die Gipfel nicht vermissen. Dieses Für und Wider von Höhepunkten muss ich hier, wo nichts irgendwohin strebt, klären, um dann bis zum Ende des Palavers nicht mehr darauf zurückzukommen: Also los!

Ich weiß noch genau, einmal bekam ich nach heftiger Vorarbeit einen Orgasmus, der gar nicht enden wollte. „O Gott", dachte ich, „wenn das jetzt ewig so bleibt!", da hörte er endlich doch auf. Kein Mann wird schwul, nur weil der männliche Orgasmus nachprüfbarer ist als der weibliche, obwohl, wenn es Veranlagungen nicht gäbe, das ein gutes Argument wäre. Im Film stöhnt die Geliebte, und der Bösewicht ist zufrieden, dabei hat sie nur so aufgewühlt getan und die Papiere längst für den wahren Helden aus dem Safe geklaut. Das Gestöhne ist sowieso oft wertvoller als das Erlebnis. Schon als ich Mitte zwanzig war, habe ich das karikiert und gesagt: „Man muss einen Scheinorgasmus vortäuschen, besonders, wenn man einen echten hatte."

Da ein ewiger Orgasmus grauenhaft wäre, ist es notwendig, sich den Zustand von Orgasmus bloß vorzustellen, ohne ihn durchleiden zu müssen. Dasselbe gilt natürlich für alle Paradiese, weil man zwar ewig schön und klug, aber nicht ewig glücklich sein möchte. Da fehlt irgendwas, und dass man nicht weiß, was, das macht das Leben spannend, spätestens ab dem Zeitpunkt, da man genug zu essen hat, also die Möglichkeit nachzudenken. Also, wenn auch ich so darüber nachdenke: Eigentlich will ich doch den permanenten Orgasmus. Für mich und für alle.

Die Sonne sank. In Triest hatte ich beteuert, ich würde die ganze Reise über nicht mehr in der Situation sein, wartend herumzusitzen. Und ich saß ja hier geschützt, gleich am Auto, gleich am Hotel; der zweite Negroni machte dem ersten den Platz in meinem Fühlen streitig. Jeder stirbt für sich allein. Aber niemand ist eine Insel. Das Leben verlangt nichts, als ausgehalten zu werden, und wenn man keine Skrupel hat, sich zu versündigen, dann träumt man sich in einen Syrer hinein, der auf Kos gelandet und voller Hoffnung ist, um nicht an die bedrohliche Speisekarte denken zu müssen, die einem in weniger als zwei Stunden ihre unbarmherzigen Forderungen aufdrängen wird.

Silke und Rafał kamen zurück. Ihre Eindrücke waren schön, sagten sie; mein Gefühl von Bedrohtheit hatte noch keine klinischen Formen angenommen. Mag sein, dass unser Hotel-Restaurant das beste in Zadar war. Der Tisch war gut, das Essen war gut, und die Menschen um uns herum sahen aus, als ob sie sich leisten könnten, hier zu sein, ohne sich in der kommenden Woche einschränken zu müssen. Wir feierten, dass wir da waren, bevor wir in das entwichen, was die Nacht uns zu bieten hatte: mir mein adrettes Zimmer. Dort überließ ich mich meinen Träumen, nicht mehr auf der Insel, aber sonst wie immer.

Da ein ewiger Orgasmus grauenhaft wäre, ist es notwendig, sich den Zustand von Orgasmus bloß vorzustellen, ohne ihn durchleiden zu müssen.

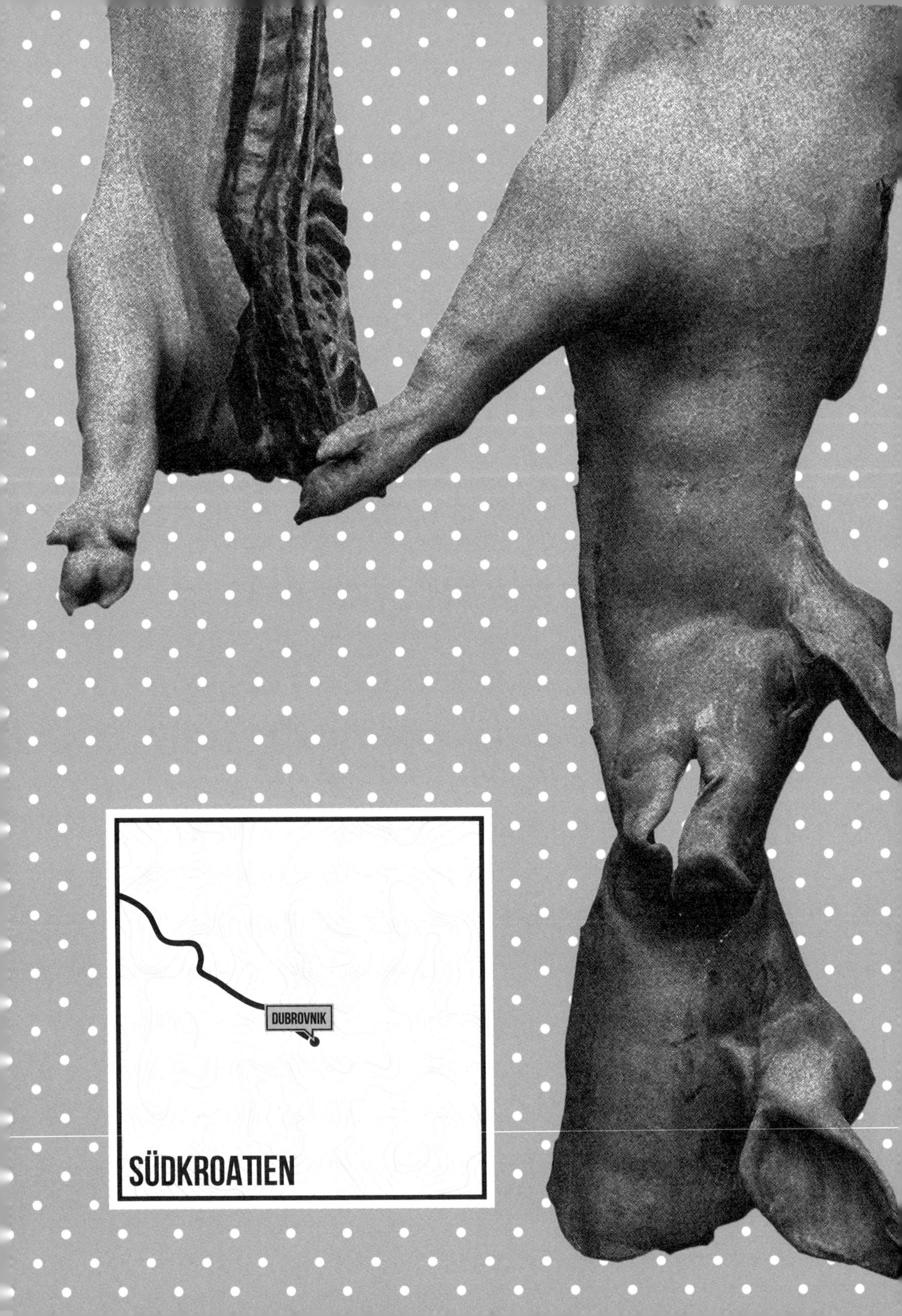

SÜDKROATIEN

ICH STÜRZE RECHTE!

UMWEG #33

Rührend! Silke und Rafał wollten mir so viel wie möglich von Zadar zeigen. Zugegeben, ‚Besichtigung' hatte ich wirklich in die Vormittagsplanung geschrieben, aber wir kamen trotz Rafałs Unverfrorenheit von keiner Seite mit dem Auto an die geschlechtliche Mitte des Körpers heran, der Zadar früher mal war.

Was ich aus dem Autofenster heraus sehen konnte, war wenig überzeugend. Aber ich fand es auch wichtiger und richtiger, dass das alles einigermaßen erhalten blieb, als dass ich, und Hunderttausende vor und nach mir, mit Dieselmotoren daran vorbeigerauscht wäre(n), um mal kurz „Aha!“ zu sagen, ohne an die Illyrer, die venezianischen Dogen oder den geldgierigen Ladislaus zu denken. Geschichte teilt sich nicht mit; man muss sie sich erarbeiten, und wer das nicht tut, der lebt in einer zweidimensionalen Gegenwart, wird von mir verachtet, kann aber trotzdem glücklich sein. Das Hotel ‚Bastion‘ kann er sich eventuell nicht leisten, aber mancher Hochgebildete auch nicht. Bildung macht nur glücklich, reich nicht, jedenfalls nicht finanziell; doch was ich altmodisch unter Bildung verstehe, gilt selbst im Gymnasium nur noch als Ballast, jammere ich kulturpessimistisch. Dabei habe ich in der Oberstufe auch nur gelernt, was ich unbedingt musste oder wofür begabte Lehrer mich begeistern konnten. Hätten meine Eltern mich nicht gefördert und gefordert, dann hätte ich es nicht mal zur Cindy aus Marzahn gebracht. Die Erziehungsmethoden meiner Eltern waren offenbar besser als ihre Gene.

Da der Kern von Zadar also nicht zu erobern war, weil das Fleisch drumrum sich zu sehr wehrte, fand Rafał es passend, mir Zadar wenigstens vom Ballindamm aus zu zeigen. Auch das war nicht so einfach; man kam nicht über eine Art Jungfernstieg dorthin, sondern über ein Gewirr von Straßen, die, feindselig gesinnt, ständig versuchten, in die entgegengesetzte Richtung zu führen. Schließlich erreichten wir doch das andere Ufer, und ich sah von dort aus die Altstadt gegenüber, die Schiffe am Kai, und ich musste an Haralds Lieblingsspruch denken: „Komm’ Se rein, könn’ Se rausgucken!“

Mit Harald hatte ich die ganze Küste 1973 abgeklappert. Obwohl Jugoslawien als gemäßigter Ostblock galt, nie dem Warschauer Pakt angehörte und sich selbst als ‚blockfrei‘ einstufte, empfanden Harald und ich die jugoslawischen Adria-Orte doch als ‚Eisenhüttenstadt sur Mer‘. Wir fuhren bis an die Grenze zu Albanien, das damals nicht betretbar war, sahen Frauen in Pluderhosen und Minarette; das war uns Orient genug, und wir verabschiedeten uns von Dubrovnik an Bord der Autofähre nach Korfu.

Korfu, das entsprach endlich unserer Vorstellung von Urlaub. Auch Sisi hatte sich hier wohler gefühlt als in Wien oder überhaupt im Vielvölkerreich ihres Mannes.

Bleiben mochten wir trotzdem nicht: kein richtiger Strand. So landeten wir in einem Kaff am Peleponnes, das auch nicht gerade an Capri erinnerte: Es war sehr, sehr einfach, von der ‚Waschgelegenheit' bis in die Mangoldküche, aber es strahlte nicht diese quälende Ärmlichkeit aus, die ich überall wahrnahm, wo Sozialismus herrschte. Ob es wirklich der Anblick war oder nur meine Einstellung, das weiß ich natürlich nicht. Zumal damals in Griechenland statt der linken Wohltäter die rechten Obristen regierten, und wie die Junta-Polizei mit Einheimischen, nicht Touristen, umging, das erlebten wir später hautnah in Athen. Innenminister Pattakos hatte Kommunisten gegenüber verkündet: „Wer sich weigert, die Reueerklärung zu unterzeichnen, wird das Lager nur als faulender Kadaver verlassen." Ein Jahr, nachdem wir in Griechenland gewesen waren, 1974, stürzte die Junta, Pattakos wurde zum Tode verurteilt, aber begnadigt.

Komisch, 1976 waren wir in Spanien, und das Franco-Regime stürzte. Ich scheine einen destabilisierenden Einfluss auf rechte Diktaturen zu haben, dabei hatte meine Mutter, die sich vor den Nazis hatte verstecken müssen, postuliert: „Denjenigen, die mit dem Regime einverstanden sind, geht es in rechten Diktaturen gar nicht so schlecht, im

Oben: Irene (1940)

Unten: Guntram (1940)

Sozialismus geht es ausschließlich der Nomenklatura gut." Pali hatte sie daraufhin als ‚faschistische Jüdin' bezeichnet. Diese Einstufung nahm sie mit einer ihr sonst nicht eigenen Gelassenheit hin; sie hielt es wohl für so grotesk, als hätte er sie eine Voodoo-Priesterin genannt. Mein Vater war bereits zu Anfang seiner Affäre mit ihr vor Irena gewarnt worden, dass sie wahrscheinlich eine polnische Spionin sei; sie war also schon einige Anschuldigungen gewohnt, und obwohl sie immer Probleme damit hatte, ihre ansehnliche Größe zu akzeptieren, war ihr trotzdem klar, dass man zwar im richtigen Augenblick untertauchen muss, aber dass in Friedenszeiten Aufmerksamkeit zu erregen mehr bringt als Unauffälligkeit.

Dann war ich 1990 wieder in Dubrovnik. Der Pianist Ivo Pogorelich, den ich betreute, lebte da, und die Stadt war quirlig, keine Spur mehr von bedrückendem Sozialismus. Kurz darauf, im März 1991, ging wieder alles schief. Für den Krieg, der damals ausbrach, lehne ich aber jede Zuständigkeit ab. Es hatte mich insgeheim ohnehin gewundert, dass nach Titos Tod alles so friedlich geblieben war; damit war es allerdings nach dem Zusammenbruch der Sowjetunion vorbei. Kroaten und Serben kommen einfach nicht klar miteinander; so geht das schon seit Jahrhunderten. Wie immer habe ich erst einmal die Religion in Verdacht, Unheil zu stiften: 86 Prozent der Serben bezeichnen sich als orthodox, 87 Prozent der Kroaten als Katholiken. Atheisten gibt es kaum, was für einen ehemals sozialistischen Staat seltsam ist. Klar, die Katholiken gehorchen dem Papst, die Orthodoxen dem Metropoliten. Für Außenstehende klingt das noch gar nicht nach ganz so empörendem Gegensatz, aber eine ähnliche Konstellation hatte nicht nur Maria Stuart den Kopf gekostet. Was sich Sunniten und Schiiten heute noch liefern – und alles um des allbarmherzigen Allahs willen, das geht auf keine Kuhhaut! Wäre das nicht ‚nadschis', man könnte es sogar als Schweinerei bezeichnen.

Aber so war das schon immer: Ist Gottlieb der Grobe mein Herrscher, habe ich auf der einen Seite zu kämpfen, diene ich unter Archibald dem Arglistigen, dann muss ich ganz andere Leute totschlagen. In 90 Prozent der Fälle ist Religion nichts als Vorwand, aber Glaube ist wohl für die meisten Menschen genauso schön wie Sex: Blutrausch und Ekstase. Vielleicht erwächst im 21. Jahrhundert endlich der Cyber-Mensch, dem die virtuelle Zerstörungswut und die virtuelle Zärtlichkeit ausreichen, um ein erfülltes Leben zu führen. ‚Selbstbestimmt' – mit diesem Wort hätten

Gottliebs und Archibalds Untertanen gar nichts anfangen können: Für Gott und Vaterland – das war's. Da haben wir doch viel geschafft inzwischen: Wir dürfen gegen Handelsabkommen auf die Straße gehen und verhindern, dass Europa eine Stimme in der Welt behält. Unsere Urenkel werden dann von den Trinkgeldern der Amerikaner und Asiaten leben, die sich auf Billig-Reisen das unvereinte Europa ansehen können wie ein Disneyland mit echten Zutaten: Anschluss verloren, Almosen willkommen.

Na, so weit ist es ja 2016 längst noch nicht, und das Hotel, das wir in Dubrovnik ansteuerten, war eher kostspielig. Bei Split verließen wir die Autobahn: mitnehmen, was noch geht. Ich erlebe an mir auf dieser Reise die Gier des Gastes am Büfett, der weiß, dass er nie wieder irgendwo eingeladen wird.

Das, was Harald und ich 1973 mit kapitalistischer Überheblichkeit in Split erkundet hatten, das gab es nicht mehr. Noch jahrelang hatten wir über Split als über den Ort ‚gekichert', in dem ein alter Mann gebrauchte West-Plastiktüten verkaufte. Ich mag mich für unser damaliges Gelächter nicht schämen. Wir sahen in allem die Überlegenheit des Systems, in dem wir lebten, und ich hätte bei der Folterung der RAF-Häftlinge, die in genau jenem Jahr vor Gericht kamen, sehr gern zugesehen, bildete ich mir ein; doch statt Tortur hatten sie jede Menge Vergünstigungen, wie man inzwischen weiß. Harald und ich verließen damals Split nach kurzem Aufenthalt und der Einschätzung: ‚Nie wieder!' Und dabei blieb es in gewisser Weise auch, denn obwohl Rafał mit seinem üblichen Wagemut, von mir noch angestachelt, so unerlaubt wie möglich an die Altstadt heranfuhr, irgendwann war Schluss: ein Platz, eine Kirche mit venezianischem Campanile, haufenweise Touristen – das Übliche eben. Wir schafften es sogar noch bis zum Hafen, an dem Restaurants links und Schiffe rechts rumlagen: das Übliche eben. Dann drängte es uns zurück auf die Autobahn.

Autobahnfahrten sind fast immer langweilig, zumindest für die Beifahrer. Wenn Silke still wird, denke ich, sie schläft, und wenn sie wieder aufwacht, sagt sie: „Ich hatte nur kurz die Augen geschlossen. Es zieht so von der Air-Condition." Wenn sogar Rafał still ist, dann wird es bedrohlich, und er braucht demnächst einen Kaffee. Nur eine gewisse Zeit lang kann ich ihn noch mit ausgefeilten Fragen wachhalten: „Wenn du Orchestermusiker bei den Berliner Philharmonikern wärst, würdest du die Voodoo-Trommel schlagen wollen, mit den Rumba-Nüssen rasseln oder die Cha-Cha-Cha-Gurk quälen?“ Solche Fragen aus der frühen Haraldzeit gibt es genügend für die Ausgestaltung einer Fahrt von dem namenlosen Ort in Schweden, für den man immer ‚Upsala‘ macht, wenn man ihn meint, bis nach Dubrovnik, das, als es noch italienisch war, viel klangvoller ‚Ragusa‘ hieß, und durch Griechenland über die Türkei wahlweise bis nach Syrien oder Afghanistan, um dort für Einigkeit und Recht und Freiheit zu kämpfen. Da der Mann am Steuer spätestens bei der Frage, was die modebewusste transvestierende Hermaphroditin auf einem Kostümfest trägt, einen Nervenzusammenbruch erlitte, ist so eine Fragenfahrt auch für kampfbereite IS-Sympathisanten recht heilsam.

Für Rafał gab es sogar eine noch passendere Abwechslung: Die Autobahn war zu Ende. Wir fuhren an Schildern entlang; die Navifrau wusste von nichts und stammelte nur von Zeit zu Zeit: „Wenn möglich, bitte wenden.“ Es sah auch alles sehr neu aus. Dann begaben wir uns einen steilen Hang hinab in ein schon aus der Ferne eindrucksvolles Gewitter, das aber erst unten am Ufer der Neretva so richtig zeigte, was es konnte. Wir fuhren nicht nur den Fluss entlang ins Inland (in das wir ja eigentlich gar nicht wollten), sondern vorbei an unzähligen Obstständen, die jeden Veganer in Rauschzustände versetzt hätten. Der prasselnde Regen machte die Szenerie unwirklich und die Scheibenwischer ratlos. „Ja“, dachte ich, „warm ist es und es gießt in Strömen – hier kann wohl viel wachsen.“

Dann fuhren wir auf der anderen Seite den Hang steil aufwärts, ließen das Gewitter unter uns weiter Rabatz machen, die Navifrau wusste inzwischen auch wieder, wie man ans Meer kommt, und ich dachte, eine Brücke von dort drüben oben nach hier oben wäre das Vergnügen jedes Straßenbauers und in Deutschland eine Selbstverständlichkeit, aber so war es viel abwechslungsreicher gewesen. Eine Frage an den Fahrer: Wenn jeden Tag 87 Lastwagen durch das Tal zuckeln, 33 mit leicht entflammbaren Flüssigkeiten, 21 mit verderblichen Tieren zur Schlachtbank, 19 mit Baumaterial, sechs mit Flüchtlingen auf der Balkanroute und sieben leer, wann lohnt sich dann die Brücke? Wer mitrechnet, merkt: Ein Wagen ist liegengeblieben – der mit Milch wahrscheinlich.

Nun dauerte es nicht mehr lange, und der aufregendste Teil der Reise stand bevor: der Austritt aus der EU. Rafał hatte sich extra einen neuen Pass besorgt, und ich versuchte mir den Schauer zurückzuholen, den ich immer an der DDR-Grenze empfunden hatte; an der Grenze zu Österreich wurde mir bloß mulmig, wenn ich Wein aus Italien schmuggelte, was ich allerdings fast immer tat. So weit wie meine Mutter, die einen einfuhrverbotenen Rehrücken unter ihrem grobmaschigen Pullover von Tirol nach Bayern verschleppte, bin ich nie gegangen, aber ich hatte auch nicht ihre Kriegserfahrungen.

DIE VERMEIDUNG BEIDER WELTKRIEGE

UMWEG #34

Für die bosnischen Grenzbeamten war natürlich Rafałs polnischer Pass erregender als Silkes und mein langweiliger deutscher, aber viel Aufhebens machten sie trotzdem nicht. Das Ganze ist ohnehin lächerlich, auch wenn die bosnischen Zöllner nicht lächelten, um ihre Bedeutsamkeit nicht infrage zu stellen. Nämlich: Damit auch alle anderen Bosnier und Herzegowiner an die Adria kommen können, ohne fremdes Land betreten zu müssen, hat man den Kroaten eine kleine Bucht abgeknapst, den Neum-Korridor – auf der anderen Seite liegt dann Dubrovnik wieder in Kroatien, ähnlich Königsberg, das ab 1920 jenseits des polnischen Korridors die Hände rang, abgeschnitten vom deutschen Hauptvolkskörper. Gut, wenn es dann keinen Führer gibt, der verlorenes Terrain dringend ‚heim ins Reich' holen möchte! Die Herzegowina ist für Bosnien das, was Vorpommern für Mecklenburg ist. Sandalj Hranić Kosača hat sie gegründet, starb allerdings bereits 1435, vermutlich ohne Adriablick.

Mir ist völlig egal, zu welchem Land der eine und der andere Ort gehört, Hauptsache, sie spielen nicht Fußball gegeneinander. Wenn sie außerdem auch dieselbe Währung haben, ist es natürlich noch praktischer.

Von Bosnien bekamen wir viel mit: Es ging die wenigen paar Kilometer im Schritttempo vorwärts, so dass man von oben gut abschätzen konnte, wie ungern man in den Hotels dort unten Urlaub gemacht hätte. Grund für die Verzögerung war eine Ampel, die dafür sorgte, dass womöglich aus der Hauptstadt Sarajevo über die Berge anreisende Ehrengäste auch mal Grün hatten, obwohl sie gar nicht da waren. Bevor wir Bosnien mit sehr viel forscherer Kontrolle als von Italien nach Istrien wieder verließen, ohne im Ausland getrunken oder gepinkelt zu haben, überließ ich mich der Frage, ob diese bosnische Ampel, richtig platziert, den Ersten, also auch den Zweiten Weltkrieg hätte verhindert haben können.

Ob Krakau und Abbazia dann immer noch österreichisch wären? Das erschien mir ebenso unwahrscheinlich wie die Vorstellung, dass der Tilsiter Käse heute im nach wie vor deutschen Tilsit (heute Советск, Sowjetsk) von ostpreußischen Milchmädchen berechnet und verkauft würde.

Die weltgeschichtlich bedeutsame Frage, ob sich gewisse Abläufe zwangsläufig aus den Umständen ergeben oder einzelne Personen bestimmend auf das Geschehen einwirken, musste, wie ganz allgemein in der Geschichtsphilosophie, so auch hier, zwischen Neum und Dubrovnik, unbeantwortet bleiben. Stattdessen lenkte uns Frau Navi, nachdem wir die kyrillischen Buchstaben wieder los waren, wie von mir vorausgeahnt, Dubrovnik seitlich streifend zu unserem etwas außerhalb gelegenen Hotel mit Blick auf die Stadt schräg unter uns; jedenfalls vom Ende der Frühstücksterrasse aus konnten wir später mal kurz auf die Mauern herabblicken.

Das Hotel kam ziemlich plötzlich auf der linken Seite und ging gar nicht mehr viel weiter nach oben, vom Eingang aus. Aber nach unten! Da reichte es bis ans Meer. An der Rezeption gab es einige von Silke mit Recht ungnädig kommentierte Vermutungen darüber, wer denn nun mit wem schläft. Silke zog auch gleich – zornig, aber mit Genuss – die schriftliche Reservierungsbestätigung aus dem Portefeuille, um das Empfangspersonal zu beschämen, so dass wir alle drei, Klarheit schaffend, endlich über eine sechsstufige Treppe in unsere pompösen Zimmer geleitet wurden, in denen Silke und ich, so viel ist sicher, keine weiteren Gäste empfingen. Ich hatte sogar ein überflüssiges Wohnzimmer mit einem wunderschönen Balkon davor. Von dem aus sah man eine verlockende Terrasse, bevor einen die Hitze wieder zurück in das verschnörkelte Zimmer zwang.

Rafał kümmerte sich um die Verbringung des Autos ins Parkhaus, das auf der gegenüberliegenden Straßenseite nicht hübsch war, aber nicht störte. Besser, als wenn überall Wagen rumgestanden hätten, wofür allerdings sowieso am zugebauten Hang kein Platz war. Mein Hang zu leicht erreichbaren Stätten (erst seit dem Schlaganfall, vorher liebte ich die Unerreichbarkeit) wurde voll befriedigt. Silke und ich fuhren mit dem Fahrstuhl nach unten. Die Rezeption, die man von der Straße her durch die Halle ansteuert, hält man in Mannheim wie in Manhattan für Parterre. Hier irrt man: Es ist der siebte Stock, einige Etagen liegen noch darüber, aber vor allem geht es abwärts, ganz unten führt ein Gang durch den Felsen an die Bucht, an die Liegestühle, an die Sonnenschirme, ans Schwimmbecken und natürlich auch ans Meer.

Mein Entschluss stand sofort fest: Hier würde ich morgen liegen und lesen. Alles sah so richtig nach Urlaub reicher Leute aus. Einen Tag lang konnte man das mitmachen, ohne sich wie die Geissens vorzukommen. Auch Silke schien nicht abgeneigt, weil sie nicht nur Kathedralen vor den Augen liebt, sondern auch Körperbräune auf der Haut. Zufrieden fuhren wir fünf Stockwerke aufwärts und setzten uns auf die ausgedehnte Terrasse, von deren Seite aus, auf der wir nicht saßen, weil da nicht bedient wurde, man Dubrovnik unten liegen sehen konnte. Doch dorthin, ins wilde Treiben, machten Silke und Rafał nach einem Aperol Spritz und einem Mineralwasser schon mal den erforderlichen Erkundungsausflug über Treppen und Stufen, während ich mit Lektüre und Negroni vorliebnahm. Als ich so allein saß, wurde die leere Terrasse riesig und ich winzig.

Die ‚Grand Villa Argentina' war in der Tat eine sehr, sehr ‚große' Villa, und durch das moderne, noch größere Nebengebäude darüber hinaus eine etwas plumpe Anlage. Das sah man aber weder von unseren Balkonen noch von meinem Terrassenplatz aus. Ein imposanter, gnädiger Garten, der sich wuchernd und zypressenselig bis ans Meer erstreckte, entzog alles, was an Tito oder gar die Wirklichkeit erinnert hätte, den Blicken des Villen-Besuchers. Wie schön war es hier schon 1990 gewesen, und wie behände war ich damals? Und wie unglücklich! Vier Monate vor Rolands Tod. Jetzt hatte ich nichts mehr zu verlieren. Ist das tröstlich? Juli 2016. Glücklicher? Ein paar Edeltouristen setzten sich, tranken und redeten. Wenn ich allein bin, fühle ich mich einsam, sind Menschen da, fühle ich mich gestört. Manchmal finde ich mich unerträglich.

Silke und Rafał kamen zurück, und es wurde auch Zeit, sich fein zu machen für das exquisiteste Lokal unserer Reise. Eine solche Vorausplanung wie dort kam selbst vorausschauenden Menschen wie Silke und mir ungewöhnlich vor: Wir hatten uns Wochen zuvor zu entscheiden, ob wir um halb sieben oder um halb zehn abends essen wollten. Sonst gäbe es keinen Tisch am Geländer. Ich plädierte für 20:00 Uhr, Tisch in der zweiten Reihe. Am Tag selbst sollten wir unser Erscheinen bis mittags bestätigen. Ich kam mir fast vor, als wollte ich im ‚Berghain' Minimal Techno konsumieren und nicht bloß ein nettes Abendbrot zu mir nehmen. Angesichts der autofeindlichen Altstadt wählten wir eine Taxe, die uns durch die Touristenmassen zum ‚Nautika' chauffierte. Das Restaurant lag an etwas, das ich für einen kleinen Platz hielt, obwohl es vor ameisenden Menschen kaum auszumachen war. Die Sonne tat, als hätte sie überhaupt noch keine Lust zu sinken; sie ahnte noch nicht, was ihr bevorstand.

An der Pforte zum Aufgang in das Lokal herrschten zwei uniformierte Damen; eine von ihnen prüfte mit Liste in der Hand, wer rein wollte und wer rein durfte. „Aha", dachte ich, „doch ‚Berghain'!" Nur eben Kellnerinnen-Outfit statt Rausschmeißerkluft. Die Listige fand meinen Namen nicht, was Silke umgehend dazu veranlasste, aus ihrer teuren Handtasche die Bestätigung zu zücken und ein paar harsche englische Worte anzustimmen. Ob die Türsteherin uns gefunden hatte oder nur eingeschüchtert war, blieb bis zum Schluss der Reise unklar, jedenfalls geleitete sie uns durch die leeren, erlesen ausstaffierten Räume auf die Terrasse und übergab uns dort an einen auch sehr offiziell gekleideten Herrn, der für uns einen Tisch von seinem vierten Gedeck befreite, damit er wie für uns gemacht aussah. Dann durften wir Platz nehmen. Ich sagte gleich, dass ich die zweite Reihe viel schöner fände, weil man von da aus nicht nur die Mauern der unumstößlichen Festung sah, sondern auch das flüchtige Publikum, das sich hier für viel Geld auf halb sieben oder halb zehn festlegen ließ. So saß zum Beispiel vor uns eine Inderin, deren Eltern mindestens das Taj Mahal تاج محل gehörte, mit ihrer Schwester und zwei Freundinnen. Sie feierten offenbar ihren Junggesellinnenabschied, bevor sie morgen an den Maharadscha von Eschnapur verheiratet werden sollte. Die anderen Mädels waren recht ausgelassen, sie dagegen blieb damenhaft und erregte Silkes Bewunderung dank ihres raffinierten Kleides. War sie schwermütig? Witwenverbrennungen finden doch, soweit ich weiß, nur noch auf Nachfrage statt.

Während unseres Aperitifs begann es zu grummeln, während der Vorspeise zu tröpfeln. Eilig wurde die Markise ausgefahren, die 18:30-Uhr-Reihe wurde trotzdem nass und floh. Ich unterdrückte von unseren hinteren Plätzen aus eine klammheimliche kleine Schadenfreude; dabei war meine Sorge unbegründet. Mitleid mit reichen Leuten gehört nicht zum guten Ton. Die letzten Bissen hatten auch wir schon unter Donner und Blitz, wenn auch angemessen unaufgeregt, die Kehlen hinabgeschluckt, dann wurden wir – schicklich, aber bestimmt – nach innen geleitet. Nun waren wir selber zu ‚flüchtigem Publikum' geworden. Die Kellner trugen uns Wein und Wasser nach; Gläser und Servietten gab es natürlich frisch. Ich war sehr zufrieden: Szenenwechsel liegen mir viel mehr als Speisefolgen. Allerdings stieß ich beim Kundtun meiner Freude mein volles Weinglas über der Tischdecke aus; es zerbrach auch noch am Boden. Die Diskretion, mit der der Schaden behoben wurde, tröstete mich nicht: Ich elendes Wrack! Waren das schöne Zeiten gewesen, als ich derartige Tollpatschigkeiten noch unter ‚jugendlicher Leichtsinn' abheften konnte ...

Trotzdem ein gelungener Abend; ein bisschen Art-déco-Atmosphäre, gut angezogene Menschen in stilsicher gestalteten Räumen bei angeregten Gesprächen und erstklassigem Essen. Wie gut konnte ich mir die späten Italiener hier in ihrem eleganten ‚Ragusa' 1930 vorstellen, sorglos und nichtsahnend, Jahre vor dem Foibe-Massaker! Auf der Suche nach der verlorenen Zeit. Zur selben Zeit explodiert in Ansbach die Bombe eines Attentäters, die zwar fünfzehn Personen verletzt, aber ‚nur' ihn selbst tötet.

Als wir das Lokal verlassen, hat der Regen aufgehört; doch der Platz ist leer und dunkel.

BENEDIKTS EIER

UMWEG #35

DIENSTAG, 26. JULI 2016

Gegen Viertel nach neun klopft Rafał immer an meine Hotelzimmertür. So hat es sich eingebürgert. Um 9:16 Uhr werde ich unruhig, wenn er noch nicht geklopft hat. Um 9:17 Uhr wehre ich eine Panikattacke ab, und 9:19 Uhr ist es noch nie geworden. Er hat dann bereits mit Silke gefrühstückt, und ich habe mir bereits mindestens eine halbe Stunde lang im Autogenen Training eingebläut, dass ich mich auf den Tag freue. Trotzdem freue ich mich nicht, und Silkes Croissant – unbedingt ohne Füllung oder Beschmierung! – nennt auch nicht jeder ‚Frühstück'. Rafał hatte einmal im ‚Alhambra' – von Silke, die selbst natürlich beim trockenen Hörnchen blieb, arglistig verführt – ‚Eggs Benedict' bestellt und sogar gegessen. Ich wusste gar nicht, mit wem von beiden ich nie wieder in meinem Leben reden wollte. Einmal habe ich ‚Eggs Benedict' in der Morgenmaschine von Houston nach Miami gegessen. Meine Mutter saß neben mir, und ob es nun Salzgebäck oder Kaviar ist – sie hatte eine ärmliche Kindheit –, da greift man zu, wenn es umsonst ist, im Flugzeug sowieso. Es wäre unsolidarisch gewesen, sie mit den unter Holländischer Soße begrabenen pochierten Eiern allein zu lassen, zumal ich bei der Multiple-Choice-Frage: ‚Was ist das Must-eat auf einem Flug von Houston nach Miami?' bestimmt richtig getippt hätte:

a) Toast Hawaii
b) Smørrebrød Hawaii
c) Eggs Benedict
d) Borschtsch (борщ) Benedict

Na, Günther Jauch? Gibt's dafür die RTL-Million?

Damals, 1990, war meine Mutter 70, ich erst vierundvierzig, also noch nicht besonders feinfühlig, somit auch nicht besonders wählerisch; außerdem pickten wir ja bloß ein wenig im Airline-Geschirr rum. Meine Mutter aß zu jener Zeit nie mehr etwas auf, unterwegs schon gar nicht, das hatte sie von mir gelernt, und es hielt sie schlank. Doch um nicht abzuschweifen, erzähle ich nicht weiter von Florida, sondern nur davon, wie fabelhaft ich mich im

Griff hatte, damit meine echte Entrüstung gegenüber Rafał wie gespieltes Interesse klang. In diesem Bericht gebe ich dagegen zu, dass ich für Menschen, die frühstücken, nicht mehr Verständnis habe als für Moslems, die ihre drei Frauen schlagen und ihre vier Ziegen begatten. Eigentlich bin ich gar nicht so calvinistisch, aber sich morgens gleich den Bauch vollzuschlagen, obwohl man nichts geleistet hat – das ist unmoralisch. Nachts hat man bloß geträumt oder zermürbend wach gelegen, sich also nichts verdient; bis mittags hat man sich zumindest durch Nichtstun an seinem Herrgott versündigt: Das berechtigt zu einer gewissen Stärkung. Meine Lauterkeit fällt mir dadurch ein wenig leichter, dass ich vor 13:00 Uhr sowieso keinen Appetit entwickle; wenn ich aber bis zum übernächsten Abend fasten möchte, dann brauche ich mich nur neben ein Frühstücksbüfett zu stellen und den Fressfickern bei ihrem obszönen Treiben zuzuschauen. In Einzelheiten zu gehen, verbietet mir der Anstand. Hans Christian Andersen droht in seinem herzergreifenden Märchen ‚Die Nachtigall' dem ganzen chinesischen Hofstaat an, auf den Leib getrampelt zu bekommen – direkt nach dem Essen. Schade, dass ich nicht in China sein durfte, damals. Und zu schade, dass ich Mohammed seinen Allah nicht glaube: Für mich könnte zwölf Monate im Jahr Ramadan sein, im schönen November würde ich beim Fastenbrechen sogar auf den Pinkel zum Grünkohl verzichten, gleich von welchem Schlachtvieh.

Seit diesem Benedict-Ausrutscher behauptet Rafał jeden Morgen, er habe nur ganz wenig gefrühstückt. Es ist mir egal, ob es stimmt, aber es freut mich, dass er es sagt, und dann lasse ich mir von ihm erzählen, wie sich die geifernden Massen ihre Teller hemmungslos zugeschüttet haben. Ich bitte Gott, sich an Gomorra oder zumindest an Sodom zu erinnern und dann auf dieses Büfett zu sehen bzw. zu kotzen. Nie würde ich mich wie Lots Weib neugierig nach Jehovahs Schwefelregen umsehen, wenn ich den Speisesaal verlasse, und ich denke: „Eines Tages, irgendwann, irgendwann, eines Tages werde ich hingehen – Räucherlachs und Rührei nehmen, Toast und Orangenkonfitüre – und dann werde ich an einen der Tische treten und fragen: ‚Ist hier noch frei?'"

Rafał berät mich bei der Kleidung; eigentlich berate ich ihn dabei, was er mir raussucht: Ich weiß genauer, was ich habe; er weiß genauer, wo es liegt. Heute habe ich mir ja ‚Beach-Day' vorgenommen, da reicht ein Polohemd, das farblich sowohl zu den Shorts wie zur Badehose passt, textil-gestalterisch keine unlösbare Aufgabe. Dann fahre ich mit Silke schon mal nach unten. Der Felsengang vom Fahrstuhl nach draußen ist kühl und dunkel. Dahinter ist es hell und heiß. Sehr heiß. Sehr, sehr heiß. Um zehn. Ich begrabe meinen Plan, ein Sonnenbad zu nehmen, und den Plan, ein Bad im gleißenden Pool zu nehmen, lege ich gleich ins Grab daneben. Zypressen für meinen Friedhof gibt es hier unten nicht, aber Gott sei Dank einen *spasitelj na bazenu*, der Sonnenschirme austeilt. Stimmt schon, den Ausdruck habe ich gegoogelt: Anders als Politiker gebe ich etwas völlig Offensichtliches gern schon zu, knapp bevor ich überführt werde, weil zwar auch ich die Menschen für blöd halte, aber trotzdem lieber ehrlich als ertappt bin. Dennoch gebe ich darüber hinaus zu, nicht zu wissen, was Bademeister auf Kroatisch heißt, etwas, das wohl leichter zu gestehen ist als einzuräumen, Schmiergelder angenommen oder seinen Enkel gevögelt zu haben.

Ich entschied mich für einen Winkel etwas abseits des Pool-Gewimmels am inneren Rand eines Felsvorsprungs, und Silke trug meine Entscheidung mit. Dass der *spasitelj* rasch mit den Schirmen kam, beruhigte mich, denn mir fing es schon an, blümerant zu werden. Immer noch gelte ich in meinem Umfeld als der Hitzebeständigste, aber ich weiß nicht, ob ich mir da – wie bei so vielem – nicht einen Ruf erarbeitet habe, den ich jetzt nur noch verteidige, ohne ihm zu genügen. Jedenfalls war der hohe Schirm ein Labsal. Neidlos sah ich auf die, die sich der Sonne aussetzten und ihren Hautkrebs vielleicht erst bekommen würden, wenn man ihn so behandeln kann wie heute Salmonellen. Wenn man die Haut so wird austauschen können wie heute die Nieren, dann brauchen alternde Filmstars kein Botox mehr.

Statt solche Zukunftsvisionen weiterzuspinnen, vertiefte ich mich lieber wieder in ‚Vienna', das unter überwiegend jüdischen Bürgern zu einer Zeit spielt, in der Dubrovnik schon nicht mehr österreichisch war. Es war hier zugegangen wie überall an der Adria: Illyrer, Slaven, Osmanen, Venezianer. Aber dann konnte die ‚Republik Ragusa' lange Zeit ihre Selbstständigkeit behaupten – mit gewissen Zugeständnissen wie bei jeder Selbstständigkeit. Nach dem ‚venezianisch-österreichischen Türkenkrieg' wurde dem Sultan Ahmed III. zwischen Neum und Klek der Zugang zur Adria gewährt. Das war 1718. Ging wohl nicht anders, aber deshalb ist Dubrovnik jetzt eine Exklave, und man muss an dieser lähmenden Ampel nach Sarajevo vorbei. Wie zu erwarten machte Napoleon auch diese Gegend französisch und Metternich dann beim Wiener Kongress auch diese Gegend österreichisch, aber nach dem Ersten Weltkrieg wurde, jaja, aus der Hauptstadt eines Weltreiches die Hauptstadt eines Ferienländchens, bis heute: Vienna. Zwischendurch hatte Österreichs Sohn Adolf seine Landsleute heim ins Reich geholt, was ihnen die Möglichkeit bot, sich als erste Opfer von Hitlers Kriegspolitik zu stilisieren. Heuchelei gehört halt immer dazu: wie Heuriger, Opernball und Tafelspitz – Vienna.

Eigentlich haben die Österreicher vor dem Ersten Weltkrieg überwiegend Glück gehabt, abgesehen von Austerlitz und Königgrätz. Schon im 17. Jahrhundert hieß es über die raffinierte Heiratspolitik der Habsburger: ‚Bélla gessánt aliī, tú felix Áustria nūbe.' Und dieses ‚Mögen andere Kriege führen, du glückliches Österreich, heirate!' hat ja oft geklappt, wenn auch nicht für Maria Theresias Tochter Marie Antoinette. Aber als deren Kopf unterm Fallbeil landete, war Mama schon dreizehn Jahre tot. Rechtzeitig zu sterben, ist eine Kunst. Man erspart sich manches: Hinrichtungen, Krebs, Falten. Aber man muss natürlich auch auf vieles verzichten, wovon man nie erfahren wird, was es war. Dieser banale Gedanke transportierte mich zurück ins Jetzt und in den Zustand, von dem ich nicht recht abschätzen konnte, ob ich ihn genießen oder überwinden sollte. Bei zehn Grad weniger wäre mir die Entscheidung leichter gefallen.

Rafał kam. Er ‚plumpste'. In den Pool und vorher so richtig ins Meer. Still zu sitzen ist ihm wesensfremd. „Zwei Stunden, so lange muss ich hier schaffen", redete ich mir lesend zu. Silke und Rafał erforschten die Umgebung, besonders das Terrain, das über unzählige Treppen zu erreichen war und den Teil des Hotels bildete, den wir im Fahrstuhl unterlaufen hatten. Sie kamen mit Mineralwasser zurück. Durst habe ich ja nie, aber ich hoffte, der Sprudel könne vielleicht einen Kreislaufzusammenbruch verhindern. Dabei lagen tatsächlich Menschen in der prallen Sonne. Selbst wenn ich fest an diese Hauttransplantationen im Jahr 2040 glaubte, wäre mir das zu mühselig. Bei solcher Hitze kann man doch gar nicht denken. Na ja, können die vielleicht im Schatten auch nicht. Um zwölf dachte auch ich nicht viel Intellektuelleres als ‚Ich muss mal'. Rafał begleitete mich auf dem stufenreichen Weg, doch ich wurde wider Erwarten nicht ohnmächtig. Als ich aber aus der Toilette heraustrat, stand ich vor einem breiten Grill mit einer gerade noch überschaubaren Anzahl von Tischen: karierte Decken, Schirme und jenseits der Terrasse der

Blick herab auf Pool und Meer und Bucht. „Nein“, dachte ich, „hier gehe ich nicht mehr weg. Mögen andere in der Sonne schmoren, du, glücklicher Hanno, setz dich!“ Rafał brachte mir mein Buch, eine schwarz-weiß livrierte Kroatin einen Campari, und ich ordnete meine Vorstellung von dem, wozu man sich zwingen muss und wozu nicht, neu.

Um eins gesellten sich Silke und Rafał zu mir, und wir aßen etwas. Nach oben erstreckte sich der dschungelige Garten, dahinter die langgezogene, weiße Fassade der ‚Grand Villa', nach unten ging es in Serpentinen zu den Hautkrebslern, die man wegen Selbstverschuldens und Reichtums wieder mal nicht bemitleiden musste, dem Schrillblau-Wasser im Pool (darf man in diesem Ambiente hier immer noch ‚Schwimm-Bassin' sagen?), dem eher naturfarbenen Meer und der Dubrovnik vorgelagerten Insel Lorkum, der die Franzosen unter Napoleon in ihrer kurzen Zeit das ‚Fort Royal' inmitten von Agaven, Kakteen und Magnolien hingepflanzt hatten. Richard Löwenherz war auch schon auf Lorkum; das allerdings bereits 1191. So entging er damals einem Schiffbruch. Tut es gut, kein Mitleid zu haben? Eigentlich ist Mitleid doch ein sehr befriedigendes Gefühl: Man kann Gutes tun, muss es aber nicht.

WUNDERSCHÖN UND VÖLLIG ANDERS

UMWEG #36

Den Nachmittag verbrachte ich in meinen Gemächern. Das ist Luxus: Die Sonne scheint, aber man braucht nicht rauszugehen. Für solch ein Verhalten wurde ich früher ‚Stubenhocker' genannt. Einmal, bei Schnee und klirrendem Frost, nötigten mich meine Eltern, den Schlitten zu nehmen und vor die Tür zu treten. Ich war wohl neun oder zehn. Eigentlich rodelte ich gern, aber ich mochte keinen Zwang. Ich setzte mich so lange im Schatten auf die

Eingangsstufen, bis meine Eltern mich Stunden später dort entdeckten und ich wieder rein durfte. Nicht mal eine Erkältung bekam ich, aber auch nur noch selten Aufforderungen, wie ich meine Nachmittage nach Erledigung der Schularbeiten zu verbringen hatte.

Rafał und Silke fuhren zum Hafen. Es war der Reederei organisatorisch nicht möglich gewesen, die Karten für die Fähre bis ganz ins weit entfernte Hamburg zu schicken. Das Geld für die Buchung in Empfang zu nehmen, hatte dagegen gut geklappt. Blockfreie Zone. Ich saß zeitgleich in meinem abgedunkelten Salon der ‚Grand Villa Argentina' am Laptop, bis die Balkone nicht mehr ganz so krass beschienen waren, dann trat ich vor die Tür. Das Licht bellte. Niemand lässt sich später gern vorwerfen, aus seinem Leben nicht das Menschenmögliche gemacht zu haben, am wenigsten gern von sich selbst. Richard Löwenherz, Napoleon, Metternich. Als ich da so auf meinem Balkon stand und auf Lorkum herabsah, von meinem überlegenen Schauplatz aus, und gleichzeitig die immer noch recht gnadenlose, unbeeinflussbare Sonne spürte, da fühlte ich mich wichtig – zumindest für mich selbst. Das, was real passiert, habe ich nie überbewertet, aber trotzdem habe ich es fast so wichtig genommen wie mich. Jetzt denke ich: „War das verkehrt? Was hat mir die Wirklichkeit zu bieten? Und was ich ihr?" Lorkum. Niemand ist eine Insel, aber häufig kommt man sich so weit weg vom Festland vor, dass man den Unterschied gar nicht mehr bemerkt.

Im Anderen dasselbe suchen, im Neuen das Erlebte finden, im Fremden das Vertraute entdecken – das ist genauso wichtig wie das Sammeln von nie zuvor Erlebtem, und der Blickwinkel und die Moralvorstellungen müssen immer mitwandern auf dieser Reise, damit die Reise nicht dazu dient, (Vor-)Urteile zu vertiefen, sondern seinem Welt-, ja, seinem Daseins-Bild weitere Facetten hinzuzufügen, damit man also auf dem – schon in der Kindheit angedachten – Sterbebett später röcheln kann: Ja, ich habe mein Leben dazu genutzt, mich vom erfahrungshungrigen Säugling zum erlebnissatten Greis durchzuarbeiten. Dieses Leben stattdessen ganz dem Nächsten zu widmen, das habe ich ziemlich bald aufgegeben, und Kinder, für deren bessere Zukunft es sich zu kämpfen lohnte, habe ich ja auch sehr früh schon nicht bekommen. In keine Uniform passte ich, weder in die Mönchskutte noch in die Demo-Jeans. Ich bin nie verführbar gewesen und inzwischen zu alt, als dass ich, außer mit meiner Wahlstimme, für irgendwen oder irgendetwas interessant wäre.

All diese Ideale! Ich habe sie nicht, ohne dass sie mir fehlen. Nicht das Gutsein, sondern die Vorstellung davon, gut zu sein, beschert den meisten, die Gutes tun wollen, ihre Glücksgefühle. Das ist hilfreich, aber auch gefährlich. Ein spanischer Inquisitor, ein stalinistischer Folterer, ein berufener KZ-Aufseher, sie alle kennen dieses absolute Wissen, das Richtige zu tun, auch wenn sie es niemals ‚Glück' nennen würden, sondern Verantwortungsbewusstsein. Man darf, um glücklich zu sein, nichts infrage stellen. Ich dagegen meine: Man muss! Warum eigentlich? Um auf dem Totenbett sagen zu können: ‚Ich habe alles richtig gemacht?' Was sind ein paar ärgerliche Momente auf dem Totenbett gegen viele herrlich bedenkenlos verbrachte Jahre zuvor? Ich würde gern tauschen. Natürlich lüge ich, weil ich Moralist bin – innerhalb meiner Moralvorstellungen. Die Moral anderer anzuerkennen, ist schwer. Ich zum Beispiel schaffe das nicht; denn ich bin nicht so politisch korrekt plattgebügelt, dass ich behaupten mag, meine Toleranz funktioniere sogar da noch, wo sie keine Gleichgültigkeit mehr ist.

Um 19:00 Uhr saßen wir wieder zu dritt an der linken Seite der langen Terrasse, von der aus man Dubrovnik nicht sehen kann, aber die Kellner bereit sind, Getränke herbeizuschaffen, weil

Hanno (1965)

dieser Bewirtungsabschnitt näher am Flaschenvorrat der Bar liegt. Dass deshalb die meisten Gäste auf diese Vergünstigung verzichten, machte es für das Personal noch bequemer und für uns ruhiger.

Silke und Rafał hatten ihr Ziel nicht erreicht. Die Taxe hatte sie zwar im Hafen zu dem Kiosk gekarrt, in dem die Zettel gestapelt waren, die später jemand abreißen würde, damit man auf die Fähre käme, aber diese Zettel wurden erst am Tag selbst verteilt: kroatisch analog. Keine Oper oder Fußballarena würde sich das heute noch trauen. Aber wo der Andrang gewiss ist, kann man sich eigentlich alles erlauben. Wenn man nicht helfen möchte, sondern den Gewinn steigern, muss man immer nur die Schmerzgrenze ausloten, um anzupassen, wie weit man gehen kann. Das ist nicht einfach, klar: Die einen schlurfen in die Pleite, die anderen ins Gefängnis, aber die, die es richtig machen, denen gehört die Welt, oder zumindest ein tausend Quadratmeter großes Stück davon, oft mit Meerblick.

Das Abendessen war im ‚Victoria' gebucht, so heißt das Hotel-Restaurant. Leicht zu erreichen, dachte ich. Von wegen! Die Essgelegenheit war im Neubau untergebracht, und ich musste, also zumindest gefühlt, einen Kilometer laufen: Fahrstühle, Gänge, vorbei an den Zimmern derer, die nicht so vergangenheitsbewusst untergebracht waren wie wir, aber dann standen wir doch auf der Terrasse, Meerblick. Victoria!

Das Personal war, glaube ich, froh, uns zu sehen; es langweilte sich ein wenig, und Silke ist ja auch zuverlässig hübsch angezogen. Eine kompetente junge Dame erklärte uns die Speisekarte. Das war durchaus erforderlich, denn die Küche war peruanisch. Peruanisch! In Kroatien. Eine Woche lang war ich mal mit Bill in Venezuela gewesen, aber selbst da gab es überwiegend Steaks, von denen ich immer noch annehme, dass sie aus Argentinien stammten, nicht von Lamas. Küchenchef ist Roberto Chaves. Ich gehe davon aus, dass jeder in Südamerika so heißt, in der Villa ‚Argentina' sowieso. Um mich nicht in den Vordergrund zu drängen, lasse ich ihn mal selber sagen, wie es geschmeckt hat: „Geleitet von gesundheitsbewusster Küchenphilosophie achte ich besonders auf das Kombinieren frischer regionaler Zutaten mit den ethnischen Einflüssen, aus denen die authentische peruanische Küche besteht." – „Roberto beschreibt das Victoria-Restaurant kurz als ‚authentisch, originell, wunderschön, lebendig und völlig anders – genau wie die peruanische Küche'." Dazu meint

Giuliaanos auf ‚TripAdvisor': ‚Das Essen ist lecker, aber die Portionen sind nicht gerade für gute Esser.' Für mich als schlechten Esser war es also etwas weniger zu viel als sonst.

Meine Nacht begann mit Ärger, großem Ärger. Unten, auf der tieferen Terrasse unterhalb unserer Aperitif-Terrasse fand wohl eine Hochzeit statt. Nach Beerdigung klang es jedenfalls nicht. Kann man in so einem Hotel nicht Ruhe verlangen, eigentlich durchgehend, aber spätestens ab zehn? Offenbar nicht. Da lag ich und ärgerte mich. Manchmal frage ich mich, ob mir solche Wallungen guttun, nicht meinem Blutdruck, aber meiner Seele: Diese Wut, die das komplette Gegenteil jener Gleichgültigkeit ist, vor der ich mich so fürchte. Erst schoss ich nur mit Maschinengewehren in die Feiernden, aber zum belanglosen Lärmen der Lautsprecher steigerte ich mich dann doch zu Flammenwerfern. Wenn man schlaflos in der Dunkelheit liegt, einsam, ohne den Wunsch, Teil der Ausgelassenheit draußen zu sein, dann ist der Amoklauf im Kopf nicht mehr weit.

Früher konnte es passieren, dass ich im Lokal etwas Schaumgebackenes aß, und vom Nachbartisch aus verleideten mir Tabakschwaden den Gaumenspaß. Als ich mich in einem sehr teuren Restaurant einmal beschwerte, sagte der Ober: „Bei uns darf jeder es so machen, wie es ihm beliebt." Es beliebte mir daraufhin, die Gaststätte nie wieder zu betreten. Vorher hatte ich als Stammgast Manager und Künstler dort bewirtet. Manchmal kann der Kellner mehr Schaden anrichten als der Koch. Aber Lärm ist noch viel schlimmer als Zigarrenrauch. Wer sich geruch- und geräuschlos zu Tode trinkt, der ist mir am liebsten. Durch Lärm fühle ich mich sofort belästigt. Nach kürzester Zeit neige ich zu Tobsuchtsanfällen. Das ist nicht mal eine Alterserscheinung; das war schon immer so, seit ich aufgehört habe, meine Eltern mit Kreisch-Attacken in den Wahnsinn zu treiben. Ich habe dann ja selbst Musik studiert, aber jetzt diese klanglichen Abfallkübel unablässig über den Kopf geschüttet zu bekommen, am Tag und jetzt auch noch nachts, da reicht es mir nicht, die Lautsprecher zu zertrümmern, ich möchte ihre Verursacher zerstampfen. Ich kann Musik insgesamt nicht mehr leiden. Ich mag bloß noch die Stille.

Wie war ich anders, als ich achtzehn war: Nur für die Musik habe ich gelebt. Melodien habe ich bewundert und erfunden, aber noch wichtiger war mir die Form: die Architektur der Gebäude, nicht die Auslegeware auf den Stufen. Wer die Kunst der Fugen und die

Sonatenformen nicht beherrschen wollte, war für mich schwer zu verstehen. Die andere Frage war: Wer meine Musik nicht mag, wer meine Sexualität, meinen Glauben nicht teilt, kann ich mit dem befreundet sein? Ich hielt mich lieber zurück mit meinem Argwohn. Besser Freunde, denen Beethoven, James Dean und der Papst egal sind, als gar keine. Zumal ja auch ich mich weiterentwickelte: Den Papst ließ ich fallen, James Dean brauchte nicht Sexidol zu sein, sondern konnte als Verkörperung eines Lebensgefühls gelten, und Beethoven war in meinen Kreisen unangefochten. Nachdem die Beatles den Chuck-Berry-Titel ‚Roll Over Beethoven' veröffentlicht hatten, waren sie für mich unten durch. Ich kannte alle ihre Stücke, aber ich hatte nie eine Platte von ihnen. ‚Zieh Leine, Beethoven!' lag für mich auf derselben Ebene wie ‚Bitte komm zurück, Hitler!' Dabei wusste ich längst: Die wirklichen Kleinodien sind nur wenigen zugänglich und nur ihnen vorbehalten. ‚Musica reservata', der Anfang unserer heutigen Musik. Geheimbünde, Freimaurer, Zirkel der Netzwerker. Nur Eingeweihte verstehen den Sinn einer Musik, die sich vom Trallala und vom Radau abhebt, nur Eingeweihte bestimmen die Wirtschaft und die Politik; die Medien hecheln hinterher, schnappen dies und das auf, aber das Wesen der Dinge bleibt der Öffentlichkeit verschlossen. So dachte ich damals. Harald und ich, auch wir hatten unsere Geheimsprache, unsere musica reservata, und es lag an uns, wen wir wie weit einweihen wollten in unsere abgeschlossene Welt des anmaßend Absurden. Wir redeten über Religion, wir gingen ins Kino, aber die meiste Zeit studierte ich Partituren oder schrieb selber welche, allein.

Mit vierzehn, also relativ spät, hatte ich mir ein Klavier gewünscht. Meine Eltern misstrauten meiner Neigung. Sie erinnerten sich an ‚teures' Spielzeug, das nach ein paar Monaten nutzlos in der Ecke gelegen hatte. Zweifellos wäre es meinem Vater lieber gewesen, ich hätte mir Fußballstiefel gewünscht, schon wegen des Preises, aber ich bekam das Leihklavier ‚Euterpe'. Es steht heute noch, weiß gestrichen und längst abbezahlt, in meinem Hamburger Esszimmer. Nur, dass niemand es mehr spielt. Ein Tag, ohne zumindest ein paar Minuten lang über die Tasten zu gleiten, das wäre für mich wie ein Tag ohne Zähneputzen gewesen, einschließlich schlechtem Gewissen. – Vorbei. Meine inbrünstigste Ausdrucksmöglichkeit ist mir verloren gegangen. Mir bleibt bloß noch die Sprache.

Immer noch bin ich trotzig-rachsüchtig der Meinung, ich hätte wundervolle

Musik komponiert: einfallsreich und motivisch ausgefeilt. Aber ich weiß: Tripelfuge, Sonatenform und Variationen auf ein Thema, so etwas interessiert heute weniger Menschen als ein Qualifikationsspiel zwischen Zehlendorf und Dahlem. Das Abendland ist längst untergegangen, und die, die behaupten, es retten zu wollen, sind keine Archäologen, sondern Leichenfledderer. Nun komponiere ich nicht mehr, schreibe aber noch. Was ich damals, in meiner Jugend, unter ‚Musik' verstanden hatte, was ist daraus geworden? Im Ernst, im Spaß, im Club? Diese Entwicklung hat mich heftig enttäuscht, einerseits. Andererseits gefällt mir die Wegwendung von der Atonalität genauso gut wie die Abwendung der Malerei vom Abstrakten. Da tut es gut, zu erleben, dass die bildende und tönerne Kunst der Fünfzigerjahre des vorigen Jahrhunderts inzwischen auch von anderen nicht gemocht wird. So darf ich mich jetzt selbstzufrieden fragen: „Bin ich doch nicht bloß Spießer mit altmodischem Geschmack, sondern Spießer mit globalem Geschmack?" Neben Unbestechlichkeit, auf die man, wenn man sie sich zuschreibt, mächtig stolz sein kann, ist ja immer auch simple Übereinstimmung reizvoll: nicht nur im Geschmack, sondern auch in der Weltanschauung. Erzwingen lässt sich die Übereinstimmung zwar nicht, wohl aber die Leugnung der Gegensätze. Dann tut man um der Harmonie willen so als ob. Aber ehrlich: Was ist selbst ein gut gebauter Song wie ‚Yesterday' gegen die Durchführung der Prager Sinfonie? Und ganz so konsenssüchtig bin ich dann doch nicht, um zu behaupten, Bob Dylan hätte genauso Bleibendes geschaffen wie Bach. Das Bleibende, die ewigen Werte – wenn sie in dreihundert Jahren noch beim Wikipedia-Nachfolger zu finden sein werden, dann haben sie wirklich Glück gehabt. Inzwischen vertraue ich dem Wort mehr als der Musik. Die Sprache ist einfach wandlungsfähiger als die zwölf Töne, selbst wenn sie babylonisch scheint. Wir können, wenn wir wollen, immer noch lesen, was Platon gesagt hat; was für Klänge er gehört hat, das ist uns fremd, so wie Somaliern die Prager Sinfonie.

Das Absolute, wie habe ich es gesucht! Ist es zynisch, auf dessen Existenz zu verzichten? Es hat so etwas Besserwisserisches, das ewig Gültige zu bestreiten. Es zu behaupten, auch. Ja, beide Standpunkte kann man zynisch, fanatisch oder langweilig vertreten. Das Fanatische hat – zynisch gesagt – immer die meisten Anhänger, das Zynische hat fast genauso viele, weil das Wahlvolk den Zynismus für Fanatismus hält (nennt ihn natürlich: Entschlossenheit), und das Langweilige ist, wie sich das gehört, langweilig. So ist Demokratie nun mal. Und wenn sie nicht bereit ist, ohne Gottes Hilfe zu schwören, dass es das Absolute nicht gibt, sondern nur das täglich neu auszutarierende Gleichgewicht der Kompromisse, dann wird sie es schwer haben: gegen die, die nichts haben, aber alles glauben, und gegen die, die glauben, es wird auch ohne ihren eigenen Einsatz nichts Schlimmes passieren. Demokratie und Bildung. Wer viel weiß, kann trotzdem viel verkehrt machen. Ärgerlicher: Wer nichts weiß, macht trotzdem manches richtig. Zu blöd. Ist Dummheit die nettere Mitgift? Intelligenz ist da am schwersten auszuhalten, wo sie versagt. Trotzdem: Wer Hunger hat, will essen, nicht satt sein. Wer sich geirrt hat, will klüger werden und nicht, dass er seinen Irrtum vergisst. Meistens. Mir fiel auf, dass mir etwas entgangen war: Der Lautsprecherlärm hatte aufgehört. Die Party war zu Ende. Und nun? Mögen andere mit nachdröhnenden Trommelfellen und sektbedingtem Brechreiz in ihren Betten barmen: Tu felix Hanno dormi!

Rafał hatte zur selben Zeit ganz andere Probleme: nicht Krach, sondern Duft. Seine Abendbekanntschaft ‚aus der Gastronomie' leerte auch das zweite Poppersfläschchen in die bedürftigen Nasenlöcher, und die Befürchtung, dass das noble Zimmer davon geruchsmäßig Schaden nehmen könnte, fand ich nicht unbegründet, erfuhr von ihr aber erst am nächsten Morgen: pünktlich Viertel nach neun.

AUS DER KEULE GESCHNITTEN

UMWEG #37

MITTWOCH, 27. JULI 2016

Wenn alles schön ist, gibt es nichts zu berichten. Katastrophen sind dagegen fast immer erzählenswert. Der Mittwoch war so ein Tag dazwischen: nichts los, aber trotzdem unbefriedigend. Grund: Um elf Uhr vormittags mussten wir aus unseren Zimmern, um zehn Uhr abends sollte unsere Fähre ablegen. Nun ziehe ich mich ja nicht ständig um und dusche nicht alle halbe Stunde, aber wenn das Gepäck im Kofferraum liegt, will man eigentlich abreisen. Stattdessen verbrachten Silke und ich den Tag größtenteils auf der Terrasse, Rafał kam mal dazu und mal vom Wege ab, um letzte Eindrücke zu sammeln.

Am Nachbartisch saßen Amerikanerinnen, die ich in Verdacht hatte, der Mittelpunkt der nächtlichen Geräuschkulisse gewesen zu sein. Sie hatten ihre Koffer bei sich und einen jungen Mann, den ich schon etwas eher als Silke aufhörte, für einen Bräutigam zu halten, vielleicht war er der Bruder, jedenfalls handelte es sich um eine Braut auf Hochzeitsreise, mit ihren drei allerbesten Freundinnen. Natürlich knipsten sie ständig mit ihren Smartphones herum, dann öffneten sie ihre Koffer und hielten einander ihre Errungenschaften teils an die Taille, teils vor die Nase. Gestern war sicher Junggesellinnenabend gewesen. Wieder mal. Reiche Tochter aus dem mittleren Westen heiratet Sohn von Vaters Geschäftspartner: Tu felix Cynthia nube! Europareise für alle inbegriffen. Morgen treffen die Mädels auf die Männer. In Venedig, wo sonst? Empfang im ‚Danieli'. Essen in ‚Harry's Bar'. Die Väter sprechen über die Krise, die Mütter über die Kleider, die Kinder über die Kinder: Wir wollen doch drei, oder reichen zwei bis zur Scheidung? Ich liebe dich. Noch. Vielleicht waren es auch nur vier Flugbegleiterinnen mit ihrem Purser vor dem Rückflug nach Atlanta.

Eine kleine Katze kam und räkelte sich zutraulich. Vögel schnappten nach den Kartoffelchips, die meinen Campari begleiteten. Ein Spatz war etwas unaufmerksam. Die Katze fraß ihn. Hätte ich ihr nicht zugetraut. So schnell! Nur ein paar Federn blieben übrig; die musste eine von der Serviererin beauftragte Putzangestellte wegfegen. Jeder hat sein Aufgabengebiet. So ist das in der Gastronomie. Silke war indigniert. Sie mag sowieso Pferde und Hunde lieber als Katzen. Silke stand auf und unternahm einen Gang durch den Urwald.

Pflanzen können assimilieren. Es ist von der Natur nicht freundlich eingerichtet, dass Tiere das nicht können, sondern dass sie fressen und ausscheiden müssen: Wohl der Preis dafür, nicht am Stängel zu hängen, sondern Beine zu haben. Zu essen kann ja ganz nett sein, aber dass einem das Klo nicht erspart bleibt, ist ziemlich erniedrigend, und wenn man es nicht bis aufs Klo schafft, ist es noch erniedrigender – weshalb sich vielfach die Ansicht durchgesetzt hat, Gott habe die Welt ideal erschaffen, konnte ich nie begreifen. Von der schlimmen Geburt bis zum schlimmen Sterben ist doch alles schrecklich. Nicht nur, weil die Menschen so beschaffen sind, dass sie sich gegenseitig ausrotten, sondern weil Viren, Erdbeben und andere Sendboten Gottes ein Übriges tun, um das ohnehin krause menschliche Seelenleben zusätzlich durcheinanderzuwirbeln.

In der Natur wird überwiegend gefressen; gefressen, gefressen, gefressen. Wenn es Gras ist, versteht man das ja noch, aber bei so einem Vögelchen tut es einem doch leid. Was sich nicht wehren oder weglaufen kann, wird gefressen. So ist das nun mal. Aber Gott trifft keine Schuld an all dem Elend in der Welt. Weil es ihn nicht gibt. Wer besser damit zurechtkommt, ihn sich einzubilden oder gar anzubeten, der soll das halt tun. Fressen und scheißen muss er trotzdem. Aber was? Die Massentierhaltung, die aus dem Sonntagsbraten das täglich Brot gemacht hat, ist eine inhumane Verfallserscheinung, aber das Angebot der Tiere abzulehnen, ist auch dekadent. Kühe sind es nun mal gewohnt, gemolken zu werden, wie jeder Untertan vom Herrscher. Jung und gut gewürzt sind Tiere nicht nur gesund, sondern schmecken auch. Die harschen Veganer sind die Kinder der Fleischproduzenten, so wie die Terroristen der Siebzigerjahre die Kinder ihrer Nazi-Väter waren: aus dem gleichen Holz geschnitzt, aus derselben Keule geschnitten.

Um auch mal richtig radikal zu sein, möchte ich nur noch non-vegan leben. Kleidung ist leicht: Seide, Wolle, Leder – das geht. Essen geht auch: Auf Brot verzichten, doppelt so viel Fleisch und Fisch; zum Nachtisch bloß Honig ist natürlich schade, aber mit Eischnee geht auch das. Getränk: Blut mag ich gar nicht und Milch auch nicht so. Einseitigkeit ist wohl nicht wirklich meins.

Silke war wieder da, Rafał auch. Nun war es an der Zeit, Anblick und Atmosphäre tief in sich einzusaugen und Abschied zu nehmen. Das taten wir dann.

Silke und Rafał kannten sich am Hafen schon bestens aus, so dass Silke beim zweiten Umrunden einer Art Sackgasse an genau der Stelle das Fahrzeug verlassen konnte, an der dieser Kiosk nun wohl endlich die Fahrscheine austeilen würde. Tatsächlich. Rafał reihte sich kundig in die Schlange derer ein, die schon bedient worden waren. Nein, war die lang! Dagegen waren die Tiere vor der Arche Noah wie ein paar Demonstranten auf der Hühnerfarm. Und noch bedrohlicher: In der Reihe neben unserer standen Tanklastwagen wie für die Benzinversorgung aller Agip-Tankstellen Italiens. Aber Silke kam mit den Tickets, nachdem Rafał ihr vorher auf Geheiß die Pässe (innerhalb EU?) gebracht und ich sogar zwischendurch eine Toilette gefunden hatte, die Schlange setzte sich in Bewegung, und als einen der letzten Wagen steuerte Rafał unseren Mercedes – rückwärts! – über die Rampe in den Bauch des dicken Schiffes. Silke und ich hatten vorher aussteigen müssen, und ein Kavalier, der erste Offizier oder so, nahm uns gleich beiseite und führte uns an all den Autos vorbei zu einem Fahrstuhl, mit dem er uns aus dem Bauch ins Haupt fuhr. Dort lagen unsere Kabinen mit Bullauge nach draußen und Duschzelle drinnen. Mein Krückstock hatte sich außerhalb meiner Hand selten so bewährt.

Problematisch dagegen war die Familienzusammenführung. Das Handy funktionierte nicht, aber Rafał und mit ihm Silkes Kosmetikkoffer befanden sich noch im Bauch. Als er uns endlich aufgespürt hatte, mussten wir zunächst seine Vorwürfe entkräften. Plötzlich waren wir weg gewesen. Aber doch genauso überrumpelt wie er. Und hätte ich etwa die sieben Stockwerke nach oben humpeln sollen? Na ja, war ja alles gut, der Kahn tutete, wir waren drauf, gingen an Deck und sahen uns dabei zu, wie wir Kroatien verließen. Die Stimmen auf der Bank hinter uns waren schon italienisch, zwar laut, aber dieses Mal war doch der Geruch schlimmer: ein Picknick aus Dosenthunfisch minderer Qualität.

Silke und Rafał wollten noch etwas essen. Nicht nur sie. Wir fanden ein Stockwerk tiefer, in der Mitte des Schiffes, das Restaurant, in dem es so herging, wie ich mir abendliche Ausflugsdampfer immer vorgestellt hatte. Und das, bis auf die Kellner, alles auf Italienisch: Oktoberfest in Neapel. Ich trank bloß Wein, zum letzten Mal kroatischen. Wer schon kein Frühstück und kein Mittagessen hatte, der braucht auch kein Nachtmahl. Als ich zum Schluss Silke und Rafał doch mit ein wenig Käse Gesellschaft leistete, wurde es ganz ruhig. Wie auf Kommando verschwanden die Familien, die Kellner sammelten die Tischdecken ein, eine leere Opernbühne, es war still. Ganz still. Wir gingen.

Rafał verbrachte die Nacht unter freiem Himmel. Im für Passagiere verbotenen Teil der Fähre lag er auf einer Bank und sah in die Sterne. Über dem Meer gibt es keine Leuchtreklamen und keine Abgase, in dieser Nacht gab es auch keine Wolken. Nur Sterne.

Das Geräusch der Schiffsmotoren würde mich wachhalten, dachte ich. Aber dann nahm ich die Binde von den Augen und zog die spärliche Gardine beiseite. Nanu! Die Sonne strahlte noch ziemlich kraftlos von rückwärts. Aber wir fuhren schon an der Küste entlang. Sie war ganz flach, sie war etwas langweilig, und sie war ein bisschen verheißungsvoll. Für Flüchtlinge das gelobte Land, für Heimkehrer das Vertraute, für uns der zweite Teil der Reise: Vor uns lag Apulien.

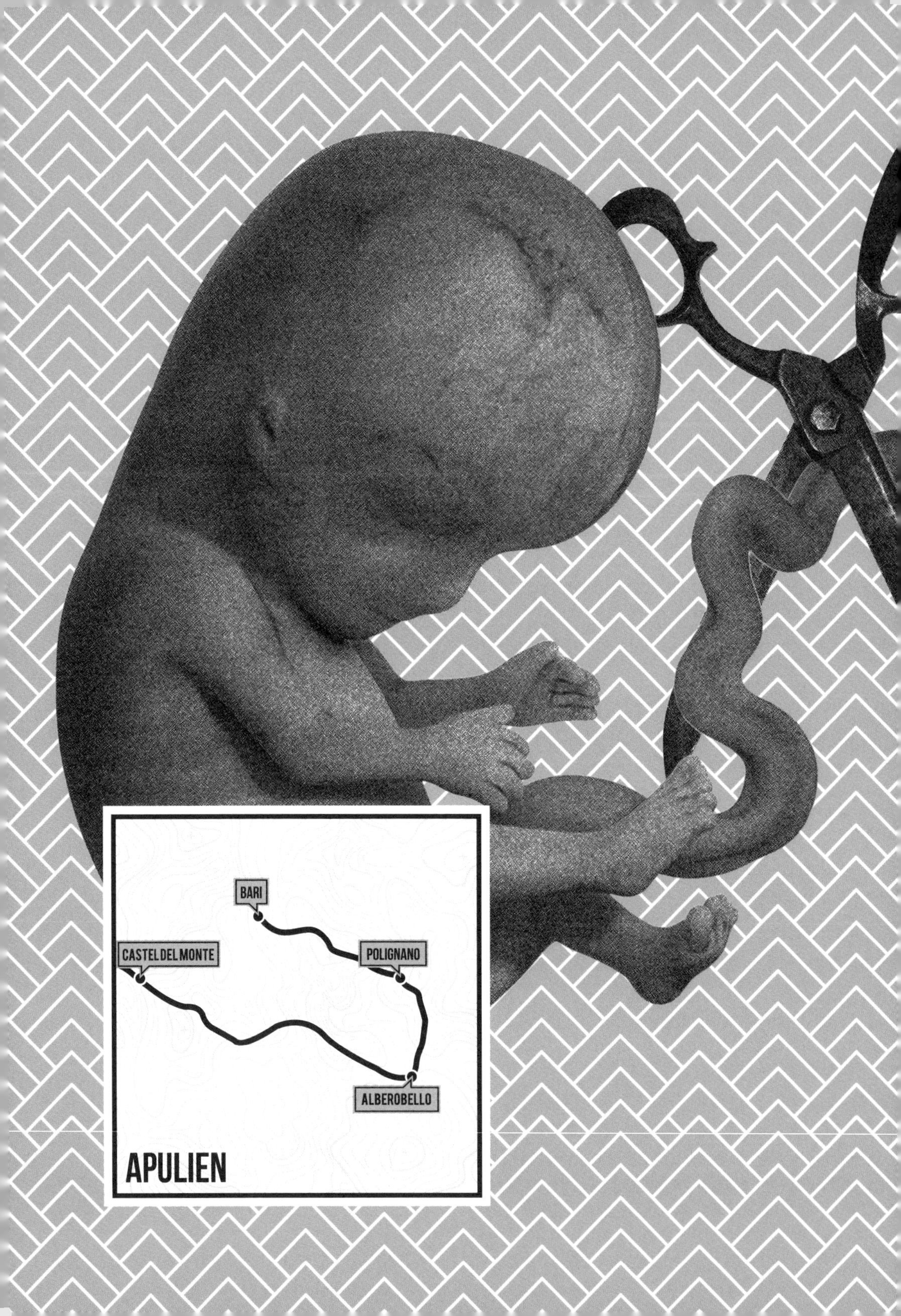
BARI
CASTEL DEL MONTE
POLIGNANO
ALBEROBELLO
APULIEN

PFAHL IM FLEISCH

UMWEG #38

DONNERSTAG, 28. JULI 2016

Bari: Ganz extrem bildungsferne Leser mögen jetzt womöglich denken, wir hätten inzwischen österreichisches Fahrwasser verlassen.

Ist aber gar nicht so. Ohne in die Einzelheiten zu gehen: Seit 1516 regierte Karl V. all das, was seine netten Großeltern hinterlassen hatten, und damit es auch weiterhin in der Familie blieb, ernannte er 1554 seinen Sohn zum König von Neapel. Der durfte damals über ganz Süditalien gebieten, fast so wie heute die Mafia. Um die historische Dimension des Vorgangs zu veranschaulichen, stelle ich hier ein Bild von Leopold dem Ersten (um 1670) und meiner Wenigkeit in Süditalien (knapp 300 Jahre später) einander gegenüber, wobei ich mir den Vortritt lasse.

1707 besetzte Österreich das ganze Gebiet so richtig, um das Gebiet so ganz richtig zu besitzen. Und tatsächlich: 1714 wurde Frieden geschlossen – und Österreich bekam das Königreich Neapel. Ob sich das für Kärntner Bauern gelohnt hat, bleibt ungewiss, die Habsburger haben sich gefreut. Aber ach, im ‚Präliminarfrieden von Wien' musste der bedauernswerte Kaiser Karl VI. 1735 Neapel und Sizilien an die spanischen Bourbonen als ‚Sekundogenitur' abtreten, damit die Verwandtschaft in Madrid nicht gar so ärmlich dastand: Was hätten sonst die Nachbarn Portugal und Frankreich gedacht? Das war nun weniger schön. Immerhin bekam Karl dafür Oberitalien zurück, in das man aus Wiener Kasernen

Oben: Hanno auf Ischia (1968)
Unten: Kaiser Leopold I. (1640–1705) im Harnisch mit Feldherrnstab, Kniestück © Benjamin von Block

ja noch viel flinker einmarschieren konnte – ein kleiner Trost. Ansonsten, heirate mal wieder, Österreich! Wenn auch nicht mehr ganz so glücklich wie vorher, von Ferne winkte schon das Fallbeil.

Klar, dass Napoleon, als er dran war, alles umkrempelte und jemand Neues als König von Neapel einsetzte, in diesem Fall seinen Schwager Joachim Murat. Der war so blöd, nach Napoleons Sturz einen Krieg mit Österreich anzuzetteln und glatt zu verlieren. Sein Lohn: standrechtliche Erschießung am 13. Oktober 1815 in Kalabrien.

1860 war dann trotzdem Schluss mit dem Königreich ‚beider Sizilien', wie es damals hieß. Garibaldi, nach dem jede zweite Straße in Italien benannt ist, besiegte die Aus- und Einheimischen vor Ort und sorgte dafür, dass Vittorio Emanuele II. König von ganz Italien wurde. Wir wissen ja schon: Der starb später durch eine Art Jagdunfall an Lungenentzündung und wurde im Pantheon, na ja, nicht begraben, aber beigesetzt. Wer mehr erfahren will, braucht dafür nicht mich, sondern Wikipedia.

Nicht nur der kroatische, nein, sogar der italienische Zoll interessierte sich für unsere Pässe, bevor wir das Hafengebiet verlassen durften. Gelten auf dem Meer andere Regeln als auf der Straße, oder sind wieder mal die Flüchtlinge schuld? Bis zum Zusammenschluss der Vereinigten Staaten von Europa wird es wohl länger dauern, als Marine Le Pen, Frauke Petry und ich leben. Wir fuhren an Bari halb interessiert entlang. Es war ja noch nicht spät, aber wir wollten weiter, nach Polignano a Mare. An diesem frühen Juli-Morgen begann die Reise zu den Traumzielen meiner Jugend. Ob ich die Erinnerungen von damals auffrischen oder Abschied nehmen wollte, war mir bereits bei der Planung in Hamburg unklar gewesen, jetzt erst recht. Polignano a Mare: Der Ort erweckte eine gute und eine schlechte Erinnerung in meinem halb ausgeschlafenen Hirn, mit der guten fange ich an.

Kein Mensch wird sich wundern, dass ich dabei früher als scheinbar nötig beginne, das mache ich doch immer. Nach dem Motto: Was nötig ist, entscheide ich! Und wer meine feste Überzeugung nicht teilt, dass die Gegenwart nur zu erfassen ist, wenn man die Entwicklung kennt, der hat schon nach den ersten zwei Absätzen mit dem Lesen aufgehört, wie meine beiden nächsten noch lebenden Verwandten, denen das alles viel zu viel und viel zu gedankenlastig ist, wie sie zugeben. Das faustische, angeblich typisch deutsche Erkennenwollen, ‚was die Welt im Innersten zusammenhält', habe ich wohl eher von meiner mütterlich-jüdischen Seite mitbekommen als von meiner preußisch-väterlichen. Ich möchte am liebsten noch den Hahn kennenlernen, dessen Henne die Eggs Benedict gelegt hat, die ich nicht esse; meine arischen Cousinen werfen bloß die Eierschalen in den Müll und stellen die abgegessenen Teller in die Geschirrspülmaschine.

Zum Sommersemester 1966 ließ ich mich vom Jura-Studium beurlauben, um nie mehr zurückzukehren. Der Grund lag auf der Hand: Ich wollte lieber nach Italien. Mein Vater musste oder wollte auf Lipari irgendetwas Berufliches erkunden; es muss ja mit dem Vulkanischen da zusammengehangen haben, Energiequellen, Endlager – keine Ahnung. Jedenfalls bot diese angedachte Reise den Aufhänger für einen etwas längeren Familienausflug: Mitte Mai ging es los. Irene war keine begeisterte Autolenkerin; ich hatte mit fast zwanzig immer noch keinen Führerschein, und so saßen abwechselnd die beste Freundin meiner Mutter, Erika, und ihr Sohn Hartmut am Steuer des neuen Opel Diplomat, um unsere ‚Italienische Reise' zu ermöglichen. Goethes hatte ich ziemlich genau im Kopf. Die deutsche Klassik war damals mein Ideal. Seltsam, was?

Noch heute ist ‚Fack ju Göhte!' in meinen Augen eine Majestätsbeleidigung. Wem dieser Film gefällt, gehört sofort in ein türkisches Militärgefängnis. Da verstehe ich keinen Spaß und kenne kein Erbarmen: jahrelang in den Kerker, den ‚Werther' auswendig lernen, anschließend Hinrichtung durch Pfählen zu den Klängen von ‚Roll Over Beethoven'. So verschafft man der Klassik Geltung. Zur Erläuterung für Kulturbanausen – Pfählen ging so: ‚Der Verurteilte wurde auf einen abgerundeten und eingefetteten Pfahl gesetzt. Durch das Gewicht des menschlichen Körpers drang der Pfahl dann langsam durch Anus oder Vagina ein, was zu einem qualvollen und langsamen Tode führt. Da der Pfahl abgerundet war, verletzte er keine lebensnotwendigen Organe, sondern schob sich langsam durch den ganzen Körper und verlängerte somit die extreme Qual.' Wikipedia. Gut so. Weg mit dem Gesocks! Übrig bleibt nur, was wirklich zählt: Musica reservata, Poesia reservata, Vita reservata. Bloß, wer schafft dann den Kehricht zum Müll? Doch nicht die arte-Gucker. Aber ich gebe mich tolerant: Sollen sie ruhig dumm bleiben, die Massen! Sich abzugrenzen ist mindestens so schön wie dazuzugehören, besonders im Rudel der Gebildeten. Den übrigen 95 Prozent: Fuck ju, Pöbel!

Schon seit meiner frühesten Kindheit hatte ich Angst vor fast allem, und schon seit meiner frühesten Kindheit habe ich mir alles vorstellbare Grauen ausgemalt, vielleicht, um vom Entsetzen später nicht übermannt zu werden, vielleicht, um es zu besiegen.

Mit neun Jahren war ich zum ersten Mal in Italien gewesen. Das war beschwerlich damals. Um fünf Uhr morgens ging es los. Die Autobahn begann erst in Northeim und führte – für das Ziel ‚Adria' viel zu weit westlich – über Frankfurt. Erste Übernachtung bei Augsburg.

Guntram genehmigte sich am nächsten Tag im Münchner Hofbräuhaus ein Bier, und ich machte ein Riesentheater, weil ich bereits bei seinem ersten Schluck sah, wie er nachher lallend, tobend und randalierend von der Polizei abgeführt wurde. So war ich damals. Wahrscheinlich hatten meine Eltern mir zu erklären versucht, warum ich dieses Getränk nicht haben durfte, da fürchtete ich gleich, es könne auch für meinen Vater nicht gut sein. War ich fürsorglich! Vielleicht hatte mich vorher schon der Bahnwärter aus Schmalkalden, wenn er genügend Nordhäuser Doppelkorn zu sich genommen hatte, ganz besonders glaubhaft wissen lassen, was für ein unausstehliches Baby ich war. Welches

Oben: Hanno

Mitte: Irene, Maria, Reinhold und Hanno

Unten: Irene, Maria, Hanno (alle 1954 in Riccione)

seiner Körperteile er dabei benutzte, um meinen greinenden Mund zu knebeln, gehört nicht in diesen Reisebericht. Heute zähle ich Bier und Wein zu den Säften. Alkohol fängt frühestens bei Campari an, mit Soda fällt er aber noch unter die Gewürze.

Der Brenner war für uns 1954 nicht wesentlich leichter zu überwinden als 1480. Damals war der – schon 1315 von Heinrich Kunter angelegte – Saumweg durch die Schlucht von Klausen nach Bozen so ausgebaut worden, dass ihn auch Fuhrwerke nutzen konnten. Eins davon war Guntrams Mercedes 220 S mit seinen Eltern, seiner Ehefrau und seinem einzigen Sohn auf den Plätzen, vierhundertvierundsiebzig Jahre später. Unsere zweite Übernachtung fand in Trient statt; meine Großmutter plauderte darüber, dass sie 1938 etwas für ihre Freundin Bettina Ricciardi geschmuggelt hätte und der Grenzoffizier, nachdem sie erwischt worden war, zu ihr gesagt habe: „Ich melde das nicht, aber wenn es rauskommt, kommen wir beide in Teufels Küche." Teufels Küche hat mich mehr als alles andere an Trient beeindruckt, und oft genug habe ich später versucht, diese *location* zwischen Moskau und ‚Man'-hattan ausfindig zu machen, manchmal sogar erfolgreich. Später erst erfuhr ich: Die Ricciardis waren irgendetwas an der italienischen Botschaft in Berlin und sie hatten ein Haus in Riccione. 1938 gab es Devisenbeschränkungen, und so wird es bei dem Geschmuggelten wohl nicht um Parmaschinken gegangen sein.

Ich fand, das einzig Besondere an dem Abend in Trient war, wie lange ich hatte aufbleiben dürfen. Dass wir in Italien waren, merkte ich erst am nächsten Mittag in Verona: an den Häusern, an der Sprache. Mit ‚Romeo und Julia' wurde ich nicht behelligt. Die Erwachsenen fürchteten vielleicht meine vielen Fragen auf ihre wenigen Antworten. Eigentlich hielten wir in Verona überhaupt nur, weil meine Mutter auf ihrem sonnengequälten Beifahrersitz mit einem Zusammenbruch gedroht hatte. Ich sehe sie noch tief atmend an der Mauer stehen, während mein Vater und meine Großmutter ihr begütigend zuredeten. Mein tauber Großvater und ich, wir blieben hinten im Auto sitzen, und zumindest ich fühlte, dass das Leben ungreifbar, unbegreifbar an uns vorbeiglitt, heiß, ungerührt, unberührbar. Ich würde es noch packen, das Leben; er hatte schon all seine Chancen vertan. Gegen Abend waren wir in Riccione an der Adria und blieben dort drei Wochen. Jeden Morgen ging ich die Straße herunter und kaufte Salami. Ich stand gern früh auf, ich ging gern allein einkaufen, ich frühstückte gern. Damals. Es ist immer schön zu erkennen, dass man sich weiterentwickelt hat, besonders in meinem jetzigen Alter. Das Essen in der ‚Pensione Clara' war wohl erbärmlich; ich bekam das nicht so mit, bloß, dass die anderen mit dem Fleisch dieselben Probleme hatten wie sonst immer nur ich, wenn der Zadder partout nicht die Kehle runter wollte. Die Frühstückssalami war mein Beitrag zu einem gelingenden Tag, und ihr Geschmack schmiegt sich mir auch nach 62 Jahren noch unerreichbar, nie wieder erreicht an den Gaumen.

WALLENDE GEWÄNDER

UMWEG #39

Obwohl – oder weil? – ich Einzelkind war, waren meine Eltern nicht das, was man heute ‚Helikopter-Eltern' nennt. Ich durfte alles, und Überwachung per Smartphone gab es ja sowieso nicht. Mit fünf ging ich allein zur Schule, mit sechs allein ins Kino, beides über die vielbefahrene Koenigsallee; allein und gläubig ging ich in die Kirche, erst in Berlin, dann in Hamburg, bis ich zwanzig war: all die Fronleichnamsprozessionen! – ein bisschen fad, aber doch sehr ergreifend ... Auf jede Party durfte ich gehen, ohne einen Hinweis, wann ich zurück zu sein habe. Dankenswerterweise fürchteten meine Eltern wohl mehr, dass ich ein Stubenhocker würde, als dass ich in der Welt Schiffbruch erlitte. So bin ich vom frühen bis ins hohe Alter sehr viel herumgekommen und nie unter die Räder.

Im September 1965 befanden sich meine Eltern zur Fangokur in Abano Terme. Nachträglich denke ich, es handelte sich dabei mehr um Prestige-Erwägungen als um verspannte Nerven; denn sonst hätte ja auch Bad Salzuflen gereicht;

aber wer sich wohlfühlt, hat recht: Was hilft, hilft. Guntram wurde ohnehin auf jeder Urlaubsreise krank, Ferien bekamen ihm nicht. Da war es doch äußerst pfiffig, dort abzusteigen, wo die Ärzte bereits zum Hotelpersonal gehörten. Schon in Riccione hatten wir Angehörige einen Vormittag nicht am Strand, sondern vor dem Krankenhaus verbracht, erinnere ich mich deutlich. Drinnen ließ Guntram sich die Mandeln betrachten. Acht Jahre später kamen sie raus. Es wurde noch ein anderer Eingriff vorgenommen, der sich während der gründlichen Voruntersuchung als wünschenswert erwiesen hatte. Das stelle ich mir komisch vor: Man geht mit Halsbeschwerden in die Klinik und verlässt sie wieder ohne Mandeln und ohne Vorhaut. Jüdischer ist mein Vater nie geworden. Mir waren diese beiden Überflüssigkeiten in wesentlich jüngerem Alter entfernt worden. Meiner Mutter hat man stattdessen den Blinddarm und mich entnommen.

Irene war sehr erleichtert, als ihr Mann 1976 in Pension ging und keine Urlaube mehr anfielen, gestand sie mir in den Achtzigerjahren auf unserer Australien-Reise. Jedesmal war er unterwegs krank geworden. Am schlimmsten war der Urlaub 1971 auf Ischia gewesen. Sein kleiner Zeh tat so weh, dass er kaum vor die Tür wollte (spricht für

Irena (beide 1940)

Gicht). Irene unterhielt sich blendend mit einem Professor aus Tübingen. Hochgestochene Gespräche langweilten Guntram schnell: Palaver. Da kam der Zeh gerade recht, um ihn zu entschuldigen. Wir waren eine sehr kleine, aber sehr verschworene Familie. Unser Zusammenhalt wurde von keinem von uns dreien jemals infrage gestellt: Alle waren stolz auf jeden, und es vergeht immer noch keine Nacht, in der ich nicht von meinen Eltern träume. 1965 hatte ich die Schule beendet und das erste Jura-Semester hinter mir. Ferien. Was sollte ich ‚allein zu Haus'? Viel sinnvoller war es, dass ich meinen Eltern nach Abano hinterherfuhr. Der Besuch des jungen Herrn. Ein Erdrutsch am Brenner unterbrach den Bahnverkehr, Guntram spendierte mir den Flug nach Venedig. Das Ticket holte ich mir bei seiner Sekretärin, Fräulein Knudsen, ab. So selbstständig, dass ich allein hätte buchen können, war ich natürlich noch nicht; damals wurde man erst mit 21 volljährig.

So sah ich zum ersten Mal Venedig, 179 Jahre nach Goethe, und schrieb, wie das so meine Art ist, gleich ein Gedicht. Die ersten drei Strophen lauten:

Licht geschattet lauem Schweigen,
Lüfte, Lüste, eint
Müdes Gilben, duftbeweint,
blumiges Verneigen.
Kaum getrennt dem laut bizarren,
grellen Pinselstrich;
moosenes Entwachen, Ich,
gläserne Gitarren.
Marmorne Vergänglichkeiten
Seufzen in ihr Dur –
Vielleicht ahnen jene Saiten
Moder der Kultur.

Anschließend an Abano fuhren wir nach Südtirol, und da lernte ich ‚Mary' kennen, zunächst nur auf einem Ausflug von der hundert Meter tiefer gelegenen Fahlburg aus, aber ich blieb ihr treu über den Tod hinaus (ihren).

Im Mai des folgenden Jahres verschlug es mich also gleich wieder nach Italien, aber diesmal richtig: zu fast sämtlichen Goethe-Stationen und zusätzlich noch nach ‚Lipari'. Wir reisten wie Goethe über die Schweiz an, aber nicht wie er in einer Kutsche über den Gotthard, sondern bequemer durch den bereits 1882 eröffneten Tunnel, und dann über Mailand und Genua nach Rom. Da kam mein Vater angeflogen, und zusammen fuhren wir nach Neapel, wo der Wagen mit dem Kran auf die Fähre gehievt wurde – optisch interessanter als Rafałs Rückwärtsfahrt in Dubrovnik: Reisen war früher nun mal abenteuerlicher als heute.

Wir verbrachten zwei Wochen in Taormina. Das Wasser war kalt, das Mittagsbüfett gut (besonders die Knoblauch-Mayonnaise zum Lachs), und ich schrieb das letzte meiner Werke, das ich nicht veröffentlicht sehen möchte. Lipari war Mist. Wir fuhren morgens hin und abends zurück, und auf der Insel gab es nur Lava und nicht mal was Gutes zu essen. Irene würde sagen: „Ich glaube, dort muss ich nicht wieder hin." Guntram hat auch nichts mir Bekanntes aufgrund von Lipari in die Wege geleitet, aber es liegt mir fern, seine vielen Versuche, Geld zu verdienen, lächerlich zu machen: Von seinem erfolgreichsten Projekt lebe ich, seit mein Erspartes aufgebraucht ist, mit meinen Lieben. Wenn ich nichts als meine Pension und meine Partituren hätte, dann säße ich jetzt als Opa Rinke im Altersheim, und ich denke lieber nicht darüber nach, wer von meinen Freunden mich dort besuchen käme.

Guntram flog von Neapel aus zurück nach Hamburg. Wir restlichen vier studierten weiter Italien – mit und ohne Goethe. Ich war begeistert von Pompeji. Für Florenz hatte Goethe nichts übrig; ich schon. Die Toskana galt im 18. Jahrhundert wenig; erst die zivilisationsmüden Städter des ausgehenden 20. Jahrhunderts verschlug es zurück zu dieser Form von Natur

Oben: Autostrada
Unten: Neapel (beide 1966)

und uns vier Pilger an Eindrücken satt zurück in die Bundesrepublik. Es hatte sich im Laufe der Reise eine gewisse Spannung aufgebaut. Schon beim ersten Mittagessen in Italien steckte sich Hartmut die Grissini vom Tisch in die Hosentasche und sagte: „Haben wir doch bezahlt!" Dabei war Irene diejenige, die zahlte, und sie fand das peinlich. Ich auch. Als Hartmut vor Rom den Stadtplan auf der Kühlerhaube ausbreitete und ratlos nach dem Weg suchte, hielt ein Italiener an, um ihm zu helfen. „Hau ab!", schrie Hartmut. Irene war entsetzt. „Es könnte ja ein Dieb gewesen sein", verteidigte Erika ihren Sohn. „Das war ein Herr!", entgegnete Irene würdevoll.

Hartmut bestellte sich bei ‚Sabatini' in Trastevere als Vorspeise Ravioli und als Hauptgericht Spagetti. „Zweimal Pasta, das macht man nicht", versuchte Irene, erneut geniert, ihn von seiner Bestellung abzubringen. „Is' mir doch egal", ließ er meine Mutter wissen. Guntram wurde also gleich bei seinem Erscheinen eingeweiht, dass unsere Reisegefährten sich so betrügen, wie man das von Deutschen im Ausland erwartete. „Hartmut sieht nie das ganze Bauwerk, er achtet nur auf die Steine", ereiferte sich Irene, „warum studiert der Architektur? Der sollte Maurer werden."

In Taormina nahmen wir allabendlich unseren Aperitif auf der Promenade. Erika trug dann immer einen grauen Faltenrock, weiße Bluse und blauen Blazer. „Provinzgans", sagte Guntram abschätzig. Er mochte Erika nicht besonders und kam gern auf ihre Vergangenheit als BDM-Führerin zu sprechen. Irene schätzte Erika vor allem wegen ihres ausgezeichneten Geschmacks, so dass Guntrams Urteil über Erikas Erscheinungsbild einen besonders sensiblen Punkt traf.

Da wir schon dabei sind, beleuchte ich diese Freundschaft mal etwas zeitgeschichtlich relevanter, so wie sie mir geschildert wurde: 1948. Knapp vor der Währungsreform. Ich lernte Laufen. Meine Eltern lebten fürstlich. Es ging bei uns bescheiden zu, wie das in verantwortungsvollen Fürstenhäusern so Sitte ist. Aber Geld und Sparsamkeit sind nicht alles. Da musste es doch noch etwas geben jenseits der von Farnen überwucherten Ruinen im Grunewald und der Kohlenhalden im West-Hafen, sann Irena. Die von ihr mit einer gewissen Sehnsucht bewunderten Künstler wurden von meines Vaters bestem (Geschäfts-)Freund Werner Russ als ‚Schnorrer' und ‚Hungerleider' abgetan, was zugestandenermaßen die gängige Lebensform ist, wenn man nichts zu beißen hat, aber es gab doch mehr

Künstler mit Biss, als Werner das aus seiner satten Sicht mitbekam. Das sollte auch Guntram durch seine Brut Hanno noch lernen müssen, wenn ich meine Mutter in den Achtzigerjahren mit einem Künstlervölkchen bekannt machen würde, das es mit ihm finanziell spielend aufnehmen konnte.

Werner ließ sich vom Personal mit ‚Gnädiger Herr' anreden und sammelte Automobilclub-Plaketten für den Kühler seines Angeberwagens. Gleichzeitig soll er sehr ‚charmant und amüsant' gewesen sein, erinnerte sich Irene gern, – zwei Eigenschaften, die unter Berlins Kohlenhändlern eher rar waren. Das jedoch befriedigte Werners lebenslustige Frau Lygia, die mit einem für mich riesigen, braunen Königspudel nachmittags zu uns in den Grunewald kam, noch nicht so ganz. Sie war weit mehr Polin als Irena, war in genauso bescheidenen Verhältnissen aufgewachsen wie Irena und erteilte Irene beim Tässchen Tee und Kranzkuchen gern Auskunft über ihren amourösen Tagesablauf, ungefragt, aber auf gut Deutsch.

„Hören Sie, Lygia, ich finde das nicht richtig, was Sie da mit Werner machen", sagte meine Mutter, dass sie es gesagt habe. Aber gerade mit Werner machte Lygia wohl noch am wenigsten.

Oben: Irene

Mitte: Hanno

Unten: Guntram (alle 1966 in Taormina)

Herr Schmidt-Buchner, der, glaube ich, Teppiche verkaufte, wurde telefonisch auch täglich in die Erotismen eingeweiht, und so gab es da wohl einen regen Telefonverkehr, der zwischen Heuchelei, Empörung und Genuss schwankte. Herrn Schmidt-Buchners Beruf kam Werner durchaus entgegen, denn als Werners Tochter aus einer noch früheren Ehe eines Tages einen Perser zum Freund nahm, ließ er sie barsch wissen: „Perser heiratet man nicht, auf Perser tritt man."

Doch ging es bei solchen Tee-Gesprächen nicht bloß um Techtelmechtel. Lygia sagte voraus, dass sie bald aus der Uhlandstraße fort, in ein großes Haus ziehen würde (womit sie recht behalten sollte), dass es dort eine Freitreppe geben müsste, und sie würde da nur noch in langen, wallenden Gewändern herumlaufen, wenn sie tagsüber Besucher empfinge. Abends käme dann eben Werner. Spätestens an dieser Stelle ging ihre Prognose in die Irre. Als Guntram, mein Vater, diskret versuchte, Werner, seinem Freund, einen sanften Hinweis auf das temperamentgeprägte Leben seiner Gattin zu vermitteln, handelte er sich eine harsche Abfuhr wegen böswilligen Klatsches ein. Aber – wenig später rief der Hausarzt bei Werner im Büro an und erkundigte sich bei ihm, ob er Lust hätte, seine Frau in flagranti zu erleben. Werner fuhr neugierig heim in die Uhlandstraße, da hatte jemand auf Lygia einen Herzanfall erlitten. Nix da mit wallenden Gewändern: Scheidung. Lygia wanderte aus: allein in die USA, nach St. Louis. Sie soll dort ein großes Haus eröffnet haben. Es gab also durchaus schon Anfang der Fünfzigerjahre des verronnenen Jahrhunderts die Selbstverwirklichung der Frau, sogar dann, wenn sie nicht unbedingt töpfern wollte.

HANDKUSS
UMWEG #40

Irene hatte inzwischen Erika kennengelernt, bei ‚Horn' am Kurfürstendamm. Damals war ‚Horn' das prominenteste Modehaus Berlins, und Erika war dort Empfangsdame. Es war ihre berufliche Aufgabe, den Damen, wenn sie das Geschäft betraten, auf so animierende Weise „Guten Tag, gnädige Frau" zu sagen, dass, wenn die Damen ‚Horn' wieder verließen, sie die letzten Bündel Reichsmark ihres Gatten ausgegeben hatten.

Noch während der Blockade durch die Sowjets gaben meine Eltern aus Anlass ihres Umzugs von der Reichsstraße in den Grunewald ein Kostümfest. Es war ständig Stromsperre, also ziemlich schummrig, aber Guntram hatte Würstchen aufgetrieben – eine Sensation! –, und mein Kindermädchen Fräulein von Petzold vernachlässigte mich zwar sträflich, wie unsere Haushälterin Maria berichtete, nachdem sie ihr heimlich gefolgt war und sie mit einem Freund erwischt hatte, während ich im Kinderwagen unbeaufsichtigt blieb, aber dafür konnte Fräulein von Petzold sehr schön nähen, was für ein Kostümfest zweifellos vorteilhafter war als die Kinderbetreuung. Meine Mutter lud zu diesem Fest Erika ein, damit die endlich auch mal „Guten Abend" sagen durfte. Auf jener Faschingsfeier traf Guntrams Werner, in Scheidung begriffen, auf Irenes Erika, bereits im Krieg verwitwet. Meine Eltern waren Trauzeugen; auf dem Foto wird Irene von Erika fast verdeckt. So blieb es nicht.

Die beiden ‚Hochzeitler' gingen wohl vor allem davon aus, dass sie einander schmücken würden. Werner brachte als Mitgift neben seiner fast erwachsenen Tochter Sohn Andy mit in die Ehe, Erika hatte Hartmut als Aussteuer dabei. Er war zwei Jahre älter als Andy und wurde von Erika laut Irene deutlich bevorzugt. – Stiefmutter! Nur dass man sich Andys wirkliche Mutter Lygia, so vom Storchenteich aus betrachtet, auch nicht unbedingt ausgesucht hätte. Außerdem kann es sich bei den Zuwendungen für Hartmut nur um Geringfügigkeiten gehandelt haben, denn beide Jungen wurden stramm erzogen und knapper gehalten als die von Werner hochgeschätzten Hunde im Zwinger; auch bekamen die Buben, den gruseligen, pädagogisch gemeinten Berichten meiner Eltern zufolge, die Peitsche weitaus häufiger zu spüren, als die Gerte auf die Schäferhunde niedersauste. Trotz dieser vielversprechenden Maßnahmen ist aus beiden nicht das geworden, was Werner sich unter erfolgreichen Geschäftsleuten vorstellte: Sie haben sich beide ungeachtet ihrer unterschiedlichen Gene mehr in eine Richtung entwickelt, dass sie von Werner als Schnorrer und Hungerleider bezeichnet worden wären – Künstler halt ...

Es machte meinen Eltern immer große Freude, mir vorzuhalten, dass Andy und Hartmut in der Dahlemer Villa (ohne Freitreppe) am Abendbrottisch stets fragen mussten: „Darf ich noch eine Scheibe Wurst haben?“, und Werner – je nach Laune – antwortete: „Du hattest doch schon eine!“ oder „Bitte höflicher darum!“

Diese Unerbittlichkeit angesichts der üppigen Lebensumstände der Familie hinterließ auch bei mir einen tiefen Eindruck – allerdings nicht den gewünschten. Eher war ich abgestoßen. Jedenfalls führten solche Meldungen aus dem elterlichen Propaganda-Ministerium nicht dazu, dass ich mir je eine Scheibe Brot oder Wurst mehr genommen hätte, obwohl sich meine Eltern das so sehnlich

Oben: Hochzeit von Erika und Werner Russ

Mitte: Werner Russ (1956 in Flims)

Unten: Erika Russ (1956 auf Capri)

wünschten. Bei uns herrschten andere Sitten: „Nimm doch noch ein bisschen Schinken", bat meine Mutter, und ich öffnete den Zwinger und bellte: „Nein!"

Meine Eltern und das Ehepaar Russ gingen in den Fünfzigerjahren oft gemeinsam auf Reisen: Wer es sich leisten konnte, wollte die von Deutschland befreiten Länder so schnell wie möglich mal in Zivil sehen und fuhr mit ähnlich neugierigen Erwartungen über die Grenzen wie im November 1989 die DDR-Bürger zu Aldi. So auch die beiden befreundeten Ehepaare, meist zur verkehrten Jahreszeit, in dem Glauben, südlich der Zonengrenze sei bereits Frühling. Paris im März war schneidend kalt. Erst 1983 habe ich meiner Mutter ein sommerwarmes Paris Rive Gauche und Rive Droite geboten. An der Riviera war es auch nicht so toll, und auf Capri hat sich Erika aus Eifersucht darüber, dass der Hotelleiter Irene interessanter fand als sie, so an Negroni besoffen, dass Direttore Rafaele die kotzende Frau Russ übers Geländer halten musste, was ihre Attraktivität vermutlich nicht steigerte.

Werner aus Görlitz war natürlich weltmännischer als Erika aus Zittau, und so sprach er in den venezianischen Gassen an einem Sonntag einen Einheimischen auf dem Kirchgang an, indem er sagte:

Oben: Erika und Werner Russ (1952)

Mitte: Erika (1953 in Ascona)

Unten: Guntram und Irene (1953 in Cannes)

„Senjohr! Senjohr! Parlewuh Franßä? Wo geht's 'n hier zum Markusplatz?" Daraufhin bekam meine Mutter – sagte sie – einen solchen Lachanfall, dass der Italiener verstört weitergegangen sei. Werner hatte aber auch weniger nette Seiten. Als ein Italiener in San Remo im Sonntagsstaat auf der Straße ging, ist Werner extra durch eine Pfütze gefahren und hat ihm mit aufspritzendem Dreckwasser den hellen Anzug ruiniert. „Das hat er nun davon!", soll Werner gesagt haben, berichteten meine Eltern übereinstimmend. Er war halt so amüsant.

1953 bekam Guntram das Angebot, bei Stinnes in Hamburg die Geschäftsleitung zu übernehmen. Er behielt seinen Berliner Kohlengroßhandel, mit dem er schon die Energieversorgung Westberlins während der Blockade 1948 organisiert hatte, aber wir zogen um nach Hamburg, wo sich Guntram neben Kohle und Öl auch um Schifffahrt kümmerte und es mit sehr sympathischen Industriellen zu tun bekam.

‚Kohlenhändler' gehört inzwischen zu den ausgestorbenen Berufen wie Gaslaternenanzünder, Milchmädchen und Schallplattenverkäufer; den Reedereien geht es jetzt auch nicht mehr gut, und der Ölpreis ist so niedrig, dass die sehnsüchtig erwartete Inflation ausbleibt und

Oben: Erika, Guntram und Irene (1951 in Venedig)

Mitte: Werner Russ (1951 in Venedig)

Unten: Irene, Werner und Erika (1951 in Rom)

Zentralbankpräsident Draghi für zinslose Sparbücher und gewinnträchtige Aktien sorgt. Damals aber konnte Guntram seine Familie gut ernähren, Irene war froh, das eingekesselte Berlin zu verlassen, ich nicht. Die zerbombten Villen im Grunewald waren für mich eine viel geheimnisumwittertere, fantasieanregendere Kulisse gewesen als die Othmarscher Nachkriegshäuser. Selbst der Möbelpacker sagte zu Guntram: „Ham sich aba vaschlechtat, Meesta!“ Ich war zwar ängstlich, aber verrückt nach Grusel. Da kam Berlin meiner Vorliebe für Gespensterbahnen natürlich sehr viel mehr entgegen als das grundsolide Hamburg, in dem sich meine Mutter dann nie heimisch gefühlt hat, obwohl sie Schiffe taufen durfte und sich die elegantesten Herren um sie rissen.

Zumindest durfte ich in der zweiten Klasse bleiben. Die Schuldirektorin beschied Irene: „Bei uns hätten wir ihn nicht genommen.“ Damals war die gängige Meinung, dass Kinder, bevor sie sechs sind, nichts lernen dürfen. Heute möchten engagierte Mütter ihren Babys am liebsten dem Pastinakenbrei schon ein bisschen Pythagoras zuschöppeln. In Berlin war ich Klassenbester gewesen, und in Hamburg blieb ich auch nicht sitzen. Meine Eltern blieben dagegen auch in Hamburg am Ehepaar

Oben: Irene und Erika (1961)

Mitte: Irene (1956 auf Capri)

Unten: Irene und Guntram (zu Hause)

Russ hängen: im Winter nach Flims und im Frühjahr ans Mittelmeer. Mit der Hamburger ‚Gesellschaft' taten sie sich etwas schwer, aber das fiel mir damals nicht auf.

Ende der Fünfzigerjahre war der amüsante Werner allerdings von Erika genauso wenig amüsiert wie von seinen beiden verflossenen Gattinnen und wollte sich auch von ihr wieder scheiden lassen. Gott sei Dank starb er aber vorher, so dass sie von der Pension ganz beschaulich leben konnte. Schlimm war das nur für Andy, denn nun musste er zu seiner Mutter nach St. Louis. Erika zog im Anschluss an die Beisetzung nach Hamburg – und ich glaubte, schmeichelhafterweise unseretwegen –, meinen Eltern hinterher. War aber gar nicht so, war wegen Herrn Wöllert, der groß und pomadig war, Erika nannte es ‚stattlich'. Herrn Wöllert verschaffte Erika ‚Höhenflüge', worüber sich Guntram gar nicht genug lustig machen konnte, und Irene schämte sich ein bisschen, dass sie es gepetzt hatte. Herr Wöllert war mit Frau Wöllert verheiratet – Elke –, und er war finanziell von ihr abhängig. Erika schwor Elke hoch und heilig, kein Verhältnis mit ihrem Mann zu haben, was Irene ‚unterkietig' fand. Angelegentlich eines gemeinsamen Abendessens bemühte sich Herr Wöllert obendrein noch, seinen Schenkel unterm Tisch an Irenes zu reiben. Also, wenn das nicht unterkietig ist!

Erikas Bemühen, die Ehepaare Rinke und Wöllert einander näherzubringen, scheiterte damit schon im Ansatz. Ein Sittenbild der frühen Sechzigerjahre. Dann war Schluss mit Cha Cha Cha. Die Rolling Stones kamen, die Verlogenheit trollte sich ganz, ganz langsam, und sogar ich begann, mich allmählich zu fragen, was Gott in meiner Unterhose zu suchen hat. Konsequenzen zog ich noch lange nicht. Erika schon. Sie wohnte in Pöseldorf, das auf einmal schick geworden war und bekam eine so deftige Mieterhöhung, dass es sie zurück an den Wannsee trieb. Erika und Irene haben danach noch ein einziges Telefongespräch geführt – das war's. Ihren Krebstod erfuhr ich von Andy, der inzwischen wieder in Deutschland lebte. Irene nahm es ungerührt zur Kenntnis. Nach Werners Tod hatte ich sie noch weinen gehört.

Schon Florenz 1966 war von all den Unstimmigkeiten überschattet gewesen. Als Hartmut am übernächsten Tag ‚auf rückzu' mit höchster Geschwindigkeit über den Fernpass bretterte und Irene ihn bat, etwas langsamer zu fahren, schlich er mit Tempo 20 weiter. Das reichte. Wir übernachteten in Lermoos, verfeindet. Erst im Frühling nächsten Jahres kam Erika mit einem großen Blumenstrauß unangemeldet zur Doppelhaushälfte meiner Eltern, und das Verhältnis wurde gekittet. Halbwegs. Ich mochte Besuch, also auch Erika. Guntram begrüßte und verabschiedete sie bis zum Schluss nur mit Handkuss. Mehr wäre ihm nicht über die Lippen gekommen.

DU SPIEGEL DER GÖTTLICHEN HEILIGKEIT

UMWEG #41

1967 ließ ich Sizilien weg und machte ansonsten die Reise noch einmal mit Harald und Hans-Dieter im farblosen VW Käfer meiner fahrscheuen Mutter. Wir drei waren zusammen in derselben Abitur-Klasse gewesen, vorher auf Klassenreise in der Würzburger Residenz und als Rokoko-Figuren im Park von Veitshöchheim. Harald und Hans-Dieter hatten inzwischen als Soldaten gedient, ich hatte lieber Orchesterwerke geschrieben (Herzfehler, gleich nach der Musterung behoben).

1968 reiste ich die Strecke dann erneut mit meiner unternehmungslustigen Mutter ab, wieder im elfenbeinfarbenen Käfer, aber mit mir selbst am Steuer. Inzwischen kannte ich den Weg ja. Neben dem Vertrauten kam immer auch etwas Neues hinzu, so ging das Jahr für Jahr, mal bereichert um Siena und San Gimignano, mal um Ischia und Perugia.

Ab 1968 war ich dann alljährlich mit Harald auf Italien-Tour. Ich muss hier etwas einflechten, was ich eigentlich verschweigen wollte. Harald und ich, wir hatten unsere lingua reservata, unsere Terminologie, wie wir es nannten. Mit ihr grenzten wir uns geschmäcklerisch ab von dem, was unseren Altersgenossen zwischen Kommunistischem Studentenbund und Led Zeppelin am heißen Herzen lag. In unserem Kosmos hatte sich der strikt heterosexuelle Harald Jahr für Jahr weiterentwickelt, erst zur Haraldine, dann zur Männer mordenden (dollen) Dine und schließlich zum koketten Dinchen. Pali hatte auf ihn (?) den Begriff ‚die Normale' geprägt, Roland bevorzugte das schlichte ‚Dinchen'. Im Urlaub wurde es wegen seiner mangelnden Fähigkeit, Bräune anzusetzen, zur ‚Rosanen'. Ihre Jod-Allergie gestattete es ihr darüber hinaus, quaddelnübersät, also schaumgeboren wie die Venus, den Mittelmeerfluten zu entsteigen.

All das hielten wir akribisch in Halbjahresübersichten fest. Harald zeichnete selbst, ich kopierte Fotos zu den Texten. Mitte der Achtzigerjahre hatte Harald wohl keine Lust mehr auf Persönlichkeitsspaltung. Unsere Freundschaft entschlief. Er selbst wurde 2004, kurz nach seinem 60. Geburtstag, in seiner Wohnung aufgefunden, da waren sie dann alle vier tot.

Nachdem Harald und ich 1973 abweichlerisch in Griechenland gewesen waren, um die Obristen zu stürzen, machten wir uns 1974 wieder auf den Weg nach Italien. Die Strecke nahmen wir sportlich in unserem Rennwagen, dem Käfer: erste Übernachtung bei Mary, zweite in Sala Consilina, tausend Kilometer weiter südlich, Fähre von Reggio Calabria nach Messina, Kurzaufenthalt Taormina, Übernachtung

Hanno (1968 auf Ischia)

Siracusa, kurze Bestaunung der 3000-jährigen Stadtgeschichte, quer durch Sizilien nach Palermo, Abstecher Monreale, Übernachtung Cefalù, Fähre Messina, Reggio, rüber auf die Adriaseite, Übernachtung in Tarent: Ja, schon wir waren flott in sowas, noch bevor die Japaner kamen.

Auf unserer Fahrt nach Norden stießen wir auf Polignano und dort auf das Hotel ‚Grotta Palazzese'. Es lag im Ortskern auf einer Klippe, von unserem Zimmerfenster aus sahen wir herab in die Grotte, in der das Restaurant untergebracht war, aber im weiteren Verlauf des Blickes gab es nichts als das lange, breite Meer. Wir blieben eine Woche. Vormittags fuhren wir an den Strand und breiteten unsere Decken aus. Der Tourismus beschränkte sich auf Harald und mich. Abends tafelten wir in der Grotte, das war wirklich pittoresk. Soweit also die gute Erinnerung.

Die schlechte halte ich ein wenig kürzer: Im September 1979 fuhren Harald, Roland und ich nach Italien. Erste Übernachtung in Mantua; das war in unserem silbergrauen Derby als Strecke schon eine Leistung. (Darüber, dass alle dieses Auto spießig fanden, war ich erhaben. Ich habe mein Selbstwertgefühl nie über meinen Wagen definiert, sondern immer über meine Garderobe, und da trug ich

Oben: Hanno (1973)

Mitte: Freund, Hanno, Harald (1973 in Athen)

Unten: Hanno (1973 in Paralio Astros)

Palis teure Sakkos auf. Guntram hatte den Derby bezahlt, und obwohl er mehr gekostet hatte als die Textilien, war er doch weniger prestigeträchtig als ein Armani-Anzug, für den Pali zu dick geworden war.) Wir fuhren die Adria entlang und fanden alles furchtbar. Seit ich 1954 mit meinen Eltern und Großeltern in Riccione gewesen war, hatte das Wirtschaftswunder dort die Hölle des Teutonengrills ausgebrütet, der mit meinen Wunschvorstellungen von Teufels Küche nichts zu tun hatte.

Wir fuhren bis Polignano, vorher gefiel uns nichts. Unser Hotel stand noch, das ‚Castel del Monte' auch, wie wir uns überzeugten. Wir aßen stimmungsvoll in der Grotte und legten uns schlafen. Am nächsten Morgen war das Seitenfenster des Beifahrersitzes aufgebrochen und das Autoradio herausgerissen. Kinder! Ich hatte sie am Abend schon bemerkt, aber mir – wie so oft – nichts Besonderes gedacht. Was lernen solche Blagen denn im Kommunionsunterricht? Im tiefsten Kreis der Hölle sollen sie schmoren, ich schiebe gern die Holzkohle unter den Grill, nein, ich zwinge lieber ihre Eltern, das zu tun und dabei die Lauretanische Litanei herzusagen; die bekam ich nach der Beichte mit Vorliebe zur Buße aufgebrummt, wenn ich mich der Unkeuschheit schuldig bekannt hatte. Um nicht erkannt zu werden, fuhr ich immer in

Oben: Hanno, Roland, Wirt, Harald

Mitte: Harald, Hanno, Roland

Unten: Roland, Hanno (alle 1979 auf Mykonos)

eine weiter entfernte Kirche. All diese Gewissensqualen, all diese vertanen Chancen, so richtig geilen Sex zu haben und anschließend mit Mitte dreißig an Aids zu krepieren! Vor derartigen Ahnungen schützte mich auf dem Rückweg in der Straßenbahn vorübergehend die Lauretanische Litanei (gleichzeitig beten und fahren spart Zeit):

Du weise Jungfrau
Du ehrwürdige Jungfrau
Du lobwürdige Jungfrau
Du mächtige Jungfrau
Du gütige Jungfrau
Du getreue Jungfrau
Du Spiegel der göttlichen Heiligkeit
– und so weiter.

Von der reinen Jungfrau zur alten Jungfer ist es nur ein Schritt, lehrt übrigens das Leben frei nach Napoleon.

Die örtliche Polizei in Polignano war an dem schrecklichen Diebstahl so interessiert wie zu erwarten, aber wir brauchten ihre Zeugenschaft für die Versicherung. Ich hatte ganz wunderbare Raub-Musikkassetten in San Marino erworben. Der Klang war nicht toll, denn sie waren etwas stümperhaft von den Originalen überspielt worden und entsprechend günstig gewesen, aber sie drückten ganz herrlich mein Lebensgefühl aus: unbeschwerter Urlaub. Erst im Oktober in Hamburg konnte ich die MCs wieder hören. Die kindlichen Diebe hatten sie zurückgelassen. Es war wie ein Einbruch im Van-Gogh-Museum: Die Rahmen sind weg, die Bilder hängen noch. Später habe ich versucht, die Schallplatten zu beschaffen, von denen meine Kassetten geklaut worden waren – erfolglos. So mussten also die abgehalfterten Musikkassetten von damals ihre Lebensfreude zu den Soundtracks meiner späteren Filme beisteuern, sogar noch zum allerletzten in der Version von 2016: eine Unbeschwertheit, die für mich immer Sehnsucht blieb und nie Wirklichkeit wurde.

In Bari fanden wir eine Werkstatt, in der das Armaturenbrett notdürftig zusammengeflickt und das Seitenfenster verklebt wurde. Noch am selben Abend nahmen wir bitter enttäuscht die Fähre nach Korfu, weg von den italienischen Verbrechern ins befreite Griechenland.

Damals reisten wir in Richtung Ferne, heute befinden wir uns auf ‚rückzu'.

STEUERBETRUG, MAL ANDERS

UMWEG #42

Schon im Hamburger Winter hatte sich herausgestellt, dass es das Hotel ‚Grotta Palazzese' nicht mehr gab. Silke, rührig wie immer, hatte einen Ersatzvorschlag, der mir gefiel, und so befanden wir uns also am Donnerstagmorgen gegen halb zehn erst auf dem Weg zu und dann auf der Suche nach dem Hotel ‚Borgobianco'. Die Navifrau war total überfordert. Als wir das Zentrum von Polignano das dritte Mal ansteuerten, hatten wir ihre Hilflosigkeit satt und fragten an einer Tankstelle. Die Straße, die nicht auffindbar gewesen war, gehörte seit Neustem zu einem anderen Ort als bisher; ich begriff es nicht so ganz, aber nach einer solchen Bootsnacht ist man ja auch eher ruhebedürftig als abenteuerlustig. Immerhin, mein Argwohn war unbegründet: Wir fanden die Ampel, an der wir links abbiegen sollten und über etwas, das mit dem Wort ‚Weg' sehr schmeichelhaft beschrieben ist, die Auffahrt zu unserem Hotel. Das allerdings war die Anreise wert.

Mehrere weiße Gebäude, so dass ich „Maurisch!" dachte, und da auch mehr an Scheiche und Emire als an Bettelvolk. Wir wurden formvollendet begrüßt und darüber informiert, dass wir unsere Räume noch lange nicht würden beziehen dürfen. Die fluchtähnliche Zimmerlosigkeit war uns ja vom Vortag in Dubrovnik her geläufig, aber hier hatte ich diese Misslichkeit ins Programm einbeziehen können. Wenn ich von Amerika nach Europa, aber nicht nach Hause flog, buchte ich das Hotel immer schon für den Vortag. So konnte ich mich um sieben Uhr morgens, frisch eingetroffen, ins jungfräuliche Bett legen und bis gegen Mittag das nachholen, was mir über dem Atlantik an Nachtschlaf entgangen war. Dermaßen geschult, war ich gewitzt genug gewesen, um auch hier geeignete Maßnahmen zu ergreifen, in diesem Fall, um schon von Hamburg aus Alberobello als Tagesausflug einzuplanen. Das bedeutete: Unsere Koffer gerieten in die Abstellkammer und wir wieder auf die Landstraße.

Alberobello ist berühmt für seine Trulli. Mit Harald hatte ich sie mir bereits 1974 angeguckt und fand, dass ich sie 42 Jahre später auch meinen Reisebegleitern zeigen sollte. Bei mir heißt ‚Zeigen' heutzutage, dass ich sage: „Geht mal!", und selber sitzen bleibe. Alberobello gehört zwar zum UNESCO-Weltkulturerbe, hat aber, bemäkelt Wikipedia, ‚durch den Touristenansturm viel von seinem ursprünglichen Reiz verloren'. Also, der Sturm hielt sich in Grenzen. Wir fanden sogar einen Parkplatz, von dem aus ich eine ganze Trulli-Straße und in der entgegengesetzten Richtung den Ku'damm von Alberobello beschreiten konnte. Er ist vier Meter breit, war für Autos gesperrt und verfügt über so viele Buden, dass sie den gesamten ‚Touristenansturm' problemlos mit Kopf- und Brustbedeckungen versorgen konnten. Gleich am Anfang dieser Meile gab es eine Terrassenbar mit schattigen Plätzen. Am letzten freien Tisch konnten Silke und Rafał mich ablegen und den weiteren Verlauf der Gasse unbeschwert erforschen.

In Deutschland kennen Hausfrauen ‚Trulli im Beutel' als eine Frischei-Nudelsorte der Firma ‚Birkel'; eine meiner Kolleginnen bei der ‚Deutschen Grammophon' nannte auch die Frau unseres Chefs so, und Pali, der häufiger dort eingeladen war als ich, fand die Bezeichnung absolut zutreffend. Ich filmte die Direktorengattin 1983 bei 30 Grad im Schatten, im Nerzcape, im Anmarsch auf das Salzburger Große Festspielhaus und verfüge somit über ein Dokument, das belegt: Sie war Trulli im Beutel. Damit hat allerdings das Weltkulturerbe wenig zu tun. Trulli in Apulien sind zwar genauso rund wie sie, aber viel weißer gestrichen.

Giangirolamo II. wollte im 17. Jahrhundert nicht gern die Steuern zahlen, die es im Königreich Neapel kostete, eine neue Ortschaft zu gründen. Deshalb wurden alle Neusiedler von ihm dazu angehalten, die Bauweise der Trulli zu beherzigen. Wenn sich eine Kontrollkommission ankündigte, dann wurden die Dächer auseinandergenommen, so dass man doch die ‚armselige Ansammlung von Wänden' nicht als Siedlung bezeichnen konnte, argumentierte der Conte. Mörtel durfte laut Absprache nicht verwendet werden: Die Trulli sind nur aus Steinen zusammengefügt und anschließend gekalkt. Ein frühes Steuer-Sparmodell, das jetzt für Einnahmen sorgt.

Als Silke und Rafał zurückkamen, hatten sie, wie eigentlich immer, interessante Kleidungsstücke aufgetrieben, aber auch das Lokal, das ich für unser Mittagessen ausersehen hatte. Ich hatte in derselben Zeit zwanzig Seiten ‚Spiegel' geschafft und darüber gelesen, wie Erdoğan nach dem Putsch auf- und abgeräumt hat.

Das Lokal hieß ganz schlicht ‚La Cantina'; draußen konnte man nicht sitzen, aber das hatte ich ja eben schon getan – im Gegenteil, wir mussten ein paar Stufen runtersteigen: ‚Souterrain' nennt man einen Keller wohl, wenn man höflich ist. Wir bekamen unseren Tisch, das Lokal war winzig und schön unambitioniert. Endlich wieder mal eine gut lesbare Speisekarte, weder in Kroatisch noch in Menu-Englisch, sondern in waschechtem Italienisch. Einige Begriffe blieben rätselhaft; das waren wohl apulische Spezialitäten. Ich war begeistert, auch von den niedlichen Portionen, andere nicht so. Eine Gruppe erwischte den Tisch vor uns, nachdem die Voresser gegangen waren. Der Familienvater bestellte Wasser und studierte die Karte. Fisch gab es nicht, warum auch, tief im Inland? Daraufhin bezahlte der Tonangeber das Wasser, griff sich die Flasche und marschierte mit seinem Anhang hinaus. Hartmut hätte noch die Grissini eingesteckt. Den Kommentar einer weiteren unzufriedenen Fleisch-Abstinenzlerin übersetzt ‚TripAdvisor' so: ‚Ich bestellte mir was ich schon dachte, dass würde eine tolle Vegetarier Gericht kommen, aber das, was ich bekam, war eine Pfütze von versalzenes Spinat, Ei und Mozerella mash. Es war ekelhaft. Wie kann ein Koch kann, der sich zu einem Tisch senden ist erstaunlich!'

Wir hingegen waren froh, sogar darüber, dass wir nicht draußen saßen; denn wie von ungefähr tobte ein Gewitter los. Der ‚Wikipedia-Ansturm'? Der Ku'damm hatte aufgehört, Markt zu sein, und Rafał konnte mich und die frisurbedingt wasserscheue Silke sogar mit dem Auto abholen. Durch Sturzbäche wanden wir uns über die Hügel zurück zum ‚Borgobianco' – dort war der Himmel strahlend blau, das Land knochentrocken und das Zimmer für jeden von uns bereit zum Empfang.

Zu unseren Räumen in den kubusförmigen Gebäuden der Anlage führten Außentreppen, deren Mauerwerk rechts und links das Geländer ersetzten: für Beinkrüppel eine Mutprobe. Früher ging ich Treppen hoch. Pali verbot mir das. „Treppen geht man rauf", belehrte er mich. Ich sah es ein: ‚Hoch' ist schon oben. Man geht ja Treppen auch nicht ‚tief', sondern (her)runter. Solche Ablenkungen erleichtern das Überwinden von Stufen. Denn wenn man zu viel darüber nachdenkt, wie man das Fortschreiten anstellen soll, dann bekommt man wie der von einem ulksüchtigen Gott mit Intelligenz gestrafte Tausendfüßler keinen richtigen Schritt mehr vor den anderen. Den rechten Fuß, den linken Fuß. Ich habe mich nicht in der Gewalt, nicht mehr. Vielleicht war das schon immer so, aber ich musste es mir früher nicht anmerken lassen. Ach, Gewalt liegt mir ohnehin nicht besonders. Gewaltenteilung ist das, was ich an der Demokratie am meisten schätze, viel mehr als das Wahlrecht für alle. Wir sind oben, Rafał musste mich nicht mal auffangen.

Die Zimmer waren groß und weiß, die Bäder auch. Vom Balkon aus sah ich über die helle Poolanlage und viel ockerfarbene Erde mit einzelnen Olivenbäumen: weit, so weit – bis auf das Meer am Horizont. Schön und beruhigend.

Siesta. Ich hatte erfahren, dass es die ‚Grotta Palazzese' sehr wohl noch gibt, aber nicht mehr als Hotel, sondern nur noch als Restaurant. An der Rezeption hatte ich darum bitten wollen, einen Tisch für ‚heute Abend' zu bestellen, wurde aber darauf aufmerksam gemacht, dass gerade donnerstags das große Essen mit folkloristischen Darbietungen stattfindet, und das wollte ich meinen Mitreisenden doch unbedingt gönnen – so richtig apulisch! –, obwohl ich selbst derartigen Abend-Auflockerungen eher skeptisch gegenüberstehe; denn so sehr ich eine gewisse Art von banger Vorfreude zu schätzen weiß, weil sie das Ereignis selbst meist in den Schatten stellt, so sehr verabscheue ich – von mir hier zu Recht befürchtete – Überraschungen, besonders, wenn sie nicht vom Wetter, sondern von Freunden ausgeheckt wurden. Dann ist man gezwungen, unbedingt Freude zu zeigen, egal, ob echt oder geheuchelt. Das ist wie beim ersten Anblick eines Kleides, wenn die Freundin erwartungsfroh sagt: „Hab' ich neu ..." Noch schlimmer: Sie sagt gar nichts und wartet kokett ab. Da ist es dann ja auch eher stimmungstötend als wegweisend, Ehrlichkeit tugendhaft zu finden und wohlmeinend darauf hinzuweisen: „Also, das steht dir ja nun so gar nicht!" Solch eine Aussage ist jenseits der Ladenkasse oder bei Onlineware jenseits von Umtauschmöglichkeit, geschweige denn -wille, wenig beziehungsfördernd. Auch dass viel zu viel Senf in den Klopsen war, sagt man dem Bratling nicht am Tisch, sondern frühestens, wenn der letzte Gast in der Taxe sitzt.

Meine (subjektive) Wahrheit in solchen Fällen gegebenenfalls zu unterdrücken, darin bin ich ziemlich geschult, also grundkonservativ. Auch wenn jemand anfängt, einen Witz zu erzählen, besinne ich mich bereits bei seinem ersten Satz auf mein antrainiertes Lachen, um rechtzeitig bei der Pointe loszuprusten, selbst wenn diese Pointe doof ist oder ich sie kenne. Genau wie bei den meisten Krimis ahne ich, welterfahren wie ich bin, sowieso bald, worauf die Sache hinauslaufen wird:

Das macht das Alter so überschaubar. Na ja. Hätte ich mit zehn schon gewusst, wie löchrig der Katholizismus ist, wäre mir einiges erspart geblieben. Hätte ich mit zwanzig schon gewusst, was aus der Sowjetunion wird, wäre ich noch rechthaberischer geworden als ohnehin. Leider kenne ich immer noch Menschen, die dem Nonnenwitz-Erzähler ins Wort fallen und kennerisch sagen: „Das war ja gar nicht der Missionar, das war der Affe!“, aber natürlich bin ich nicht mehr befreundet mit ihnen.

Nach solch reiflichen Überlegungen wurde es Zeit, den Speiseraum aufzusuchen. Silke wartete schon. Der Lärm war beträchtlich. Als wir aus dem Fahrstuhl traten, war er überwältigend. Eine aufgetakelte, abgetakelte Spanierin (?) brüllte wie am Spieß Andalusisches: Stampfen, Kastagnetten, Gitarren, Tamburine – das volle Programm, über Lautsprecher wie ein Sandsturm durchs Büfett geblasen. Büfett! Das finde ich ja schon schlimm, wenn es mucksmäuschenstill ist. Ich will am Tisch sitzen und etwas gebracht bekommen. Hier allerdings nicht. Nach drei Minuten stand ich trommelfellgeschädigt auf und wunderte mich sehr darüber, dass die tauben Nüsse an den anderen Tischen sich darüber wunderten. Der Affe, das war der Affe! Silke und Rafał wunderten sich natürlich nicht. Ihnen war es schon verdächtig vorgekommen, dass ich mich angesichts des kalten Platten-Geleges und der heißen Carmen-Ruine überhaupt an einen Platz hatte bringen lassen und zogen, erschrocken über meine scheinbare Willfährigkeit, Zerfallserscheinungen in Betracht. Konzilianz? Demenz? Nein, noch nicht! Ich sah mir, durchaus eingenommen von mir, dabei zu, wie ich aufstand – den Stock mit dem Silberknauf fest im Griff – und wie ich dann an der Spitze meines Zweimann-Gefolges mit festem Schritt zurückkehre zum Fahrstuhl, irgendwie majestätisch.

Aufsehen erregte es schon. Der Oberkellner kam angestürzt, ich äußerte etwas, das mehr erklärend als beleidigend klingen sollte, und er schlug – erregt, aber nicht außer sich – vor, wir sollten uns von der Karte aussuchen, was wir wollten, er würde es uns nach unten bringen in die Bar. Und das tat er auch. Wir saßen in ziemlicher Ruhe: Alles war so weiß, das Essen war so gut – alles hatte Klasse. Vielleicht war es ja doch der Missionar und nicht der Affe ...

NEIN, NEIN
UMWEG #43

FREITAG, 29. JULI 2016

Ein Tag, der der Entspannung dienen sollte, was er bis zum Abend auch tat. Wir schlugen unser Hauptquartier am Pool auf; Silke aalte sich im grellen Licht: Ihr Ehrgeiz verlangt nach gleichmäßiger Bräunung sämtlicher Seiten, die sie hat. Rafał flitzte durchs Gelände und ‚plumpste' von Zeit zu Zeit; ich lag altherrenhaft im Schatten, las kurz Fremdgeschriebenes und dachte dann so vor mich hin, wobei der Blick wunderbar ausruhte, weil die Lider, wenn der Schauplatz erst ausreichend wahrgenommen wurde, zuklappen dürfen wie Rollos im Schlafzimmer. Kein Lärm beeinträchtigte die Ohren, nur ein flauer Wind flatterte träge von den alttestamentarischen Ölbaumzweigen herüber unter unseren neuzeitlichen Sonnenschirm, und so konnten die inneren Bilder entstehen und Raum greifen. Taten sie aber nicht. Ich dachte ins Leere, wenn auch engagiert wie immer.

Wo finde ich Nahrung? Das war immer die vordringlichste Aufgabenstellung. Da es jenseits des Pools einen hübschen Essplatz gab, blieb uns diese Neandertaler-Frage erspart: Wo finde ich einen Vermehrungspartner? Das haben Silke und ich hinter uns, erfolglos, und Rafał regelt die Beantwortung auf seine Weise. Zwei weitere Fragen bestimmen das Leben von Menschen, die mehr wollen als unsere Freunde, die Tiere: 2. Hört die Ungerechtigkeit jemals auf? 1. Wird es ein Weiterleben nach dem Tod geben? Antwort auf 1 – Nein. Antwort auf 2 – Nein.

Wir brauchen die Philosophie aller Denker, um zu lernen, unser Leben erst zu ertragen und dann zu ändern. Wir brauchen aber auch die Kraft, uns gegen alle zu wehren, die behaupten, erst wenn wir tot sind, käme das wahre Glück. Dabei haben die Überzeugten in diesem Punkt womöglich ungewollt recht: ‚Gar nichts' ist vielleicht besser als jede noch so geile Hölle und jeder noch so coole Himmel – trotzdem kein Modell, das trägt. Der Frevler ist nicht der, der zweifelt. Der Frevler ist der, der glaubt. Wer glaubt, billigt, was im Namen seiner Heilslehre geschieht: Steinigungen, Hexenverbrennungen, Judenvergasungen.

Alle Gläubigen aller Konfessionen und Ideologien würde ich selber steinigen, verbrennen und vergasen, wenn ich damit den Fanatismus ausrotten könnte. Und dann? Nur noch Deppen oder Demokraten? Die zukunftsgewisse Linke und die vergangenheitsgläubige Rechte helfen auch nicht weiter. Kirchen- und weltliche Oberhäupter bis hin zu den Abgeordneten haben oft Schwierigkeiten damit zu unterscheiden: Was ist das Heil meines Landes, was ist das Heil der Menschheit und was ist mein eigenes. Vielleicht muss ich doch mit den Päpsten und anderen gewählten Oberhäuptern leben – und mit denen, die sie wählen.

Wenn Hunger und Durst wegfallen, dann geht erst das so richtig los, was uns von unseren Freunden, den Tieren, unterscheidet: „Wir glauben, wir hoffen, wir denken“, sang Zarah Leander in dem verlogenen Tschaikowsky-Film ‚Es war eine rauschende Ballnacht‘. Aber während wir das tun, hängen wir an Symbolen, nicht an Realitäten. Nicht der Penis, die Vagina oder der Papst sind uns wichtig, sondern, das, was sie repräsentieren. Wenn das Mannsglied, das Weibsloch und das Kirchenoberhaupt anmutig sind, bestärkt uns das in unserem Glauben, und das bedeutet: Wir fallen rein auf etwas – wahrscheinlich auf Äußerlichkeiten, aber natürlich machen wir uns vor, es seien Innerlichkeiten, und wir akzeptieren die entsprechenden Vorschriften, im Glauben sowieso. Der Gedanke, der hinter all den Regeln steckt, ist gar nicht ausschlaggebend. All diese Essens-, Kleidungs- und Betvorschriften sind Vorwand. Das darf man den Leuten aber nicht sagen, sonst bricht Chaos aus. Dann würden alle machen, was sie wollen und damit sich selbst und alle anderen unglücklich. Jede Vorschrift, jedes Ge- oder Verbot geht von einem pessimistischen, na, vielleicht realistischen, Menschenbild aus. Da wird dann Allah, der Barmherzige, erfunden und es werden ihm Forderungen in den nicht vorhandenen Mund gelegt, die zu missachten schlimme Strafen nach sich zieht. Wer bisher in Slums und Kneipen keinen Sinn gefunden hat und zu abgestumpft oder zu blöd war, an geeigneteren Plätzen zu suchen, dem bietet der IS eine reelle Chance, aber Islam allein reicht auch schon: Einen Gott, der sich dafür interessiert, wann ich was esse, was ich anziehe und ob ich etwas trinke, in dem Spuren von Alkohol enthalten sind, solch einen Gott, den will ich nicht. Gott sei Dank gibt es ihn auch nicht. Die drei abrahamitischen Religionen sind die schlimmste Geisel, die menschenverachtende Männer über eine Spezies gebracht haben, die es einfach nicht schafft, die Krone der Schöpfung zu werden.

Der Islam gehört natürlich nicht zu Deutschland, und weitere Moscheen dürfen nicht gebaut werden. Netterweise rotten sich ja Sunniten und Schiiten gegenseitig aus über der elementaren Frage, ob das Kalifat oder das Imamat die Welt beherrschen soll, so wie sich Katholiken und Protestanten jahrhundertelang dezimiert haben, um die Frage zu klären, ob wir bei der Kommunion Jesusfleisch essen oder beim Oblatenverzehr bloß seiner gedenken. Kirchen dürfen auch nicht mehr gebaut werden, gleiches Unrecht für alle! Dass das Christentum zu Deutschland gehört wie das Judentum zu Israel ist zwar bedauerlich, aber kurzfristig wohl nicht zu ändern. Es fällt Menschen halt sehr schwer, nicht zu glauben; Tieren fällt das wesentlich leichter, deshalb sind sie auch wesentlich weniger zimperlich mit dem, was sie essen. Der Mensch hat zwar ein Bewusstsein, das zeichnet ihn aber nicht aus, sondern es gibt ihm nur mehr Verantwortung: Man isst nur, was nicht leiden musste. Schade, dass Kieselsteine – selbst kräftig gesalzen – nicht wohlschmeckend sind. Dass man sie nicht verdauen kann, ist für wahrhaft Überzeugte das geringere Problem. Aber das führt nun doch wieder zurück zum Essen.

So sehr ich das Weglassen des Frühstücks schätze, so sehr schätze ich an normalen Tagen eine Mahlzeit um dreizehn Uhr dreißig. Meine Umgebung ist damit einverstanden, und so schritten wir, als es halb zwei wurde, zu einem Imbiss im Freien. Unsere Freunde, die Tiere, standen in Form von Carpaccio und Lammkotelett auf der Speisekarte. Nachdem die mediterranen Köstlichkeiten verzehrt waren, aalte sich Silke, Rafał plumpste und ich dachte. Folgenlose Hirngespinste zu ersinnen, ist eine bewährte Methode, um den Mittagsschlaf einzuleiten oder zu vermeiden.

MASSNAHMEN

UMWEG #44

Das Leben. Man darf sich nicht nur auf die pralle Mitte konzentrieren, sondern man muss sich mit den ausfransenden Rändern beschäftigen: die gesunde Abtreibung und den wünschenswerten Tod. Jede Schwangere muss, reine Routine, auf das Planungsamt gehen und unterschreiben, dass sie das Kind will. Diese Erklärung kann, falls sich die Frau später als schlechte Mutter erweist, vor Gericht gegen sie verwendet werden. Vorausgesetzt, dass bei der Voruntersuchung am Fötus keine Schäden zu erkennen sind, darf die Schwangere das Kind austragen. Liegt bei der Geburt die Gebäreinwilligung nicht vor, hat sie kein Anrecht auf das Neugeborene. Hebammen haften bei Hausgeburten. Eine Hebamme, die ein Kind, das ohne Beglaubigung zur Welt kommt, nicht abliefert, verliert ihre Lizenz und wird mit Gefängnis nicht unter zwei Jahren bestraft. Eltern müssen bei jeder Schwangerschaft der Frau erneut nachweisen, dass sie das Kind ernähren können und unterschreiben, dass sie eine Erziehung nach den Richtlinien des Grundgesetzes gewährleisten werden. Kinder-Ehen zwischen schwulen Jungen werden ausdrücklich ausgeschlossen und bedürfen einer Sondergenehmigung.

In Ländern mit geringem Bruttosozialprodukt ist die Einkind-Politik einzuführen. Früher bedeuteten viele Kinder, dass die Eltern eine Altersversorgung zu haben glaubten. Heute sorgen viele Kinder dafür, dass ‚failed states' sich nicht wieder erholen. Nur durch strikte Geburtenregelung hat China es geschafft, vom armen Entwicklungsland zur wirtschaftlichen Weltmacht aufzusteigen. Ungebildete, arbeitslose oder -scheue Jugendliche radikalisieren sich, werden Terroristen, bringen Unschuldige um und sorgen dadurch für einen gewaltigen Rechtsruck in ansonsten friedfertigen Bevölkerungen. Aus humanitären Gründen wird Schwangeren, die nicht gebären dürfen, das Recht eingeräumt, selbst zu entscheiden, ob sie ihren Fötus abtreiben oder austragen wollen. Die Wirksamkeit der Schwangeren-Entscheidung ist an eine vorherige Beratung durch kinderloses Fachpersonal geknüpft. Eltern, die ihre Kinder trotz dieser vorbeugenden

Maßnahmen nicht ernähren können, erhalten ausreichende staatliche Unterstützung. Sie werden beide sterilisiert.

Wer volljährig ist, hat unbeschränkten Zugang zu allen Drogen, sofern er sie bezahlen kann. Beschaffungskriminalität wird streng geahndet, aber was man sich leisten kann, das soll man auch genießen. Dem mündigen Bürger gebührt volle Entscheidungsfreiheit. Das wird die Macht der Kartelle brechen und die Krankenkassen von besorgniserregender Langlebigkeit entlasten. In Entwicklungsländern werden ja nicht nur überflüssige Kinder in die Welt gesetzt, es wird auch nicht mehr rasch genug gestorben. Was hilft? Wer sein Leben beenden möchte, erhält eine entsprechende Spritze kostenlos, die schriftliche Garantie, dass sein Sterben physisches Wohlbefinden auslösen wird – zumindest bei den Erben – und auf Wunsch einen Blumenstrauß der Jahreszeit zum Abschied.

Schon klar, immer noch werden viel zu viele unnütze oder unglückliche Menschen für schlechte Stimmung auf der Welt sorgen, aber diese Maßnahmen sind wenigstens ein Schritt in die richtige Richtung.

Wir gingen in Richtung unserer Zimmer, wo wir uns so kleiden wollten, wie wir es für angemessen hielten, um ein Restaurant zu würdigen, das es seit den Siebzigerjahren offenbar zu lokalem Ruhm gebracht hatte. Wir hatten uns nämlich schon bei der Tischbestellung entscheiden müssen, ob wir um halb sieben oder um halb zehn zu dinieren beabsichtigten. Statt also, wie in meinem Hamburger Zimmer im Februar – also in meiner Planung im Kopf – zunächst vorgesehen, aus unseren Hotelzimmern dort hinabzuschreiten in die Speise-Abfertigung, wann immer uns danach war, blieb uns nichts anderes übrig, als um 21:00 Uhr aus dem Inland einen Ausflug an die Küste zu machen, in der Hoffnung, dass das Erlebnis die Anstrengung wert sein würde. (Dass man um halb sieben allenfalls Macadamia-Nüsse essen kann, aber keinesfalls substanziellere Kost, kann nur von Barbaren bestritten werden, und dass ich mir überhaupt die Uhrzeit vorschreiben ließ, zu der ich die Speisekarte aufschlage, hängt mit meiner blödsinnigen Nostalgie zusammen: Orte, an denen ich schon mal mit Harald und Roland war, werden schneller heiliggesprochen als polnische Päpste.)

FRECHHEIT UM HALB ZEHN

UMWEG #45

Wir fuhren durch völlige Finsternis, umso erleuchteter war der Ort. Ganz Apulien schien sich an Buden vorbei dem Mark entgegenzuschieben, dementsprechend gesperrt war alles, was uns den rechten Weg gewiesen hätte. Eine Polizistin, der ich den Krüppel machte und auf unseren Tisch in der ‚Grotta Palazzese' hinwies, ließ uns passieren, aber Rafał am Steuer hatte trotzdem alle Finger voll damit zu tun, Menschen anzuhupen, zu bedrängen und am Leben zu lassen. Hinzu kam, dass er die ein' oder andere Barriere beiseiteschieben musste und die dummen Südländer, die, statt uns ehrerbietig auszuweichen, ungerührt ihren billigen Belustigungen nachhingen.

Als wir dem Trubel endlich entronnen waren, wurde es nicht besser; denn nun mussten wir uns durch so enge Gassen quälen, dass jedes entgegenkommende Fahrzeug den Untergang bedeutet hätte. Die Seitenstraßen waren noch uneinsichtiger als die Kirmesbummler: Kam da was von rechts oder von links und ging es jetzt geradeaus weiter oder um die Ecke? Rafał wurde immer hibbeliger, der Navifrau hatte er schon längst das freche Lügenmaul gestopft. Ich erinnerte mich nicht, dass die Zufahrt zur Grotte so beschwerlich gewesen war, aber, na ja, der Wagen war viel kleiner gewesen, der Verkehr viel zahmer und ich viel jünger. Vor ihren Häusern saßen die Menschen furchtlos auf dem, was sie wohl für ihre Straße hielten. Von Kindesbeinen an hatten sie gelernt, dass stehen und sitzen zu bleiben bequemer ist als Platz zu machen. Schrittgeschwindigkeit ist das Maß aller Dinge, und wer trotzdem überrollt wird, kann sich darauf verlassen, dass die teilnahmsvollen Nachbarn den Fahrer lynchen werden.

Einige unsystematisch verstreute Hinweisschilder hatten uns schließlich doch den Weg zu der Gasse gewiesen, an deren Ende sich unser Ziel befand. Noch erstaunlicher: Fünf Meter vor der ‚Grotta Palazzese' klaffte eine Lücke in der ansonsten undurchdringlichen Kette der geparkten Wagen. Die Gedanken an den schnöden Kinderdiebstahl vor 37 Jahren verscheuchte ich, obwohl der grimmige Alte, der auf der gegenüberliegenden Straßenseite vor seiner Tür saß, nicht aussah, als würde er die Stirn runzeln, wenn ein Anrainer, ein Apulier oder ein Abschleppwagen unseren Mercedes in seine Gewalt brächte. Lieber dachte ich daran, dass der schöne Tisch am Meer nun fast vor mir lag. Ich hatte falsch gedacht.

Am Eingang standen viele Menschen, deren gehobenes Äußeres darauf schließen ließ, dass sie sich ebenfalls mit dem Beköstigungstermin einundzwanzig Uhr dreißig einverstanden erklärt hatten. Hinter einem Pult saß jemand in der Eingangsnische, jemand Zweites stand hinter ihm und gemeinsam sorgten sie dafür, dass die Schlange vor uns dünner wurde. „Schon wieder ‚Berghain'", dachte ich und sagte, als wir dran waren, leutselig, wie gern ich in dem Hotel gewohnt habe. Sie kaschierten ihr Desinteresse einigermaßen und erlaubten uns, den Weg nach unten anzutreten. In den Siebzigerjahren war mir nicht nur die Zufahrt viel unproblematischer vorgekommen, auch den Abstieg ins Lokal hatte ich in gar keiner Erinnerung, also in guter. Einen Fahrstuhl gab es nicht, aber unzählige Stufen, die ich nun hinabtapern musste, ohne auf meinen Vordermann zu stürzen oder in meine Hinterfrau zu fallen. Je tiefer wir uns wanden, desto lärmiger wurde es. Als ich es bis zum Fuß der Treppe geschafft hatte, war ich nicht nur mächtig stolz, sondern auch gleich Opfer einer Kellner-Attacke. Der Vorwitzigste von ihnen führte uns an einen Tisch, der ihm passender erschien als mir. Wir saßen zwar ziemlich nah am Wasser, aber nicht am offenen Meer, sondern im Innern der Grotte mit Blick nach unten in etwas, das auch die städtische Kläranlage von Bari hätte sein können. Es war so schummerig, wie es von Hotelausstattern für elegant gehalten wird, und wir wurden vom selbstbewussten Personal so unfreundlich bedient, wie es touristischer Laufkundschaft recht geschieht, aber wenigstens die Preise waren von exquisiter Höhe.

In meine Appetitlosigkeit mischte sich eine verhaltene Sehnsucht nach der welken Spanierin von gestern, doch jetzt mussten wir unsere Bestellungen in die Dunkelheit brüllen. Dass wir alle drei nur (exorbitant teure) Vorspeisen bestellten, steigerte unsere Beliebtheit nicht. Ich will doch immer von allen gemocht werden, aber in meinem Kopf wurde das Trinkgeld von Minute zu Minute kleiner. Die Kellner waren charakterlich das Tonic im Gin nicht wert, und andere Vorzüge gehen mich nichts mehr an. Was wir aßen, war sehr gut, aber für die paar Bissen die ganze steile Treppe und die genauso steile Abbuchung von meinem Kreditkartenkonto? Der Laden war voll. Das Leben tobte. Der arme Mezzogiorno? Süditalien im Reichtum. Für Silke, für Rafał und für mich hatte ich wieder einen Punkt von meiner Liste abgehakt. Ich erlaubte mir nicht, enttäuscht zu sein, sondern fand es schön, dass ich meinen beiden Mitreisenden die Grotte gezeigt hatte und dass ich selbst sie erlebt hatte, als sie noch etwas Besonderes gewesen war, weil sie noch nichts Besonderes gewesen war. Treppauf ist immer leichter als treppab; das Gleichgewicht funktioniert besser. Das Auto war weder von Ganoven noch von Polizisten abgeschleppt worden, sogar die Absperrungen waren weggeräumt. Der Rückweg verlief stiller als der Hinweg. Kaum Menschen, kaum Lichter. Wir gingen auf unsere Zimmer, große, komfortable Zimmer. Ich genoss das luxuriöse Bad und das breite Bett, und während ich mich aufs Einschlafen freute, dachte ich: „Ich schleppe mich durch mein Leben, und nie vergesse ich: Das Leben ist tödlich."

SPINNEN MOSLEMS, JUDEN UND CHRISTEN?

UMWEG #46

SAMSTAG, 30. JULI 2016

Ein Tag Pause, das musste reichen. ‚Unterwegs sein' heißt, unterwegs zu sein und nicht, sich an einen Ort zu binden wie an einen Marterpfahl. Silke war braun genug, Rafał brauchte endlich neue Gay-Romeo-Bekanntschaften, und ich bewege mich sowieso zu wenig, wenn ich nicht im Auto sitze. Früher habe ich es folgendermaßen empfunden: Der, der wegreist, ist erwartungsfroh und ausgelassen; der, der stehen bleibt, ist alleingelassen und zurückgeblieben. Inzwischen habe ich viele Freunde und andere Besucher im Morgengrauen abreisen gesehen und mich nach dem heuchlerischen Winken stillvergnügt wieder ins Bett gelegt: Gut, dass ich jetzt weder durch die Innenstadt noch durch die Passkontrolle muss. Kein Frühstück, herrlich! Ich muss weder auf dem Autobahn-Parkplatz zwischen zwei einladenden Guacamole-Wraps in der Vitrine wählen noch auf dem Economy-Mittelplatz zwischen zwei ausladenden Mitfliegern nach einer Plastikschale grabschen. Schön! Doch ich habe die Freuden des Verweilens erst spät entdeckt. Immer hatte ich die Rilke-Verse im Sinn:

Wie hab ich das gefühlt,
was Abschied heißt.
Wie weiß ich's noch:
ein dunkles, unverwund'nes,
grausames Etwas,
das ein schön verbund'nes
noch einmal zeigt und hinhält und
– zerreißt.

Immer wollte ich der Reisende sein, nicht der Bleibende; aber seit Rolands Tod fühle ich mich ratlos: Bin ich der, der zurückgelassen wurde, oder bin ich der, der weitergepilgert ist und den anderen zurückgelassen hat? Die freundlichkeitsgeschulten Rezeptionistinnen im ‚Borgobianco' zurückzulassen, kostete keine große Überwindung: Man sagt ihnen, dass alles ‚belissimo' war, gibt dem Gepäckschlepper ein Trinkgeld und freut sich auf das Vorbeifliegen der Landschaft an der ‚strada provinciale'. Jetzt aber einfach das für die Nacht gebuchte Schlafziel anzusteuern, verbot sich von selbst; unser nächstes Hotel würde das oder sogar die letzte Unbekannte der ganzen Reise sein. Da bedurfte es eines würdigenden Anlaufs, und was konnte würdiger sein als das Castel del Monte?

Tanzend oder liegend – die Acht (griechisch: okto/όκτώ) ist eine wichtige Zahl, schon in der Natur: Spinnen haben acht Beine, auch Oktopusse, selbst wenn sie auf der Speisekarte ‚Calamari' heißen.

Das Oktogon ist außerdem eine wichtige Bauform der christlichen sakralen Architektur, weil die spinnenbeinige Acht heilig ist. Warum? Vielleicht, weil Gott am achten Wochentag, Montag, ausgeschlafen versucht hat, mit der Schöpfung von vorn anzufangen, was im Christentum als gelungen gilt: Neugeburt, Neubeginn, geistige Wiedergeburt, Taufe und Auferstehung, das alles kann die Acht nach christlicher Auffassung. Darum sind auch Baptisterien oft achteckig, wie das in Florenz.

San Vitale in Ravenna, der Felsendom in Jerusalem und die Pfalzkapelle des Aachener Doms wurden um ein zentrales Oktogon entworfen. Profaner:

Der Leipziger Platz mitten in Berlin ist achteckig; zum Potsdamer Platz hin wird er von drei Türmen mit eigentümlichem Grundriss begrenzt: Forum Tower, Kollhoff-Tower, Bahntower.

Das Castel del Monte, fern aller Ortschaften auf seinem Hügel, ist achteckig, und seine acht Türme sind es auch. Alle Achtung! Errichtet wurde die Burg zwischen 1240 und 1250 unter Friedrich II., genauer gesagt, ‚über' ihm. Ich möchte etwas mehr von diesem Staufer-Friedrich erzählen, weil er sein Leben lang ‚unterwegs' war auf eine Weise, wie sie gut in diese Aufzeichnungen passt.

Bevor Friedrich das Castel in Auftrag gab, hatte er die drei achteckigen Kirchen gesehen: Am 25. Juli 1215 war er in Aachen zum König gekrönt worden, 1228 marschierte er in Jerusalem ein, und in Ravenna hielt er 1231 einen Hoftag ab. Friedrich hatte also, wie alle umsichtigen Erneuerer, Vorbilder für seine Taten. So etwas wie ‚Heimat' war damals kein gängiger Begriff, aber verwurzelt war er in Italien und in Deutschland, die es beide nicht gab: als Länder. Friedrich schaffte es trotzdem, sein Nord- und sein Südreich zu vereinen. Er kümmerte sich um die Verwaltung, erließ Gesetze und gründete 1224 die Universität Neapel. An seinem Hof wurde geforscht und gedichtet. Er schrieb auch selbst, allerdings keine Minnelieder, sondern ein Buch über die Jagd; die betrieb er nicht wie sein Nach-nach-nach-...folger König Vittorio Emanuele mit Hunden, sondern mit Vögeln.

Wer denkt, dass das heute tierschutzmäßig streng verpönt sei, der irrt sich: Die Falknerei wurde von der UNESCO in die weltweite ‚Repräsentative Liste des immateriellen Kulturerbes der Menschheit' aufgenommen, und zwar nicht nur für die Mongolei, Saudi Arabien und Syrien, sondern auch für Belgien, Tschechien und Österreich. Hätte Friedrich gefreut. Statt solch froher Kunde bekam er aber ‚nasse Hosen', wie die Geschichtsschreibung höhnisch bemerkt. Das war, als er hastig den Lambor bei Mailand überquerte, um vor den Truppen der Mailänder Fürsten zu fliehen. Vorher hatte er schnell noch seinen schon fast einjährigen Sohn Heinrich zum König von Sizilien krönen lassen, mittelalterliche Vorsorge. Friedrich schaffte es ungeschoren über die Alpen und erreichte im September 1212 Konstanz. Dann blieb er acht Jahre lang in ‚Deutschland'. Da ging es drunter und drüber, aber das lasse ich jetzt weg.

1220 kehrte Friedrich nach Italien zurück, aus gutem Grund: Am 22. November krönte der Papst ihn zum Kaiser; dafür reitet man schon mal nach

Rom. Dann bekam er aber Schwierigkeiten auf Sizilien und musste ordentlich durchregieren. Deswegen trat er auch den Kreuzzug nicht pünktlich an, obwohl er es doch dem Papst versprochen hatte. Klar, dass der beleidigte Gregor IX. ihn exkommunizierte. Jetzt war der arme Friedrich aus der Gemeinschaft der Christenheit ausgeschlossen, aber 1229 gewann er auf seinem nachgeholten Kreuzzug die wichtigsten Pilgerstätten zurück, was schon deshalb lohnend war, weil Kreuzzüglern automatisch alle Sünden von Gott vergeben wurden, sagte der Papst, und so hatte es sich seit dem Jahr 1095 unter Adligen eingebürgert, die weinenden Ritterinnen mit frommen Wünschen und Keuschheitsgürteln zurückzulassen, um nach Jerusalem zu ziehen, Juden und Moslems zu massakrieren und auf den Ruinen von Moscheen und Synagogen absichtsfroh Kirchen zu errichten.

Doch Friedrich gelang die Übergabe Jerusalems ärgerlicherweise durch Verträge statt durch ein Blutbad, was ihm Gregor sehr übelnahm und die Exkommunikation nur äußerst ungern aufhob. Gottes Stellvertreter hatte schon ein paar Jahre früher dafür gesorgt, dass Menschen, denen eigenes Denken unterstellt wurde – ‚Häresie' –, verbrannt wurden, natürlich lebend. 1239 exkommunizierte der Papst Friedrich gleich wieder, weil er sich von ihm um Sardinien betrogen fühlte, dieses Mal für immer.

Schon 1235 war Friedrich nochmal nach Norden geritten. Da erhob er zum Beispiel ‚Otto das Kind' zum Herzog von Braunschweig und Lüneburg und machte sich bei den Bürgern von Fulda unbeliebt, weil er, als die ihn mit Kinderleichen in Hagenau besuchen kamen, nicht bereit war, weitere Juden abschlachten zu lassen. Normalerweise töteten Juden christliche Kinder und nutzten deren Blut für rituelle Zwecke, war man sich in Fulda sicher, siebenhundert Jahre, bevor Hitler der jüdischen Weltverschwörung auf die Schliche gekommen war. Die Fuldaer hatten sicherheitshalber bereits dreißig Juden ermordet. Friedrich fand, das reichte, die Fuldaer fanden das nicht.

Friedrich bat daraufhin aus England, Frankreich und Spanien zum Christentum konvertierte jüdische Gelehrte an seinen Hof im Elsass. Diese Expertenkommission entkräftete die gegen die Juden erhobenen Vorwürfe. Also wurden die Juden freigesprochen und mussten von da an für den kaiserlichen Schutz zahlen. Mafia-Methoden?

Zurück auf Sizilien setzte Friedrich sich mit den Muslimen ins Benehmen.

Er jagte sie weg von der Insel, aber er gestattete ihnen auf dem Festland Religionsausübung, eigene Rechtsprechung und Selbstverwaltung. Den Muslimen war das genug. Sie wurden treue Anhänger des Kaisers und dienten ihm als Soldaten und als Hofpersonal. Doch nach dem Stauferkaiser war es dann mit dem Zusammenleben von Christen und Muslimen in Europa endgültig vorbei. Seither gehört die arabische Hochkultur nicht mehr zu Europa, und die Christen brauchten eine ganze Weile, bis sie den zivilisatorischen Standard der Vertriebenen erreichten.

Im Dezember 1250 starb Friedrich überraschend. Kirchlicher Geschichtsschreibung zufolge soll seine Leiche dermaßen gestunken haben, dass sie nicht nach Palermo überführt werden konnte: So gottlos war der Kaiser gewesen, denn nach mittelalterlicher Vorstellung war es selbstverständlich, dass der Leichnam eines frommen Menschen angenehm duftete. Uns klingt alles das wie ein törichter, tödlicher Kindergarten. Was wird über uns in achthundert Jahren in den virtuellen Geschichtsbüchern stehen?

EIN ABEND VERÄNDERT MEIN LEBEN

UMWEG #47

Friedrich II. scheiterte mit dem Versuch, seine universelle Kaiseridee zu verwirklichen, an den norditalienischen Städten und am Papst. Aber durch seine Forderung nach einer von der Kirche unabhängigen Staatsgewalt war er ein Wegbereiter der modernen Monarchien in Europa. Das sollte man wissen, wenn man die Autostrada A14 bei Andria verlässt und sich auf der Landstraße dem von Weitem sichtbaren Castel del Monte nähert.

In der Annahme, dass Silke und Rafał ihre Lektion gründlich gepaukt hatten, verzichtete ich auf Schulmeistereien. Ich wäre gern Studienrat geworden: Ich belehre gern und ich verteile gern Zensuren. Aber ich fand es ehrenrührig, einen Beruf zu ergreifen, in dem ich weniger Geld nach Hause bringen würde als mein Vater. Dafür hatte ich dann während meines Musik-Studiums gar keine Aussichten auf irgendeinen Verdienst. Erst mit Mitte dreißig holte ich ihn ein. Er war schon mit Anfang zwanzig Spitzenverdiener und Sportwagenfahrer gewesen, und als seine Müllverbrennungsanlage so richtig lief, war ich Mitte vierzig und hätte ihn auch als Präsident der Dachgesellschaft meines Arbeitgebers nicht mehr einholen können.

Wir kamen an eine Barriere und ein Polizeiauto davor. Sofort schwang ich meinen Krückstock und meinen Behindertenausweis und stammelte, dass ich noch einmal die Stätten meiner Jugend sehen möchte. Ich bekam meinen Krüppel-Bonus. Wir durften passieren. Es ging noch drei Kilometer aufwärts; das hätte auch Silkes rechtem, seit Leipzig verstauchten Fuß nicht gefallen. So aber durften wir, fachmännisch eingewiesen, am erlauchten Fuß der Burg parken. Selbst wer sie ignorant von der Entfernung noch für ein Olivenöl-Silo gehalten haben mochte, musste jetzt beeindruckt sein.

Ich setzte mich vor ein Selbstbedienungsrestaurant und bediente mich nicht selbst, während Silke und Rafał sich auf den Weg machten, das Bauwerk zu erobern. In Triest hatte ich mich getröstet, dass ich von nun an nie mehr auf der Strecke, nur noch in den Hotels, allein absitzen würde. Das war ein schöner Gedanke gewesen. Schön war auch, dass ich all diese Stätten meinen Begleitern aufzeigen konnte und dass ich sie mir zu einer Zeit erlaufen hatte, als meine Sehnsucht nach Unbeschwertheit erfüllbar schien. Nun sehe ich von Weitem auf die Mauern der Geschichte, und alles wird mir zur Rückschau.

Die beiden kamen mich recht bald holen. Auf unserer Fahrt abwärts genossen wir, dass wir den stillen, schattigen Weg nicht zeitverzögernd hatten laufen müssen und freuten uns über die Annehmlichkeiten meines Schlaganfalls.

Bereichert traten wir die Reise über den Apennin an, weg von der Adria, hin zum Tyrrhenischen Meer. Die Fahrt dauert über die Autobahn fast zweieinhalb Stunden, und das gibt mir Zeit für eine Parenthese.

Schon – oder erst – einmal bin ich diese Strecke gefahren: 1976, mit Roland und Harald, unsere erste Reise zu dritt. Im November 1975 war ich zu Aufnahmen mit Karajan in Berlin gewesen. Er war so herablassend, wie ich ihn mir vorgestellt hatte und bestärkte mich in meiner (beruflich nicht sehr dienlichen) Einstellung, Komponisten zu verehren und Interpreten für überflüssig zu halten, wenn man Partituren lesen kann. Am Samstag, dem 15. November, hatte ich nachmittags und abends frei, weil es mir gelungen war, den russischen Pianisten, den ich betreuen musste, anderweitig unterzubringen.

Ich nahm mir in meinem ‚Kempinski'-Hotelzimmer ein Fläschchen aus der Minibar, ließ die Badewanne volllaufen und rief bei meinen Eltern an. Damals führte man noch gezielt Ferngespräche und ergoss nicht pausenlos seine Mund-Diarrhö in ein Handy. Ich berichtete von dem etwas peinlichen Besuch bei meiner Großmutter, die sich zu meinem Ärger ein paar alte Schachteln dazugeholt hatte, um vor denen mit mir anzugeben. „Da ist dir der Karajan ja sicher kolossal dankbar", verkannte sie die Lage wie fast immer in ihrem Leben. Trotzdem hatte sie mir lange Zeit sehr nahegestanden, weil sie genauso gläubig war wie ich und nicht so distanziert wie meine Eltern. Denen hatte der Vikar, der mir Kommunionunterricht erteilte, nahegelegt, sich zu trennen, weil Guntram sich für Irena von Marta hatte scheiden lassen. „Ja, soll denn Hanno ohne Vater aufwachsen?", fragte meine Mutter fassungslos. „Besser als in Sünde", antwortete der Geistliche. Das hatte meinen Eltern den Katholizismus ein wenig verleidet.

Schlimmer als die Gefallsucht meiner Großmutter war ihre Angewohnheit, Tatar zu servieren und dabei nicht nur das Gelbe, sondern auch das Eiweiß unter das Rindermus zu mischen, so dass eine klebrige Pampe entstand, die man sich nur widerwillig durch die Zähne flutschen ließ. Es war das letzte Mal, dass ich meine Großmutter sah, aber das wusste ich ja nicht.

„Geh doch früh ins Bett!", schlug meine besorgte Mutter vor. „Mal sehen", sagte ich, legte auf und stieg in die Wanne. Eine Stunde später stand ich an der Joachimsthaler Straße vor der Tür eines Etablissements, das den, wie ich fand, eindeutigen Namen ‚Gay' trug. Wie üblich schlich ich siebenmal am Eingang entlang und wenn Passanten vorbeikamen, tat ich so, als wollte ich da bestimmt nicht rein. Ich war erst 29 und meiner sexuellen Ausrichtung noch nicht gewachsen, nicht in der Öffentlichkeit. Heute klingt das komisch, war es damals nicht.

Drinnen kam mir auf der Treppe abwärts von der Garderobe zur Bar ein Bärtiger entgegen, und ich dachte, das ist genau der Typ, den ich nie kriegen werde. An der Bar stellte ich mich

Oben: Maria Rinke (1970)

Unten: Irene und Guntram (1964 auf Sylt)

Mitte: Roland und Karin (1976 in Berlin)

neben ein Mädchen, das sich mit einem Schlaffi unterhielt. Es dauerte keine drei Minuten, da hatte ich, hektisch und verwirrt, ihr Bierglas umgekippt, keine eloquente Art, ins Gespräch zu kommen. Während ich noch Entschuldigungen und Erklärungen an sie ranstammelte, kam der Typ, den ich nie kriegen werde; er war ihr Begleiter. Und dann kriegte ich ihn doch.

GESCHMACKLOSIGKEITEN MIT WEISSEN HANDSCHUHEN

UMWEG #48

Am Wochenende zuvor war Roland mit Karin in eine Wohnung in Steglitz gezogen, und er nahm mir, oder vielleicht auch Karajan, mit Recht übel, dass wir uns nicht eine Woche früher kennengelernt hatten: Dann hätte er sich diesen Umzug sparen können, denn Ende Januar zog er zu mir nach Hamburg. Es war ja tatsächlich – ‚Liebe' ist so ein Wort … – Besessenheit oder Besitzenwollen auf den ersten Blick gewesen, bei mir jedenfalls. Dabei waren die Unterschiede zwischen uns beträchtlich. Ich kam aus Verhältnissen, die man als geordnet bezeichnen konnte, ‚harmonisch' traf auch zu. In Rolands Elternhaus hatte Vater Kuno für Ordnung gesorgt. Er war im Osten Gutsverwalter gewesen und im Rahmen dieser Tätigkeit hatte er so nebenbei Margot geschwängert. (Kommt schon mal vor.) Margot war erst siebzehn und nicht sehr helle. Umso niederträchtiger von ihr, dass sie ihn nach dem Krieg über das Rote Kreuz in Stuttgart ausfindig machte. Das verzieh er beiden nie, konnte seine Enttäuschung aber nicht an der Institution, sondern nur an der Familie auslassen.

Kuno war inzwischen Maurer oder Polier, Roland benutzte beide Begriffe, je nach Stimmung. Mit sechzehn hatte er sein desolates Elternhaus und das Karls-Gymnasium verlassen und rückte aus nach Tübingen. Er bediente in der

'Palette' abends die Gäste und nachts den Besitzer. Ein Kosmetiker-Lehrgang verschaffte ihm außerdem die Möglichkeit, Württembergerinnen die Fußnägel zu schneiden und ihnen nasse Lappen (Kompressen) ins Gesicht zu legen. Weil der Bundeswehr das als Ausrede nicht reichte, war Roland ins wehrpflichtlose Berlin gezogen und spielte wie alle, die das taten, mit dem Vorbild einer pazifistischen Gesinnung. Nicht jeder legte sich wie ich eine elegante Extrasystole des Herzens zu, um bei der Musterung Eindruck zu schinden.

Nun waren zehn Jahre vorbei und die Bundeswehr nicht mehr so interessiert an Roland wie ich.

Als ich Harald beim mit viel Rum verdünnten Adventstee mitteilte, ich würde Roland zu Weihnachten einladen, sagte er erschrocken: „Das kannst du deinen Eltern nicht zumuten!" Konnte ich aber doch, und ein Jahr später, zu Weihnachten 1976, boten sie ihm sogar das 'Du' an. Er gab ihnen das Jawort. Meine Eltern waren klug genug, mich nicht mit ihrer Enttäuschung darüber zu reizen, dass ich statt mit der Tochter eines Bankdirektors mit dem Sohn eines Bauarbeiters unterm Christbaum erschien: Ich konnte jähzorniger reagieren als beide zusammen. Schwieriger war der

Oben: Karin, Roland, Margot, Kuno Steinberg (1956)
Unten: Margot, Karin, Roland, Kuno Steinberg (1960 in Paris)

Schulwechsel. Roland hatte in Berlin angefangen, sein Abitur nachzuholen. Die entsprechende Klasse in Hamburg war mit mehr als dreißig Bewerbungen überfüllt. In Anträgen und Gesprächen schaffte ich es doch, dass die Behörde Roland akzeptierte. Als er im Herbst 1978 bestand, waren sie noch zu acht. Natürliche Auslese?

Harald und ich hatten unseren Urlaub immer in den Juni oder in den September gelegt. 1976 mussten wir uns nach den Schulferien richten und setzten uns im Juli in den Käfer. Wir wollten mal etwas völlig Neues ausprobieren. Natürlich in Italien: das Gargano, den Stiefelsporn. War hübsch, aber nichts zum Bleiben – kein Strand, kein Badeort, und so fuhren wir am dritten Tag von Bari aus auf die andere Seite, die uns vertrauter war. Es war schon spät am Abend, als wir bei stürmischem Gewitter in Avellino ankamen und uns notgedrungen eine Unterkunft suchten. Ich habe durchaus zwischen Nieblum und New York in ganz einfachen Kammern übernachtet, aber den Verschlag, in dem wir dort in die klammen Matratzen fielen, habe ich doch als das Heruntergekommenste in Erinnerung, was mir je unter die Knochen gekommen ist.

Dafür fanden wir am Nachmittag des nächsten Tages ganz im Süden des Golfs von Salerno eine geheimnisvolle Villa mit Terrasse zum Strand. Befehligt wurde das Anwesen vom ‚Commendatore', den einige ältere Damen umwuselten. Die beiden Zimmer lagen zum Meer, was wollten wir mehr? Na ja. Das Problem war die Galle des Commendatore. Er vertrug nur ungewürzte Speisen, und sein Wunsch war Befehl. Ich sprach mit dem Koch, der mir mitleidig eine getrocknete Chilischote in die Hand drückte. Die auf den salzlosen Spagetti zu verteilen, war weder einfach noch geschmacksverstärkend. Eine Bauerstochter aus der Umgebung servierte mit weißen Handschuhen, aber das konnte es nicht rausreißen. Am dritten Tag gaben wir auf und reisten ab: in einen hässlichen Klotz in Santa Maria di Castellabate, auch direkt am Meer, aber mit parmesaniger Pasta und Lorbeer im Fischsud: Gaumen-Labsal.

Trotzdem machten wir eines heißen Mittags Picknick auf unserem Balkon; so verwischten wir den Unterschied zwischen Vollpension und Bohème. Am Abend fragte der ‚Maitre' besorgt, ob das Essen nicht in Ordnung sei. Ich versuchte ihm klarzumachen, dass zu unserer Vorstellung von Urlaub Parma-Schinken aus Einwickelpapier und Rotwein aus der 2-Literflasche als Auslöser eines Stimmungshochs unerlässlich sind, einmal wenigstens.

Gorgonzola, Tomaten, Ciabatta. Einem Kalabresen, der sich für Hotelgäste in eine Fantasieuniform zwängt, sind solche studentischen Anwandlungen sicher fremd, aber es beruhigte ihn, dass er nichts falsch gemacht hatte.

Ich war erst 29 und meiner sexuellen Ausrichtung noch nicht gewachsen, nicht in der Öffentlichkeit.

NEAPEL
POSITANO
SORRENT
KAMPANIEN

CHAMPAGNER-MUFFEL

UMWEG #49

SAMSTAG, 30. JULI 2016

Haltlos fuhren wir dieses Mal an Avellino vorbei; Silke döste, Rafał achtete auf den Abzweiger nach Salerno, und ich behielt meine Erinnerungen für mich, zumal die Gegenwart genug zu bieten hatte: Wenn wir die Autobahn erst verlassen würden, wären Rafałs Fahrkünste gefragt.

Ich wusste das; ich kannte die Strecke ja. Sie ist abenteuerlich. Darum behielt ich auch meine naseweise Belehrung für mich, dass wir ab jetzt auf der Rückfahrt seien: Salerno war in der Tat der südlichste Punkt der ganzen Reise, den nördlichsten würden wir erst am 15. Oktober erreichen – wenn alles gut ginge, und da bestand gerade jetzt Anlass zur Sorge:

Zum einen gilt die Amalfi-Küste als eine der schönsten Straßen Europas, zum anderen ist sie für den Fahrer schrecklich, wozu man heute ‚eine Herausforderung' sagt: Die Menschen rennen kreuz und quer über die Fahrbahn, Fußwege gibt es nicht, der Gegenverkehr ist kaum zu überschauen, entgegenkommende Busse zwingen zum Ausweichen, wohin auch immer, und zwischen all dem wirbeln in beiden Richtungen dummkühne Motorradfahrer, die Rafał leicht sarkastisch als Organspender einstuft. Lärm und Gestank der Auspuffrohre beschäftigen Ohr und Nase. Aber, stimmt schon, der Blick auf die Bucht und auf das Meer ist wirklich schön für die Augen, wenn man sich traut, hinzusehen. In Amalfi unterließen wir den angedachten Halt: Wo hätten wir parken sollen, und wie wäre ich von dort in eines der überfüllten Cafés gekommen?

Eine Dreiviertelstunde später waren wir oberhalb von Positano, und Rafał konnte unter leicht monotonem Fluchen unseren Wagen den Abhang hinabwinden. Das Hotel, auf das ich es abgesehen hatte, war schon im Februar ausgebucht gewesen, was mich zwar in der Annahme bestärkte, dass es ausgezeichnet sei, aber trotzdem nicht freute. Wie immer hatte Silke Ersatz gefunden, das ‚Art Hotel'. Wir waren für meinen Geschmack noch gar nicht weit genug nach unten gefahren, da behauptete Signora Navi: „Sie haben Ihr Ziel erreicht." „Nein", sagte Silke, „hier ist das nicht". Rafał fuhr weiter, und die ‚Navische' schlug vor: „Wenn möglich, bitte wenden!" Nein, war nicht möglich, die ganze Strecke ist Einbahnstraße: Den Berg runter geht es nach unten, den Berg rauf geht es nach oben, und anders geht es auch nicht, schon so ist es schwierig, weil die Autos gern weiter wollen und die Urlauber gern stehen bleiben. Rafałs Fluchen wurde etwas dynamischer, aber nach zwölf Minuten hatten wir uns wieder an die Stelle vorgetastet, die der Navifrau vorgeschwebt hatte. Dort befand sich das Hotel ‚Pasitea', und da wollte Silke partout nicht hin. Rafał stellte sich in eine Art Lücke und falsettierte ein bisschen, Silke bestand mit dem E-Mail-Ausdruck in der Hand auf ihrem ‚Art Hotel', und ich entdeckte, dass das ‚Pasitea' sich in seinem Vornamen rühmte, ein ‚Art Hotel' zu sein, was in der Halle an ein paar verrutschten Grafiken deutlich wurde. Mein Zimmer missfiel mir auf Anhieb. Bett und Bad waren in Ordnung, aber ein Stockwerk unter mir tobte diese grässliche Straße, und der Blick reichte auch nicht weiter. Sofort sann ich auf Abhilfe. Gab es nicht. Aber morgen. Da wurde ein Zimmer mit Terrasse im obersten Stockwerk frei. Silke und Rafał hatten es etwas besser getroffen, dafür würde ich sie am nächsten Tag überflügeln und gegen mein schlechtes Gewissen auf meinen Balkon einladen.

Unser Auto war weg. Vor dem Hotel hatte es nicht stehen können, und so hatten wir es gegen entsprechende Bezahlung zu einer Garage bringen lassen, die hinter der nächsten Biegung lag. Das erschwerte nun die Restaurant-Wahl, denn für das von mir vorgesehene Lokal hätte man ins Auto steigen müssen. Dem Fahrer steht einmal am Tag eine Mahlzeit zu, Silke freut sich fast so sehr wie ich, wenn sie nichts zu essen bekommt. Ihr geht es um die Figur, mir um die Psyche. Andere macht Leben gierig, mich macht es satt. An der Rezeption ließen wir uns ‚Il Fornillo' empfehlen, gleich um die Ecke, ein Tisch wurde auch sofort für uns reserviert. Den Weg hinunter, vorbei an unserer Garage, empfand ich als das Äußerste, was ich meinen Beinen und Hüften abverlangen konnte, aber mir war klar, dass ich das bei hundert Metern vorher oder nachher auch gedacht hätte.

Ein beflissener, aber bestimmender junger Mann nahm uns in Empfang, schien sich zunächst bei einer älteren Frau im Saal Erlaubnis zu holen und versprach, während er eilig vor uns herlief: „Mein schönster Tisch. Für Sie habe ich meinen schönsten Tisch. Meraviglioso, si?" Es war ein Tisch an der offenen Terrassentür mit Blick auf die Gäste draußen und die Menschen auf der abschüssigen Straße dahinter, und er konnte als ‚schönster Tisch' durchgehen.

Der junge Mann kam mit drei großen Karten und strahlte. Rafał sah seine Nacht bereits verplant und äußerte sich dementsprechend. Nach der anstrengenden Fahrt tat es ihm gut, sich so gemeint zu fühlen. Der Wirtssohn kam zurück und schlug Champagner vor. Wir zögerten. Er wiederholte: „Champagner?" „Nein", sagte ich, „Prosecco!" Er verschwand und kam nie mehr wieder. Unsere Bestellung wurde vom Laufburschen aufgenommen und aufgetragen. Nicht mal mit meiner Kreditkarte kam der schnieke Wirtssohn zurück, der Lakai brachte das Plastikteil, immerhin, ohne dass es verächtlich bespuckt worden war. ‚TripAdvisor' übersetzt den Bericht eines ‚Fornillo'-Gastes so: ‚Dieses Restaurant versuchen zu betrügen Sie Aktionär mit gefrorenem Fisch für frisch. Ich habe es dauerte Pasta Astice kulinarisch mit mediterran inspirierten köstlichen Speisen verwöhnen und gebratene Fische, und es war alles gefroren. verbringen 80 Euro für eine Mahlzeit Wert 15 Euro. Vertrauen Sie mir und vermeiden Sie dieses Hotel.'

Der Rückweg, dieses Mal direkt über die Treppen, ging etwas schneller, obwohl es immer noch eher heiß als warm war. Ich bestellte am Empfang ein Boot für den nächsten Tag. Eine andere Möglichkeit, den Aufenthalt zu gestalten, erschloss sich mir nicht. Ich war froh, dass es klappen sollte und achtete nicht auf den Preis. Vielleicht ist das in Positano leichtsinnig, aber aufs Feilschen schien man hier ohnehin nicht angewiesen.

Silke ging auf ihr Zimmer, ich in meins. Die Hälfte der Reise hatte ich hinter mir. Es war der geruhsamere Teil gewesen. Heute in zwei Wochen würde ich zum ersten Mal wieder im eigenen Bett aufwachen, in Meran. Die zweite Hälfte des Ausflugs in die Vergangenheit stand mir bevor. Würde ich all die Schauplätze meines Italien-Gefühls wiederfinden, wiedererleben und (mit-)teilen können? Würde ich überhaupt zu den Orten durchdringen, mit meinen Beinen, mit meiner Seele? Als Antwort fiel mir bloß der blöde Spruch ein: Die Lage ist hoffnungslos, aber nicht ernst.

Rafał verlor sich nach drei Nächten Einsamkeit im ausgeleuchteten Dunkel der Stufen und Gassen, der Clubs und Parks, und gefroren war da rein gar nichts: Boys, Boys, Boys.

KUGELSTOSSERIN IM HOSENROCK

UMWEG #50

SONNTAG, 31. JULI 2016

Dass alles einfach sein soll, ist ein verständlicher Wunsch. Reisen ohne Grenzkontrollen und ohne unterschiedliche Währungen ist angenehm und spart Zeit. Gleichzeitig verschlechtert es die Lage in Griechenland, wenn die Wirtschaft den Maßstäben des Euro nicht gewachsen ist, und die Terroristen haben es leichter, ihren Sprengstoff von Bulgarien nach Frankreich zu transportieren.

Ich brauche eigentlich überhaupt keine äußeren Komplikationen, um es spannender zu haben, weil in meinem Kopf ausreichend Abstruses um die Vorherrschaft kämpft. Nutzt nichts: Die ganz persönlichen Umweltkatastrophen kriegt jeder von uns als Dreingabe zu Hirnblähungen und Seelenqualen noch mitgeliefert, da ist das Schicksal großzügig. Glücklicherweise gehen aber nicht alle Fremdberührungen unter die Haut.

Wie wir zu unserem Boot kommen sollten, war im Vergleich mit Vertriebenen aus Kriegsgebieten läppisch, aber so allumfassend darf man nicht denken, wenn man weder verzweifeln noch eingreifen will: Wir waren auf unserer Tour, nicht auf unserer Flucht. Den Weg zum Strand konnte ich auf keinen Fall bewältigen, und Taxen konnten das auch nicht. Für die erste Strecke wurde uns der Bus empfohlen. Er hielt gleich beim ‚Art Hotel' und kam fünf Minuten zu früh, was ich eine eigentümliche Art von Unpünktlichkeit fand. Aussteigen sollten wir auf unserer Fahrt in den Abgrund bei einer Apotheke. Das schien mir etwas vage: ‚Biegen Sie im Wald bei einem Baum ab!', und Silke blieb auch eingequetscht zwischen Urlaubern stehen, als Rafał und ich bereits die richtige Farmacia ausgemacht zu haben glaubten. Die Türen gingen hinter uns zu, aber wieder auf, Rafał drängte in den Bus zurück, ich sah mich schon allein an meinem Stock im Getümmel stehen, mit nichts zu meinem Schutz als der Kreditkarte, doch dann sprangen beide in die Straße, und das gelöste Problem schuf gleich das nächste: Wie und wo ging es weiter? Da entdeckten wir wirklich kleine Elektrokarren, deren Fahrer offenbar bereit waren, Güter zum Meer zu transportieren, und in Positano sind Touristen die wichtigsten Güter. Ich fand neben dem Wagenlenker Platz, Silke und Rafał saßen hinten, und dann ging es rasant abwärts, nicht auf dem Weg, sondern auf einer Bahn, der man die örtliche Kläranlage deutlich anroch. Wir kamen uns vor wie olfaktorisch durch die Jauchegrube gezogen, aber wohlbehalten direkt am Wasser an. Es gab einen proppevollen Strand, an dem man dankbar war, nicht liegen zu müssen, und einen Kiosk, an dem wir erfuhren, dass unser Skipper in einer halben Stunde bereit sei, uns durchs Wasser zu bugsieren.

Ich setzte mich auf eine lange Bank, deren einziger Schattenplatz von einer sehr hässlichen Inderin besetzt wurde. Die hübscheren Mitglieder ihrer Familie tollten über die Promenade, und während ich unter erbarmungsloser Sonne schmorte, dachte ich: „Die ist doch Hitze aus Indien gewohnt, was muss sie mir den Schattenplatz wegnehmen, warum ist sie nicht in Bombay geblieben und von heiligen Tempelratten zerfleischt worden? Von mir aus könnte sie tot in die Menge fallen." So ungnädig macht Hitze böse Menschen wie mich. Aber dann war die halbe Stunde doch um, alle noch am Leben, und wir durften unser kleines Wasserfahrzeug besteigen.

Oben: Heidi Hack und Susi Preiss

Mitte: Silke (1973 im Cockpit einer Caravelle)

Unten: Silke (1975 in Madrid)

Meine Idee, nach Capri zu fahren, wurde sofort abschlägig beschieden: viel zu weit! Ich hatte mir etwas übertriebene Vorstellungen von der Geschwindigkeit gemacht, mit der sich so ein Motorbötchen über das Meer bewegt. Dabei knallte es, gleich nachdem ich mich berappelt hatte, wie im Rausch über die Wellen, als sei es ausersehen, ferne Gestade zu entdecken. Wir knatterten in Richtung Amalfi und sahen nach kurzer Zeit am Ufer das schnöde Hotel in der Sonne liegen, das uns schon im Februar keine Zimmer mehr für Ende Juli hatte bieten wollen: ‚San Pietro di Positano'.

1982. Im Mai war ich mit Roland und Susi auf Mykonos gewesen. Im Juni war ich in Amsterdam, um Silke zu besuchen. Im Juli hatte ich Irene Ost- und Westküste der USA gezeigt. Im August war das Dinchen dran. Haralds Elternhaus unterschied sich von meinem auf eine Weise, die mit Rolands Herkunft nichts gemein hatte. Sein Vater und seine Mutter hatten beide Doktortitel in Volkswirtschaft und waren ausgeprägt bürgerlich. Im Februar 1979 war Haralds Mutter nach einem als harmlos eingestuften Eingriff plötzlich gestorben. Sein Vater bekam in immer kürzeren Abständen Depressionsschübe, die ihn monatelang geistig lähmten. Mich beschlich später der Verdacht, dass Harald diese Veranlagung geerbt hätte; aber er hatte mir schon kurz nach dem Abitur gestanden, dass seine Eltern verschollen seien; seine (Stief-)Eltern hätten ihn aus Riga, wo sie damals lebten, mitgenommen nach Hamburg. Ich war stolz, dieses Geheimnis mit Harald zu teilen. Doch allmählich kamen mir Zweifel, und am Ende vermutete ich, dass Harald seine Eltern zu brav fand und mir deshalb lieber ein Märchen auftischte. So blieben seine Geburt, fern im Baltikum, und sein Tod, allein im Sessel, rätselhaft.

Hätte Harald nicht mich kennengelernt, hätte ihn wohl wenig von seinen Eltern und seinem unauffällig akademischen, älteren Bruder unterschieden. Haralds Wahnsinn bestand vorwiegend darin, sich auf mich einzulassen. Das war nicht vorauszusehen gewesen. Er war groß, angepasst und sitzen geblieben (wegen Latein, das seine Mutter wie die Zeitung las und dementsprechend entsetzt war).

Ich war zierlich, eigenwillig und Klassenjüngster. Er war schon mit achtzehn Atheist, ich war katholisch mit Anspruch auf Heiligsprechung. Das gab allerlei Gesprächsstoff, abends bei Bier und Schnaps. Außerdem hatte ich mich ja in Nieblum auf Föhr als versierter Skatspieler erwiesen, und so schoss ich zwar nachmittags keine Tore, aber abends gewann ich Grands auch ohne Buben.

An den Wochenenden waren die Skatabende mit Hans-Dieter obligatorisch. Den Kellerraum, in dem meine Eisenbahn gestanden hatte, bauten Harald und ich zum Partykeller um. Es gab da manchmal auch ausuferndere Zusammenkünfte, aber meistens saßen wir am aufklappbaren Kartentisch und spielten um Pfennige. Die Musik kam von meinem Tonbandgerät; ich nahm sehr gezielt Pop vom englischen Soldatensender auf und schrieb daneben Sonaten und Schlager. Bevor die Karten gemischt wurden, gab es jedes Mal ein von mir erdachtes Schreibspiel. Bilder- und Silbenrätsel und Fragenkataloge wie: ‚Was möchtest du machen mit Dorian Gray, Richard Nixon, Marilyn Monroe?' – seitenlang – und: ‚Wärst du lieber eine grüne Leiche im Dreißigjährigen Krieg oder eine russische Kugelstoßerin im Hosenrock?' – auch seitenlang. Meistens hatte ich dazu noch ein vertontes Gedicht zu bieten wie das in weinerlichem Ton zu singende Wiegenlied:

Kurt, Kurt, Kurt,
du bist eine Missgeburt.
Dein kleines Mägelchen knurrt
das Spinnrad im Turmgemach surrt.

Kurt, Kurt, Kurt
du bist eine Fehlgeburt
man hat dich mir rausgezurrt
in FrankFURT!

Oben: Harald (1966)
Mitte: Harald, Heidi und Pali (1981 im ‚Kutscherhaus')
Unten: Hanno (1981)

Die letzte Silbe mit überschlagender Stimme in höchstem Ton gebrüllt. Dann wurde Skat gekloppt bis tief in die Nacht. Hans-Dieter brachte von Zeit zu Zeit Haschisch mit, einmal wirklich krasses Zeug. Dann verschwand er zum Studium nach England, und der Partykeller wurde von Harald und mir für gelegentliches Reden und ständiges Musikhören genutzt. Was uns verband, war der gleiche Geschmack: in der Kunst, in der Politik, in der Mode – und alle drei entgegengesetzt zum 68er-Mainstream. Trennen taten uns die sexuellen Präferenzen. Diese Tastatur bespielten wir wortreich und sparten die Praxis aus. Dann kam Roland, und das änderte alles – erst mal nicht. Wir reisten nun zu dritt und spielten weiter Skat. Aber in den Achtzigerjahren zog sich Harald mehr und mehr zurück. Er gab den Wahnsinn auf, doch es wuchs keine Normalität nach. Traurig.

Im August 1982 war es für zwei Wochen nochmal so wie früher. Roland hatte seine Praxis eröffnet; Harald und ich fuhren nach Italien: Toskana, Rom, Venedig sowieso, aber hinter dem Golf von Neapel musste es doch noch etwas Ansprechenderes geben als den Klotz in Castellabate. Tat es auch. Wir hielten an und stiegen aus. Damals bekamen wir sofort ein Zimmer zum Meer: ‚San Pietro di Positano'. Fünf Tage im Paradies. Mit ziemlich kaltem Wasser, aber sonst allem Drum und Dran. Das erste Mal, dass ich einen Fahrstuhl von der Hotelhalle durch den Felsen hindurch zum Strand erlebte, und gleichzeitig zum vorletzten Mal: Das gab es erst wieder 34 Jahre später, vorige Woche in Dubrovnik.

Von unserem Boot aus sah ich mit neidischer Wehmut auf die Anlage. Das wäre doch noch schöner gewesen als unser ‚Art Hotel'. Aber dann fuhren wir weiter zur nächsten Bucht; die hatte sogar eine Grotte; Rafał konnte ‚plumpsen' und zu ihr schwimmen. Hinein ins Dunkel wollte er lieber nicht. Silke und ich beobachteten ihn von unseren trockenen Plätzen aus, und ich sagte mir wie üblich: „Alles, was ich wollte, hatte ich"; und ich zwang mich, mir zu glauben. Ich hatte unseren Skipper um Halt an einem Restaurant gebeten. Er fuhr in die nächste Bucht und legte an. Misstrauisch hangelte ich mich auf den Steg. Also voll zumindest war es Sonntagmittag im Hochsommer. Stimmen und Düfte wetteiferten um die Lufthoheit. Der Kellner geleitete uns durch das Gewoge und Geraune an einen Tisch vor der Balustrade zum Meer. Ich ließ diese fremde Lebensfreude auf mich wirken, bekam einen großen Fernet Branca und war ganz genau da, wo ich sein wollte: im Hier und Jetzt. Es war das schönste Mittagessen der Reise, bisher.

Die Rückfahrt war ein beschwingtes Gleiten übers Wasser; zu angespornt, um müde zu sein, zu abgeschlafft, um nachzudenken. Die Buchten, die Planken, die See.

Dann saßen wir mit ausgeruhten Beinen und angespannten Nerven auf der Mauer und hofften auf einen Karren, der uns durch die Kloake wieder bis zur Bus-Haltestelle schaffen würde. Dauerte, aber klappte. Wenn man auf Hilfe angewiesen ist, ist das größte Problem, dass man auf Hilfe angewiesen ist. Losrennen, wegrennen – davonlaufen, das geht eben nicht mehr. Dafür hatte ich nun im Hotel eine schöne Terrasse; von der aus konnte ich bergauf in die Felsen sehen und bergab ins Meer. Ich konnte in einem etwas klapprigen Liege stuhl abhängen und mir mein Buch vors Gesicht halten oder die Berge anstarren.

Ein fulminantes Abendessen kam nicht infrage, eine Kleinigkeit schon. Wir ließen die vorgesehene Edelschänke im Stich und gingen in die Pizzeria neben unserem Hotel. Entspannt saßen wir an der Straße, sie war kaum noch befahren. Unter uns lagen die Häuser; das Meer wurde blasser, der Himmel auch. Auf den Tellern lag Vertrautes, ohne Forderung. Silke und ich saßen auf meiner Terrasse, bis die Nacht ihr übliches Schwarz ausgegossen hatte. Ein paar Lichter an den Hängen wehrten sich, ein paar Sterne leuchteten zurück. Wir sagten Worte, deren Bedeutung den Abend nicht vergifteten. Dann gingen wir schlafen. Rafał war unterwegs. Vielleicht plumpste er.

SINGENDE SIRENEN

UMWEG #51

MONTAG, 1. AUGUST 2016

Heute ist der erste Tag des Monats und gleichzeitig der erste Tag der Woche. Das befriedigt meinen Ordnungssinn. Es wäre doch wunderbar, wenn alle Monate 28 Tage hätten, so wie in drei aufeinanderfolgenden Jahren der Februar: Montag wäre immer der 1., der 8., der 15. und der 22.; Dienstag wäre der 2., der 9., der 16, der 23. Und so weiter. Kann man auswendig lernen wie das kleine Einmaleins.

Ich weiß, die Erde kreist in 365 Tagen um die Sonne. Na und? Dann hätten alle Monate 28 Tage, und auf den Dezember würde noch ein Monat von 29 Tagen folgen, der könnte ja einfach nach mir benannt werden, wie der Juli nach Cäsar und der August nach seinem Großneffen. Dann wäre Heiligabend am 22. Hannober, Silvester am 29. und im Schaltjahr eben am 30. Auch Ostern wechselt ja immer das Datum.

All diese Unstimmigkeiten sprechen dafür, dass es Gott nicht gibt; der hätte das mathematisch unkomplizierter hinbekommen. Was ich hier vorschlage, entspricht übrigens genau dem, was sich die Römer gedacht haben: Ihr Jahr begann am 1. März. Frühlingsanfang sollte am 21. März sein, Herbstanfang am 23. September, weil beide Male Tag und Nacht gleich lang sind. Der Februar als letzter Monat bekam halt so viele Tage, wie noch übrig waren; mit dem Hannober kann man es genauso machen. Die römischen Konsuln begannen in späterer (wenn auch immer noch ziemlich früher) Zeit ihre Amtsgeschäfte bereits am 1. Januar, und zwar genau seit 153 vor Christus, den sie verständlicherweise noch nicht kannten, sonst hätten sie vielleicht drei Jahre eher mit der Umstellung begonnen. Wäre doch hübsch gewesen, wenn Jesus in einem Jubiläumsjahr geboren worden wäre. Dann hätten wir endlich ein Jahr Null.

Ich höre schon die Mystiker raunen: Gottes Zählweise verschließt sich unserem armseligen Verstand. Ja, vielleicht hat er seinen Kosmos tatsächlich in Deusinen berechnet – und warum erlaubt er uns das nicht auch?

Hilft wieder mal nur der Glaube, frei nach dem Lehrsatz: Halb gewusst ist doppelt geglaubt. – Doch Schluss mit Palaver, zurück nach Positano, genauer gesagt, nach Sorrent, das immer schon so beliebt bei den Deutschen war, dass sie dem Ort einen deutschen Namen gaben: Sie ließen einfach das ‚O' von Sorrento weg. Nicht besonders originell, kann man argumentieren. Na, ist die Italienisierung von Meran und Tirol in ‚Merano' und ‚Tirolo' einfallsreicher? Ursprünglich hatte ich Sorrent am Wegesrand mitnehmen wollen, morgen auf der Strecke nach Neapel. Aber dann erschien mir das doch zu gehetzt, wie dieses amerikanisch-asiatische Reiseprogramm: ‚Europe in fifteen hours, 欧洲日破晓'. Wenn wir Sorrent und Umgebung einen eigenen Tag zubilligten, bliebe uns mehr Zeit für Neapel, dachte ich. Ich dachte verkehrt, aber erstmal fuhren wir die malerische, halsbrecherische Strecke zum deutschen Lieblingsort, wobei ich mich streng beherrschte, Rafał nicht auf die Schönheiten der Bucht aufmerksam zu machen, es hätte uns das Leben kosten können.

Apropos: Der Name Sorrento geht auf den antiken Namen Surrentum und den Mythos der Sirenen zurück. Die sangen dermaßen herrlich auf ihrer Insel vor der Küste, dass die Seefahrer alle ins Wasser sprangen und umkamen. Die Loreley hat das am Rhein auch hingekriegt. Sie ist übrigens kein ‚Märchen aus uralten Zeiten', sondern von Clemens von Brentano im Jahr 1800 in Jena geschrieben worden. Da sind die Sirenen aber älter. Homer beschreibt sie um 700 vor Christus. Nur Odysseus und seine Begleiter konnten den zauberhaften Stimmen trotzen. Orpheus spielte so wahnsinnig laut auf seiner Leier, dass er die Mädels überdröhnte. Odysseus war allerdings dermaßen neugierig, dass er sich das Gesinge doch anhören wollte. Seine gute Bekannte, die Zauberin Circe, riet ihm, beide Ohren mit geschmolzenem Wachs zu verschließen (mach' ich jede Nacht, heißt Ohropax, fragen Sie Ihren Arzt oder Apotheker). Weil dreifach besser hält, ließ sich Odysseus außerdem an den Mast des Schiffes binden. Jetzt konnte er die Sirenen zwar hören, aber nur ein bisschen. War immer noch zu laut. Als er wie von Sinnen über Bord wollte, banden ihm die (offenbar empfindungslosen, womöglich schwulen?) Matrosen seine Seile noch strammer, bis das Schiff außer Hörweite war.

Hätte irgendwer von der Callas oder Adele derartig hingerissen sein können wie damals die Seefahrer von den Sirenen, deren Klänge heute eher Alarm und Unheil bedeuten? Natürlich kann man sagen: Bekloppt das Ganze, aber so sind Mythen nun mal. Wer hätte gedacht, dass es einen Gott gibt, der seinen Sohn festnageln lässt, um die Menschheit zu retten? Die Sirenen waren derart entgeistert über ihr Versagen in puncto Odysseus, dass sie sich in den Felsen Li Galli verwandelten. Da liegen sie nun zwischen Positano und Sorrent, und wir fuhren die Küstenstraße herab auf sie zu.

„IN SOLCHEN KREISEN"

UMWEG #52

Sorrent ist schon im 8. Jahrhundert vor Christus von den Phöniziern gegründet worden und war bereits 200 Jahre vor ihm Sommersitz römischer Aristokraten. Davon sahen wir nicht so viel. Wir sahen vor allem Menschen und Autos, aber keine Parkplätze. Rafałs übliche Chuzpe nutzte auch nichts. Wir stellten uns auf einen Polizeiparkplatz, aber als ich gerade ausstieg, kam ein Wagen, dem man schon äußerlich ansah, dass er Carabinieri enthielt. Sie waren nicht mal unfreundlich, aber sehr bestimmt. Mein Krüppelbeleg stimmte sie auch nicht um, und so mussten wir mit einer Lücke vier Meter weiter weg vorliebnehmen, auch verboten, aber wenigstens für alle. Den Weg an die Mole schaffte ich noch gerade und fiel sofort einer Frau in die Hände, die uns ans Wasser schleppte, in ein Lokal, das uns sicher gern ‚Tiefkühlfisch' angedreht hätte, aber auch Espresso und Campari im Angebot hatte. Rafał ging auf Smartphone-Safari, Silke und ich saßen Sorrent ab.

Hier habe ich sogar mal übernachtet, unfreiwillig. 1972. Mit Pali.

Gutes Benehmen hatten mir schon meine Eltern – wie sie fanden, erfolglos – vorgelebt, aber Luxus, den hat mir erst Pali beigebracht. Trotz seines ausgeprägten Savoir-vivre hätte Pali zu gern SPD gewählt, aber das ging nicht; er war nämlich staatenlos. Sein Vater war Ungar, halbjüdisch, seine Mutter Holländerin, vierteljüdisch, viertelindonesisch, so etwas war ja mal bedeutsam, und Pali wollte partout kein Deutscher sein, obwohl ihm die Staatsbürgerschaft angetragen worden war. Es war ihm wichtig, sich als Nazi-Opfer zu stilisieren, deshalb sprach er immer gern über seine Zeit im KZ Bergen-Belsen, aber auch über seine Kindheit bei seinem Großvater in Ungarn. In Israel lernte ich Palis Tante Edith, die Schwester seines Vaters, kennen. Sie sagte etwas verwundert: „Es ist möglich, dass Pali mal während der Sommerferien in Ungarn war", und Ediths Tochter Shoshannah war wirklich in Bergen-Belsen gewesen. Pali hieß eigentlich Paul und wuchs in Berlin auf.

All das wusste ich natürlich nicht, als ich im Herbst 1967 in sein Büro bei der ‚Deutschen Grammophon Gesellschaft' kam, um ihm meine ins Tonbandgerät gekrächzten Lieder vorzuspielen. Irenes Freundin Nina hatte noch eine weitere Freundin; der gehörte das Kindermodengeschäft, in dem Pali die Garderobe für seine Tochter Gioia einkaufte; zu der war er gekommen wie die Jungfrau zum Kinde: „Wenn Tobias", sein damaliger Schwarm, „heute wieder nicht kommt, heirate ich Digne", habe er sich geschworen. Tobias kam nicht, Pali heiratete Digne, ließ sich aber bald scheiden, und dabei bekam Pali Gioia zugesprochen, weil selbst die Richter der

Hanno (1971)

Adenauer-Zeit der Meinung waren, dass das Mädel besser bei einem notorisch schwulen Vater aufgehoben sei als bei dieser Mutter, zumal Digne und Gioia, wenn sie einander berührten, allergische Ausschläge bekamen und ins Krankenhaus mussten. Das ist nichts Besonderes. Alle Pali-Geschichten sind so.

Meine eigenen Kinder-Anziehsachen waren ja bei ‚C&A' gekauft worden, deshalb begegnete ich Pali von Anfang an mit großer Ehrfurcht. Er leitete 1967 das Literarische Archiv der ‚Deutschen Grammophon' und nahm auch Erich Kästner auf. Näher an den deutschen Schlager konnte ich es durch die Beziehungen meiner Eltern nicht bringen. Offensichtlich nicht nah genug, um meine Werke von einer Berühmtheit wie Wencke Myhre trällern zu lassen, aber als zwei Jahre später Irene eine Annonce der ‚Deutschen Grammophon' las, bewarb ich mich. Pali war zwar dem Betreuer der kaufmännischen Lehrlinge Herrn Bertz so nah wie Grönland dem Äquator, aber wenn meine Großmutter über ihren Tennisclub Guntram eine Karriere ermöglicht hat, von deren Früchten ich heute esse, dann musste Irene es doch schaffen, mich per Stellenanzeige in die Hitparaden zu katapultieren. So machte ich also eine kaufmännische Lehre, Theorie bei ‚Siemens', Praxis bei ‚Deutscher Grammophon', und verbrachte anschließend ein halbes Jahr in Großbritannien: mal mit den Vertretern in Glasgow und Huddersfield, mal in der Fabrik in Ilford. Wohnen tat ich immerhin am feinen Londoner Hampstead Heath, zumindest am Wochenende: ein Zimmer, Kochnische, Badewanne. Es war meine erste Möglichkeit, erwachsen zu werden. Ich nutzte sie nicht. Oder eigentlich doch: nicht mental, aber sexuell.

Pali hatte ich die ganze Zeit über nie ganz aus den Augen verloren, und als ich im Herbst wie Hänschen klein aus der großen Welt an die Alster zurückkehrte, hatte ich zwei Ziele: Karriere und Pali. Beides klappte recht gut. Im Frühjahr 1972 waren Pali und ich ein Paar, und wir machten unsere Hochzeitsreise erst nach Capri und später, wie es sich gehört, nach Venedig.

Capri war ein Vorschlag von Irene gewesen, die sich dachte: „Pali ist gebildet und unterhaltsam, es hätte – in solchen Kreisen – schlimmer kommen können"; und Capri war Irene wegen Direttore Rafaele und der von ihm abgewiesenen Erika in bester Erinnerung. Was Pali nicht ahnen konnte: Das Dinchen fuhr die Strecke mit, nur in Gedanken, aber doch ziemlich präsent – der Vierwaldstätter See, Mailand, Genua, Florenz, alles Harald-Stationen und terminologisch bis ins Kleinste festgelegt in pubertären Wortspielen. Nur: Damals war ich hübsch wie meine Mutter und charmant wie mein Vater, so ertrug Pali das recht klaglos, er war noch 41, ich noch 25, und er war der letzte Mann, dem ich sagte, er sei der erste. Von da an fand ich, ausgebufft stand mir besser als jungfräulich. Später behauptete Pali immer, es sei die schlimmste Reise seines Lebens gewesen, wieder typisch Pali: Die Zugfahrt nach Bergen-Belsen hatte ja in Wirklichkeit seine Cousine gemacht. Für Pali gab es eben nur Schlimmstes oder Schönstes, Grottenschlechtes oder Anbetungswürdiges. Ich vermisse ihn. Nach seinem Tod ist nichts Vergleichbares für mich nachgewachsen.

Das Wetter war nicht immer gut, 1972. Der Mai kann in Italien kalt und verregnet sein, und so einen Tag hatten wir erwischt, als wir in Palis dunkelgrünem Fiat Spider über die Autobahn nach Süditalien teils brausten, aber überwiegend schlichen. Das war natürlich ein ganz anderes Lebensgefühl als bisher im ‚Käfer' mit Dinchen, obwohl es noch netter gewesen wäre, wenn das Cabrio-Verdeck richtig geschlossen hätte und die Kühlerhaube nicht die Tendenz gehabt hätte, sich ab Tempo 130 zu heben. Vermutlich hielt sie sich für Teil eines Flugzeugs, jedenfalls, als wir in Sorrent eintrafen, war die letzte Fähre nach Capri weg. Pali erzählte dem Hotel ‚Luna', dass wir erst morgen eintreffen würden, wir parkten den störrischen Wagen in einer der vielen Garagen, die auf Capri-Reisende spezialisiert waren, und bekamen problemlos ein Zimmer in einem der kleinen Hotels am Hafen. Die Tischdecke war kariert, das Besteck war Blech, das Leben war im Aufbruch. Jetzt würde es loslegen! Tat es auch.

Auf Capri gerieten wir gleich in eine Clique mit einer Thyssen-Erbin, dem Bernadotte-Erben und Innenarchitekten Eric Jacobson, genannt ‚die rote Hilde', und dem Modeschöpfer Valentino aus Rom.

Im ‚La Canzone del Mare' gab es mittags Crevetten-Cocktail und abends, wenn die Tagestouristen weg waren, auf der Piazzetta Negroni. Vize-Kanzler Walter Scheel mit Gattin Mildred war auch gerade da, gegessen wurde drinnen, draußen war es zu kalt. Ich ließ mich bedenkenlos aushalten. Ich war jung, verdiente wenig und erwartete viel von mir und der Welt. „Deine Eltern haben dich immer zu knapp gehalten", konstatierte Pali, „darum bist du käuflich geworden." Meinetwegen. Das Militär hatte ich damals nicht kennengelernt, aber jetzt Millionäre. Glück gehabt. Keine Latrinen, sondern Luxus.

„Man versehe mich mit Luxus, auf alles Notwendige kann ich verzichten“, glaubte Pali Oscar Wilde zu zitieren. Eine weitere Unwahrheit. Der Ausspruch stammt von Frank Lloyd Wright und lautet im Original: ‚Give me the luxuries of life and I will willingly do without the necessities.‘ Ich wollte natürlich beides, das Notwendige noch oben drauf auf den Luxus. Endlich hatte ich begonnen, mich zu mögen. Vielleicht weil ich unerträglich geworden war.

Besonders eingenommen war ich von meinem Hinterkopf: Er strahlte so viel Intelligenz aus. Dass er hintoupiert war, merkt man erst jetzt, da ich Glatze trage. Ja, ich war wohl mehr hedonistisch als weltverbesserisch. Das liegt bei mir in der Familie.

HÄPPCHENWEISE ERWACHSEN

UMWEG #53

Zum Leidwesen meiner Mutter entdeckte ich nach unserer Rückkehr in Hamburg, dass es noch sehr viele Männer gab, die ich noch nicht kennengelernt hatte. Schon auf Palis und meiner gemeinsamen Geburtstagsfeier Ende Juni wurde mir das bewusst. Irene hatte mich als halbwegs gute Partie unter der Haube gesehen und konfrontierte mich am Sonntags-Frühstückstisch mit der Drohung: „Wenn du dich zum promiskuitiven Homosexuellen entwickeln willst, musst du das Haus verlassen.“ „Ja!“ bestätigte Guntram, „ähh, was ist ‚promiskuitiv‘?“ Die Entscheidung fiel mir leichter, als meine Eltern geglaubt hatten. Mir lag damals sehr viel mehr daran, möglichst viel Sex zu haben, als weiter mein zwölf Quadratmeter großes Kinderzimmer zu beschlafen.

Ich fand sogar eine Wohnung in 800 Meter Entfernung, und meine Mutter half mir unter Tränen bei der Einrichtung. Danach hat sie sich mehr und mehr mit meinem Lebenswandel und dessen Nächten abgefunden. Einmal in Mailand sagte sie mir noch am

Morgen: „Du benimmst dich wie ein ‚streunender' Kater!" – oder sagte sie ‚räudiger'? Einmal wollte sie morgens in Massachusetts abreisen, vertraute aber ihrem Englisch nicht genug. Ansonsten ließ sie es über sich ergehen, dass ich war, wie ich war, genoss die Weltreisen mit mir und dachte über Palis Einschätzung nach: „Sei doch froh! Eine Schwiegermutter wie dich hätte eine Frau niemals akzeptiert. Dann säßest du jetzt allein mit Guntram zwischen Loggia und Nirosta."

Unter Palis zahlreichen Lovern war ich der einzige, mit dem er weiterhin freundschaftlich verbunden blieb. Es war so ein nahtloser Übergang; eine der gelungensten Transaktionen, die ich je in meiner zwar aufmüpfigen, aber durchaus kompromissbereiten Lebensführung hinbekommen habe. Tut mir leid: Die Welt habe ich nicht verändert und erst recht nicht besser gemacht – mein Leben schon. Jeder gerechte Gott wird diese Sorge um ein erfülltes Dasein mehr anerkennen als die Unbedingtheit eines Utopisten wie Robespierre, Lenin oder Hitler, der Millionen in den Abgrund gestürzt hat.

Was war das für ein Abgrund zwischen dem Hotel ‚Vittoria' und unserem Sitzplatz am Hafen! Ich erschauerte. Aber nur kurz, dann fuhren wir wieder weg. Ich glaubte dem ‚TripAdvisor'-Gast, der über das Hotel geschrieben hatte: ‚Vor allem trotzt der große Frühstückssaal mit Grandezza auch dem letzten, völlig fehl am Platze wirkenden Gast in offensiver Touristenaufmachung' und verachtete die Schreiberin aus Minneapolis für ihre Zeilen: ‚Die Angestellten sind eigentlich alle nett. Das Frühstück war nichts Besonderes.' – Was ist schon Besonderes am Frühstücken, du Trump-Wählerin?

Schlimmer als die US-Bürgerin war unsere Navi-Zicke. Sie sollte uns nach, wie ich dachte, Santa Agata lenken, genauer aber nach Sant'Agata sui Due Golfi an der sorrentinischen Küste hoch über zwei Meeren, dem Golf von Neapel und dem von Salerno, aber die ‚Schnecke' dachte wohl, wir säßen noch im ‚Käfer'. Sie führte uns ganz idyllisch durch Weinberge, doch dann mehrfach an Tore, die unser stolzer Mercedes nicht durchschreiten konnte: zu breite ‚Hüften'.

Als wir nach kilometerlanger Fahrt zum dritten Mal am Kreisverkehr unten in Sorrent angekommen waren, ließen wir sie schnattern und wählten die einzige von uns noch nicht genutzte Abfahrt durch die für den Durchgangsverkehr gesperrte Flaniermeile des nicht mehr sonderlich phönizischen Sorrent, so lange, bis uns tatsächlich ein Schild darauf aufmerksam machte, dass man hier nach Sant'Agata käme. Der Weg ging steil bergauf und war so pittoresk, wie man das auf einem Urlaubsausflug erwarten kann. Obendrauf auf dem Berg lag dann Sant'Agata (etwas affig mit dem Apostroph). Der Ort wirkte nicht besonders malerisch, sondern mehr zweckmäßig. Ich hatte das Restaurant ‚Lo Stuzzichino' ausgewählt. Aus schlechten Kritiken lerne ich immer mehr als aus guten. Wenn bei ‚TripAdvisor' jemand behauptet: ‚ausgezeichnet', kann ich das glauben oder nicht, aber bei Aussagen wie: ‚ein ok Portion für ein leichtes Abendessen, das ehemalige zu klein für den Preis' oder: ‚Wir hatten Pasta und Pizza, die waren in Ordnung, aber waren fest mit einem 12 euro Services unerwartet', buche ich sofort. Unsere Navi-Tante fand das ‚Stuzzichino' ganz gut, aber Rafał keinen Parkplatz. ‚Stuzzichino' heißt im Deutschen ‚Häppchen'. Bei diesem Wort muss ich immer an Berlin denken. Im Jahr 2000 schrieb ich von dort an Pali im Rahmen eines – in Schreibmaschine – 280 Seiten langen Briefes bei vier Wochen Aufenthalt:

Am Frankfurter Tor verfällt das Parterre des ersten Hauses am Platz: Die Neonschrift über dem Eingang staubt lichtlos, einige Buchstaben hängen schief: ‚Imbiss – Das große gute Häppchen'. Die Räumlichkeiten sind völlig inventarlos, eine der Fensterscheiben ist eingeschlagen. Bis hierher und nicht weiter sind die Renovierungsmaßnahmen an der Frankfurter, ehemals Stalin-Allee vorgedrungen. Die nächsten Fassaden haben dieselbe Struktur wie der vorige Block, aber sie bröckeln, die Fensterrahmen wirken morsch, der Putz ist verdreckt und löcherig. Auf der anderen Seite des Platzes, dem ‚großen Häppchen' genau gegenüber, glänzt die einzig belebte Stelle des ganzen Straßenzuges: Menschen drängen sich draußen und drinnen, und die Neon-Beleuchtung funktioniert. Nein, ich habe es mir nicht ausgedacht, jeder kann hinfahren und es sich ansehen. Rechts der zerschlagene Ost-Imbiss. Links ‚McDonald's'.

Ich sank zurück in die Tiefe, per Rolltreppe. Den Wohlstand in Westberlin habe ich immer als etwas erkaufter, kostbarer und perverser empfunden als anderswo. Das Kalbsfilet und das Klopapier im ‚Kempinski' waren immer zarter als da, wo es mir selbstverständlicher erschien. Die ‚gigantischen Vorzüge' des Kommunismus hatten jenseits des Brandenburger Tores vor dem Gaumen und dem Arschloch der Werk- und Untätigen Halt gemacht. Wer auf Dauer über Realexistenz und Utopie die Kaufkraft der Banknoten und die Saugfähigkeit der WC-Rollen abtut, der muss höchstes Vertrauen in die Schlagkraft seiner Armee und die Leidensfähigkeit seiner Bevölkerung haben.

Silke und ich stiegen aus. Rafał fuhr weiter in der Hoffnung auf einen Parkplatz, wir betraten die Terrasse in der Hoffnung auf kleine, gute Häppchen. Es war ziemlich leer; noch enttäuschender war, dass man hier oben zwischen den beiden Buchten keine von beiden sah. Ich hatte mit einem Panoramablick gerechnet, der mich mehr interessierte als die ‚cannelloni alla sorrentina', aber als Silke quengelte, dass man hier ja gar nichts sähe, schnitt ich ihr die Bemerkung ab mit der Behauptung, dafür sei das Essen besonders gut, und abwesend-abweisend guckte ich dazu in die Mauern der umliegenden Häuser aus nicht allzu vergangenen Zeiten. Dann aber musste ich wieder auf die Straße, um dem erfolglos zurückgekehrten Rafał ein Zeichen zu geben, dass laut Wirt im Halteverbot gut Parken sei. Das kannten wir ja schon aus Abbazia. Sicher kriegen die Polizisten von Zeit zu Zeit hier ein großes, gutes Häppchen: Auch Bullen mögen Schweine, besonders als ‚sfiziosi con prosciutto'. Auf dem Rückweg konnte Rafał sogar einige Blicke in den Abgrund auf der Fahrerseite riskieren, ohne unsere Leben zu gefährden. Er geleitete uns hinter dem Kamm des Berges hinab nach Positano; die Sonne blieb lieber noch in Sorrent und überließ es dem heißen Himmel, Sommerwetter auszustrahlen. Ich ging auf meine Terrasse, mit ‚Vienna', und sah abwechselnd in die Bucht, in das Buch und in mich.

Viel mehr habe ich mit Harald vor 34 Jahren auch nicht unternommen, aber die Muße damals war freiwillig, kein Unvermögen.

Am Abend lud ich Silke zu mir ein. Sie trank Wasser, ich Wein, wir redeten über Unverfängliches und genossen die Kulisse ohne Bühne. Ein Theaterstück ohne Handlung. Sehr erholsam. Rafał nutzte die vielen Treppen und Gelegenheiten des Ortes, um sich das zu erarbeiten, worauf ich zurückblicke. Silke und ich waren froh, nichts mehr essen zu müssen. Wenn ich früher etwas in den Mund nahm, das ich nicht runterschlucken wollte, dann gab es dafür Möglichkeiten. Jetzt ist es ein Kaugummi.

STURM UND DRANG UND EINBAHNSTRASSEN

UMWEG #54

MONTAG, 2. AUGUST 2016

'Weggehen oder Bleiben', das ist das eine: aktiv oder passiv. Das andere ist 'Eintreffen oder Weggehen', beides aktiv. Unser Deutschlehrer Herr Wiechers war die Verkörperung von 'Sturm und Drang'. Er war es, der mich nach den Pauker-Attrappen der Mittelstufe feurig durchs Abitur ritt. Wie er sich in das Gedicht 'Willkommen und Abschied' stürzte, das war, als preschte er selber wie der junge Goethe von Straßburg zu Friederike Brion nach Sesenheim:

„Es schlug mein Herz,
geschwind zu Pferde!
Und fort, wild wie
ein Held zur Schlacht.
Der Abend wiegte schon die Erde
Und an den Bergen
hing die Nacht."

Wir machten uns ein wenig lustig über seinen Eifer, aber wir waren angesteckt und hofften, dass auch wir bald in die Schlussverse würden einstimmen können:

„Ich ging, du standst
und sahst zu Erden
Und sahst mir nach
mit nassem Blick:
Und doch welch Glück
geliebt zu werden!
Und lieben, Götter,
welch ein Glück!"

Vielleicht gibt der genuschelte Befehl 'Fack ju Göhte!' das Gefühl, frei, unabhängig und überlegen zu sein, sonst wäre ja nicht bereits der dritte Teil im Gespräch, auf den 'alle Fans schon hinfiebern', wie 'BRAVO' weiß. Es lässt sich offenbar mit dem Bedürfnis, ungebildet zu bleiben, gut Geld verdienen, nach dem Motto:

Und doch welch Glück,
missbraucht zu werden,
und doof zu bleiben,
welch ein Glück!

Jaja, die meisten finden einfach, diese Lustspiele sind Schenkelklopfer,

Elyas M'Barek ist total cool und Lehrer zu natzen sei voll fresh. Mehr nicht. Aber ich bin nun mal älter, weiter, todesnäher. Ankommen fühlt sich immer besser an als Abreisen – in der Theorie. In der Praxis ist die Wehmut über einen Abschied stimmungsvoller als der Unmut über eine Unterkunft oder eine Person, die auf dem Display wesentlich attraktiver rüberkam als jetzt auf dem Fußboden analoger Tatsachen. Ankommen ist Erwartung – Abreisen ist Bilanz: War's das wert? Im Portemonnaie, im Herzen, im Bett? Hoffnung gegen Abrechnung. Man redet sich ein: ‚Ich komme wieder', oder: ‚So schlimm war es doch gar nicht', und in beiden Fällen ist die Lüge freundlicher als die Wahrheit.

Also, wenn schon Positano, dann nächstes Mal wieder fünf Sterne im ‚San Pietro', abgekapselt, eingefriedet; denn all die Treppen, all die Menschen, bunt und laut den Hang entlang, rauf wie runter – das geht gar nicht. Besser noch, gleich nach Sorrent ins ‚Excelsior Vittoria' über dem Abgrund, und nach uns die Sintflut, wenn sie denn sein muss. Madame de Pompadour – je älter ich werde und je kinderloser ich bleibe, desto einleuchtender finde ich ihr Statement: ‚Après nous le déluge!' Faust hätte es auf dem Blocksberg nicht viel anders ausgedrückt.

Verantwortungslosigkeit lässt sich lernen. Früher konnte ich das auch nicht, jetzt rede ich mir ein: Alles, was ich mir nicht zutraue zu ändern, das geht mich nichts an. Dazu gehörte zunächst auch die Wiederbeschaffung unseres Wagens, am späten Morgen im Vier-Sterne-Kunsthotel. Nachdem ich meine Kreditkarte an der Rezeption zurückbekommen hatte, setzte ich mich in die Lobby und wartete. Gott, wäre ich da früher knirschend auf und ab gerannt, aber auch so fragte ich nach einer Dreiviertelstunde den Empfangschef, Aufenthaltschef, Lebwohlchef oder was der einzige Art-Hotelier hier sonst noch alles war, mit meiner forschesten Italienisch-Stimme, ob es denn irgendwann weiterginge. Sicher, der Wagen musste von unten einmal durch den ganzen Ort und von oben wieder runter, das ist nun mal das Prinzip von Einbahnstraßen, und Silke würde vielleicht sagen, es waren nur zwanzig Minuten, aber selbst wenn es zwei Stunden gewesen wären – passiert war offenbar gar nichts, denn fünf Minuten später stand unser Mercedes vor der Tür.

Ich war perplex. Dass ein Tollkühner das Auto rückwärts von der Garage bis zum ‚Art Hotel' kunstgerecht heraufmanövriert hatte, schmälerte die Bewunderung für meine Leistung, vorgestern zu Fuß den ‚Fornillo' erreicht zu haben, und Rafałs Leistung, beim Vorwärtsfahren bisher keinen Unfall verursacht zu haben, in meinen Augen erheblich. Dennoch: Ohne Wehmut stieg ich ein, Silke und Rafał taten das auch, aber besonders ich empfand dabei die Genugtuung einer sinnvoll redigierten Planung. Nun konnten wir Sorrent links am Meer liegen lassen und auf kürzestem Weg Neapel ansteuern. Der kürzeste Weg ist meist der schnellste, und ich malte mir schon unser langes Verweilen an der Promenade in Neapel aus, sinnend und genießend, den Vesuv im Rücken, das Glas vor der Brust, bevor wir um halb zwei unseren reservierten Tisch bei ‚Zi Teresa' einnehmen würden. Doch das Internet hatte getrogen. Mal wieder. Es gab keinen Verkehrsunfall und keinen nennenswerten Stau, bloß endlose Tunnel, aber es dauerte und dauerte – Zeit genug für einen Einschub – mal wieder.

ALLES ÜBER TERESA

UMWEG #55

Alles ist – bis zu einem gewissen Grade – rückwärtsgerichtet; denn die Mittel, die man nutzt, um etwas darzustellen, hat man in der Vergangenheit erlernt. Ohne Bezüge zu dem, was war, kann man nicht einmal einen Science-Fiction-Film drehen. Diese anfechtbare Überlegung dient mir immer dazu, nach bestem Wissen und mit nicht allzu schlechtem Gewissen hemmungslos in die Vergangenheit abzutauchen. Empfehlungen, das sein zu lassen, nehme ich nicht ernst. Die meisten Tipps in meinem Leben habe ich von meiner Mutter bekommen, und wenn sie nicht sexueller Natur waren, befolgte ich sie oft, wenn es sich um Kulinarisches handelte, eigentlich immer. Für Neapel hatte meine Mutter ‚Zi Teresa' empfohlen, und Harald, Hans-Dieter und ich waren 1967 dort sehr zufrieden gewesen. Deshalb kehren wir auf unserem Rückweg von Santa Maria di Castellabate dort wieder ein: Roland, Harald und ich, neun Jahre später. Ein Lokal am Hafen: ‚Urig' würde man heute sagen. Damals galt diese Bezeichnung nur für Leberkäse auf gescheuertem Tisch und nicht für Lasagne ‚beim Italiener'. Die riesige ‚Zi Teresa'-Speisekarte von damals hängt heute noch als gerahmtes, verglastes Poster in meiner Küche.

1976, das war ein doppelter Aufbruch gewesen: mein erstes Jahr, mein erster Urlaub mit Roland, natürlich auch mit Neapel, mit Rom, mit Portofino und mit Harald. Aber zusätzlich ein Aufbruch nicht nur ins Altgeliebte, sondern ins Neugewollte – Terra Incognita für uns: Côte d'Azur, Costa Brava, Felsen im Meer. Ein Felsen im Meer: Jemand, mit dem man zusammenlebt – zum ersten Mal. Es blieb das einzige Mal in meinem Leben, bis zu seinem Tod.

Erst 2009 war ich wieder da, mit Silke. Ich las während einer Kreuzfahrt abends aus eigenen Briefen für ein Publikum, das sich Unterhaltsameres gewünscht hatte, und dem schon tagsüber anzusehen gewesen war, dass ihm Sat.1 gemäßer war als 3sat. Immerhin, es gab als Honorar die Kabinen umsonst, mit Hängematte auf dem Zimmer-Balkon, und Aufenthalte überall zwischen Mallorca und Sizilien, so auch in Neapel. Silke und ich fuhren zuerst nach Pompeji, eine Eiltour – ich kannte es ja aus einer Zeit, als es nur überlaufen war, aber noch nicht unerträglich – dann fuhren wir zu ‚Tante Terese' (‚Zi' ist die Abkürzung von ‚zia' = ‚Tante').

Roland (1980)

Aus der Muhme war inzwischen eine Grande Dame geworden. Alles war picobello, und mit Silke war es bestimmt angemessener, bei einer kapriziösen Signora zu speisen als bei einer schrägen Wirtin wie dreiunddreißig Jahre zuvor mit Roland und Harald, obwohl ja auch schon damals die Capri-Fischer nicht direkt vom Meer in die Bude eingefallen waren, aber wenigstens die Musikanten noch so laut ‚O sole mio' gegrölt hatten, dass den Ausheimischen die Cozze im Mund stecken blieben.

Mit Silke jetzt gab es Stoffservietten und Fischpreise hundertgrammweise. Vom Lokal aus konnten wir zu Fuß zurücklaufen zu unserem Kreuzschiff, alles war ganz einfach damals, und ich hatte Silke etwas geboten, an der Mole, an der Festung, was immer noch halbwegs originell war, aber dennoch Silkes Ansprüchen schon vollends genügte. Silke hat das gute Benehmen, das sich meine Eltern immer von mir erhofft hatten. Aber bis auf einmal – in ‚Harry's Bar' in Venedig, in meiner Pali-Blütezeit – bin ich auch so, wie ich bin, nirgendwo auf der Welt rausgeworfen worden.

Als ich Ende 1971 von meiner Trainee-Zeit aus London zurückkam und Product Manager wurde, saß im Zimmer meinem gegenüber eine gutgekleidete junge

Roland und Hanno (1980 in Kalifornien)

Dame und machte Artist Promotion für Klassik. Das war Silke. Sie lebte seit dem Unfalltod des Vaters zu dritt mit ihrer jüngeren Schwester Esther und ihrer Mutter in Groß Flottbek, das nicht wesentlich unfeiner war als mein Othmarschen. Ihr Garten grenzte sogar beinahe an den Garten von Haralds Eltern, und so war es vom Himmel praktisch vorherbestimmt, dass wir vier eine enge Freundschaft eingehen würden. Wir kochten füreinander so raffiniert, wie wir es vermochten, und am Wochenende gingen wir ins Kino, anschließend essen, immer entsprechend zum Film; darum gab es sehr oft Steaks (Hollywood zählte zu Texas), manchmal Pasta, selten Froschschenkel, nie Chinesisch – und immer Gespräche. Nach so langem Zuhören im Dunkeln endlich wieder selber reden! Reden über alles, ach, alles, wovon wir so überzeugt waren, wie wenig wir auch davon verstanden haben mochten.

Die ‚Notgemeinschaft Flottbek' prägte Pali als Begriff für uns und analysierte unsere Treffen als Zusammenkünfte der gegenseitigen Behinderung, aus denen keiner von uns in eine – wie er meinte: erstrebenswertere – Partnerschaft entweichen konnte. Wir fanden ‚Notgemeinschaft Flottbek' zu umständlich und nannten uns griffiger ‚Noflo'. Wir schämten uns nicht. Nicht dafür, filmische Kassen-Schlager mit Barbra Streisand und Robert Redford zu mögen; nicht dafür, die eingängigen Songs von ABBA mit Inbrunst zu hören. Wir hatten nicht das geringste Bedürfnis, zur ‚documenta' nach Kassel zu pilgern oder Theaterstücke von Botho Strauß zu sehen. Wir hatten nicht das Bedürfnis, uns von dem, was leicht konsumierbar war, höher abzuheben, als wir es taten; wir hatten nicht das Bedürfnis, nachdenklicher zu sein, als wir es waren. Die Auseinandersetzung um ihrer selbst willen (zum Beispiel mit ‚zeitgemäßer Umsetzung veränderter Inhalte' oder der ‚Diskrepanz zwischen künstlerischem Wollen und Publikumsrezeption'), die für niveauvolle Menschen ein so wichtiges Anliegen darstellt – wir scheuten sie nicht, aber sie drängte sich uns nicht auf, und wir uns ihr erst recht nicht. Das kulturelle Geschehen? Das waren wir selber. Alles Bemühte schien uns lächerlich. Was wir aufschnappten, reichte uns. Snacks als Brainfood. Wir schmeckten hin, analysierten die Zutaten; dann machten wir uns darauf unsren Reim und gingen allem, was uns rührte, auf den Leim. Unsere Lyrik reimte sich noch, unsere Musik war tonal und unsere Kunst gegenständlich. Diskussionen wichen wir nicht aus. Berührungsängste hatten wir nicht, nicht vor Menschen und erst recht nicht vor Kitsch.

Nichts von dem, was damals in Film, bildender Kunst und Musik als ‚Avantgarde' galt, machte uns Kopfzerbrechen. Es schien uns einfach zu emotionslos. In meinem Beruf hätte es nahegelegen, sich zu verstellen und genauso interessiert zu tun, wie meine Kollegen es taten – oder wirklich waren. Aber die ‚Noflo' weigerte sich, Aufgeschlossenheit zu heucheln. Wir pfiffen auf Objektivität, Abstraktion und das Kunstwerk im Zeitalter seiner Reproduzierbarkeit. Konsequenzloser Widerstand: Uns drohte ja kein Gefängnis wegen Mainstreamität, sondern bloß die Verachtung der Fortschrittlichen, und denen habe ich mich immer schon voraus gefühlt. Widerstand zwecklos. Wenn uns etwas nicht ergriff, ergriffen wir die Flucht. Und dann landeten wir prompt wieder in Italien, wie die deutschen Romantiker: kürzer, aber öfter – das ganze Jahr über mit der Seele und vier Wochen lang auch mit dem Körper.

DIE HÄNDE IM SCHOSS, DIE FÜSSE IM BECKEN

UMWEG #56

Unsere Anlaufstelle in Rom war das Hotel ‚Condotti'. Bereits 1967 traute ich mich ins ‚Spundloch', nie solo, aber in ‚Damenbegleitung' und sogar mit Harald. Allein hätte ich nicht gewagt, die Stufen zu diesem Etablissement herabzusteigen, denn da verkehrten Männer, die mit Männern verkehrten; da wollte ich keinen verkehrten Eindruck erwecken, weder bei Gott noch bei den Anwesenden, und unzulässige Gefühle bei mir selbst erst recht nicht. Was ging bloß vor in mir? Von Gott besessen, vom Teufel verschmäht. Michael war der Hübschere und Einfältigere der beiden Besitzer, und er sagte über Shirley Basseys neue Platte, die neue Krawatte der ‚dicken Berta' und über alles andere auch: „Unglaublich!", was selbstredend in den Sprachschatz der

Haraldine einging, zumal die ja in sich selbst die letzte große Kokotte sah. Das veranlasste sogar Pali noch sechs Jahre später dazu, ihr Büttenpapier drucken zu lassen, auf dessen Briefkopf in erlesener Schrift unterhalb ihres bürgerlichen Namens ihre Bestimmung prangte: ‚La dernière grande cocotte'.

Michael, als er hörte, dass wir nach Rom wollten, hatte gleich einen Tipp für uns, deutlich anders als die Vorschläge meiner Mutter: das Hotel ‚Condotti'. Die Lage der Unterkunft in der ersten Querstraße hinter der Spanischen Treppe war hervorragend, die Räumlichkeiten waren es eher nicht. Es war so heiß, dass ich schmachtend auf dem Bett lag, dabei die Hände im Schoß, die Füße im winzigen Waschbecken. Harald und Hans-Dieter mussten mit der Kühlung ihrer Gesichter so lange warten. Im Jahr darauf fiel es Irene nicht leicht, sich an die Kammer zu gewöhnen, und als Guntram drei Tage später angeflogen kam, machte er kein Hehl daraus, wie froh er war, am nächsten Tag mit seiner Frau nach Ischia abzureisen. Ich blieb noch, bekam aber Panikzustände und fuhr ihnen mit der Bahn hurtiger hinterher als vorgesehen.

Vier Jahre später lehnte Pali es nach kurzer Besichtigung ab, dort zu bleiben und führte mich in etwas Besseres.

Oben: Irene und Hanno (1964 auf Mallorca)
Unten: Hanno (1968 auf Ischia)

Aber für die ‚Noflo' reichte es: wieder zwei Jahre später und im Jahr darauf nochmal. Okay, die Zimmer waren furchtbar, aber Harald und ich hatten eine malerische (also verwahrloste) Terrasse, auf der wir vier in der Sonne liegen und Frascati trinken konnten. Der Wein wurde drei Häuser weiter aus riesigen Fässern in Flaschen abgefüllt und war billiger als das Mineralwasser; ein erzieherisch fragwürdiger Umstand. Wir liebten es. Wir liebten alles. Ich verliebte mich eines Abends auf der Piazza Navona unvorhersehbarerweise zusätzlich in Carlos, was insofern ungünstig war, als Carlos mich anschließend in Venedig besuchen kam. Dort waren bereits Irene, Pali und Arthur. Mit Arthur lebte Pali seit dem Frühjahr zusammen. Arthur war Indonesier, sprach einigermaßen Englisch, aber weder Deutsch noch Polnisch. Irene sagte, es müsse irgendetwas in ihrer Jugend passiert sein: Deutsch habe sie in ihrer Kindheit im Handumdrehen gelernt, Französisch auch noch, aber dann gab es eine Blockade und mit Englisch hat es einfach nicht mehr geklappt.

Dies machte die Verständigung zwischen Arthur und Irene schwierig, viel zu sagen hatten sie sich ohnehin nicht. Pali war unwirsch, und Irene freute sich darauf, dass Harald und ich aus Rom eintreffen würden. Nicht gerechnet hatte sie mit Carlos, der zwei Tage nach mir aus Wien, wo er als Fahrer im Hotel ‚Sacher' arbeitete, zu Besuch kam und Irene überhaupt nicht ins Konzept passte, obwohl er ‚Gnädige Frau' zu ihr sagte. So gab es am Lido drei Pärchen: Pali und Arthur, Carlos und Hanno, Irene und Harald. Harald sagte auf einer Überfahrt vom Lido nach Venedig zu Irene: „Eines Tages werde ich mich ganz zurückziehen." Das erzählte sie mir erst viel später, als das tatsächlich passiert war.

Carlos kam mich wochenlang in Hamburg besuchen. Meine Eltern fürchteten sich. Ein gesuchter Terrorist hieß damals auch Carlos. Und mein Carlos schien keine Geldsorgen zu haben, was in meinem Elternhaus nicht als beruhigend, sondern eher als besorgniserregend eingestuft wurde. Ich war immer noch glücklich. Im August flog ich mit Carlos nach Wien, mein erstes von unzähligen Malen. Er zeigte mir alles, was in den drei Tagen möglich war, mein schlechtes Benehmen beim Heurigen machte er ausgelassen mit, ich dachte an Schubert, er an mich, und er wollte mich zu Weihnachten mitnehmen nach Kapstadt, wo seine portugiesische Familie lebte, seit sie aus Mosambik vertrieben worden war, aber dann, im November lernte ich Roland kennen ...

NOCH MEHR ÜBER TERESA
UMWEG #57

Zeit, wieder in den August 2016 zurückzukehren: Rafał verließ die Autostrada und uns das Glück. Über Schlaglöcher und Schienen holperten wir in die Hauptstadt der Campagna ein: ‚Vedi Napoli e poi muori'. In der folgenden Stunde fragte ich mich allerdings, ob es nicht besser wäre, lieber erst zu sterben und dann Neapel gegebenenfalls von oben zu sehen. Meine Vision, uns an der Promenade bei einem Erfrischungstrunk (bei mir also Negroni) auf ‚Tante Terese' einzustimmen, war schon perdu. Eher fürchtete ich, ihre Küche sei bereits zu, wenn wir irgendwann bei ihr ankämen. Mit der Angst bin ich per du seit meiner Kindheit, wir kennen uns gut. Weniger gut kannten wir den Weg. Frau Navi hatte uns schon wissen lassen, dass unser Ziel in einer ‚für den Verkehr gesperrten Zone' läge. Trotzdem verlangte sie, wir sollten auf einer Straße nach links abbiegen, bei der sich selbst der mutige Rafał nicht in den Gegenverkehr drängeln konnte: Der Mittelstreifen störte noch mehr als das Verbotsschild. Stattdessen fuhr Rafał wieder mal ein paar Runden Kreisverkehr und ging die erwünschte Straße von der anderen Seite an. Immerhin kamen wir in Hafennähe, aber nicht recht weiter. Ich kletterte aus dem Wagen und fragte einen Taxifahrer: „Wie kommen wir mit dem Auto zu ‚Zi Teresa'?" Er wusste Bescheid: „Non affatto!" – Gar nicht! –, sagte er und empfahl uns ein Parkhaus. Das gefiel nun mir nicht. Rafał fuhr zum Wasser. Da gab es eine breite Straße, eine mittelhohe Mauer, und mehr sah man nicht. Die Navifrau sagte trotzdem höchst zufrieden: „Sie haben Ihr Ziel erreicht."

So viele Halteverbotsschilder wie dort habe ich noch nie in meinem Leben gesehen. Für Begriffsstutzige war unter jedem blauroten noch ein weiteres Schild angebracht, welches deutlich darauf hinwies, dass zu bleiben nicht angebracht war: Es zeigte einen Abschleppwagen. Auf der anderen Straßenseite reckten sich herrschaftliche Hotels, und livrierte Männer achteten darauf, dass höchstens mal ein illustrer Gast aus dem Fond seiner Limousine stieg, und mehr auch nicht. Ich stieg auch aus, vorne, und bat Silke, dasselbe zu tun. Sie wirkte etwas zögerlich, wohl, weil guter Rat teuer war, und das in einer ihr nicht geläufigen Währung.

Rafał wurde von mir ermuntert, sich ein sicheres Plätzchen zu suchen, wo, war seine Sache, und dann stakste ich mit der etwas unwilligen Silke die lange, lange Treppe, die von der Mauer aus nach unten führte, herab. Die Hitze war mit dem Wort ‚mörderisch' treffend beschrieben. Ein paar bedrohlich laute Jungen kamen uns entgegen, und ich hatte nichts als meine Krücke in der linken Hand, mein Portemonnaie in der rechten Hosentasche und natürlich Silke hinter mir. Unten gab es einen Gehweg, das Ufer und drei Lokale, deren letztes ‚Zi Teresa' war. So von der untersten Stufe aus war es nicht mal für mich schwierig, das Lokal zu erreichen. Der Eingang lag auf der Seite, von der wir nicht kamen, wir gingen also an der Terrasse vorbei und sahen, dass sich nur wenige Menschen von ‚Teresas' Angestellten bedienen ließen. War aus Berlusconis Stammlokal wieder ein Geheimtipp geworden oder gar ein No-Go? Vor ‚Teresas' Pforten führte eine sehr viel breitere Treppe als unsere Abwärtsstiege wieder nach oben, also vom Gestade des Jachthafens zur Promenade und den Grandhotels.

Ich sagte zu Silke, sie solle warten, ich würde im Lokal nach Parkmöglichkeiten fragen. Ein Kellner kam mir auch gleich entgegen und erklärte mir den Weg zum nächsten Parkhaus: „Cinque minuti da qui." Befriedigt ging ich zurück zu Silke, aber die war weg. Ich erwog, ihr über die Treppe nachzusteigen, aber erst rauf, dann wieder runter, und sie war inzwischen sicher längst bei Rafał, der sowieso immer etwas findet. Ich wartete; meinen rechten Fuß am Fuß der Treppe. Wenn der linke Fuß hinten steht und das Hauptgewicht trägt, ist es einfacher, das Hinfallen in der Öffentlichkeit zu vermeiden, selbst unter gleißendem Himmel.

‚Die Sonne schien ihm aufs Gehirn, da nahm er seinen Sonnenschirm', heißt es im ‚Struwwelpeter' über den ‚kohlpechrabenschwarzen Mohren' (für die Kleinen: Das ist ein recht dunkler Afroamerikaner). Ich war sowieso eher rot und hatte bloß meinen Stock, der war gegen die beißende Hitze wenig hilfreich.

Der ‚Teresa'-Nachfolger, vielleicht ihr Urenkel, kam heraus und bat mich herein. Da könne ich besser warten. Entweder wollte der aus Marketing-Gründen keine Schmorleiche vor seinem Lokal oder er war ein guter Mensch; wohl das, denn er brachte mir auch gleich Wasser an den Tisch, an dem ich nun allein saß, die Boote und die Festung links von mir jenseits der Hecke, die anderen Tische und das Gebäude rechts, direkt vor mir weitere Tische, wenige Gäste, und dann die breite, lange Treppe.

Immer wenn ich Füße sah, lauerte ich, wer da wohl runter kam. Endlich, nach zwanzig Minuten, sah ich Silkes und Rafałs Beine und nahm mir fest vor, nicht zu toben, wenn sie unten wären. Sie waren es aber gar nicht. Ich blieb stumm.

Nach einer halben Stunde bestellte ich mir einen doppelten Fernet Branca, das hilft ja immer. Ohne Eis natürlich, ‚liscio'. Nichts Kaltes bei Hitze. Ob sie abgefahren sind? Keinen Parkplatz? Na dann weiter! Wie komme ich nach Rom? Taxe, Bahn, Bus. Ich habe Geld, ich kann die Sprache. Ist doch Quatsch. Sie lassen mich hier nicht sitzen. Ich stierte nach vorn. Beine auf der Treppe! Langsam abwärts ... fremde Köpfe. Wieder nicht. Das kann nicht sein. Blutdruck? An der Decke. Gibt aber keine.

Nach einer Dreiviertelstunde endlich die richtigen Beine. Als sie an den Tisch treten, bin ich zehn Sekunden lang erleichtert und dann wütend. „Du solltest warten, nicht wegrennen!", flüsterte ich Silke an, und während ich weitersprach, hatte ich den Eindruck, dass meine Stimme vielleicht doch etwas lauter wurde, oder warum sonst sahen die Esser auf mich statt auf ihre Teller? Silke machte einen desolaten Eindruck, was ich zunächst der Macht meiner Worte zuschrieb, bis ich merkte, dass sie kurz vor dem Kreislaufzusammenbruch stand – inzwischen: saß. Sie bekam Wasser von mir, tröstende Worte von Rafał und die Karte vom Kellner – die wollte sie am wenigsten.

Wein durfte nur ich trinken, und das tat ich dann auch. Das Essen ließ schön lange auf sich warten, so gab es genügend Spielraum, uns selbst und uns gegenseitig zu beruhigen. Silke hatte die ganze Zeit über oberhalb der Treppe in der Sonne gestanden. Hätte ich das gewusst, hätte ich sie natürlich doch runtergeholt und dann ganz gelassen, mit den Fingern am Stiel meines Glases spielend, abgewartet, welche Erklärungen aus Rafał heraussprudeln würden. Es war mir nicht mehr bewusst gewesen, dass es so umständlich ist, ‚Teresa' zu erreichen, obwohl hier ja auch früher niemals Autos hatten fahren können. Früher war mir auch nie aufgefallen, wenn Treppen kein Geländer hatten. Früher ...

Appetit hatten wir alle nicht, aber was kam, war nicht schlecht. Die Frage, ob die Mahlzeit all die Anstrengung wert war, ist falsch gestellt. Wie man die Frage richtig stellt, weiß ich allerdings nicht.

Andere Gäste waren da auf ‚TripAdvisor' bestimmter in ihren Aussagen. Ein deutscher Kommentar: ‚Das Essen war wirklich mies. Völlig liebloser Salat, Antipasti mit schlechtem Öl und ohne Geschmack, die Pasta ein geschmackloser Witz und der Fisch ein Grätengrab. Die Kellner verkomplettierten den Eindruck.'

Amerikaner waren noch unzufriedener: ‚Mein Partner war ihr harter Kalbsschnitzel Schnitzel mit kein Gemüse oder Salat serviert. Sie hat ihr Salat als sie fast das Fleisch gegessen hatte und als ich mein Essen serviert, während sie hatte schon fast fertig, so dass sie auf ihr eigenes gegessen.' Oder: ‚Man verwechselte derjenige der Bestellung, ein Gericht kam zum ersten Mal als der andere und wir fast zu schreien bemerkt hatte. Schlechte Wahl.' Weil es wohlfeil ist, sich an Übersetzungsautomaten zu delektieren, habe ich mir noch das Original ermausklickt: ‚They mistook the order, one dish arrived first than the other and we had to almost scream to get noticed. Bad choice.'

Silke und ich warteten oberhalb der Treppe, und Rafał erschien überraschend schnell mit dem Wagen. Eine kleine Stadtrundfahrt musste sein. Giuseppe hatte über WhatsApp vermeldet, dass sein Zug aus Padua Verspätung hätte, und uns war unsere Ankunftszeit in Rom auch längst davongelaufen. Wir sahen verfallene Gebäude, vor denen Männer lungerten und elegante Cafés, in denen Herren saßen, wie Großstadt so ist, nur hier eben mit Vesuv. Mehr ist aus dem Auto heraus nicht drin. Und draußen war für mich erst recht nichts drin.

Dass wir von Neapel aus mit Erika, Opel Diplomat und Fähre nach Sizilien aufgebrochen waren, ist jetzt 50 Jahre her. Fünfzig Jahre. Ein paarmal bin ich hier am Bahnhof angekommen und mit Koffer, Tasche, Anzugsack nach Ischia weitergereist. Am Inselufer standen meine Eltern und winkten mir entgegen. Einmal bin ich von hier aus mit der Bahn einfach weitergefahren nach Kalabrien, weil ich nicht länger als eine halbe Stunde auf Harald, der mich am Hafen abholen sollte, warten mochte. Wir trafen uns in dem Hotel, von dem wir vor einer Woche abgereist waren und zu dem Harald nun auf gut Glück zurückfuhr. Handys gab es ja nicht, ich vergesse meins sowieso immer auf dem Nachttisch, und Harald sagte leicht vorwurfsvoll, dass er eine halbe Stunde nicht viel fände, wenn man von weither über Serpentinenstraßen käme. Stimmt wohl, aber ich konnte nicht abwarten, damals.

Die Fahrt zurück zur Autostrada war um noch einiges grässlicher als die Hinfahrt, weil die Fahrbahn nicht reifenfreundlicher geworden war, aber der Verkehr schlimmer. Rafał tobte ein bisschen, Silke fror ein bisschen, aber ohne Klimaanlage wäre es im Auto noch schlimmer gewesen. Wenigstens war sich die weibliche Navi-Stimme mal sicher, wie es weiterging: Da lang, wo alle anderen auch hinwollten: Neapel sehen und sterben.

BENEDIKT, OHNE EIER

UMWEG #58

Als Rafał ‚Montecassino' auf dem ‚Uscita-Schild' las, sagte er: „Das haben Polen erobert", und riskierte einen Blick nach rechts in die Berge. Dass er so etwas weiß! Tatsächlich besetzte am 17. Mai 1944 die polnische 5. Division den Colle Sant'Angelo, und die polnische 3. Division eroberte den Berg. Die Amerikaner hatten am 15. Februar 567 Tonnen Bomben auf die Anlage abgeworfen und das Kloster innerhalb von drei Stunden völlig zerstört. Dabei war dem deutschen Oberbefehlshaber in Italien Generalfeldmarschall Albert Kesselring die besondere historische Bedeutung des Klosters durchaus bewusst, und er hatte verboten, es direkt in die deutschen Stellungen einzubeziehen. Diese Entscheidung hatte er den Alliierten extra mitteilen lassen, aber die glaubten ihm nicht. Auch das hatten die Deutschen befürchtet und, kulturbewusster als amerikanische Haudegen, die historischen Bücher, die Baupläne, die Bilder von Leonardo, Tizian, Raffael und sogar das, was von Benedikt von Nursia noch übrig war, in die Engelsburg nach Rom geschafft. So konnte nach dem Krieg alles originalgetreu wieder aufgebaut werden, und nur Puristen müssen ‚Fake!' schimpfen, Tofu essen und dem Palast der Republik nachtrauern.

Benedikt, der Gründer des Benediktiner-Ordens hatte die Abtei im Jahre 529 dort errichten lassen, wo vorher ein Apollotempel stand. Dafür hatte sich der Gott der Künste mit Hilfe von US-Barbaren dann gründlich gerächt.

Die Benediktiner bilden den ältesten katholischen Orden. Ihr Leitspruch ‚Ora et labora' wurde bereits von den Renaissance-Päpsten modifiziert und von mir später ganz aufgegeben: ‚Bete und arbeite' klingt ja eigentlich eher protestantisch, und man tut Gott, glaube ich, Unrecht, wenn man ihm unterstellt, dass alles, was Spaß macht, zu sehr von ihm ablenkt. Borgia-Papst Alexander VI. würde mir beipflichten, gemäß seiner Vita, Luther eher nicht, trotz seiner Vita. Wer also ist vom rechten Glauben abgewichen? Mutmaßungen.

Rafał hatte ich inzwischen in Verdacht, gleich vom Verlauf der Fahrbahn abzuweichen, und Erwägungen über die Schlacht um Montecassino oder das Ringen um Gottes Wille würden wohl nicht ausreichen, um ihn aufzurütteln. Silke dämmerte hinten sowieso. „Ich schlaf' gleich ein!", gestand Rafał glaubhaft. Um das zu vermeiden, hielt ich ihn an, an der nächsten Raststätte anzuhalten. Es war jetzt nicht der Zeitpunkt, inquisitorisch seine Umtriebigkeiten der vergangenen Nacht zu hinterfragen, um mit Kausalzusammenhängen aufzutrumpfen.

Ich ging mit aus Neugier und bekam einen Sitzplatz in der Ecke und eine Cola in die Hand. Ich sah auf die vielen lärmenden Menschen, die vielen beschmierten, belegten, begessenen Brote, die vielen schockfarbenen Teddybären, die riesige, neonerleuchtete Halle mit all ihrem käuflichen Plunder und ich dachte: „Das ist das Leben! – Schrecklich."

ROM
LATIUM

MARSCH AUF ROM

UMWEG #59

SAMSTAG, 30. JULI 2016

Eine Stunde später begannen wir unseren ‚Marsch auf Rom'. Er verlief etwas geordneter als der Einzug in Neapel, zumal das Navi uns ohne Federlesens zum eingegebenen Parkhaus führte.

MARSCH AUF ROM

UMWEG #59

Kaum waren wir am Kolosseum, da erkannte ich jede Straße wieder. Wieso auch nicht? Oft genug war ich hier gewesen, und die Palazzi sind keinen Wolkenkratzern gewichen. Sicher, damals fuhren wir immer bis direkt vors Hotel und parkten da irgendwo. Damit ist es längst vorbei. Das Renaissance-Viertel darf kein Normalsterblicher mehr befahren.

Giuseppe war vor uns im Hotel und lief los, um uns abzuholen. Ich könnte ihn blind gehen, diesen Weg: vom Eingang aus die kurze Strecke bis zum Platz, die Treppe nach oben, vor der Kirche rechts und am Ende der Straße links rauf – fünf Minuten, höchstens sieben. Aber stattdessen saß ich allein auf und zwischen unserem Gepäck wie Prospero auf seiner Insel, Giuseppe kam wie Alonso, der König von Neapel, und auch Ariel, der Luftgeist, kam in Gestalt von Rafał mit Silke, nein, sie ist nicht Caliban, zurück aus dem Parkhaus, und sie fuhr mit mir altem Mann in der Taxe zum Hotel, wie die Verkehrsführung es befahl: über die Piazza del Popolo, während die beiden Buben die kürzere Strecke zu Fuß nahmen. Koffer, Taschen, Beutel. Ums Gepäck kümmere ich mich ja nie und komme mir dabei nicht umsorgt vor, sondern überflüssig.

Dem Hotel ‚Condotti' hat die Zeit deutlich weniger zugesetzt als mir. Schon das Entree, aber auch das Zimmer im obersten Stockwerk, alles war so, dass selbst Pali geblieben wäre. Nun musste Rafał meine Sachen zum ersten Mal auf eine Weise schichten, dass auch für Giuseppe noch Platz im Schrank blieb, aber ihm gelang das mit derselben Meisterschaft, mit der er eigenhändig aus einem Haufen Gemüse eine Julienne häckselt; ich griff da früher immer verstohlen in die Tiefkühltruhe. Die Terrasse war, wie ich sie kannte, nur aufgeräumter, und die Sitzgelegenheiten waren auch schöner jetzt. Ein bisschen mehr zu Hause in mir selbst fühlte ich mich: ein Blättern im Poesiealbum mit alten Oblaten, mädchenhaft, märchenhaft. Wir saßen auf der Terrasse und sahen auf die einfallslosen Dächer der Häuser, Silke und ich wieder, Rafał und Giuseppe zum ersten Mal. Es kam darauf an zu wissen, dass gleich hinter diesen abgenutzten Fassaden die

Piazza di Spagna lag und dass über ihr die Trinità dei Monti thronte; man musste es mitdenken, sonst war der Ausblick eher schäbig.

Der Rotwein, der uns verlockend wie Sirenensingsang von der Konsole aus begrüßte, war schwerer und teurer, als es damals unser Frascati gewesen war, das schmeckte ich ihm beim ersten Schluck schon an, und deshalb musste ich mir mit Blick ins pflegeleichte Gesträuch auch gleich die rhetorische Trivialfrage verbieten, ob jung, arm und glücklich oder alt, reich und traurig erstrebenswerter ist.

CAFFÈ GRECO

UMWEG #60

Zu leben, das stellt keinen Wert an sich dar. Da sein zu dürfen, bedeutet oft nur, da sein zu müssen. Die Religionen verlangen immer Dankbarkeit für diesen Zustand. Ich wäre so gern abgetrieben worden! Na ja, zu spät, stattdessen war jetzt der letzte Tagesordnungspunkt für heute dran: Das ‚Caffè Greco'. Bis zur Via Condotti war der Weg klar, und dann? Ich vermutete, nach rechts. Wir gingen ziemlich weit, jedenfalls für meine Verhältnisse, wurden auf Nachfragen noch weitergeschickt, fragten in zwei Geschäften und jemanden in Uniform, die schickten uns wieder zurück, jemand lotste uns in eine Seitenstraße, wo es natürlich nicht war; ich kam mir vor, als hätte ich Unter den Linden nach dem Brandenburger Tor gefragt und wäre an den Wannsee geschickt worden. Wir waren schließlich wieder da, wo wir hergekommen waren. Ungeschickt. Da versuchte ich es dann eben statt nach rechts nach links, und schon das dritte Haus war das ‚Caffè Greco'.

‚Caffè Greco' ist eine Welt für sich. Die Wände rote Seide, die Kandelaber und Bilderrahmen sehr golden, die Ober im Frack – der Gastkörper trotz wüster Preise wüster Tourismus, ein Fremdkörper. Bis auf eine alte Dame, die allein saß, aß und trank und nicht zu erkennen gab, ob sie Contessa oder Puffmutter war oder beides. Wir bestellten Getränke und etwas, was Menschen, die ich nicht kenne, ‚kleine Schweinereien' nennen, also kulinarischen Krimskrams, aufgebrezelten Tand, als Tischdekoration bestens geeignet, aber auch verzehrbar.

Vor uns waren schon Goethe, Keats, Heine, Schopenhauer, Baudelaire und Wagner hier gewesen. Der dritte Akt meines Theaterstücks über die italienischen Maler in Rom spielt im ‚Caffè Greco', und ein Gedicht über diesen Schauplatz hatte ich schon viel früher geschrieben. Der etwas modernere US-Bürger drückt es so aus: ‚Worn interior, and not in a cool retro way. Seriously overpriced.' Recht hat er. Man muss halt mit dem Herzen schmecken, nicht mit der Zunge oder gar der Börse.

Zum Tagesausklang saßen wir bei Kerzenschein und rotem Wein auf unserer Terrasse, hörten von unten die Menschen, die an ihren Tischen Pizza und Pasta aßen, die in Rom waren wie wir, die wie wir keine Römer waren und wie wir ihre Wagen so hatten parken müssen, dass kein Autolärm sich unter das Akkordeonspiel des Musikanten mischte. Rafał hatte den anstrengendsten Tag von uns allen gehabt und hatte sich deshalb, während Giuseppe, Silke und ich schlafen gingen, ein wenig Ausgleich verdient. Ich hatte noch durch die Villa Borghese zum St. James Club laufen müssen, um etwas zu erleben, mühsam! Rafał reicht ein Blick auf sein Display, da sieht er alles, einschließlich Vorlieben und Ausmaßen. Na gut, für Romantik hatten wir ja schon die Kerzen.

Caffè Greco
Gefälliges Museum,
verspielte Gedanken,
Duft nach Kuchen und Kaffee.
Entweihter Plüsch,
das alte Lachen neuem Tuscheln
preisgegeben,
Verschmelzung:
Rokokogebäck – Campari Soda
Blicke streifen Blicke.
Zu zweit, zu dritt, zu viert,
allein mit Zeitung und viel Zeit,
mit großer dunkler Sonnenbrille
und mit Geld.
Zur Schau gestellte
Inhaltslosigkeit.
Schon Goethe ... Ja damals!
Edelnder Verfall –
Verfallener Adel:
‚High Society'.
Schon lange fiel die Macht aus
ihren Händen.
Der Groschen fällt erst später
oder nie.

So halten sie die Gläser wie ihr
Zepter,
halten auf Etikette
oder werden haltlos.
Sie zahlen mit Vergangenheit und
ihrem Leben,
doch es herrscht Inflation:
Vergänglichkeit;
das Grauen wächst, ist erblich,
chronisch, tödlich.
Noch leben sie.
Ihr Stolz:
geprägt von Ahnen, Schneidern
und Friseuren.
Das Innere scheint durch und hebt
sie auf.
Ihr Glück:
Gleichgültigkeit,
Unwissenheit der andern,
bis sie der letzte Groschen fällt,
i h r letzter Groschen.
Die Bilder an den Wänden wie die
Wände:
voll, prunkvoll, überladen, fast
gewichtig,
rot-gold und alt und lächerlich.
Die Würde grauer Harlekine,
grau wie der ,Marmor' kleiner,
runder Tische,
das Haar der Ober, die den Frack
wie Kaffeekannen tragen.
Ausnahmen werden hier zur
Selbstverständlichkeit.

Einer von ihnen kommt, mich zu
bedienen,
natürlich ist er vornehmer als ich.
Das weiß er auch und gibt es zu
erkennen.
Er gibt sich zu erkennen,
allen,
alle hier,
beim Klappern, Klirren, Knistern,
Kichern, Klatschen,
beim Duft nach Kaffee, Kuchen
und Parfüm.
Ich gebe die Bestellung auf und
warte.
Ich werde lange bleiben.
Es gefällt mir hier.

(Rom, 1966)

DIE WÜRDE DER ANDEREN

UMWEG #61

MITTWOCH, 3. AUGUST 2016

Aufwachen und wissen: Ich bin in Rom! Gleich fühlte ich mich, als hätte ich das Schicksal, das diese Begegnung gar nicht mehr für mich vorgesehen hatte, draufgängerisch überlistet. Aufwachen und wissen: Ich bin nicht allein. Zwischen 1975 und 1990 bin ich zu Hause nie allein aufgewacht (unterwegs ziemlich oft auch nicht). Inzwischen kann ich mich gar nicht mehr erinnern, wann ich wohl zuletzt im selben Zimmer mit jemandem geschlafen habe. Neben einem vertrauten Menschen einzuschlafen, war ein beruhigendes Gefühl. Jetzt genieße ich es, die Nacht rücksichtslos und unbehelligt verbringen zu können. Neben jemandem, den man liebt, einzuschlafen, tut der Seele wohl. Mit anderen, wildfremden Menschen zu schlafen, auf der Flucht oder eingesperrt, das ist für mich ein Albtraum im Wachsein. Wenn ich mich nachts auf dem Laken wälze, dann stelle ich mir genau das vor: Ich liege eingepfercht in einem Boot oder in einer Zelle oder ich hocke im Flugzeug zwischen zwei Schnarchern über dem Atlantik. Selbst, wenn ich dann nicht sofort wieder einschlafe, räkel ich mich zumindest wohlig und dankbar unter meiner Decke.

Giuseppe, der mich mit seinen Nachtgeräuschen leicht behindert hatte, war schon im Bad zu hören. Er schläft kürzer als ich, aber konzentrierter, da braucht er natürlich weniger Schlafenszeit. Ich dagegen träume auch ein bisschen, wenn ich wach bin, und meine Nachtträume rette ich in den Tag hinüber. Das ist etwas verrückt von der üblichen Anordnung der Tatsachen und der Traumsachen. Mein Trost: Die Wirklichkeit muss man wahrnehmen, unbedingt, aber nur als Knet-Masse. Wer sie sich nicht formt nach seinem – vorherbestimmten oder ausgedachten – Ebenbild, der wird niemals Gott sein, weder seiner Träume noch seiner Pläne noch seiner selbst.

Aufwachen und wissen: Heute hat Silke Geburtstag. Das muss gefeiert werden, ob es will oder nicht. Aber zunächst eine Stunde auf der Terrasse, ob ich will oder nicht. Der jugendliche Wunsch, braun zu werden, ist im Ansatz noch vorhanden und führt wenigstens zu einem Sonnenbrand auf der Glatze, weil ich selbst meine Haarlosigkeit ja nicht sehe und in den Sechziger-, Siebzigerjahren Kopfbedeckungen so unmodern waren wie heute Krawatten. Guntram hatte immer einen Hut auf, wenn er ins Büro fuhr, auch im Sommer. Ich trug selbst bei großer Kälte nur widerwillig eine Mütze. Dafür schmierte ich mir Salzwasser ins Haar, eitel, wegen der Farbe. Das sind alles keine Werte, sondern bloß Modeerscheinungen, braun, blond, schlank, aber für manche ist das schwer zu unterscheiden, besonders, wenn sie bis auf die Mode keine Werte haben ...

Pünktlich um elf hielt die Kutsche vor unserem Hotel. Da reinzuklettern, ist das würdevoll oder touristentöricht? Ich habe keine Wahl mehr. Alles, was ich mir früher erlaufen, errannt, erobert habe, kann ich jetzt nur noch im Sitzen an mir vorbeigleiten sehen, oder ich muss darauf verzichten. Im vorigen Jahr hatte ich mir mit Silkes Beistand Potsdam, Berlin, Dresden, Prag von der Fahrrad-Rikscha aus erschlossen. Mein Gesäß war von den Kopfsteinpflastern mindestens so beeindruckt wie mein Gemüt von den Anblicken. Kutsche ist bequemer und für Hochzeiten, aber auch für Geburtstage, bestens geeignet. Da saßen wir und fuhren durch all die verkehrsgesperrten Straßen. Nicht mal die Pferde durften überall hin. Zum Trevi-Brunnen mussten wir laufen, die Piazza Navona ging auch nicht, war aber erst morgen dran. Die Menschenmengen, denen das Selfie wichtiger scheint als die Umgebung, sind es nicht wert, noch naserümpfend beschrieben zu werden, und ich rege mich über mich auf, dass ich mich darüber immer noch aufrege.

Ich konnte zwar durchsetzen, dass wir nicht auf die andere Tiber-Seite zur Engelsburg und zum Vatikan trabten, aber sonst wurde das Programm vom festgefahrenen Kutscher eisern durchgezogen: Via del Corso, Piazza Venezia, Forum Romanum, Capitol. Das habe ich zuletzt vor vierzig Jahren mit Roland und Dinchen gemacht.

Alles hinnehmen, wie es ist, das kann ich einfach nicht und habe es nie gekonnt. Die Dinge verändern zu wollen – besteht darin die Würde des Menschen? Kann sein. Bessern, Heilen, Vervollkommnen. Kann aber auch nicht sein: Erniedrigen, Zerstören, Verplempern. Vom Erhabenen zum Lächerlichen ist es nur ein Schritt, und sich von zwei armen Gäulen an Roms Sehens*würdig*keiten vorbeikutschieren zu lassen, stellt, vom Gehweg aus betrachtet, den Übergang dar: Die ehemalige Würde der Kutschfahrt reicher Würdenträger ist ins Lächerliche einer Belustigung betuchter Reisender runtergerutscht: saukomisch!

Hier und jetzt über Würde nachzudenken, würde zu dem Schluss führen, dass es Menschenwürde nur sehr vereinzelt gibt und sie nicht jedem zusteht. Schade, dass gestern in Rom nicht die Cholera ausgebrochen ist. Dann wären jetzt die Plätze nicht so brechend voll. Zum Erbrechen, dieses Gewimmel. In der Kutsche zu sitzen, macht es leicht, das Fußvolk zu verachten, sogar dann noch, wenn man sich selbst wie ein Bekloppter hoch zu Ross vorkommt. Menschen kann ich nun mal nicht leiden, mich eingeschlossen, und Touristen sind besonders furchtbar, mich eingeschlossen. Allerdings bin ich weniger hysterisch als die meisten. Wenn doch sonst auch nur so wenig Aufregendes in meinem Leben geschieht, wieso sollte ausgerechnet mir da das seltene Glück beschieden sein, bereits jetzt blitzschnell von einer Bombe zerfetzt zu werden, statt, wie es sich gehört, dereinst monatelang an Schläuchen verrecken zu müssen?

Dabei bin ich schon wesentlich konzilianter geworden. Noch vor – wie ich finde, wenigen – Jahren hätte ich dem Attentäter die Namen der Leute zugespielt, die er unbedingt bei seinem Unterfangen zu berücksichtigen hätte.

Hanno (1972 in London)

Jetzt reicht es mir schon, wenn fette Frauen in Hot Pants und Männer in ‚Birkenstocks' mit weißen Socken in seine Pläne einbezogen sind. Wer in Shorts in den Petersdom will, soll ich dem Würde zubilligen? Ich denk' nicht dran! Eine Frau in Burka wirkt würdevoll, dabei ist das doch nur ein Stück Stoff. Ich sehe es wohl zu sehr aus dem Blickwinkel des Ästhetischen, dabei ist Würde im Gegensatz zur Ehre kein äußerer, sondern ein innerer Wert, aber einer, den man sich verdienen muss. Nach meinen Maßstäben kann ein Baby niedlich sein, würdevoll ist erst ein Mensch, der sich dieses Prädikat erworben hat. Dass die Würde des Menschen unantastbar sei, wie es das Grundgesetz formuliert, ist ein frommer, fast naiver Wunsch; denn wenn dem Menschen die Würde nicht von anderen schon genommen wird, dann zergrabbelt er sie sich selbst gern – im Rausch, im Puff, im Internet. Der Italiener Giovanni Pico della Mirandola lebte ab 1463 einunddreißig Jahre lang. Diese kurze Zeit reichte aus, um ihn formulieren zu lassen: ‚Die Würde des Menschen liegt darin, dass er die Freiheit hat, sein Wesen selbst zu schaffen.' Den Schöpfer lässt Pico zu Adam sagen: ‚Keinen bestimmten Platz habe ich dir zugewiesen, auch keine bestimmte äußere Erscheinung und auch nicht irgendeine besondere Gabe habe ich dir verliehen, Adam, damit du den Platz, das Aussehen und alle die Gaben, die du dir selber wünschst, nach deinem eigenen Willen und Entschluss erhalten und besitzen kannst. Die fest umrissene Natur der übrigen Geschöpfe entfaltet sich nur innerhalb der von mir vorgeschriebenen Gesetze. Du wirst von allen Einschränkungen frei nach deinem eigenen freien Willen, dem ich dich überlassen habe, dir selbst deine Natur bestimmen.'* Diese Selbstbestimmung des Menschen macht seine Würde aus. Und was macht er daraus? Beten, Saufen, Morden. Aber nicht nur. Beweggründe gibt es für alles: edle und schurkische. Den Einzelnen kann ich verstehen, die Masse nicht.

*Giovanni Pico della Mirandola: „Rede über die Würde des Menschen"

COWBOYS, KAISER, ZWILLINGE UND GÄNSE

UMWEG #62

Am meisten freute sich Rafał auf das Pantheon. Wir wälzten uns hinein und wieder hinaus. Wir waren da gewesen, einschließlich Selfie, also verbrieft.

Lange Zeit konnte das Pantheon mit der größten Kuppel der Welt protzen. Jetzt hält die Arena der Dallas Cowboys, ein Football-Verein in Texas, den Rekord. Dieses Bauwerk hört auf den hübschen Namen ‚AT&T Stadium'; dafür zahlt AT&T pro Jahr zwischen 17 und 19 Millionen Dollar an die Cowboys. Meine Verachtung ist grenzenlos, und natürlich würde ich lieber sterben, als mir dort ‚WrestleMania' anzuglotzen; bereits das ehrwürdige Pantheon stellt den Besucher auf eine anstrengende Geduldsprobe. Eine Herde Schafe hat etwas Beruhigendes, eine Herde Menschen hat das nicht.

Als Kaiser Hadrian im Jahr 128 nach Christus das gerade fertig gewordene Pantheon begutachtete, konnte er völlig ungestört den überwölbten Rundbau von 43,30 Meter Innendurchmesser und genauso vielen 43,30 Meter Höhe auf sich einwirken lassen, ganz ohne Japaner oder Vandalen.

Hadrian war musisch veranlagt, so sehr, dass ihm Antinoos besser gefiel als seine Kaiserin. Doch das Liebesglück fand ein jähes Ende: Am 30. Oktober 130 fiel Antinoos in den Nil, Hadrian sah ihn – entgeistert, nehme ich an – ertrinken. Die einen behaupteten, es wäre ein Unfall gewesen. Andere sagten, ein Astrologe habe dem jungen Mann versprochen, dass der Kaiser die geschätzte Lebenserwartung des Antinoos zugerechnet bekäme, wenn der (eventuell etwas dumme) Liebling sich rasch umbrächte. Auch die Ansicht, Antinoos sei lieber ins Wasser gegangen, als weiter Hadrians Lustobjekt zu sein, fand Befürworter. Eine Hofintrige scheint ebenfalls möglich, zumal Vibia Sabina, Hadrians Frau, ziemlich zufrieden über den Tod des Nebenbuhlers gewesen sein soll.

Hadrian ließ ihn sofort zum Gott erklären, das ging damals noch schneller als heute die Heiligsprechung von Päpsten, und er begründete damit einen Mythos, dem wir eine reichliche Anzahl von Antinoos-Skulpturen verdanken: Legenden altern nicht, siehe Marilyn Monroe oder James Dean, dagegen kommt nicht mal die findige Gattin eines schwulen Kaisers an. – So viel Antiken-Klatsch muss sein. Viel mehr aber auch nicht. Jeder weiß ja: Gott Marsens Zwillingssöhne Romulus und Remus wurden ausgesetzt und von einer Wölfin gestillt. ‚Wolfsmilch' ist allerdings eine krautige Pflanze, ihr Saft hat eine bis zu hunderttausendfach stärkere Reizwirkung als Chili und wird deshalb in der Gastronomie verständlicherweise nicht verwendet. Die Zwillinge bekamen später aber auch weniger Scharfes. Der Schweinehirt Faustulus fand sie und lieferte sie brav bei Hofe ab, wie man das mit Fundstücken so macht.

Romulus war etwas humorlos. Als sich Remus über das Stadtmäuerchen lustig machte, das sein Bruder um das bisschen Rom gebaut hatte, und auch noch spöttisch drübersprang, erschlug das Romulüschen das Remüslein jähzornig und verkündete: „So möge es jedem ergehen, der über meine Mauern springt!", eigentlich sagte er: „Sic deinde, quicumque trans vallum oppidi mei saltat!" – das ist zwar Latein, aber nicht verbürgt. Genauso wenig gesichert ist die Behauptung, dass Gänse Rom ein paar hundert Jahre später, am 18. Juli 387, vor Christus und vor dem Untergang bewahrt hätten. Damals dachten die Römer, über diese verdammt hohen Alpen käme (anders als über die Romulus-Mauer) sowieso keiner und schliefen sorglos in den Morgen. Die Kelten hatten es aber doch geschafft und waren drauf und dran, das Capitol zu erstürmen. Und jetzt die aufmerksamen Gänse: Sie schnatterten dermaßen laut, dass die Römer aufwachten und ihre Feinde gerade noch rechtzeitig in die Flucht schlugen. Nun waren diese Vögel nicht irgendwelches Bratgeflügel gewesen, sondern die heiligen Gänse der Göttin Juno, nach der der Monat Juni benannt ist. Sie soll es auch gewesen sein, die das wackere Federvieh zum Loskreischen angehalten hatte und dadurch Rom rettete.

So, nun reicht's. Wer mehr über die Ewige Stadt wissen will, informiert sich bei Wikipedia, Polyglott oder Ferdinand Gregorovius (nur 5. bis 16. Jahrhundert, aber davon sieben Bände).

WIE SCHWEINE-JAUCHE PRIMA ABLÄUFT

UMWEG #63

Um eins hatten die Pferde uns wieder beim Hotel ‚Condotti' abgeliefert. Nun sollte es eine knappe Rast in der Nähe geben. An der Piazza di Spagna, dem Mittelpunkt ‚meines' Roms, bot sich das ‚Cucina & Vista' an, das sich unter anderem der Leidenschaft für das Gute und eines großartigen Blicks auf den schönsten Platz der Welt rühmte: ‚Passione per il buono, ... con una Magnifica Vista Panoramica sulla Piazza più bella del Mondo', wie es neben anderen Vorzügen nicht gerade super-mega-bescheiden auf der Website heißt. Der Eingang war schon etwas weniger bombastisch. Alles war sehr chic, sehr weiß, sehr darauf bedacht, sich dem Massentourismus weder räumlich noch preislich anzudienen. Dagegen ist nichts zu sagen. Wenn Geld überhaupt zu etwas gut ist, dann dazu, teure Ärzte bezahlen zu können und nicht mit unangenehmen Leuten im Wartezimmer sitzen zu müssen.

Wir wurden gleich in den ersten Stock komplimentiert; unten war auch nichts. Steril, das sich gern ‚minimalistisch' nennt, ist ja nicht so meins, fast hab' ich es noch lieber spießig überladen als so karg, wie es meinem Appetitmangel entspricht. Rokoko finde ich lustiger als Bauhaus, besonders unterwegs. Tunten wurde früher gern ein Hang zur Übertreibung nachgesagt, und so habe ich in Palis Umgebung lauter kontrastbemühte Homoerotiker kennengelernt, deren puristischer Haushalt nur für Eingeweihte, die die Preise kannten, von Armut zu unterscheiden war. Hier oben wirkte alles edel ausgedacht und wie das Gegenteil dessen, was sich Ausländer unter einem italienischen Lokal vorstellen. Um diese Weltläufigkeit zu unterstreichen, verzichtete die Speisekarte auf so etwas Gemeines wie Pizza, bot aber einen ‚Burger', und zwar ‚di lenticchie, pane 5 cereali, germogli di soia e barbabietola in salsa di avocado', was man als Fremder weder versteht noch alle Tage bekommt. Etwas enttäuschender als die ‚cucina' war die ‚vista'. Es gab einen Tisch, von dem aus man die Südspitze der Piazza di Spagna erahnen konnte, an diesen Tisch setzten wir uns, ich schmollend mit dem Rücken zum Fenster. Dabei bot der Platz eine grandiose Besonderheit: Die Treppe wurde renoviert und war deshalb unbetretbar. Sie lag genauso weiß und leer in der Mittagsglut wie unser Luxus-Imbiss. Was für eine glückliche Fügung! Nachdem ich das Essen und auch die schmale Abwärtstreppe gemeistert hatte, brauchte ich nur noch den mittelkurzen Weg zum Hotel zu überwinden, bevor ich meinen freien Nachmittag teils im Bett, teils auf der Terrasse zelebrieren konnte: Rumrasen war gestern, heute ist Flachliegen mein Ideal.

Der Blick hat von den antennenvermurksten Dächern schnell genug und senkt sich bald in den ‚Spiegel', der in Rom leichter zu bekommen ist als in Dubrovnik. Mehr als sieben verkaufte Exemplare traue ich auch der Ewigen Stadt nicht zu, aber eins davon liegt auf meinem Schoß. Da lese ich dann über den Rapper Kanye West, mir kein rechter Begriff, aber Werbefigur für Adidas. All so etwas lese ich aus Pflichtbewusstsein. Meinen Anspruch, Zeitgeist und Lebensgefühl zu begreifen, versuche ich gegen eigene (Vor-)Urteile durchzusetzen; einfach ist das nicht. Nachdem ich mir sicher war, Kanye West als Person und als Phänomen zu verabscheuen, zwang ich mich masochistisch zu lesen, was Twitter über das Schuhwerk der hippen Berühmtheit zu bieten hat. Da stand über dessen Yeezy boost:

‚Das armselige geweine um denn Preis ist ja peinlich, sollen die Habenixe doch weiter in Assiletten rum stolpern.'

‚Hab mir zwei Paar gegönnt eins für die Gartenarbeiten und das andere als Ersatz für meine Stallstiefel, da ist der Vorteil das durch die offenen Poren des Obermaterials die eindringende Schweinejauche wieder prima abläuft.'

‚Wenn ich am Wochenende mit meinem 1050 Fendt in unsere Dorfdisco fahre mache ich danke meiner erlesen Schuhe einen Top Eindruck und sorge für Furore.'

‚Leute seit ihr eigentlich so behindert ?! 1600 € für Schuhe hallo Schuhe! So etwas unnormales habe ich auch noch nicht oft erlebt. Für Kinder in not oder weis Gott was kein Geld haben aber 1600 € für Schuhe also irgendwas läuft hier gewaltig falsch. Sowas soll doch immer nur noch als Statussymbol dienen mehr nicht, doch der gesunde Menschenverstand setzt wohl doch bei einigen aus.'

Über Orthografie und Interpunktion rege ich mich schon gar nicht mehr auf, das wäre altmodisch. Was mich, ja, ‚amüsiert', ist: Die Mode bestimmt die Medien und die Menschen ziemlich so, wie es Faschismus und Sozialismus immer gewünscht hatten, dass sich ihre Untertanen verhalten sollten: Alles, was ich tue, dient meinen (Volks-)Genossen. Nur dass das Ziel der Konsumenten heute ein anderes ist, als es damals das (genauso) idiotische Ideal war: Heute will ich nicht mehr Teil des Volks-Körpers sein, sondern meinen eigenen lobheischend zur Schau stellen. Wer mich sieht, soll mich beachten und beneiden: um meinen Körper, um meine Klamotten, meine Piercings, meine Tattoos. Oh ja, ich will sein wie die Stars, damit die Massen mich anhimmeln und so werden wollen, wie ich schon bin.

Was ist das höchste Gut des Menschen? War es im Mittelalter vielleicht ein Rittergut? Damals und bis ins 20. Jahrhundert wollten Menschen von Stand blass sein: Dadurch zeigten sie, dass sie nicht draußen arbeiten mussten. Dann wollten die Menschen braun sein, dadurch zeigten sie, dass sie nicht drinnen arbeiten mussten, sondern Golf spielen oder segeln konnten. Nachdem sie aber für die Bräune nur noch an den Ballermann zu fliegen brauchten, kam ein höheres Gut in Mode: Zeit. Nicht mehr in ein Berufskorsett eingespannt zu sein, sondern machen zu können, was man will, wann man es will – das wurde zur Wunschvorstellung von Luxus. Heute scheint mir das angestrebteste Gut die Aufmerksamkeit zu sein. Sie zu erringen ist im digitalen Zeitalter leichter, aber durch das Überangebot auch schwerer geworden.

Das Englische ‚Pay attention' statt des pädagogischen ‚Pass auf' im Deutschen hat mir schon während meiner Schulzeit imponiert, weil es mich gleich darauf aufmerksam machte, dass man den Fisch nicht nur fangen, sondern auch verkaufen muss. Der Sozialismus hatte das Ideal, dass aller gefangener Fisch einfach verteilt wird, was wahnsinnig human ist, leider aber dazu führt, dass die Fischer irgendwie keine Lust haben, mehr zu fischen, als sie selbst und ihre Schwiegereltern brauchen, und ob in verseuchten Meeren überfischte Flundern sowieso nicht mehr vorkommen, war ihnen auch egal, weil damals vor allem die Produktion zählte; Marketing war nicht so wichtig, weil sowieso alle alles wollten. Etwas bescheuert sang ich schon 1965 als infantiler Musikstudent die im Deutschen damals sinnlose Übersetzung in aufsteigenden Terzen: „Zahl Aufmerksamkeit! Zahl Aufmerksamkeit!" Als ich fünfundzwanzig Jahre später lieber das im eigenen Betrieb nicht sehr renommierte Marketing übernehmen wollte als die angesehene A&R-Abteilung meines Arbeitgebers, war mir schon klar, dass die Zukunft nicht der Erzeugung, sondern der Vermarktung gehören würde. Die Möglichkeiten des Internets ahnte ich nicht, so wenig wie Goethe das Flugzeug. Inzwischen zahlt man für Aufmerksamkeit, und da kann Donald Trump natürlich mehr einsetzen als ein unentdecktes Genie in Gelsenkirchen, das nicht Fußball spielt, sondern bloß das absolute Gehör hat.

EINTRACHT BEI ‚OTELLO'

UMWEG #64

Die Sonne war höflich genug, etwas zu sinken; die Minibar gab ein Gin- und ein Tonic-Fläschchen frei, und ich blätterte im ‚Spiegel' vom Allgemeinen ins Besondere. Auf einer römischen Terrasse fühlt sich der Hedonist von einem Putsch in der Türkei etwas weniger angesprochen als der ‚Bild'-Zeitungsleser in der Straßenbahn von einer Niederlage seines Fußballvereins. Die Welt ist schrecklich, das ist nicht neu und auf gleicher Höhe mit der Spanischen Treppe verkraftbar. Soll doch Erdoğan die Journalisten einsperren und Putin Aleppo und die Ostukraine bombardieren! Soll der IS den Terror nach Europa tragen und sollen Tausende von Flüchtlingen im blauen Mittelmeer ertrinken! Was geht mich das alles noch an? Ich habe schon die 68er überlebt, ich werde auch das überleben, und wenn nicht, dann trinke ich eben noch ein Glas perlenden Champagner auf die Pompadour und lasse alles fröhlich den Bach runtergehen, denn dass er zur Sintflut anschwillt, das werde ich nicht mehr erleben. Weil ich dann tot bin. Jetzt aber noch nicht: Die Vergangenheit gehört unseren Toten, die Zukunft gehört unseren Kindern, die Gegenwart – sie gehört uns.

Und da rief sie auch schon, die Gegenwart. Rafał unterstützte mich in der Kleiderauswahl – bei 35 Grad keine sehr umfassende Aufgabe – und dann brachen wir auf zu Silkes Geburtstagsmahl; das ging gut zu Fuß: keine hundert Schritte.

Das ‚Otello', genauer gesagt die ‚Trattoria Otello alla Concordia' ist ein Bezugspunkt meiner Biografie. Meine Eltern aßen dort schon Ende der Fünfzigerjahre des verflossenen Jahrhunderts im Mai grünen Spargel und gebratenes Hühnchen. Seit Mitte der Sechzigerjahre traute ich mich etwas forscher an die Speisekarte. Meine Lieblinge wurden ‚Vitello tonnato', ‚Abbacchio con rosmarino' und ‚Monte bianco', ein unerhörter Traum aus Kastanienpüree, Sahne und Rum. Im viel zitierten Jahr 1968 beeindruckte Irene und mich allmittags ein polnischer Intellektueller, der uns am Nebentisch von den Deutschen vorschwärmte. Damals fanden junge Deutsche ihre Vergangenheit ganz besonders schmählich, aber der Pole tröstete mich zwischen Kalb und Lamm, dass es im heroischen Gesamtbild auf den Ausrutscher mit den paar Juden vor mehr als zwanzig Jahren doch wirklich nicht ankäme. Als Sohn einer polnischen Halbjüdin und eines Vaters, der die Gefährdete bis Kriegsende versteckt hatte, sah ich ohnehin wenig Anlass, mich meiner eigenen Eltern so zu schämen, wie ich es bei den übrigen Deutschen für angemessen hielt, und ich pflichtete meiner Mutter bei, die einen jugendlichen Protestmarsch durch Rom kommentierte: „Das würde den deutschen Studenten nie einfallen!" Es ging darum, dass die sowjetische Führung Panzer auf Prag gehetzt hatte und italienische Linke dagegen durch die Straßen zogen.

Mit Pali war ich bei ‚Otello' gewesen, mit Harald selbstverständlich, sogar mit der Pianistin Martha Argerich; für die Noflo war es unser römisches Stammlokal. Mir fällt nichts auf der Welt ein, das unser Zusammengehörigkeitsgefühl, unsere Jugend, unsere Zukunftshoffnungen schlüssiger symbolisieren könnte als dieser Innenhof, hinter dessen trennenden, bindenden Gitterstäben wir dicht gedrängt saßen und uns berauschten: an unserem Hunger, an unserem Wollen, an uns selbst. Und an zwei Karaffen Frascati.

Meine Erwartungen waren nicht allzu hochgesteckt, als ich neben Silke, Giuseppe und Rafał um die Ecke zum ‚Otello' humpelte. Meine Mutter und ich, wir hatten es ja 1984 fast als ein Wunder betrachtet, dass die meisten der Kellner noch dieselben gewesen waren und die Qualität der Gerichte immer noch genauso gut wie in unserer Erinnerung. Da konnten wir dann entzückt zwischen all den Menschen sitzen und uns vormachen, dass Touristen diesen Innenhof gar nicht finden und dass uns, versteckt, das Altern erspart bleiben würde. 1987 war es damit vorbei. Irene und ich gingen am ersten Abend hin, waren enttäuscht, gaben dem Lokal nach so vielen Jahren der Treue noch eine zweite Chance und resignierten dann im Wissen um den Niedergang alles Irdischen, einschließlich ‚Monte bianco'.

Ein ‚TripAdvisor' machte Mut: ‚Etwas versteckt im Hinterhof gelegen. Das sehr freundliche Personal, leckere Küche und urige Atmosphäre im Lokal. Fünfzigerjahrestil – als hätte sich Jahrzehntelang nichts verändert.' Ein anderer weniger: ‚old professional waiters gone, management changing everything good I have enjoyed here for three decades. How sad!' Mit verhaltener Neugier durchmaß ich den gepflasterten Gang zum Innenhof, Silke wird auch gespannt gewesen sein, für Rafał und Giuseppe neben uns war der Schauplatz neu, und über unsere Erlebnisse vor Ort berichtet hatten wir auch nicht ausführlich: Solche Erzählungen langweilen immer, besser, man erlebt selbst, obwohl ich das in diesem Fall dem Leser nicht uneingeschränkt empfehlen mag.

Kurz nach acht. Die Obst-Gemüse-Dekoration war noch ziemlich dieselbe und den tröpfelnden Springbrunnen gab es auch noch. Aber auf den nackten, unbesuchten Tischen lagen abwaschbare Sets, die Servietten waren aus Papier. Dies erfüllte bereits die Kriterien, um früher von Harald und mir als ‚Touristen-Abkoche' eingestuft zu werden. Doch nun galt es, nicht zu verzagen, sondern Silkes Geburtstag unbeschwert zu feiern. Das machten uns die ungewohnten, schlecht geschulten Kellner nicht leichter. Wenigstens drangen noch ein paar weitere Gäste zu uns durch. Leere bekommt dem Ansehen eines Lokals schlechter als wässrige Suppe. Das Essen war keine Katastrophe, zumal empathiebegabte Menschen mich zurechtweisen würden, dass ausschließlich eine Katastrophe sein kann, nichts zu essen zu haben. Die Katastrophe bestand in der Nostalgie ausschließenden Unerheblichkeit. Dass ich um diesen Termin und diesen Ort herum die gesamte Reise geplant hatte, verschwieg ich lieber, aber Silke war es ja ohnehin klar. Na ja: Belanglosigkeit ist besser als ein Scherbenhaufen, wenn auch das Urteil ‚So schlecht war es gar nicht' als Höhepunkt nicht wirklich geeignet ist, schon gar nicht, wenn man vom ‚Alhambra' kommt.

Wir liefen durch die laue Oregano-Luft der Pizzerien an vollen Tischen vorbei zum trägen Hotel-Fahrstuhl. Fünfter Stock, unsere Terrasse. Die Dunkelheit stand ihr besser als der Tag, ihrer Aussicht erst recht. Es war noch Rotwein da – nicht mehr lange. Dann gingen Silke, Giuseppe und ich ins Bett und Rafał seiner Wege.

DIE STADT UND ICH

UMWEG #65

Dass, wenn ich ins Bett gehe, Rafał das noch lange nicht tut, weiß ich. Ich spüre das Laken unter mir und horche in mich hinein, um zu stöbern, ob ich da wohl in einer unaufgeräumten Ecke ein Quäntchen Neid entdecke, aber ich fördere höchstens etwas Nostalgie, na ja, nicht zutage, aber in die Nacht. Damals, als ich ... wie ich da ..., oh Gott, und dann ... so viele Enttäuschungen, so viele Siege. Nichts hat mich nachhaltig verwundet, nichts hat mich nachhaltig geheilt. Alles hat mich eine Ecke weiter gebracht, kaum im realen Leben, wohl aber in meiner tausendfüßlerischen Biografie. Ich kann mich nicht beklagen? Natürlich kann ich das, jeder kann es. Der eine beklagt sein hartes Schicksal, der andere, dass ihm nicht genügend zugestoßen ist. Wer nicht rechtzeitig stirbt, der sollte das Alter dazu nutzen, seinen Frieden mit der Art zu machen, wie er sein Leben geführt hat. Gendergemäß sollte ‚sie' das ebenfalls tun, und selbst ich bemühe mich in diesem Augenblick, mich zu verstehen.

Wenn Rafał viertel nach neun an die Tür klopft, liegen kurzzeitig hinter ihm mehr Erfahrungen und weniger Träume als hinter mir. Seine absolute Zuverlässigkeit am Morgen rückt mir seine Nächte in ein Licht irrealer Zustandslosigkeit. Er sagt ein paar Worte über das, was er erlebt hat, und ich schweige, Giuseppe nicht. Er fragt nach, er will es genauer wissen, er möchte es nacherleben. Giuseppe hat immer bloß zugesehen, während ich mich ausgetobt habe; er ist Voyeur geblieben, ich lasse es mir nicht anmerken. Rafał gibt ein wenig von seiner durchfickten Nacht preis, ich höre weg und konzentriere mich auf den Tagesablauf. Rom! Was geht noch? Was lässt Altes aufleben oder vergessen, was lässt Neues zu?

Ich habe eine Aufteilung vorgesehen: Rafał ist zum ersten Mal in Rom; er soll die andere Tiber-Seite kennenlernen, Engelsburg, Vatikan; Silke schadet das auch nichts. Giuseppe ist oft in Rom; er kann mich zur Piazza Navona begleiten und dort mein Alleinsein durch seine Gegenwart auflockern. Im ‚Caffè Domiziano' hatte Silke nicht reservieren können, das bringt da nichts, vor allem keinen Umsatz, wenn man einen Tisch mutwillig leer hält, der spielend belegt werden kann. Seh' ich ein. Giuseppe und ich, wir bekamen trotzdem gerade noch eine freie Ecke, mit Blick auf alles. Mehr geht nicht. Mehr Rom geht nicht. Und endlich mal nicht allein darauf warten, abgeholt zu werden, sondern behütet sein; kann man dann das Warten bereits ‚Erleben' nennen? Die Taxe war bis knapp an den Durchgang gekommen, ich bis knapp über die Brunnen hinweg zum ‚Domiziano'. Es muss ja immer jemand weggehen, damit man sich in Position bringen kann: in der Politik, auf dem Parkplatz, am Boulevard. Abtreten, antreten – so läuft das.

Wir setzten uns und genossen, dass nichts passierte. Weil mir das mehr Assoziationsmöglichkeiten bot als dem Leser, möchte ich ihn, also Sie, an meinen Erinnerungen teilhaben lassen. Das geht am besten mit Ausschnitten aus drei Briefen: den ersten an Harald, als ich noch sexlos war, den zweiten auf Verlobungsreise mit Pali, den letzten an Pali, als ich schon Sau war.

Rom, 30.08.1968
Carissima Araldina!
Endlich wieder Rom: Piazza Navona, Piazza del Popolo, Piazza della mia vita. Gleich am ersten Nachmittag wurden wir beim Campari Zeugen, wenn auch nicht Mitläufer, einer Demonstration: Studenten, die nicht gegen kapitalistische Ausbeutung protestierten, sondern gegen den Einmarsch des Warschauer Pakts in Prag. Es war packend und ergreifend. Deutsche Studenten werden sich zu so viel Objektivität nie durchringen können. Wer riskiert schon gern, dass sein festgezurrtes Weltbild kippelt? Über untergegangene Imperien und Ideologien lässt es sich in Rom genüsslich nachdenken: die Trümmer vor Augen, die Erdnüsse in der Hand und das Glas am Mund.

Zum nächsten Abend hatten wir durch Vermittlung von Guntrams Geschäftspartnern eine Einladung bei einem amerikanischen Maler, der seit sechs Jahren in Rom lebt. Am Telefon erwähnte er, einige Freunde würden anwesend sein. Durch wabernde Haschschwaden kämpfen wir uns den Weg an ranken Körpern vorbei zu unerhörten Offenbarungen der Leinwand. Wir lauschen hingerissen den feurigen Diskussionen Bärtiger und genießen den Blick aus dem Atelierfenster auf das nächtliche Rom – glaubten wir.

Die Wirklichkeit: In einer Ansammlung von Kitsch sitzt ein

liebenswürdiger älterer Herr, der uns mit je einem amerikanischen und einem italienischen Durchschnittsehepaar bekannt macht. Außerdem anwesend: ein spitzer Jüngling vom italienischen Sozialistischen Studentenbund, wohlanständig wie die beiden Bürgerspaare. Die Bilder werden betrachtet. „Oh, I like it!", stellt die Amerikanerin fest. Ihr Gatte erkundigt sich, ob das schmiedeeiserne Gitter, das Wohn- und Essraum trennt, auch ein Werk des Künstlers sei. Er wehrt bescheiden ab. Irgendwann ist der Abend vorbei. Der Malende wollte nichts als verkaufen, wir wollten nichts als weg. Vielleicht sollte man den Partnern meines Vaters mehr im Bereich der Wirtschaft vertrauen als im Bereich der Kunst.

Am nächsten Abend holten wir Guntram vom Flugplatz ab und aßen in Trastevere: Im ärmlichsten Viertel die teuersten Restaurants – das ist Tourismus. Und das bringt Studenten auf die Straße. Verständlich, dennoch ist das Essen bei ‚Sabatini' ausgezeichnet. Muss man es sich übelnehmen, wenn man gern hübsch angezogene Leute anguckt? Mein Vater, der bei Kulturellem immer Kreislaufstörungen bekommt, freut sich, am übernächsten Tag mit meiner Mutter abzureisen. Ich freue mich auch: Eine Handvoll Tage werde ich Rom für mich haben – die Stadt besiegen, der Stadt erliegen. Doch dann der Umschwung: allein, ausgeliefert. Ich halte es nicht aus. Die Stadt bedrängt mich, ich fühle mich fast vergewaltigt und bin entsetzt darüber, dass ich es genieße. Ich fliehe.
Drei Tage eher als geplant.

Rom, 27.05.1972
Carissimo!
Rom. Vier Jahre später. Etwa fünfzehn Stufen, dann die terrassenartige Fläche, die Balustrade, und kerzengerade unter mir die Via Condotti. Ich sitze mitten auf der Spanischen Treppe, mitten in der Mittagssonne, mitten unter den singenden, Gitarre spielenden, schweißig duftenden Träumern, die Rechtschaffende heute unter dem Begriff ‚Gammler' zusammenfassen.

Ihre Musik klingt ein bisschen romantisch, ein bisschen aufsässig. Weltverloren, selbstgewonnen. Unter uns flaniert die Nobilità mit kühler Selbstverständlichkeit, und in den Schaufenstern hat man Gelegenheit, die Stilmerkmale von ‚Gucci' und ‚Valentino' zu unterscheiden. Hier oben gilt es, den Unterschied zwischen Greatful Dead und Ten Years After zu erkennen. Bewusst werdende Lebensgefühle, die nach Differenzierung und Artikulation suchen. Ich Ignorant habe ja Valentino auf Capri kennengelernt und hielt ihn bloß für das Schmuckstück der geschiedenen Frau Thyssen. Da ich selbst Mitbringsel war, hätte ich wissen müssen, wie eigenständig die manchmal sein können. Pali schien leicht verstimmt, dass ich ihn heute Morgen, schon vor dem Frühstück, verlassen habe. Er mag gedacht haben, ich suche das große Abenteuer, irgendetwas, das zu Faszination, Eskalation, Ejakulation führt. Nichts dergleichen. Es ist der übliche Test. Die Stadt und ich. Und immer siegt die Stadt. Und immer bin ich der Verlierer.

Die Menschen um mich her sind freier und befangener als ich. Von den meisten könnte ich lernen, mit keinem möchte ich tauschen. Das leere Lachen hübscher Schwuler, die etwas krampfige Fröhlichkeit der verbissen Singenden, und die Gleichgültigkeit derer, die sich nur für Dinge engagieren können, die Tausende von Kilometern entfernt liegen. Außerdem die belanglosen Touristen, na klar. Vielleicht möchte ich angesprochen werden, vielleicht fürchte ich mich davor. Dieselben Impulse, die mich weiterbringen, lähmen mich. In gewisser Weise bin ich glücklich, auch wenn ich zu feige bin, ich selbst zu sein. Es ist grell und heiß. Außerdem schreibt es sich nicht gut auf den Knien. Ich werde zurückgehen in das Gartenlokal und noch einen Campari trinken.

Da sitze ich also wieder. Am selben Tisch im selben Lokal wie vor vier Jahren, und ich bin auch derselbe geblieben. Inzwischen habe ich etwa 200 Menschen kennengelernt. Ich habe einen Beruf und finde den Kellner außerordentlich hübsch mit seinen schwarzen Haaren und den grünen Augen hinter matt schimmernden Wimpern. Ich suche den Umkreis der Erregung, aber was führe ich wirklich durch? Für einen Menschen, der zu Recht als egoistisch gilt, verzichte ich unangemessen viel. Wahrscheinlich werfe ich mit meinem Egoismus nur da um mich, wo ich altruistisch sein sollte. Ich werde mich zwingen, meine Bedürfnisse zu durchleiden, damit ich mir nicht so verdammt ungelebt vorkomme. Ich werde mich zwingen, mit Menschen zu reden, ich werde mich zwingen, mit Menschen

zu schlafen, und ich werde mich zwingen, all das aufzugeben, was nicht wirklich ich bin. Capri war einfach hinreißend.
Das Wetter wurde sehr bald gut.
Die Menschen, das Essen, das Baden, Schlendern, Sehen, Gesehenwerden.
Die Unterhaltungen und Spaziergänge. Es war wie ein schöner Lieschen-Müller-Madame-Traum. Vorgestern schieden wir wunden Herzens und hatten gestern unseren ersten Tag in Rom bei strahlendem Wetter. Dass es Rom gibt und man woanders wohnt, ist eines der Menschheitsrätsel, die wohl nie gelöst werden.

Zehn Jahre später klang das so:
Rom, 16.08.1982
Lieber Pali,
Briefe schreiben darf ich ja nicht mehr. Du findest, dass ich damit mein Talent verplempere. Also schreib' ich nicht mehr an Dich. Aber Aufzeichnungen werd' ich mir ja wohl noch machen dürfen. Zurzeit sitze ich auf der Piazza Navona am Rand eines der beiden Brunnen und es stört mich ziemlich, dass ich nicht Linkshänder bin. Ich finde, ich müsste Linkshänder sein. Besonders, wenn ich auf der Piazza Navona sitze, am Brunnenrand und halb deshalb schreibe, weil meine Aufmerksamkeit erregt ist, halb, um Aufmerksamkeit zu erregen. Die Renaissance-Päpste haben diesen Platz mit Wasser fluten lassen, der Klerus fuhr Schiffchen. Im Winter schmissen die Kardinäle mit Schneebällen nacheinander. Ob das stimmt?

Dinchen ist krank. Sie hat schon mehrmals gekotzt und liegt jetzt im Bett. Ich habe also den Abend ganz für mich, und gerade das ist es, was mir nicht bekommt. Vielleicht brauche ich das: mich loszureißen oder mich nicht losreißen zu können, um mich endlich doch freizumachen – den Triumph, mir etwas ertrotzt zu haben, etwas, das mir eigentlich nicht zusteht. Mir steht die ganze Welt offen – aber immer nur durch die Hintertür. Die einzige Attraktion, mit der die Dine permanent aufwartet, ist ihre Mitteilung, sie wäre so gern eine richtige Queen. Dafür, so äußerte sie, würde sie bereit sein, sich fette Titten spritzen zu lassen und überhaupt einige kosmetische und vermutlich auch komische Eingriffe zu erdulden. Je länger ich darüber nachdenke, desto klarer wird mir, dass das tatsächlich ihre wahre Bestimmung ist.

Positano war einmalig, wie jedes Mal. In Florenz wollte ich, weil ich das

Baptisterium ja schon kenne, das ‚Crisco' kennenlernen. Hat nicht geklappt. Gleich von der Eingangstür ging ich mit einem Neapolitaner mit, er bekam die Wohnungsschlüssel des Wirts. Es war mehrmalig. Florenz ist voller Sehenswürdigkeiten, man kann einfach nicht alles auf einmal besichtigen. Aber Dino aus Napoli sah aus wie San Sebastiano ohne Pfeile, das spart den Weg in die Uffizien. Jeder vernünftige Mensch (also nicht Du) würde fragen: Wird das nicht allmählich langweilig? Genauso langweilig wie jeden Morgen eine andere Marmelade zum Frühstück. Inzwischen hab' ich mich zu einem Drink einladen lassen und bin dem Spender davongelaufen. Vorher schon war ich einem davongelaufen, bevor es zum Drink kam. Jetzt sitze ich wieder am Brunnenrand. Stunden später, aber keineswegs weiter. Schreiben darf ich ja auch nicht mehr. Dann lass ich's eben.

Hanno

ROTER TEPPICH

UMWEG #66

Viel eher als von mir erwartet kamen Silke und Rafał an unseren Tisch. Engelsburg und Vatikan lagen hinter ihnen, die Getränkekarte lag vor ihnen. Erstaunlich: Manche Besucher brauchen mehrere Tage, um sich Roms bekannteste Attraktionen anzueignen, manche Schaulustige nur den Reiseführer, besonders, wenn er hübsch ist. Bei Hitze macht Kultur noch weniger Spaß als bei Regen, selbst wenn ich immer noch rennen könnte wie vor zehn Jahren, also wie zu meiner Schulzeit: Ich wäre nicht hingegangen, sondern sitzen geblieben.

Leben zu müssen ist nichts Erfreuliches; das behaupten nicht mal die Religionen. Deshalb stilisieren sie unser augenblickliches Dasein zur Aufgabe hin: Bewähr dich, dann geht's dir anschließend besser! Stimmt oft, hat aber nichts mit dem Jenseits zu tun. ‚Wieso hat Gott dies oder das nicht verhindert?', fragen sich Gläubige, wenn etwas Schlimmes passiert ist. ‚Weil es ihn nicht gibt', darf der Priester nicht sagen und deshalb redet er etwas länger, wie die Politiker auch: Lügen brauchen viel mehr Worte als die Wahrheit. Trotzdem haben die als ‚Populisten' bezeichneten nicht recht. Politiker und Presse lügen nicht, sie verschweigen bloß. Das ist auch richtig so, nur peinlich, wenn es rauskommt. Ich fürchte, und es macht mir keinen Spaß, das zu sagen, dass die Ränke schmiedenden Intriganten der Welt weniger Schaden zugefügt haben als die unbeirrbaren Ideologen. Wenn die es bis zur Macht geschafft haben, dann haben auch sie immer begonnen zu lügen, meist auch zu morden, in Notwehr natürlich, weil das Glück der Menschheit in Gefahr war. Und wenn es nicht geklappt hat? Die Konterrevolution gegen die Konterrevolution der Konterrevolution ist moralisch immer gerechtfertigt, sagen die, die übrig bleiben. Die Politik verträgt nur ein gewisses Maß an Aufrichtigkeit, und die Geschichte ist dazu da, ihr das übelzunehmen.

Da saßen wir auf einem der wieder mal schönsten Plätze der Welt, und immer wenn mir wieder mal ein paar Selfie-Touristen den Blick auf Borrominis Vierströmebrunnen versperrten, nahm ich das wieder mal zum Anlass, mich über alle zu ereifern, die ich für dümmer hielt als mich. Donau, Nil, Ganges, Rio de la Plata.

Selbstgefälligkeit ist eine der wenigen Freuden, die das Alter erträglich machen: So wie die Unsicherheit Teil der Jugend sein sollte (sonst läuft etwas verkehrt), sollte die Besserwisserei Teil der Altersbelustigung sein (sonst ist es schade). Mich wird der Zweifel bis zu meiner letzten Erdensekunde begleiten, einen zuverlässigeren Partner habe ich nie gefunden. Das einzig Schlimme am Totsein ohne transzendente Fortsetzung ist, dass man nicht mehr sagen kann: „Ätsch, ich hab's doch gleich gewusst!" Diese unweigerliche Triumphlosigkeit der besserwisserischen Agnostik versaut einem den Gedanken an das Lebensende ziemlich.

Wir verließen den Platz gegen zwei und nahmen eine Taxe zum Pincio, auch einer der schönsten Plätze der Welt, jedenfalls für mich: Lieber gucke ich von oben auf die Piazza del Popolo, als dass ich da unten stehe, aber wir gingen in die entgegengesetzte Richtung.

Das erste Haus in Roms Stadtpark, der Villa Borghese, ist die Casina Valadier, benannt nach ihrem Architekten, der sich ziemlich viel Zeit ließ: Von 1816 stammen die Pläne, 1837 war das Gebäude fertig. Sogar die Elbphilharmonie wurde schneller eingeweiht. Schon in den Zwanzigerjahren des vorigen Jahrhunderts wurde die Villa zu einem Restaurant gemacht. Ob sie das als Prostitution empfand? Auch nicht schlimmer, als im Zweiten Weltkrieg von den Deutschen besetzt zu werden. Dann ging es hin und her, 1990 wurde das alles geschlossen. An meinem 58. Geburtstag, am 19. Juni 2004, fand die Wiedereröffnung in meiner Abwesenheit statt. Roland, Pali, Guntram und Harald waren in dieser Reihenfolge gestorben, und Irene hätte schon ein wenig überlegt, ob sie in Rom oder in Bozen ist.

Der Zugang über den roten Teppich macht erwartungsfroh, falls er nicht abschreckt, was womöglich gegenüber einer unerwünschten Klientel sogar beabsichtigt ist. Ich wollte nicht oben, sondern im Garten sitzen, zumal das Restaurant im ersten Stock erst abends öffnet.

Eine ‚TripAdvisorin' war von dem Ambiente unten allerdings schwer enttäuscht gewesen: ‚Dort befand sich eine Terrasse, ohne nennenswerte Apartheit und niemand anderes saß dort. Es war klar, dass man uns aufgrund der (meiner) äußeren Erscheinung nicht im noblen Innenbereich haben wollte. Ich habe sehr viele sichtbare Tattoos und grünes Haar. Offenbar entspreche ich nicht der dort forcierten Zielgruppe. Ich empfand dies als sehr unverschämt, mein Geld ist nicht schlechter als das anderer Gäste. Nie wurde ich dermaßen abgefertigt ob meines Äußeren wie in der Casina Valadier.‘

Auch wir waren die einzigen Gäste, und die ‚Apartheit‘ machte uns nichts aus, sondern die Location exklusiver. Besonders hübsch waren die Toiletten, aber die Mini-Burger waren auch niedlich.

Wie sehnsüchtig habe ich in den Sechzigerjahren spät abends die Villa Borghese durchstreift; erfolglos, aber unzusammengeschlagen, was ja vielleicht bereits ein Erfolg war. Doch schon ein paar Jahre später, 1975, schrieb ich an Pali:

> Ich habe mit alten Männern geschlafen und junge Frauen erregt, um mir meine Lust zu beweisen, aber irgendwas in mir muss knabenschänderisch sein, sonst würde es mich nicht so zu schmalen Brustkörben und dünnen Armen ziehen. Ich umfange gern Haut und Knochen, so wie ich Haut und Knochen war, und die Traurigkeit einer glücklichen Kindheit, und die Traurigkeit über den Verlust der Kindheit und über den Verlust der Traurigkeit gaukeln mir eine Zärtlichkeit vor, ein Strömen, das vielleicht nur Narzissmus ist. Es war unser erster Abend in der Ewigen, wir hatten im Innenhof des Lokals unter den Weinranken gegessen, die Luft würzte die ohnehin würzigen Speisen, und der Frascati gab meinen Empfindungen Aroma. An Schlafen war nicht zu denken. Irgendetwas trieb mich durch die Straßen. Und dieses ‚Irgendetwas‘ war wohl als Neugier verbrämte Geilheit. Ich landete in einem Club, in dem die Schönheit der Einrichtung aus den Gästen bestand. Hungrig und unschlüssig stand ich am Tresen. Aber das Angebot, obwohl nahezu unter sich, forderte seinen Preis. Das war natürlich ein Schock. Ich zahl doch nicht! Mein Ruf und so weiter. Die wunderschönen, stolzen Römer, so stolz, dass sie sich lieber bezahlen lassen und hetig vorkommen, als etwas umsonst zu tun, was ihnen dann doch Spaß macht. Deren Ruf und so weiter. Ich rechnete im Stillen schon mit finanziellen Offerten an mich, aber nein, Angebote nur von Ausstellern, ich war sofort als Käufer enttarnt.
>
> Geld, auch wenn man es nicht hat, wirkt ernüchternd. Und meine romantischen Vorstellungen von

Glutäugigkeit, Sehnigkeit und Cäsarentum passten nicht recht zu dieser geschäftstüchtigen Willigkeit. Nun half allerdings auch, dass ich wie üblich nur das Geld für zwei Drinks bei mir hatte: eine Mischung aus Geiz und Vorsichtsmaßnahme. Das hielt mir nach einer Weile ihre Leiber vom Leibe, auch wenn sie traurig schienen. Verständlich, schwul oder nicht schwul: Es schläft sich schon netter mit mir als mit einem zahlungskräftigen Fettwanst. Die Touristen, wenig ehrbare Kaufmänner, kicherten mir ihr Einverständnis zu und fragten mich: „Why not join our party?" Aber ich machte mich wieder mal auf dem verkehrten Bein gemein und ließ mir auf dem Klo die Tarife erklären. 20.000 Lire galt wohl als Einheitspreis. Womöglich gewerkschaftlich abgesichert. Ich hatte nicht mal 2.000 und hätte ich sie gehabt, hätte ich sie nicht ausgegeben.

Ich ging. Aber ein besonders Glutäugiger, besonders Sehniger, besonders Cäsarischer kam hinter mir her und nahm mich am Arm. Ich fühlte mich mehr als nur an den Arm gefasst, und unangenehm war es mir auch nicht. Er wollte mir das Geld stunden. Morgen könnte ich zahlen. Unter Freunden gelte ein Wort. Er nahm meine Hand und schüttelte sie. Offenbar waren wir handelseinig geworden. Aber ich hatte doch noch gar nichts gesagt. Vielleicht, wie ich nichts gesagt hatte ... Ich war gerührt, von diesem Vertrauen. Aber vor allem war ich natürlich brünstig. Und während in meinem Hotelzimmer schon Harald von der Fraulichkeit der Serviererin träumen mochte und der Cäsarische bei redlichen Leuten zur Untermiete wohnte, fanden wir uns schließlich im Park der Villa Borghese wieder. Na, Rom wird auch darüber hinwegkommen. Ich schon schwerer. Die Art, wie er sich abfertigen ließ, die aufmerksame Unbeteiligtheit, entsetzte mich. Aber ich fand keinen Weg, ihn aufzutauen oder selbst aufzuhören. Pinienduft tränkte die Nacht. Eine Flasche ‚Acqua di Selva', sinnlos verschwendet. Entgeistert und elektrisiert nahm ich mir, wofür ich bezahlen sollte, und er wachte über mein Tun und das der Polizeistreife in der Ferne.

Bis dahin. Der Brief geht noch endlos weiter, aber Silke und ich nahmen eine Taxe zurück zum Hotel. Zu Fuß ist der Weg kürzer. Wenn ich die Kraft hätte, mich zum Laufen zu zwingen – was wäre dann gewonnen? Selbstvertrauen am

Ende oder die Bahre auf halber Strecke? Der Fahrstuhl ist gängiger als der Rollstuhl, und das Bett ist anheimelnder als die Terrasse, solange die Sonne wütet. Ab fünf ist es dann draußen auszuhalten. Da sitze ich dort oben, tief in Rom, und ich denke vor mich hin.

1984 hatte ich gar nicht nach Rom gewollt, sondern nach Kairo. Das wurde 1722 Jahre später gegründet als Rom, nämlich 969 n. Chr. von Dschauhar-as-Siqillī, und wäre mal etwas anderes gewesen als das ewige Italien. Eigentlich hatte ich Kairo sowieso nur als Ausgangspunkt einer Flussfahrt nach Luxor geplant, möglichst ohne Agatha Christies ‚Tod auf dem Nil'. Irene hatte mich zu Bernstein-Aufnahmen nach Tel Aviv begleitet, und vor Bernsteins nächstem Auftritt in Florenz gab es eine Woche Pause, in der Geschichtsbewusstsein und Gemüt bedient werden sollten, aber eine Sitzplatzgarantie für den Flug von Tel Aviv nach Kairo konnte ich nicht bekommen. Der Flug sei ‚vielleicht' ausgebucht. Ein Flug ist ausgebucht oder nicht, argumentierte ich, kam aber nicht weiter. Die Nilfahrt auf dem Luxusdampfer mit Übernachtungen war teuer. Ich mochte nicht riskieren, dass die Tickets verfielen, weil wir nicht von Tel Aviv weggekommen wären und hatte umgebucht auf Rom. Unsere ‚Alitalia'-Maschine flog zur selben Zeit wie die ‚Egyptair' nach Kairo, und so machte ich mir den Spaß, zum fünfzig Meter weiter gelegenen Schalter zu gehen und zu gucken, wie viele Menschen denn wirklich von Israel nach Ägypten wollten: Da saßen zwei Herren im Anzug (Geschäftsleute, Diplomaten?) – das war's. Ich habe mir seither meine Hasenfüßigkeit immer wieder mal übelgenommen. Es hätte doch problemlos geklappt! Nun werde ich nie auf dem Nil gewesen sein, aber manchmal denke ich: „Wenigstens eines dieser Erlebnisse weniger, die ich nun nicht mehr teilen kann." Erinnerungen ohne den Menschen, mit dem man sie gemeinsam geschaffen hat, verlieren an Wert. Der Tod lässt uns zurück, allein, und die Erinnerungen schmecken wie schal gewordener Wein. Oder sie werden besonders kostbar. Ein zerfließender Harzer – spezieller Genuss oder reif für den Müll. Käse, Käse.

Rom war nicht Afrika, aber auch schön, 1984. Mal regnete es, mal nicht. Ein Ausflug ans Meer, ein Blick in die Schaufenster. Das Schönste am Wiederkommen ist, dass man sich nicht mehr zwingen muss, Sehenswürdigkeiten zu studieren. Diesen Vorteil hätten wir in Luxor nicht genossen.

ABEND DER GAUKLER
UMWEG #67

In der Nachmittagssonne auf der Terrasse sitzen und alles an sich vorbeirauschen lassen: Das, was man unterlassen hat, und das, was man getan hat. Mein Hirn ist das Kanu, an dem im Blut alles vorbeischnellt: das Erreichte und das Versäumte. Nil oder bloß wieder Tiber? Man muss sich was trauen. Sonst hat man umsonst gelebt. Man muss denken oder herrschen oder niedergeknüppelt werden. Scheiß auf dein Grab, Hauptsache, du hast gelebt vorher!

Ich erinnere mich noch gut daran: die Gefahr mehr suchen als die Zufriedenheit, damals. Tage, die nicht am Abgrund hangeln, sind es nicht wert, gelebt zu werden. Ich kenne diese Einstellung – aus Erfahrung, aber die Konsequenzen, die ich daraus zog, sind kein Stoff, über den ich schreiben möchte, denn ich habe nicht versucht, die Menschheit zu retten, sondern nur, mich selbst aufzuputschen oder zu besänftigen.

‚... was die Welt im Innersten zusammenhält ...' Das Faustische habe ich immer in mir zu entdecken versucht und dachte meist: „Armer Mephisto, an mir hättest du dir die Zähne ausgebissen." In Wahrheit hätte Mephisto seinen Spaß an mir gehabt. Wie oft habe ich für einen durchgeknallten Augenblick alles riskiert, aber bis auf den heftigen Schlaganfall ist mir nie etwas Schlimmes passiert, immer nur den anderen. Gerechterweise habe ich unter den Verlusten geliebter Menschen so gelitten, dass mein ewiges Ziel einer Unbeschwertheit selbst im Paradies nicht mehr denkbar ist. Trotzdem: Diese ständige Angst vorm Orgasmus, also vor der Lustlosigkeit, die anschließend kommt. Also doch wieder Faust: ‚So tauml ich von Begierde zu Genuss, und im Genuss verschmacht ich nach Begierde'. Treffender als Goethe, den ich in seinem Spießer-Weimar als kecker Revolutionär des beginnenden neunzehnten Jahrhunderts gern schamlos und ungerecht provoziert hätte, kann keiner es ausdrücken.

Ich habe zu mir selbst gesagt: „Was du nicht ändern kannst, das musst du genießen, und was du nicht genießen kannst, das musst du ändern!" Jetzt kann ich nichts mehr ändern und nur weniges genießen. Die Schmach des Alters. Rafał kommt. Meine Kleidung kann ich ändern. Anders auszusehen als man ist, hat schon vielen geholfen. Eine erfolgreiche Verstellung ist genauso befriedigend wie eine zur Schau gestellte Gesinnung.

Die Taxe brachte uns auf die andere Tiberseite, bis kurz vor die Piazza Santa Maria in Trastevere. In der Mitte des Platzes gab ein Gaukler seine Vorstellung, umringt von Schaulustigen. Bei ‚Sabatini' bekamen wir erst unsere Plätze zugewiesen, direkt gegenüber dem Spektakel, und dann die Speisekarte mit den enormen Preisen. Ich war nicht überrascht. Bei ‚TripAdvisor' hatte ich schon lesen können: ‚Achtung Abzocke!' – ‚Viiiiel zu teuer!!!' und ‚Pure Frechheit'. Als – für mich – positivstes Merkmal wurden die viel zu kleinen Portionen erwähnt. Nichts essen zu müssen, dafür zahle ich gern. Schon als wir hier 1966 zu sechst waren, hatte ‚Sabatini' einen guten Ruf. Das Restaurant war schon damals in der oberen Preisklasse angesiedelt, aber die lag damals viel tiefer als heute; unser Hausarzt hatte mir schon damals statt Tabletten lieber einen doppelten Aperitif gegen meine psychosomatische Appetitlosigkeit angeraten; die Pasta und die Fisch-Zubereitung galten schon damals als herausragend, und

Oben: Fasching (1973)
Unten: Guntram (1954)

die Mosaike der gegenüberliegenden Kirche gaben dem heruntergekommenen Platz schon einst eine katholische Feierlichkeit.

Zehn Jahre später waren Roland und ich auf mein knappes Kommando hin aufgesprungen und weggerannt; das Dinchen hatte das Signal nicht richtig verstanden und schnaufte hinterher. Zurück blieben eine angebrochene Flasche Wein und drei Speisekarten. Dafür, dass man so lange auf den Kellner warten sollte, fanden wir die Preise doch zu hoch. Damals. Die beiden Jahre zuvor mit der Noflo hatten wir uns besser benommen.

Auf der Piazza wechselten die Darbietungen. Wer wollte, konnte da spielen und tanzen und sich sein Publikum erobern. Das hatte zur Folge, dass, wenn jemand gut war, er umringt wurde und wir nichts sahen. War er aber schlecht, hatten wir bei ‚Sabatini' von unseren vorderen Plätzen aus einen großartigen Blick auf ihn.

Wir aßen nach den dekorativen Vorspeisen einen ganzen Fisch aus der Salzkruste: zart, würzig und sein vieles Geld wert. Hässlich angezogene Menschen wurden nicht in unsere Nähe gelassen. Sie wurden abgewiesen oder nach drinnen geschickt. Draußen sei alles reserviert, bekamen sie zu hören. Das war zweifellos gelogen, aber statthaft.

Zum Nachtisch kam der 88-jährige Padrone, und als ich ihm sagte, dass ich sein Lokal schon seit fünfzig Jahren kenne, führte er mich in die hinteren Räume und zeigte mir die braunen Fotos aus der Zeit, als kaum Touristen nach Trastevere gekommen waren. Ich zahlte ohne Reue, und dann ließen wir uns durch die beginnende Nacht und deren anpulsende Aufbruchsstimmung zurückfahren auf die andere Tiberseite. Wenn das Leben zu toben beginnt, beginne ich, das letzte Glas zu leeren. Früher war ich dann wie elektrisiert losgezogen. Heute ist das Elektrischste an mir meine Zahnbürste.

PISA
PUNTA ALA
SATURNIA
PORTO SANTO STEFANO
TOSKANA

ÜBERWÄLTIGT AM ENDE DER WELT

UMWEG #68

FREITAG, 5. AUGUST 2016

Die Abreise aus Rom verlief unproblematisch. Meiner Kreditkarte wurde vertraut, Giuseppe wurde verabschiedet, das Gepäck lustlos, aber verlustlos verstaut und der Wagen unbeschädigt aus der Parkgarage verbracht. Auf der Ausfallstraße vermutete ich erleichtert, dass ich dem Schicksal wohl ein Schnippchen geschlagen hatte. Ganz sicher kann man da ja nie sein, weil man nie weiß, welche überraschenden Wendungen das Regietalent Schicksal sowieso schon ins – den Darstellern unbekannte – Drehbuch geschrieben hatte, so dass alles, was dem Spieler auf der Bühne wie eine unerhörte Begebenheit erscheint, hinter den Kulissen längst ausgetüftelt war.

1987 nahm Bernstein in Rom ‚La Bohème' auf. Irene und ich machten ‚bella figura' im Palazzo des US-Botschafters. Am nächsten Tag goss es, und ich erkältete mich. Ich fühlte mich meist mies. Rom und das Leben kamen mir unheilschwanger vor, und vier Wochen später sollte ja auch wirklich das größte Unheil meines Lebens über mich hereinbrechen. Meine Filmpassage dieser Tage dünstet Endzeitstimmung aus. Rom kann nichts dafür. Es sind mein Schnitt und mein Ton, und im Text deute ich an, dass das wohl mein letztes Mal Rom sei. An dieses Menetekel habe ich immer gedacht, besonders während der Reiseplanung, und erst recht seit Bari. Nun konnte ich zufrieden sagen: „Selbst wenn uns gleich auf der Autobahn ein Lastwagen zerquetscht und ins Jenseits befördert – ich habe das Schicksal überlistet und Rom noch einmal gesehen, nur aus der Kutsche, aber immerhin."

Vor uns lag – wieder mal – die Vergangenheit, also ein weiterer Höhepunkt. Als Harald und ich im Juni 1975 von Sardinien kamen, wollten wir Silke und Esther vor dem geplanten Rom-Aufenthalt noflohalber in Bracciano treffen. Warum? Weil wir da noch nie gewesen waren. Nun weiß jeder vernünftige Mensch, dass das kein Grund ist, aber meine Liebe zu Italien war nicht vernünftig, ist ja Liebe sowieso nie, und was man liebt, das will man ganz und gar kennenlernen, ‚von oben bis unten, unter besonderer Berücksichtigung der Mitte', wie ich es seit der Pubertät ausdrückte.

Wenn man die Fähre in Civitavecchia verließ, brauchte man nur schnurstracks ins Inland zu fahren, dann kam man zum Lago di Bracciano, und wenn man ihn so betrachtete, dann wurde einem klar, dass man das nicht hätte zu tun brauchen. Es hat schon seinen Grund, warum der Gardasee und der Lago Maggiore berühmter sind. Unter Berücksichtigung der Mitte landet man in Italien zwar etwa dort am See, aber dieser Sinn für Symmetrie zahlt sich nicht aus. Mein Vater zitierte gern seinen Vater mit dem Ausspruch „Wer Kopf und Schwanz kriegt, hat kein Glück, am besten ist das Mittelstück." Das war aber, zumindest ursprünglich, weder geografisch noch sexuell gemeint, sondern bezog sich wohl auf Räucheraal.

Harald und ich trafen etwas eher aus Cagliari ein als Silke und Esther aus Salzburg, und so hatten wir schon beschlossen: Hier bleiben wir nicht. Erstmal aber doch. Esthers Auto musste in die Werkstatt und, viel schlimmer, das Okular meiner Kamera war kaputt. Ein gewitzter alter Optiker bastelte mir etwas, so dass ich ein bisschen ahnen konnte, was ich aufnahm. Sonst hätte ich die Reise abbrechen müssen.

Natürlich nicht. Aber das Filmen war damals mein halbes Leben, die andere Hälfte war die Musik, und die dritte Hälfte war der Sex. Mit meinem Smartphone jetzt habe ich erst eine einzige Aufnahme gemacht, sie zeigt meine Füße ohne Yeezy boost – ich hatte die Foto-Taste aus Versehen gedrückt. Damals, vor 41 Jahren, fuhren Esther und Silke in ihrem reparierten Fahrzeug und Harald und ich in Irenes ‚Käfer' zurück ans Meer. Mein Kofferradio hatte ein Musikkassettenfach, so waren wir auch musikalisch versorgt: Mina, Umberto Balsamo, Adriano Celentano, Drupi – nicht dieser Kram aus UK und USA.

Auf unserer Hinfahrt nach Sardinien hatten wir durch Zufall die Halbinsel Monte Argentario entdeckt: Was am Wegesrand liegt, kann ich da nie so liegen lassen. Als also die schmale Verbindung zum Festland hinter uns lag, waren wir uns vorgekommen wie im Paradies: üppig bewachsene Hänge, unberührte Natur, blitzblaues Meer. Wir waren überwältigt. Dann fanden wir am Wegesrand ein Lokal über der Klippe mit kross gebratenen Fischen im Angebot, wir waren noch

Oben: Hanno (1976 in Neapel)

Unten: Esther, Silke und Hanno (1975 in Rom)

überwältigter; und am Ende lag hoch über dem Wasser ein aus italienischem, weißem Lego zusammengesetztes Luxushotel an einem Turm. Da waren wir am überwältigtsten. In dieses Eden wollten wir zurück mit den Mädels. Zwar nicht zu jenem ‚Torre di Cala Piccola', den konnten wir uns nur für einen Negroni im Sonnenuntergang erlauben; aber wir fanden unten am Ortsrand ein kleines Hotel mit Strand und hatten fünf herrliche Tage.

Der Unterschied 2016: Die Noflo ist zerbrochen, aber wir Rest können uns jetzt, verschont von Altersarmut, den ‚Torre di Cala Piccola' leisten. – Von Rom aus fuhren wir ans Meer und immer am Meer entlang nordöstlich. Nach zwei Stunden entdeckten wir eine seltsame Erscheinung am Himmel, die wir seit Wochen nicht mehr gesehen hatten: Wolken. Zu meinem Ärger verdichteten sie sich und tröpfelten auch bisweilen. Schlechtes Wetter unterwegs nehme ich immer persönlich übel, ich weiß nur nicht, wem.

Die Autostrada war ja verkehrsmäßig in Ordnung gewesen, der Weg über den Deich war es nicht, und auf der Insel selbst steckten wir in einem Stau wie zu Feierabend in Shanghai (war noch nie dort). Staus sind etwas, das Rafał noch weniger liebt als ich; auch seine Flüche sind meinen überlegen. Manchmal kommt man ja andersrum ebenfalls ans Ziel: So hat Kolumbus Amerika entdeckt, weil er dachte, dass Indien etwas näher sei, als es ist. Ich schlug vor, von der Küstenstraße abzubiegen und über den Berg zum ‚Legoland' zu fahren. Silkes Stimme quengelte von hinten noch, dass wir das alles gleich wieder zurückfahren müssten, da waren wir auch schon auf der anderen Seite und wenig später auf dem steil abschüssigen Weg zu unserem Turm.

Das Hotel ließ dem Turm die Ehre und machte ihm seine überschaubare Höhe nicht streitig; es war in die Breite gebaut, genauer gesagt, in die Tiefe. Bungalowartig zog es sich den Hang hinab. Ich wies dezent auf meine Gehbehinderung hin, und die Direttrice sagte mir unumwunden, dass ich das mir zugedachte Zimmer wohl kaum erreichen würde.

Ich unterschrieb gott- oder ihr ergeben ein Formular, dass ich mehr bezahlen würde, und bekam zum Lohn ein Appartement, das über dreißig Meter Asphalt zu erreichen war: zwei Balkone, Wohnraum, Schlafraum, Baderaum, alles so kalkweiß wie erwartet. Diese Gemächersammlung war noch einen Happen teurer als das Zimmer, in das ich umgebucht hatte. Aber aus Mitleid mit dem armen Krüppel hatte mir die

Direttrice für die erste Nacht die Superior Suite genehmigt. Morgen würde dann das ‚billigere' Zimmer frei. Umzüge sind für Rafał beschwerlicher als für mich. Ich gehe nur ein paar Räume weiter; er packt und schleppt. Dass ich gern mit ihm tauschen würde, hängt aber nicht mit meinem Fleiß, sondern nur mit seiner Drahtigkeit zusammen. Silke und Rafał mussten sich ihre Legosteine über viele Abwärtsstufen erwandern, was besonders Silke, die immer noch unter ihrem Leipziger Fall litt, mehrfach beklagte. Ach ja! Da nimmt sie mal nicht die teuerste Kategorie, und dann gestattet das Ergebnis doch kein Lob auf die Sparsamkeit.

Zum Mittagessen trafen wir uns in einem kantinenartigen Raum, zwei Stockwerke unter meiner Bleibe. Das war für mich mit dem Fahrstuhl sehr bequem, für meine Mitreisenden aus der Tiefe ihrer Behausungen eher nicht. Dem Restaurant war anzusehen: Es war gewohnt, dass die Gäste draußen aßen; das war aber wegen des stürmischen Regens den Kellnern nicht zuzumuten. Wir wählten jeder irgendetwas aus der Karte. Die Schmerzschwelle bei den Preisen würde hier, konkurrenzlos am Ende der Zivilisation, recht hoch liegen, vermutete wohl die Hotelleitung und handelte entsprechend. Ich hatte mir unseren Einzug auf dem Monte Argentario etwas anders vorgestellt, sonnendurchfluteter, aber bei Tito hatte sich ja auch alles zum Guten gewendet, warum nicht auch hier?

GERECHTIGKEIT FÜR ALLE

UMWEG #69

Den Nachmittag verbrachte ich in meinen weißen Räumen, wo sonst? WLAN klappte wie fast überall erst nach allen möglichen Manipulationen. Einfach Kennwort eingeben und loslegen, das geht ganz selten mal – entweder mein PC ist zu alt oder ich bin es. Aber wozu brauchte ich über das Internet mit der Welt verbunden zu sein? Eigentlich war ich ja hier, um ihr zu entkommen; doch Möglichkeiten nicht zu nutzen, ist Luxus, sie nicht zu haben, ist Leid; in meinem Fall natürlich auf recht hohem Niveau.

Es gibt nichts umsonst im Leben. Jedes Glück muss erkauft werden: mit Geld, mit Drogen, mit Bildung, mit geistiger Zuwendung (an Religionen oder Ideologien), mit Verfallenheit. Ist Wehmut Glück? Ist Glück eine Begabung? Das wäre sehr ungerecht. So furchtbar wenig ist von Natur aus gerecht, dass der aufgeklärte Europäer mit seinen sozialen Maßnahmen kaum noch hinterherkommt. Ungerecht ist es, mit niedrigem Intelligenzquotienten und hässlich bei armen Eltern aufzuwachsen.

Gerechtigkeit ist, dass der Vorstand so viel bezahlt bekommt, wie er der Bank wert ist, dass der Mörder so viele Jahre bekommt, wie er Leid zugefügt hat, dass betörender Charme und beängstigende Gewalt bei der Durchsetzung von Zielen keine Rolle spielen und dass ein Glück so lange anhält, bis es langweilig wird. Im Internet findet sich dann rasch ein neues.

Das Internet bietet so vieles, was ich in meiner Jugend nicht gehabt habe. Dass damit wie mit allem Schindluder getrieben wird – Schund, Porno, Kriminalität –, ist klar, und einer der Gründe dafür, dass ich nicht an das Gute in jedem Menschen glauben mag, ich also allgemeiner Einstufung nach eher katholisch-konservativ als zukunftsgläubig-links bin. Das Internet. Wie mühsam war es, mir all die Sinfonien, die ich unbedingt haben wollte, zu ersammeln, auf Schellack, auf Vinyl, auf Tonband. Heute kann ich mir das alles, meist kostenlos, über Kopfhörer in die Seele pusten. Ich bin nicht sentimental genug, um zu sagen: Wie schön war doch das allmähliche Sammeln! Vielleicht wusste ich meine Errungenschaften mehr zu schätzen, damals, aber ich liebe den Überfluss, heute. Askese kommt nachher.

Bei meiner Beerdigung möchte ich dann bitte den zweiten Satz aus Beethovens Tripelkonzert gespielt haben, bis zum Takt 39, und schon nach dem Klaviereinsatz in Takt 20 muss deutlich werden, dass das Thema in den Streichern liegt, nicht im Klavier. Wie oft habe ich diesen Satz in die Tasten geträumt, alle Stimmen ... Eigentlich ist mir völlig egal, was mit meiner Leiche passiert und ob sie beweint wird. Jetzt muss ich es packen! Und hinkriegen. Immer noch ..., möglichst. Wer seiner augenblicklichen Existenz nicht mehr besonders viel zutraut für die Zeit vor oder nach dem Tode, der kann endlich seine Ängstlichkeit abstreifen und richtig leichtsinnig werden. Es ist nun mal erfüllender, per Selbstmordattentat einen Diktator zu beseitigen oder per Kontaktanzeige einer sinnlichen Erbschleicherin aufzusitzen, als ereignislos seinem Ende entgegenzulungern.

Na ja, manchmal finde ich meine Schreib(weis)e vorlaut. Aber ich denke, wer es gewohnt ist zu lesen, der liest auch zwischen den Zeilen und nimmt nicht jedes eingeschmuggelte Falschgeld für bare Münze. Aber hey, tust du noch ‚lesen', Alter? Echt? Dann kannst du auf Twitter lesen, dass (2s! krass, was?) die alle nicht mehr schreiben können, okay? Tun sie aber: ihr Selbstbewusstsein als wutbürgerliche Analphabeten. „Pack!" Das wird man doch wohl noch sagen dürfen. Trau ich mich aber nicht. Stattdessen formuliere ich mich in Altersstarrsinn. Was sonst? Wegrennen kann ich nicht mehr, Klavier spielen auch nicht. Dieses Unvermögen wird durch mein Vermögen nicht ausgeglichen. Aber helfen tut es schon.

Zum Abendessen verschlug es uns wieder in die Hotel-Kantine. Alles war wie zu erwarten: Silke die Eleganteste, ich der Älteste und Rafał der Schnellste. Er hatte ja auch noch am meisten vor. Dass wir in der Einöde gelandet waren, merkte man daran, dass der nächste für Rafał infrage kommende Nachtpartner neun Kilometer weit entfernt wohnte und ihn von dort aus interessiert anmailte. Wie die Sache ausgegangen ist, weiß ich nicht. Ich hab' nicht gefragt.

EIN TRIUMPH

UMWEG #70

SAMSTAG, 6. AUGUST 2016

Als ich erst meine Augen öffnete und dann auch die Gardinen, sah ich, die Welt war wieder im Lot: blauer Himmel. Die beiden Balkone meiner Luxus-Suite boten darüber hinaus einen besonderen Komfort: Ich hatte Anschluss an die Öffentlichkeit. Gleich unter meiner Balustrade wurde geräuschvoll gefrühstückt. Ich sah die vollen Tische und hörte neben dem Geklapper von Kannen, Tassen, Tellern und Bestecken sofort das Schlürfen, Schmatzen, Beißen, Kauen, Zutschen und Malmen von Orangenschleim, Jogurt, Zwieback, Rührei, Ananas, Cornflakes und Aufschnittfetzen, aber nur Italienisch. Betreten wandte ich mich ab, dem Bad zu. Den Vormittag wollte ich am Pool verbringen und tat das auch. Außer mir bloß Rafał. Ich hatte zwar eine geschützte Ecke an einem Felsen gefunden, aber es war doch recht windig. Die anderen Gäste verhielten sich zimperlich, die waren wohl noch nie auf Norderney gewesen (ich auch nicht). Ich war auf einen knappen Vorsprung geklettert, da lag ich den Liegestuhl ab und brauchte keinen Schirm. Der warme Auguststurm machte mir nichts aus; Lesen ging nicht, Bräunen schon. Ich konnte in der Sonne liegen, ohne zu schwitzen, das ist wie Saufen ohne Gewissensbisse. Hoffentlich geht es auch ohne Kater bzw. Sonnenbrand aus. Rafał ‚plumpste' ein paar mal, ich begnügte mich mit der Dusche.

Muss schön sein, so über dem Meer zu schwimmen, das Becken mündet in den Horizont. Von meiner höheren Warte aus sehe ich leicht sehnsüchtig in die Niederungen und gehöre nicht mehr dazu. „Als ich es noch konnte, wollte ich es nicht", sage ich mir. Das stimmt nicht ganz, aber es tröstet. Dazugehören. Heimat in den Menschen finden, die um einen sind. Dasselbe glauben, dasselbe wollen. Das macht die Hauptanziehung von Religionen aus, mehr als die Glaubenssätze. Ich bin mir nicht sicher, ob ich in noch lebenden Menschen beheimatet bin, aber dafür habe ich gleich drei lokale Heimaten: Othmarschen, Meran und Berlin. Das Berlin meiner Kindheit gibt es nicht mehr, aber da passe ich sehr flexibel mein Heimatgefühl dem jeweiligen Stand des Bauwesens und des Bewirtungsgewerbes in Berlin an.

Rafał hatte – wie wir alle – eine schwierige Jugend. Er ist das Älteste von drei Geschwistern. Als er fünf war, verließ die Mutter die Familie. Warum, habe ich nicht herausbekommen. Irgendetwas zwischen Überdruss und Selbstverwirklichung. Der Vater hatte zwei Jahre im Gefängnis zugebracht, weil er in Danzig bei einer Solidarność-Veranstaltung aufgegriffen wurde. Aber er war nur zufällig dort gewesen. Klingt erstaunlich. Rafał wuchs bei seiner Großmutter auf dem Lande auf, zwischen Hühnern, Kühen und Schweinen. Als er zehn war, holte der Vater die drei Kinder zurück in die Stadt. Die Mutter war auch manchmal wieder da. Rafałs Vater wurde ermordet, die Mutter kam in eine psychiatrische Anstalt,

Einzelheiten möchte Rafał nicht geschrieben sehen. Die Großmutter zog nach Radomsko, das liegt zwischen Łódź und Krakau, adoptierte die Kinder und zog sie auf. Rafałs Erzählungen klingen alle wie schlimme oder schöne Märchen. Palis unglaubliche Geschichten gaben sich immer den etwas prosaischen Anschein von Wirklichkeit.

Silke hatte sich eine andere Stelle im Gelände ausgesucht, die auch anderen Menschen geeigneter erschien. Rafał stattete ihr einen Besuch ab, kam zurück an unseren verwaisten Pool und sagte zufrieden: „Da bläst der Wind noch stärker."

Zur Mittagsunterbrechung wollte ich weder auf die Terrasse noch in die Kantine. Wir fuhren die Hauptstraße nach Porto Santo Stefano, die wir gestern wegen des Verkehrs verlassen hatten, und kamen nach zwei Kilometer zu dem Restaurant, von dem ich während meiner Reiseplanung mit Hochverdruss gelesen hatte, es sei geschlossen worden. Wagen standen am Straßenrand. Einen Versuch war es wert. Wir stiegen aus, wir sahen hinein. Die Tür ließ sich öffnen. Ich trat ein und war begeistert. Alles war etwas schicker als früher, aber es war dasselbe Haus, derselbe Blick, das gleiche Gefühl wie damals: 1975 mit der Noflo, am 10. August 1982 mit

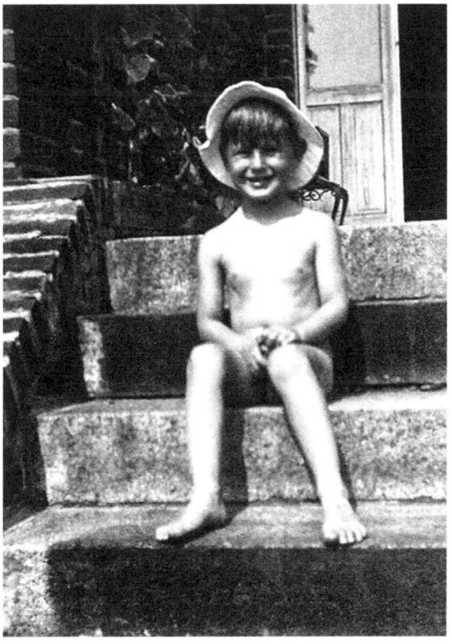

Oben: Hanno (1950 in Berlin-Grunewald)

Unten: Pali (1980)

Harald, am 16. Mai 1995 mit meinen Eltern – ein ähnliches Gefühl jedenfalls, in jedem Fall ein Triumph. Wir saßen am Fenster, wir sahen aufs Meer und wir aßen, was wir uns bestellt hatten. Bei mir wurde wie immer das Glas schneller leer als der Teller. Flüssiges lässt sich halt leichter schlucken als Festes, zumindest, wenn die Flüssigkeit alkoholisch ist. Ich brauche gar nicht lange in meinem Hirn nach Wörtern für meine Erinnerungen zu kramen.

EINE FRAGE DER PERSPEKTIVE

UMWEG #71

1982 hatte Roland sein Jura-Studium genauso an den Nagel gehängt, wie ich meins schon viel früher geschmissen hatte. Nachdem wir im Mai auf Mykonos gewesen waren, hatte er seine Praxis eröffnet. So war ich Ende Juni nicht mit ihm, sondern mit Irene geflogen, vier Wochen USA: New York, Los Angeles, San Francisco usw. Das meiste war beruflich. Im August war dann das hocherfreute Dinchen dran: zwei Wochen Italien, eine Zweierreise wie in alten Zeiten. Zum letzten Mal. Erinnerungen schwappen in die Gegenwart: der alte Ort, die neue Zeit.

Den Nachmittag brachte ich auf meiner neuen, großen Terrasse zu. Das ‚billigere' Zimmer war schön abgeschieden. Die Bucht lag mir zu Füßen. Ich sah alles und wurde selber nicht gesehen. In manchen Märchen gab es früher eine Tarnkappe: heimlich beobachten, ohne bemerkt zu werden. Heute schafft das Internet eine Abart davon. Alles kann man begucken, nichts muss man begreifen. Mit meinem Buch vor der Nase komme ich mir mit dieser Art Kopfschmuck bemerkenswert altmodisch vor, als trüge ich Zylinder; dabei bin ich ganz modern nackt, untenrum, um auszunutzen, dass mich keiner sehen kann. Als die beiden Zimmermädchen an die Pforte in der Mauer zu meinem Refugium klopfen, schlinge ich mir das Badetuch um und gewähre ihnen den Zutritt. Sie überqueren ehrerbietig die Terrasse und verschwinden im Haus, um das Bett aufzudecken. Zu zweit.

Da komme ich mir sehr privilegiert vor; beim mühseligen Gang zum Negroni im Freien schon nicht mehr. Ich gebe so viel Geld für Therapien aus, nur um mich mühsam am Laufen zu halten. Für denselben Betrag könnte ich mir den allerkomfortabelsten Rollstuhl anschaffen. Der Nachteil dabei wäre: Ich lebte immer in Blowjob-Perspektive – in meinem Alter nicht wünschenswert. Und die Toiletten-Prozedur? Am Anfang nach dem Schlaganfall habe ich das noch halb betäubt durchgestanden, mehr durchgesessen. Über der Kloschüssel hört die Selbstbestimmung auf: Wer nicht im Stehen pinkeln kann, ist nur noch ein halber Mann. – Wäre doch ein schöner Spruch über dem Pissbecken. Die Bonmotisierung nutzt nicht wirklich, aber sie befreit von Quälereien, die vorher nicht den Schneid hatten, sich als Gedanken zu manifestieren.

Der Barmann und ich, wir waren die einzigen Herren mit Jacke. Er eine überschwängliche Frohnatur, ich ein unterschwelliger Melancholiker. Vielleicht schlägt er seine Frau, vielleicht ächzt er unter ihrem Pantoffel. Vielleicht werde ich gleich schreien oder singen oder schweigen. Noch rede ich und möchte, dass es schwärmerisch klingt. Alles Maskerade.

Der Wind hatte sich ausgetobt und hingelegt. Wir sahen der Sonne dabei zu, wie sie rot wurde und ins Wasser fiel. Als sie schon weg war, schämte der Himmel sich eine ganze Zeit lang weiter. Unsere Gläser schimmerten, die Pinien dufteten, und der Turm tat so, als hätte er noch eine Funktion. Wir gingen um die Ecke auf die Terrasse, auf der ich am Morgen nicht gefrühstückt hatte. Die Gäste saßen und aßen. Die Kellner trugen auf und ab. Alles hatte seine Ordnung. Gute Nacht!

DIE STEIGERUNG DER STEIGERUNG

UMWEG #72

SONNTAG, 7. AUGUST 2016

Ich könnte doch auch einfach nur glücklich sein. Der größte Teil meines Lebens liegt hinter mir, und es sind ‚unterwegs' nur zwei richtig schlimme Dinge passiert. Dass Menschen, die über achtzig sind, sterben, muss man hinnehmen. So vieles muss man hinnehmen, aber manches muss man nicht hinnehmen, sondern ändern. Ob man die richtige Wahl dafür getroffen hat, weiß man, wenn man im Parlament sitzt oder im Gefängnis: herrschen oder hängen. In der nächsten Generation läuft es vielleicht umgekehrt. Solche elementaren Einsichten ändern nichts daran, dass jeden Morgen Aufstehen, Waschen und Anziehen näherliegend sind als Weltrevolution und Klimakatastrophe. An einem Tag wie heute spielt sich zwischen Aus-dem-Bett und In-das-Bett nichts ab, was erzählenswert wäre, ein Tag also, wie man sich alle wünscht.

Tut man das wirklich? Ein Tag wie der andere? Der Teufel steckt nicht im Detail, sondern in der ewigen Wiederholung. Die Wiederholung kennt kein Ziel: Das Essen, oh, war das lecker! Und dann will man wieder essen. Das Abspritzen, oh, war das geil! Und dann will man wieder ficken. Immer dieselben Gebete sprechen, immer dieselben Gedanken denken, immer die gleichen Pornos gucken: Das ist der Weg in die Hölle, wenn man wie ich inzwischen unter der Hölle versteht, aus diesem einzigen Leben nicht das Bestmögliche, also das Abwechslungsreichste, gemacht, sondern es in gleichförmigen Wiederholungen vertan zu haben. Als ich selbst noch sturzfromm war, betete ich jeden Abend eine Art Rechenschaftsbericht des vergangenen Tages und eine Art Vorsatzgelübde für den kommenden Tag, immer anders, immer bezogen auf die Situation, bloß nicht diese Litaneien, diese verdummenden Patres nostri und Ave Mariae. Form entsteht nicht durch rhapsodisches Weiterspinnen, sondern durch Wiederholung, eleganterweise als Variation, weiß ich. Aber die Welt ist nicht durch den Rosenkranz weitergebracht worden, sondern durch den Mut, ihn nicht mehr zu beten.

Trotzdem habe ich es nie übertrieben mit den Erneuerungen, war dafür auch nie mutig genug. Das Neue ist das Alte von morgen, tröste ich mich. Was 1950 ein ‚flottes Fräulein' war, war 1970 eine ‚kesse Biene' und 1990 eine ‚geile Alte'. Die Mode hat sich geändert, die Anschauungen auch, klar, dass die Ausdrucksweise da Schritt halten muss. Ich habe ja immer von Zeitlosigkeit geschwärmt: in der Musik, in der Wortwahl. So kommt man nie aus der Mode. Wenn man Pech hat, kommt man auch nie rein.

Durch die Möglichkeit der Wiederholung ist unser Leben völlig anders geworden: das Kunstwerk im Zeitalter seiner Reproduzierbarkeit. Ich kann mir Schuberts Streichquintett anhören, immer wieder, bis ich verscheide, oder mir die geilste Stelle eines Pornos so lange reinnudeln, bis ich abkratze. Das ist neu für die Menschheit und wie das meiste Selbstverständliche den meisten nicht bewusst. Buchdruck, Schallplatte, Internet. Der vorwärtsstrebende Geist muss sich tatsächlich nicht mehr damit befassen, dass Goethe weder fließendes Wasser noch Zentralheizung hatte, er fragt sich höchstens, wie Deutschlands gefeiertster Dichter dreckig und frierend die Iphigenie schreiben konnte. Tell me, Göhte.

Der Weg sei das Ziel, das meinte ich erfunden zu haben, als ich den Satz 1993 in einen meiner Filme einstreute. Als dann Mitte der Neunzigerjahre alle das sagten, glaubte ich, jeder von ihnen hätte meinen Film gesehen. Dabei ist diese Erkenntnis ursprünglich von Konfuzius. Sie ist das pure Gegenteil von Wiederholung. Wie soll man das interpretieren? Liegt die Erfüllung in der Geradlinigkeit oder in der Steigerung? Der Kapitalismus braucht die Steigerung. Unser Personalchef sagte immer: „Wenn die Umsätze nicht steigen, kann Ihr Gehalt auch nicht steigen." Ist immer ‚weiter, höher, schneller' wirklich besser? Wir glauben nicht mehr so recht daran und zeigen uns dennoch beeindruckt von Rekorden.

Es wurde Zeit, die Terrasse zu verlassen, um etwas zu essen. Das ‚Moresco' war die erste Lokal-Wiederholung seit Triest. Die Steigerung sollte in der Wahl der Speisen liegen. Am Nebentisch aß eine große Familie mehr als ich in einem Monat. Ich sah neidisch zu: nicht auf das Essen, sondern auf den Appetit.

ROHRSCHNEIDER MIT SCHNEIDRÄDCHEN

UMWEG #73

Den Nachmittag verbrachte ich wie den Vormittag auf meiner Terrasse und sah der Sonne dabei zu, wie sie ihre seit Millionen von Jahren festgelegte Bahn zurücklegte; sie wurde angebetet, verehrt und verflucht und ist doch nichts als ein Stern. Einer, ohne den wir nicht leben könnten. Mein Buch über die jüdische Familie in Wien war da schon abwechslungsreicher, und die Augen zu schließen und zu beobachten, was das Hirn an Gedanken ausbrütet, ist mindestens so anregend.

Auf die Realität sehe ich wie eine Wahrsagerin auf ihre Glaskugel. Leben tue ich in meiner Unwelt. Die Wirklichkeit ist als Vorlage ein ernst zu nehmendes Angebot, aber ohne Gestaltung ist sie unbrauchbar. Erst die Fantasie macht im Kopf des Konsumenten etwas mit ihr, wovon Pornografie-Erzeuger und Reiseveranstalter gut leben können. Wer lebt schon für die Wirklichkeit? Kaum jemand. Man lebt für die Illusion, die man seiner jeweiligen Haltung möglichst langfristig anpassen möchte. Hält diese Illusion lange, nennt man sie ‚Utopie' und hofft trotzdem, sie zu erreichen. Es ist viel geschafft. Wollen wir hoffen, dass es so zügig weitergeht, damit die Menschen in Afrika bald nicht an der Frage verzweifeln, wo sie etwas zu essen finden, sondern an der, warum sie leben. Und dann?

Viele fragen sich, was nach ihrem Tod passieren wird. Ich bekomme durch meinen Zustand jetzt schon eine plastische Vorstellung davon, wie es sein wird, wenn ich tot bin: Das Leben geht weiter, und ich bin nicht dabei. Alles das, was ich nicht mehr erleben werde – es fällt mir schwer, dort nicht hinzudenken: all die Bauten, Errungenschaften, Auseinandersetzungen, an denen ich keinen Anteil mehr haben werde. Aber die Menschen, die heute geboren werden, werden ihre Urenkel ja auch nicht mehr erleben. Oder doch? Dreihundertjährige im Altersheim, Weltregierung im Kreml. Fußgängerzonen auf der Elektro-Autobahn. Touristenverbot in Venedig. Nicht alles, was man nicht haben kann, ist wert, dass man es bedauert. Menschen, die unbedingt die Zukunft erleben wollen, sind mir genauso unverständlich wie die, die gern geboren sind. Schleift sich ja alles ab. Dauernd rieche ich den Schmirgel. Manchmal duftet er wie Jasmin, manchmal stinkt er wie ausgekotzte Scheiße.

Enden müssen irgendwann sein. Manche Autoren schreiben sie zuerst, damit sie wissen, wo die Erzählung hinführt. Ich bin fasziniert von Anfängen. Wie wurde Rom zur Weltmacht, wie und was hat Kim Kardashian angefangen, um weltbekannt zu werden? Wie trafen sich im Film beim ersten Mal die Blicke von Menschen, deren Rumgewurschtel im Bett mich später bloß mehr oder weniger appetitlich vom Handlungslauf ablenkt?

Der Anteil dessen, was ich selbst noch erlebe oder sogar durchlebe, schrumpft immer mehr: Es gibt kein Einkaufen, Kochen, Spazierengehen mehr für mich, höchstens noch Pflichtübungen in diesen Richtungen. Das liegt an meinem Alter, aber mehr noch an meinem Gebrechen. Der Vorsatz, das Verbleibende umso intensiver zu gestalten, klingt löblich. Wer blind wird, hört besser; oder riecht besser oder schmeckt besser. Stimmt das? Wer leblos wird, stirbt besser. Und damit bin ich zurück am Anfang meiner Nachmittagsbetrachtung, und es wird Zeit, wieder auf die Terrasse zu gehen und im Abendrot wieder den Negroni einzunehmen. Wie gestern. Wie vor 41 Jahren.

Ich habe mich daran gewöhnt, mein Aussehen eine Katastrophe zu finden. Im Film zu sehen, dass ich mal hübsch war, das muss reichen. Nachdem die Sonne weggegangen war, taten wir das auch. Für den letzten Abend am Meer hatte ich ein Lokal direkt am Wasser in Porto Santo Stefano ausgesucht, das im Internet leichter zu finden war als in der analogen Wirklichkeit. Wir mussten – im Auto, wie sonst? – wieder mal eine Fußgängerzone durchqueren, und die Menschen, die sie zwischen Booten und Cafés entlangschlenderten, ließen sich durch uns nicht aus der Ruhe bringen, lynchten uns aber auch nicht. Es ging bergauf, die Menschen blieben unten, und wir konnten nur beten, dass uns kein Auto entgegenkommen würde. Der Klügere stürzt ab. Wir nicht, wir hatten Glück. Rafał parkte am Rande der Straße und der Legalität, wir stiegen erwartungsfroh aus und stellten fest, dass es da zwar ein Restaurant gab, aber nicht das, für das wir gebucht und uns fein gemacht hatten. So etwas führt immer zu leichten Gereiztheiten und Schuldzuweisungen, bleibt aber harmlos, wenn es nicht nur der

Anlass ist, tiefer greifende Konflikte auszutragen. Doch die gab es nicht. Wir fuhren wieder in die Menschen, stellten den Wagen zur Seite und nahmen die für uns bestimmten Plätze im ‚Il Moletto' ein. Was das heißt, weiß ich nicht; ich fand nur ‚tagliatubi a moletta' und dazu die Übersetzung ‚Rohrschneider mit Schneidrädchen'. Begegnet einem auch nicht alle Tage. Es war alles ziemlich beschaulich und nicht übermäßig laut.

Ein Abend am Hafen: Schiffe, Leute, Knoblauchbutter. August im Süden. Für die Rückfahrt hatte sich das Schicksal noch eine kleine Überraschung ersonnen: An der schmalsten Stelle unseres Pfades zum Hotel schickte es uns ein anderes Auto entgegen, Rafał schrammte den Fels ein wenig und behauptete, darüber vor Gram die ganze Nacht nicht geschlafen zu haben. Das fand ich übertrieben; denn die Beule war unerheblich, aber Rafał neigt ja zu Übertreibungen. Schlaf braucht er so gut wie gar nicht. Wenn er recht hätte, schliefe er keine Nacht mehr als drei Stunden, das ist ja noch weniger, als ich esse.

DER SCHÖNE WAHN

UMWEG #74

MONTAG, 8. AUGUST 2016

Rafał war noch immer tief geknickt wegen der unscheinbaren kleinen Beule in unserem herrschaftlich großen Auto, und ich wog ab, während er meinen unrettbar siechenden Leib balsamierte, ob es ihn trösten würde, wenn ich ihm „Ist doch nicht so schlimm!" sagte, oder ob er dann sich und seine Aufgabe nicht ernst genommen fände. Der Direttrice sagte ich zum Abschied, dass ich beim nächsten Mal wieder dieses wunderbare Zimmer mit der herrlichen Terrasse haben wolle, und mir war nicht klar, ob das eine Freundlichkeit ihr gegenüber war oder eine Aufforderung an mich, diese Reise nicht als letzte meines Erdendaseins einzustufen. Dann setzten wir uns in den nahezu unversehrten Mercedes und fuhren die nach wie vor grandiose Küstenstraße entlang über den tourismusgeplagten und -verwöhnten Ort und den campingplatzgeschädigten kilometerlangen Damm zurück aufs Festland und danach, endlich von Urlaubern unbehelligt, ins Innere der Toskana.

Die Strecke hatte ich noch gut in Erinnerung: Mai 1995, ich am Steuer, Guntram neben mir, Irene hinten. Man fährt eine schnurgerade, piniengesäumte Allee zurück in die Berge, zurück nach Saturnia – für Rafał und Silke das erste Mal. Silke hatte schon in Hamburg gefragt, ob das nicht zu viel würde, aber ich hatte den Verdacht, es war ihr nicht um meine Gesundheit, sondern um ihre im Koffer zerknüllten Kleider gegangen. Silke ist ‚ungebügelt' nicht sie selbst. Von damals, 1995, hatte ich Pali berichtet:

> Zehn Tage lang waren wir in der Toskana, in Saturnia, wo Irene und ich in 37 Grad heißem Schwefelwasser badeten und Guntram sich langweilte. Die ersten beiden Tage waren warm und wolkenlos, von da an legte sich graue Kälte über das Land wie Hammelfett über den Gaumen. Tag für Tag schritten wir mittags und abends mit Block vorm Bauch in den Saal, in dem die Mahlzeiten exekutiert wurden, um uns Teile der Vier-Gänge-Menüs die Speiseröhre runterzuquetschen.
>
> Immerhin, ein Ausflug ans Meer: Porto Santo Stefano, wo die Noflo vor genau zwanzig Jahren ihren letzten gemeinsamen Urlaub gefeiert hatte, eine Woche vor Carlos, fünf Monate vor Roland. Jetzt – Sonne und Vorsaison, ein paar rare Stunden ohne Bitternis: Erinnerung, die nicht brennt, sondern freundlich herüberwinkt in die Gegenwart. Fisch über dem Meer mit Harald und Zinkeisens – milde welkende Kontinuität.

Auf unserer ausgefallenen Nilreise 1984, anschließend an Israel, waren Irene und ich nach Rom auch ein paar Tage in Saturnia gewesen – immer noch ziemlich ausgefallen als Reiseziel –, bevor die Bernstein-Betreuung in Florenz weiterging. Der Maestro war direkt von Tel Aviv angereist, Aufnahmen fanden nicht statt, bloß Konzerte, und so war ich hinreichend überflüssig, was besonders meiner gern beachteten Mutter zugutekam. In Saturnia hatten wir es noch recht nett getroffen, in Florenz regnete es tüchtig, um mir klarzumachen, dass ich nicht zum Sonnen, sondern zum Geldverdienen unterwegs war. Sechs Jahre zuvor hatte ich Saturnia kennengelernt und darüber berichtet:

Im Mai war ich – anschließend an eine Geschäftsreise nach Mailand – weitergeflogen nach Rom, zu meinen Eltern, ins Schwefelbad Saturnia. Das war uriger und ausgefallener als Abano 1965 und gesundheitlich mindestens so fragwürdig, nur, dass es wesentlich abhärtender roch: Schwefel krass. So konnte ich mich schonmal daran gewöhnen, wie es später in der Hölle duften würde.

Wir fuhren mit dem Auto zurück nach Deutschland. Unterwegs versuchte ich immer wieder, Roland anzurufen: aus Siena, aus Bozen. Er meldete sich nicht. Ich war vollkommen außer mir. Schlimmste Befürchtungen, Vorahnungen der Katastrophe. Als ich zu Himmelfahrt in Hamburg eintraf, war die Treppe endlich mit Velours ausgelegt: der Schlusspunkt unseres Umzugs ins ‚Kutscherhaus', und Roland war zurück, jedenfalls physisch. Er hatte ‚Olaf' kennengelernt und stellte unser Zusammenleben infrage. Ich schrieb ihm einen langen Brief, ich schickte Blumen aus dem Büro, ich redete, ich schwieg. Zu Pfingsten fuhren wir nach Cuxhaven. Da war Roland schonmal zwölf Jahre zuvor gewesen: nach seinem Selbstmordversuch. Er hatte das Meer sehen wollen: zum allerersten Mal. Bis dahin kannte er nur den Bodensee.

Mit Anfang 30 ist man nicht mehr naiv – es sei denn, man bleibt es sein Leben lang. Mit Anfang 30 weiß man über seinen Partner, er wird mit der Zeit unattraktiver werden; und man fürchtet: ‚vielleicht ich auch'. Aber häufiger als mich werde ich dich sehen, und wenn wir Glück haben, werden wir uns schön finden. Schiller beschrieb schon zu frommen Zeiten in seinem viel zitierten und viel verlachten ‚Lied von der Glocke', was nach der Hochzeit passiert:

‚Ach! Des Lebens schönste Feier
endigt auch den Lebensmai,
mit dem Gürtel, mit dem Schleier
reißt der schöne Wahn entzwei.
Die Leidenschaft flieht,
die Liebe muss bleiben;
die Blume verblüht,
die Frucht muss treiben.'

Der schöne *Wahn* ... Schiller war realistisch, denn dieses Wort brauchte er nicht zum Reimen. Die Frucht muss die Gemeinsamkeit sein. Die Möglichkeit unserer neuen Gemeinsamkeit besteht darin, dass nicht nur Roland meine Umgebung erträgt, sondern auch ich von seinem Wissen lerne. Wahrscheinlich gab mir nicht nur meine Zuneigung Kraft, sondern auch meine Angst. Es sind die drei Buchstaben – das M, das E und das G. Sie machen den Unterschied aus: ‚GEMeinsamkeit'.

Ich schrieb ein Chanson und sang es so falsch wie bewegt:

Ich bin eine Parenthese,
zwischen zwei Gedankenstriche
bin ich eingefügt,
Worte ohne Punkt und Komma,
eine Erklärung,
die nicht genügt.
Ich bin deine Parenthese,
und ich kann nicht
ohne dich sein;
immerzu muss ich erklären,
ohne mich dadurch
zu befrei'n:
von deiner Unbekümmertheit,
die nichts versteht
und mich trotz alledem
umfängt wie ein Gebet.

Worte, gläserne Worte.
Doch wie viel lieber
würd' ich dir im Schweigen
alles das zeigen,
was durch dich in mir
vor sich geht.
Wenn du mir stumm erklärst,
wogegen du dich wehrst,
ergänz' ich die Lüge
deines Schweigens
um die Wahrheit deines Leidens,
das an mir zehrt.

Roland blieb. Bei mir, in unserem Privatweg. Immer wieder gab es Konflikte, Krisen, noch zwei, drei Jahre lang; aber nie mehr habe ich wegen eines anderen Menschen um Roland kämpfen müssen. Immer nur meinetwegen – oder seinetwegen.

AUS DEM KRATER

UMWEG #75

Der Weg zum Ziel führt über einen Bergkamm in das dünn besiedelte Tal der Albegna. Dort steigt aus einem Krater etwas auf, das mit dem Wort ‚Wasser' ziemlich freundlich beschrieben ist. Es stinkt und brodelt, 500 Liter pro Sekunde. Aber es kommt nicht aus der Hölle, sondern ganz unschuldig aus dem Himmel: Regenwasser vom Monte Amiata.

Das Wasser sickerte in den erloschenen Mund des Vulkans, floss, wie Wasser das so tut, in den Boden und immer weiter, nahm alles auf, was da so rumlag auf seinem Weg durch das Gestein und kam unten wieder an die Oberfläche, ordentlich angereichert: Schwefelwasserstoff, Kohlendioxid und Mineralsalze. Nun stinkt der ehemalige Regen nicht bloß, sondern er kann auch allerlei: Das Bad im Thermalwasser neutralisiert den ph-Wert der Haut, hat einen natürlichen Peeling-Effekt und lindert die Symptome von Hautkrankheiten. Bei Arthrose, Knochen- und Muskelproblemen wirkt es schmerzlindernd und entzündungshemmend. Gegen Atemwegserkrankungen wird das Wasser zerstäubt, die Brühe kann aber natürlich auch von Schwefelliebhabern getrunken werden. Dann werden die freien Radikale im Körper blockiert und der Alterungsprozess der Körperzellen verlangsamt.

Es ist wohl klar: Wer Saturnia fernbleibt, begeht Selbstmord durch Unterlassung. Wir verfuhren uns zwar, weil seit meinem letzten Aufenthalt der Eingang – zum inzwischen Grandhotel ‚Terme di Saturnia' – seinen Aufenthaltsort geändert hatte, aber wir wurden dann doch durch das breite, hohe Tor auf Namensnennung hin über Gegensprechanlage durchgelassen und erreichten, nachdem wir eine ausgedehnte Golfanlage mittelmäßig beeindruckt passiert hatten, den Vorplatz des Hotels, das mir zwar viermal so groß vorkam, als ich es 1978 kennengelernt hatte, aber Gott sei Dank nicht in die Höhe, sondern in die Breite erweitert worden war und immer noch aussah wie aus Felssteinen zusammengehauen.

Innen allerdings war es nicht mehr der verschlafene Geheimtipp von einst, sondern eine Ansammlung von Boutiquen und Salons und einer großzügigen Rezeption, an der man uns mit ausgesuchter Höflichkeit wissen ließ, dass unsere Zimmer in drei Stunden bezugsfertig seien. Sowas geschieht einem immer, wenn die Reiseroute zu kurz ist. Wer zu früh kommt, den bestraft das Leben, und wer zu spät abreist, der muss die nächste Nacht mitbezahlen. Eine ausgedehnte Fahrt durch Luxushotels ist beschwerlich, weil die Stunden zwischen 11:00 und 15:00 Uhr dem Reinigungspersonal gehören, und es keine Gewerkschaft gibt, die sich für die Interessen der jetsettenden Minderheit mit knautschenden Leinensakkos und duschgelbedürftigen Achselhöhlen einsetzt.

Immerhin versprach man, sich zu bemühen, und tat das auch, denn eine halbe Stunde später, während welcher der Barmann von mir auf seine Negroni-Tauglichkeit hin überprüft worden war, teilte uns einer der Empfangschefs, Zuversicht in der Stimme, mit, dass eines der Zimmer schon in einer weiteren halben Stunde für die Kundschaft betretbar sei. Ich malte mir ein wenig aus, was die Fräulein Zimmermädchen und die Herren Staubsauger wohl die ganze Zeit über in all den Räumen trieben, und ließ mich dann von Silke und Rafał nicht lange bitten, dieses personalfreie Zimmer schon vor dem angedachten Lunch zu beziehen. Dem Ältesten und Gebrechlichsten von uns dreien steht das Pinkeln in die eigene Kloschüssel gut an, wenn nicht sogar zu. Während wir zwischen Gästen, die ihre Aperitifs in den hoteleigenen Bademänteln einnahmen, noch ein wenig gegen die Hitze antranken (ich fand zur Appetitsteigerung Fernet Branca doch bekömmlicher als einen zweiten Negroni), kam der Hoteldirektor, uns mit weltgewandter Grandezza zu begrüßen. Silke fühlte sich geachtet, Rafał dachte: „Der is' schwul", und ich sprach so italienisch, wie ich nur konnte.

MARGHERITA HEIRATET SCHON WIEDER

UMWEG #76

Auch bei unserem knappen Mittagsmahl setzte sich Silke wohltuend von den Bademäntlern ab, obwohl sie sich nicht hatte umziehen können, sondern noch Reisekleidung trug, während ich bereits die Annehmlichkeiten eines eigenen Hotelzimmers hatte auskosten dürfen. Bademäntel am Esstisch findet Silke rücksichtslos gegenüber Gästen in Rock und Bluse und in einem Hotel dieser Kategorie eigentlich nicht hinnehmbar. Seh ich ein. Aus der langgestreckten ‚piscina' drangen würzige Schwaden an unseren Tisch, beeinträchtigten aber den Geschmack der Speisen kaum. Nach wenigen Minuten nimmt man den Schwefel wie eine Zutat wahr, ohne die der Luftstrom fade röche, jedenfalls mir geht es so. Für Silke kann ich mich da ausnahmsweise nicht verbürgen. Sie und ich verbrachten den Nachmittag auf dem Hotelgelände; Rafał zog es wie immer in die Ferne, genauer: in den Ort Saturnia, der auf einer Anhöhe oberhalb des Zusammenflusses von Albegna und Stellata liegt, malerisch und unverdorben, das sieht man schon von unten.

Aber schwer getäuscht. Saturnia ist nicht nichts. Sie gilt als die erste etruskische Stadt Italiens. Vor den Etruskern siedelten hier schon die Villanova, von denen man kaum mehr kennt als ihre Friedhöfe. Reicht doch eigentlich bei Ausgestorbenen. 200 vor Christus waren bereits die Römer dort, wie Teile der Stadtmauern belegten. Erstmals schriftlich erwähnt wurde der Ort 1188 in einem Dokument von Papst Clemens III., und ab da ging es rund: und Rocca (Felsen) gelangten – wie auch immer – in den Besitz der Aldobrandeschi, das war 1216, und die Aldobrandeschi waren damals mächtig, zumindest in ihrer Gegend, was aber weder Siena noch Orvieto gefiel. Beide versuchten, den Ort einzunehmen: Siena 1221, Orvieto 1251. Gelang nicht, aber die Leute aus Siena zerstörten Saturnia 1299 ziemlich, weil die Sienesen wie verrückt nach Margherita Aldobrandeschi suchten, sie aber nicht fanden.

Margherita heiratete fünfmal, dreimal weniger als Liz Taylor, aber für damalige Verhältnisse ganz flott; der

Papst kam kaum noch nach mit dem Annullieren ihrer Ehen. Wie hieß die Langnamige wohl mit den zusätzlichen Namen aller ihrer Ehegemahle? Sabine Leutheusser-Schnarrenberger könnte einpacken. Vier Jahre später hatten die Orvietani das Sagen in Saturnia, 1328 übernahmen die Baschi aus Montemerano und danach die Orsini aus Pitigliano das allseits begehrte Städtchen, das 1410 dann doch von Siena erobert wurde. Dann kam Saturnia – wie auch immer – zu den Medici, die den Ort 1593 an die Markgrafen Ximenes vermachten. Die Familie der Panciatichi regierten von 1738 bis 1751. Bald darauf, 1787, wurde Saturnia Ortsteil von Manciano. Reicht es? Junge, Junge, auf so eine Geschichte könnte Berlin stolz sein.

Wie viel Rafał auf seinem Ausflug davon mitbekam, bleibt im Ungewissen. Viel sensationeller: Er brachte mir einen ‚Spiegel' mit, sogar den neuesten. Das kam mir fast so vor, als hätte er auf einem Basar in Teheran ‚Die fröhliche Reblaus', Fachzeitschrift der Winzerinnung, entdeckt.

Ich las in der Titelgeschichte, dass das Smartphone die Familie zerstöre. Das geht mich nichts an, ich habe keine mehr, und mein eigenes Smartphone liegt so unbeachtet in der Ecke wie die Gattin Friedrichs des Großen. Ich könnte mein Handy glatt Elisabeth Christine von Braunschweig-Wolfenbüttel-Bevern nennen. Außerdem las ich, dass sich nun auch führende Republikaner von Trump abwendeten, weil er einfach zu schrecklich sei.

Hier in der luxuriösen Abgeschiedenheit kann einem die Welt gleichgültig werden. Was soll ich mich über Dinge aufregen, die ich nicht ändern kann, wenn nachher doch alles anders kommt? Soll doch Großbritannien Europa verlassen, Trump in Amerika gewählt werden und Marine Le Pen in Frankreich. Geschichte ist unberechenbar, das macht sie richtig spannend. Die DDR, zum Beispiel, hoffte so sehr, das kleine Westberlin irgendwann endlich zu schlucken. Aber nein, Westberlin hat die große DDR geschluckt und in deren Zentrum nach Jahren des Stillstands – mehr oder weniger erfolgreich – wieder eine Stadtmitte aufgebaut. Lustig, was? Andererseits, wenn ich mich über nichts mehr aufrege, muss ich sehr ernsthaft prüfen, ob ich noch am Leben bin, und da ich mein Aufregungspotenzial nicht über Gay Romeo oder Bademäntel am Mittagstisch aktivieren kann, bleiben mir wohl doch wieder nur Politik, Religion und Gesellschaft.

Das, wohinein man sich gegen neunzehn Uhr an der Poolbar niederließ, war eine eigentümliche Kreuzung aus Liege- und Sitzgelegenheit, in der ich mir etwas vertrottelt vorkam, aber meinen Körper empfinde ich sowieso als grotesk, da macht das Rumgehangel nicht viel Unterschied. Silke bewahrt in jeder Stellung Haltung, und Rafał fühlt sich vom Stillsitzen ohnehin bloß beeinträchtigt. Am Mittag hatte er an der Rezeption fast einen Schwächeanfall erlitten, knapp vor der Ohnmacht, so war es ihm vorgekommen. Als Fachmann für solche Zustände hatte ich ihn zu einem Fernet Branca überredet, der zu Rafałs größter Überraschung seine ausgleichende Wirkung sofort entfaltete. Bei mir hilft ja erst der dritte: Dann geniere ich mich nicht mehr so vor dem Kellner, weil ich nur die Hälfte von meinem Teller weggegessen habe, und ich rede mir ein, dass dem Personal ganz egal sei, wie es mir geschmeckt hat, solange das Trinkgeld stimmt. Nach dem Abendessen blieb für uns drei nichts als ein geselliges Beisammensein, ein Blick, ein Wort, ein Schluck, bis wir uns entschlossen, dem Schwefel Lebewohl zu sagen und auf unsere Zimmer gingen. Dort empfing er uns schon wieder fürsorglich und erinnerte im geschlossenen Raum mehr noch als im Freien an Ausdünstungen des Magen-Darm-Traktes. Einschläfernde toskanische Blähungen. Der Pups Gottes.

DIE NATUR

UMWEG #77

DIENSTAG, 9. AUGUST 2016

Die beiden letzten unserer achtundzwanzig Reisetage, die der reinen Entspannung dienen sollten, lagen vor uns, und bis zum Abend des ersten Tages wussten wir nicht, dass es sogar der allerletzte sein würde: nicht unseres Lebens, nicht mal unserer Reise, aber des reinen Müßiggangs. Was für mich Anstrengung ist und was Abwechslung, kann ich sowieso nicht mehr unterscheiden und rechne mir deshalb das, wozu ich mich zwinge, sicherheitshalber bereits als Triumph an.

Rafał und ich, wir begaben uns, gut nach zehn Uhr, an den Rand des Gebräus, in dem nur wenige Menschen rumschwammen, weil es zum Frühsport zu spät und zum Vormittagstraining zu früh war. Die Golfer golften, die Fango-Empfänger schwitzten in ihren Wannen und die Langschläfer warteten auf ihren frisch gepressten Orangensaft. Ich möchte, dass es allen Menschen gut geht. Dann würde es doch auch mir Mensch ein bisschen besser gehen. Drei Liegestühle, nicht zu nah am Geschehen, aber auch nicht zu weit abseits von allem, wurden von mir mit Frottee garniert, und der ‚bagnino' hatte nichts dagegen, sondern brachte sogar Sonnenschirme, so dass Silke, als sie erschien, keinen Grund zur Beanstandung hatte.

Inzwischen las ich ‚Weltgeschichte to go' – der saloppe Titel für den Versuch, das, was seit unserer Weiterentwicklung vom Uraffen zum Smartphoner passiert ist, in ein paar Kapitel zusammenzufassen, und zwar so ‚leichtfüßig, dass man süchtig wird nach Geschichte', glaubt ‚Amazon'. Über den Autor weiß ‚Amazon' außerdem: ‚Was er Ihnen über Geschichte nicht erzählt, werden Sie nicht vermissen.' Ranschmeißerischer geht's wohl kaum, aber wir sind es ja gewohnt, dass Banken mit ‚Leistung aus Leidenschaft' unsere Guthaben schmälern und dass die Supermärkte sagen: ‚Wir lieben Lebensmittel', ‚supergeil' sind sie ohnehin. Was nicht total angesagt ist, ist megaout. Zum Ausgleich haben die Werbesprecher heute meistens eine Prise Ironie in der Stimme, sicherheitshalber. Ist ja nicht so ernst gemeint ..., während sie früher Vorzüge von Waschmitteln verkündeten wie Siegesmeldungen in der Wochenschau. Damals war alles eindeutiger. Heute macht der Zeitgeist sich lustig über sich, was das westliche Lebensgefühl so lange in der Schwebe hält, bis ein Terrorist, der felsenfest auf seiner Seite steht, unser Ende der Wippe zu Boden drückt.

Da lag ich nun, entspannungsdurstig und geschichtshungrig. Abschaltlüstern. Die Kulisse füllte sich zum Opernchor. Verdi? Puccini? Ich sah auf die wuselnden Menschen und dachte: „Sie werden alle sterben und verwesen", so wie meine Eltern gestorben und verwest sind, Guntram und Irene, mit denen ich hier glücklich war, soweit mir das möglich war. So wie ich jetzt hier glücklich bin. Soweit mir das möglich ist.

Wir hatten lange Spaziergänge gemacht, 1995. Wir liefen alle drei so ausdauernd. Irene war schon ein wenig schwerhörig, sagte sie. Aber sie hörte die Amseln ganz deutlich. Am Abend hörte sie die Nachtigallen und hatte Tränen in den Augen. Die Nachtigallen hatten aus niederer Frequenz Konkurrenz: Frösche. Frösche, Schwefel und unbeschädigte Landschaft, so hatte ich Saturnia in Erinnerung. Ein 18-Loch-Platz gehörte nicht ins Bild, aber ich weine nicht wehleidig jeder unbewirtschafteten Wiese hinterher. Natürlich ist mir Natur naturbelassen am liebsten, aber das ist ein ästhetischer Maßstab, den sich Menschen, die von Ackerbau, Viehzucht, Drogenhandel, Elfenbeinschmuggel und Urwaldrodung leben, nicht leisten können. Warum sie davon – und überhaupt – leben wollen, bleibt mir ein Rätsel und der Natur auch.

Die Natur will von mir nichts weiter, als dass ich mich fortpflanze (Pech gehabt, Natur!), danach kann ich von ihr aus ruhig sterben. Wie komme ich also dazu, sie zu achten? Der Stärkere setzt sich bei ihr durch, sie ist vollkommen faschistisch. Uns ist beigebracht worden, sie schön zu finden. Kinder finden die Natur nie ‚schön', sondern bloß ‚da'. Wie mag jemand, der seit seiner Geburt dreißig Jahre lang nichts anderes als Plattenbauten gesehen hat, einen Wald finden, wenn er dort plötzlich ausgesetzt wird? Schön? Fremd? Unheimlich?

Die Natur ist mitleidlos und erbarmungslos wie kleine Kinder. Unsere guten Eigenschaften hat die Natur bloß entwickelt, weil wir sonst, ohne Gemeinschaft, nicht überlebensfähig wären. Krallen, Klauen, Stoßzähne haben wir nicht, wir brauchen die Herde.

Was wir der Natur nicht abtrotzen, das gibt sie uns nicht. Und wenn wir sie schlecht behandeln, reagiert sie zickig und lässt sich als Opfer stilisieren. Aber es wäre blöd, sie zu bedauern oder zu verteufeln. Die Natur gibt es nicht. Die ist eine Erfindung des Menschen, und dass er sie reinerhalten, (sinnvollerweise) lebenswert machen oder ausnutzen will, wie es in seine jeweilige Denkweise passt, das ist sein Problem, nicht das Problem der geschundenen, hochgelobten, gleichgültigen Natur: Sie ist wie Gott nur eine Mystifizierung des Unbegreiflichen.

Heute muss alles ‚Bio' sein. Genveränderte Nahrung gilt, besonders in Deutschland, als Pest, dabei verhindert sie Pestbefall. Vor US-Chlorhühnchen wird gewarnt, dabei sind diese Hühner verträglicher als die deutsch geschlachteten. Alle Ceta-Gegner sollen langsam verhungern, während sie mir dabei zusehen müssen, wie ich genüsslich ein kanadisches Holzfällersteak nach dem anderen verspeise, als Beilage Genmais.

Diese ganze Natur-Beweihräucherung bringt mich auf die Palme. In Meran habe ich ja eine im Garten, und ich gucke auch lieber in liebliche Auen mit ein paar äsenden Lämmern als in eine Hochhaussiedlung hinter von Windrädern verspargelter Brache. Deshalb werde ich doch nicht sentimental. Jahrtausendelang wusste der Mensch, dass die Natur seine Feindin ist, die er mühsam beackern muss und die außer Fortpflanzung rein gar nichts von ihm will.

‚Sex' ist nur da ganz ‚menschlich', wo er nicht wie bei den doofen Tieren der Fortpflanzung dient, sondern ein Ausleben dessen ist, was die planlose Natur nicht vorgesehen und der erfundene Gott nicht erlaubt hat. Darum kam ich mir bei meiner Art von Sex auch immer wie der Prometheus in Goethes grandiosem Gedicht vor: ‚Musst mir meine Erde doch lassen stehn'. Nicht: Dein Wille geschehe, sondern: Ich mache, was ich will! (Falls es dich gäbe: Ich mache es so, wie du mich – absichtlich oder aus Versehen – geschaffen hast.) Vor Gott habe ich zu viel Respekt, aber allen Religionen, die ihn sich ausmalen, werfe ich, was dieses Einssein mit meinem Trieb angeht, ein herzhaftes ‚Ätsch' zu.

AUSSEN KROSS UND INNEN BLUTIG

UMWEG #78

Zeit für einen Snack. Wo der Appetit fehlt, beginnt die Pflichterfüllung. Für den Abend habe ich eine Bistecca alla fiorentina bestellt. In der Toskana muss das einmal sein, gehört einfach dazu wie Krabbenbrötchen bei ‚Gosch' auf Sylt oder Kamelaugen beim Scheich im Wüstenzelt.

Am Nachmittag traute ich mich ins warme Wasser. Unter Rafałs Anleitung machte ich ein paar unbeholfene Schwimmbewegungen und tastete mich ängstlich durch den Sud. Ich lehnte mich am anderen Ende des Geländes gegen den Fels und ließ die Sturzbäche aus der Brause über meinen schwankenden Körper prasseln. Wenn ich noch gläubig wäre, dächte ich: „Mein ganzer Jammer ist mir geschenkt, um mich demütig zu machen." Ja, mein Hochmut war immer grenzenlos. Meine körperliche und geistige Beweglichkeit führte dazu, dass ich die an Leib und Seele Lahmen missachtete.

Als ich mich auch nach Jahren nicht mit Rolands Tod abfinden mochte, sagte Irene: „Dir fehlt Gottvertrauen." Und Pali sagte: „Dir fehlt Demut." Seither habe ich angefangen, meine Trauer ‚Trotz' zu nennen, beibehalten habe ich sie trotzdem. Nie werde ich meinen Katholizismus ganz abstreifen. Was mir Schlimmes passiert, kann ich nie aufhören, als Strafe zu empfinden. Auf diese Weise merke ich, wie wichtig ich Gott bin; gleichzeitig wehrt sich mein Verstand dagegen, das Leben als pädagogische Veranstaltung zu betrachten. Alles, was ich erlebt, erreicht, erfahren habe, wird mit mir sterben. Jetzt dient es mir dazu, die Welt um mich und mich in ihr aufmerksam zu beobachten. Das muss reichen als Lohn. Egal, was kommt, mein jetziges Bewusstsein werde ich hinter mir lassen, und so kann es mir egal sein, ob ich dereinst an einem Herzeleid eingehen oder in den Weltgeist eingehen oder doch nur den Boden düngen werde.

Nach dem Aperitif im Ambiente, das den Preisen angemessen war, drohte das tote Tier. Es ist außen kross und innen blutig, schmeckt fabelhaft und hätte von mir aus auf der Weide stehen bleiben können. Nach vier herrlich salzigen Bissen ist nun mal Schluss bei mir. Dass ich nie Durst habe, wird allenfalls offenbar, wenn Silke mich ermahnt, dem Wein, der durch meine Kehle fließt, von Zeit zu Zeit ein Glas Wasser hinzuzugesellen. Dass ich nie Hunger habe, merkt jeder, der das Abräumen meines prallen Tellers eine Woche lang verfolgt, was außer meinen Begleitern Gott sei Dank niemand tut.

Silke zog sich zurück, an den Boutiquen vorbei in ihr Privatim. Rafał durchstreifte die Gegend, die außer Nachtigallen und Fröschen nichts zu bieten hatte. Aber: Rind mit Rosmarin für den Mund, Vollmond mit Sternenhimmel für die Augen, Vögel und Lurche für die Ohren, Schwefel für die Nase, Frieden fürs Gemüt – reicht doch!

Morgens fehlt mir die Zuversicht, abends bin ich aufgekratzt, weil ich mir dann nichts mehr abverlangen muss, und ich fühle mich derart mutig, dass ich denke, ich könnte sogar dem Tod ins Auge blicken. Aber er hat ja keins. Er ist blind.

WAS MICH AM SPORT BEGEISTERT

UMWEG #79

MITTWOCH, 10. AUGUST 2016

Ach nee! Das Wetter war schlecht und machte so meinen Plan zunichte, im Liegestuhl ausgestreckt, abwechselnd die ‚Weltgeschichte to go' und die Umherwandelnden zu verfolgen: mit neidischem Blick, aber entspannter Seele. Da musste ich mir stattdessen etwas Raffinierteres ausdenken und tat das auch: ein Ausflug nach Pitigliano. Den macht nicht jeder; denn selbst wenn er derart gebildet ist, dass er Venedig von Florenz unterscheiden kann, sogar schon auf Fotos, dann muss er noch lange nicht wissen, was es mit Pitigliano auf sich hat. Ich dagegen weiß das: Wenn wir, von Norden kommend, über Orvieto nach Saturnia oder ans Meer fuhren, dann thronte es da immer ausgesprochen dekorativ oben am Hang; nun bot sich die Gelegenheit, es bei kühlem Nebel mal so richtig zu besichtigen.

Pitigliano liegt genau wie Saturnia im Stammland der Etrusker auf einem Tuffsteinfelsen. Der Tuff wurde in Ziegelform aus dem Fels geschnitten: Plattenbau der Antike. Die Etrusker gruben Wegesysteme in den Stein und hatten ausgeklügelte Entwässerungssysteme. So etwas steht nicht in ‚Weltgeschichte to go', und erst recht nicht das, was auch ich nicht über Pitigliano wusste. Erste schriftliche Erwähnung 1061; weiterer Verlauf ähnlich wie Saturnia: Im 13. Jahrhundert im Besitz der Aldobrandeschi; 1293 an die Orsini; Anfang des 17. Jahrhunderts an die Medici; ab Mitte 19. Jahrhundert Teil des Königreichs Italien. Zurzeit 3 118 Einwohner. Mit ‚Amazon' kann ich behaupten: ‚Den Rest werden Sie nicht vermissen.' Höchstens, dass Juden im 16. Jahrhundert in Pitigliano Zuflucht vor Verfolgung und Vertreibung fanden. Die Synagoge und das jüdische Viertel, selbstbewusst ‚Klein-Jerusalem' genannt, sind gut in Schuss und freuen sich über Besucher, heißt es. Vertreibung, Verfolgung – das Herdentier Mensch schafft es, sich seine Abscheu vor Fremdem auch heute noch ganz kosmopolitisch mit Smartphone und Internet zu bewahren.

Wir fuhren am Golfplatz vorbei durch die Ebene. Dass ich Golf nicht mag, kann ich damit begründen, dass es mir zu snobistisch sei – eine Ausrede, die ich beim Fußball leider nicht habe. Einen kleinen Ball auf großen Umwegen in ein Loch zu bugsieren, hat mich schon entsetzlich gelangweilt, als ich Anfang der Sechzigerjahre meinen Vater als Caddy begleitet habe. Noch viel früher, 1951, hatte ich mich sehr unbeliebt gemacht, als meine Eltern mich zum Tennis-Turnier bei Rot-Weiß mitnahmen und ich mich mit dem Rücken zum Platz setzte, um deutlich zu machen, was das Spiel mich anging. Da setzte es auf dem Rückweg Prügel, und ich machte mir in die Hosen. Näher hat mich das sportlichen Ereignissen auch nicht gebracht. Eigentlich liebte ich es nur, bei meinem Vater auf dem Schoß zu sitzen, wenn er die Beine hin und her bewegte und deklamierte: „Hoppe, hoppe, Reiter, wenn er fällt, dann schreit er. Fällt er in den Graben, fressen ihn die Raben …", was ja auch nicht gerade aufbauend klingt, mich aber nicht störte. Mehr Leibesübungen brauchte ich nicht.

Wenn heute fremde Leute unterschiedlicher Nationalität auf ein bis zwei Tore zielen, finde ich das immer noch nicht spannend, aber weil alle anderen das großartig finden, muss ich mir anhören, dass der Schiedsrichter mit der Gelben Karte für Ptsvevicy ganz klar überzogen hat, aus Niedertracht, und dass Rinaldo Rinaldini vor zwei Jahren doch noch ein paar mehr Steuern hinterzogen hat als vermutet, aus Geschäftssinn. Aber unter uns: Die Athleten wissen ja oft gar nicht, was ihre Manager da machen, genauso wenig wie der Führer etwas von KZs gewusst hat. Sie wollen nur spielen, die Ballkünstler, und alle interessiert's. Mich nicht. Für Körperbetätigungen habe ich mich nie besonders erwärmt, ausgenommen für Sex, aber auch da bloß für meinen eigenen. Vorbei, vorbei. Müßige Gedanken während beschaulicher Fahrt.

EIN AUSFLUG IN VERGANGENHEIT UND GEGEND

UMWEG #80

Die Ebene mündete in einen Berghang, andere Möglichkeiten hatte sie ja nicht, das Meer war zu weit weg. Eine drollige Vorstellung, dass Landschaften einen Charakter hätten, nicht wie im Reiseführer beschrieben, heroisch oder lieblich oder unwirtlich, sondern wirklich launisch oder leutselig oder eitel. Wir fuhren durch Wald und Flur, und alles war wunderbar normal, ohne touristische Aufmerksamkeit einzufordern. Doch dann kamen wir um die Ecke, da lag jenseits des Abhangs auf der nächsten Erhebung Pitigliano, und das war nun doch ein grandioser Hingucker. Wer das nicht knipst, der hat kein Handy.

Erst runter, dann wieder rauf und dann links ab zum Zentrum. Die Polizistin ließ uns gewähren, und so kamen wir an der Stadtmauer und an einer schwindelerregenden Brücke vorbei zu einer Stelle, von der Rafał meinte, sie böte mit ihrer verheißungsvollen Lücke zwischen zwei Wagen die letzte Möglichkeit, unseren Mercedes abzustellen, bevor er zwischen zwei Hauswänden eingeklemmt würde, was guten Rat sehr teuer machen könnte.

Zu Fuß gingen wir über die nächste Brücke mit Blick in die Tiefe und erreichten einen weiteren Platz, den ich als Zentrum von Pitigliano definiere, zumal er rechts vom Palazzo Orsini und links von einem ansprechenden Café eingerahmt wurde.

Im Sitzen konnte ich alles angucken, was mir betrachtenswert erschien; das waren jenseits meines Campari-Glases alte Mauern und junge Leute und in meinem Rücken die Ahnung des etruskischen Wegesystems hangabwärts. Silke und Rafał sah ich, wie sie in den engen Gassen verschwanden, und die Sonne sah ich, wie sie aus den breiten Wolken hervorlugte und wie sie anfing, die Bermudas der Touristen zu beleuchten und zu bewärmen, so dass deren trotzige Freizeitkleidung einen Sinn bekam. Allerdings braucht lange schon keiner mehr eine Rechtfertigung, um sich zu verunstalten. Das sehe ich an mir selbst.

Augen zu, Augen auf. Das Leben zieht dahin, ich bin dabei, jedenfalls am Rande. In Triest, am zweiten Tag der Reise, hatte ich gedacht, von jetzt an würde ich nie mehr allein irgendwo rumsitzen. Aber eigentlich passiert das täglich. Ist ja auch nicht schlimm, bis auf diese Abschiebung damals, zum Bahnwärter vor 69 Jahren. Bin ich allein, fühle ich mich sofort im Stich gelassen, bin ich nicht allein, möchte ich fliehen. Ist Selbstmitleid oder auch nur Selbstbeobachtung erzählenswert? Nö. Also Schluss damit!

Möglichst klaglos muss ich ertragen, was alles nicht mehr geht. Ängstlich war ich immer, feige bemühte ich mich, nie zu sein. Man muss sich was trauen, dachte ich bald, sonst hat man umsonst gelebt. Denken oder herrschen oder niedergeknüppelt werden. Scheiß auf dein volles Grab, Hauptsache, du hast gelebt vorher. Da legte ich mir unausgesprochene Weisheiten zurecht wie: Was du nicht ändern kannst, musst du genießen, und was du nicht genießen kannst, musst du ändern!

Nicht das Machbare, das Unmögliche war immer das, was ich gewollt habe. Deshalb war ich unter Künstlern besser

Hanno (beide 1991)

aufgehoben als unter Kaufleuten. Meine väterliche Verwandtschaft hat das nie begriffen. Wenn ich denen ihr mangelndes Gespür für das Ausgefallene übelnehmen wollte, wäre das so, als würde ich ein armes Schwein schlachten, weil es keine Noten lesen kann.

Schon wahr: verstanden zu werden, macht Spaß. Geheimnisvoll zu bleiben, aber auch. Das lässt sich sogar kombinieren. Meine Mutter, deren Herkunft ungewiss bleibt, hatte einen untrüglichen – na ja, wenig trüglichen – Sinn für das Sinnliche und das Übersinnliche, aber auch für die Realität. Sie war meinem Vater eine gute Beraterin. Was ihr an Sachverstand fehlte, das machte sie mit Menschenkenntnis mehr als wett. Sie gab Guntram die Sicherheit, die er von seinem bornierten Vater Reinhold, der ihn als Versager beschimpft hatte, nie bekommen konnte. Die Geschichte, diese ausgefuchste Komikerin, hat es dann so eingerichtet, dass Reinhold, der nach seiner friedenshalber abgebrochenen Offizierslaufbahn nichts mehr auf die Reihe bekam, von Guntrams finanziellem Erfolg standesgemäß lebte, ohne sich des eigenen Versagens bewusst zu werden. Oder war es gar kein Versagen? Ist Vaterlandstreue ehrenwerter als Geldverdienen? Fürs Finanzielle waren die Schwiegerväter der Herren Leutnants zuständig, fürs Stiefelputzen die Burschen. So lässt sich für Gott und Vaterland die Welt vom preußischen Feldherrenhügel aus selbstgefällig betrachten. Bloß, dass Gott – selbst im Sprichwort – lieber in Frankreich war als in Königs Wusterhausen.

DIE RINKES

UMWEG #81

Mein väterlicher Großvater Reinhold war in Tarnowitz in Oberschlesien geboren worden und heiratete die Essener Bierbrauertochter Maria, die zwar im Ruhrgebiet aufgewachsen war, sich aber gern als Rheinländerin bezeichnete. Sie ist, so oder so, das Westlichste, was mein Stammbaum hergibt. Ihre Mutter, meine Urgroßmutter, war garstig zu ihrer Tochter, weil sie einen anderen, nämlich feschen Mann viel lieber mochte, ihre Eltern aber „Papperlapapp“ sagten: „Du nimmst gefälligst den reichen Brauerei-Besitzer!“ Sie tat’s und sann auf Rache. Da kam ihr das Töchterlein Maria als Sündenbock gerade recht, so empfand es jedenfalls meine fromme Großmutter und heiratete selber Reinhold, so schnell es ging. Offiziersgattin, das war doch was! Die ungeliebte ‚gute Partie‘ ihrer Mutter verkaufte die Brauerei kurz vor dem Ersten Weltkrieg und verlor während der Inflation das gesamte Vermögen.

Als Guntram seinen Vater Reinhold 1928 fragte, ob er nicht zur Beerdigung seines Schwiegervaters nach Essen fahren wolle, antwortete Reinhold knapp: „Wozu?“ Der Schwiegervater hatte immerhin Reinholds ganze Schulden beglichen und zähneknirschend die Rechnung bezahlt, die ihm Reinhold schicken ließ, als er sich ein neues Pferd anschaffte. Guntram bohrte nach, und sein Vater erläuterte seine Sicht der Dinge: „Ja, wenn da der reiche Mann gestorben wäre, dann natürlich! Aber so ... wozu?“

Reinhold war der Älteste von acht Geschwistern. Komisch, dass er ‚Reinhold‘ genannt wurde, obwohl er Alexander Reinhold Seren hieß. Drei Namen zur Auswahl, und der scheußlichste wird es dann!

Reinhold Rinke (1898)

Reinhold hatte drei jüngere Brüder, gegen deren Namen nicht viel einzuwenden war: Heribert heiratete die Drahtseil-Erbin Erna Deichsel und betrog sie nach Strich und Faden, bis sie ihn vor die Tür setzte. Eberhard betrog seine Frau ebenfalls ausgiebig. Dafür nutzte er nette Operetten, die er nur komponierte, um sie sich anschließend von reizenden kleinen Soubretten vortragen zu lassen. Nur von ihm – da waren sich alle Rinkes einig – konnte ich meine musikalische Begabung geerbt haben.

Die anderen Vorlieben meines Großonkels, und damit auch sein trauriges Ende, blieben mir erspart: Eberhard war von seinem Kommandanten vor die Wahl gestellt worden: Entweder er solle seine Tochter heiraten, die Eberhard entehrt habe (ob mit seinen Gedanken, seinen Gebärden oder seinen Geschlechtsteilen, blieb unklar), oder er habe seinen Abschied zu nehmen. Eberhard heiratete und ‚rührte seine Frau fortan nicht an', wie es hieß. Sie rächte sich, denn sie soll, als ihr die Operetten doch zu reizend wurden, im eiskalten Winter, während er krank im Bett lag, das Fenster geöffnet und ihm dann – sicher ist sicher – das Kissen aufs Gesicht gedrückt haben.

Der jüngste Bruder erhielt den hübschesten Namen: ‚Viktor'. Er heiratete, zeugte pflichtgemäß ein paar Kinder

Oben: Maria Rinke mit Söhnen und Miezel
Unten: Maria Rinke mit Söhnen
(Achim, Hasso, Guntram, Arwed)

und verdrückte sich dann nach Südwest-Afrika. Guntram erzählte:

„Der Viktor ist nach Kamerun gegangen und da wollte er durchbrennen. Er hat nichts mehr von sich hören lassen – aber die Elisabeth hat ihn dann irgendwie wieder an die Angel bekommen und sich ihn eingefangen." – „So wie einen Schnupfen", dachte ich immer. Viktor war Arzt, aber nichts Besonderes, während mein Urgroßvater ‚Geheimer Medizinalrat' beim Fürsten Henckel von Donnersmarck in Tarnowitz gewesen war. Der Fürst schoss, wenn er guter Laune war, den Schornsteinfeger vom Dach und schenkte der Witwe anschließend hundert Taler. Angeblich.

Reinholds Schwester Felicitas, genannt ‚Miezel', gelang es nicht, Witwe zu werden, weil sie erst gar keinen Mann abbekam. Gott ersann sich als ihren Lebensinhalt, Reinholds Söhnen beim Heranwachsen behilflich zu sein – mehr Bürde als Würde.

Miezels beiden Schwestern erging es besser: Hildegard heiratete Professor Knötel in Breslau, dann hörte man nichts weiter von ihr.

Reinholds Schwester Alice hatte eine unglückliche Liebe, die von ihren Eltern nicht anerkannt wurde. Damals wohl üblich.

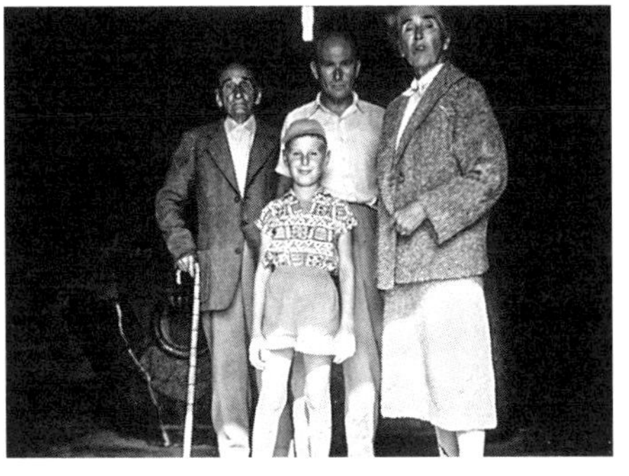

Oben: Reinhold, Hanno, Irene und Maria

Mitte: Reinhold, Hanno, Guntram und Maria

Unten: Hanno, Maria und Irene

Sie ging ins Kloster. Das war sicherlich ein raffinierterer Schachzug, als in Marias Offiziershaushalt zu dienen. Ein weiterer Glücksfall für Mutter Alice war, dass die himmlische Herrschaft sie vergleichsweise frühzeitig abkommandierte.

Wenn ich als Kind bisweilen mit aktuellen Problemen zu meiner einhütenden Großmutter gehen musste, weil sich meine Eltern gerade mal wieder mit Werner Russ Italien anguckten, dann legte mir Maria stets nahe, mich an ‚Tante Alice' zu wenden, der sie einen unmittelbaren Draht zum lieben Gott nachsagte. Ich habe von dieser Protektion nie Gebrauch gemacht, zumal meine Großmutter selbst, trotz Alices Einflusses, auf kein allzu beneidenswertes Leben zurückblicken konnte.

Ihr flotter Reinhold hatte in Preußen als Offizier keine Anstellung gefunden und ging deshalb nach Sachsen. Dort wurde er Kommandeur in Wurzen, wo Maria alle vier Söhne zur Welt brachte. Alle vier empfanden das als Makel. Bis ins hohe Alter war es meinem Vater peinlich, als Geburtsort ‚Wurzen in Sachsen' angeben zu müssen, und auch ich habe lieber Berlin in meinem Pass und meiner gefälschten Geburtsurkunde stehen.

Vier Söhne hatte seine Maria dem Oberstleutnant Reinhold Rinke geboren,

Oben: Hasso und Guntram

Mitte: Hasso, Achim, Guntram und Arwed

Unten: Hochzeit im Hause Rinke

aber ausgerechnet auf den ‚Jüngsten und den Dümmsten', wie er ihn nannte, hatte er sich verlassen müssen. Die Lieblinge meines Großvaters waren die beiden Ältesten gewesen, aber die hatte er beide ‚im Krieg verloren', so der Sprachgebrauch. Die Formulierung war sachlich richtig. ‚Während des Krieges' wäre noch korrekter gewesen.

Arwed, der Zweitgeborene, hatte 1941 im Elsass seine Dienstwaffe auf sich gerichtet und geschossen. Anschließend fiel er natürlich. Es war dann unvermittelt eine Französin in die Familiengespräche eingeschleust worden, die ihn als Deutschen nicht hatte lieben dürfen. Vorher war kaum je die Rede von Frauen gewesen, jedenfalls nicht im Zusammenhang mit Arwed; meine Cousinen glauben, er sei wohl schwul gewesen. Eine Erbkrankheit.

Guntrams ältester Bruder Achim, ‚Vaters Abgott', wie Guntram es formulierte, brachte es 1940 in Paris als deutscher Offizier zum ‚Verwalter des Feindvermögens'. Er kehrte aber aus naheliegenden Gründen im Herbst 1944 nach Berlin zurück. Dort lebte seine geschiedene Frau.

Maria Rinke war 1936 hocherfreut gewesen, ‚Irmgard von Amelunxen' als ihre zukünftige Schwiegertochter zu begrüßen. Betrüblicherweise war Irmgard aber die Tochter von Frau von Amelunxen aus deren erster Ehe mit einem Juden. Das Mitbringsel war nicht adoptiert worden, und so trat statt des Fräuleins ‚Irmgard von Amelunxen' die etwas weniger illuster klingende ‚Pucki Mayer' mit Achim vor den Traualtar.

Eine angestrebte Arisierung scheiterte am Vermessungsamt, Puckis Becken war zu schmal und dementsprechend kurz hielt die Ehe: Der edle Achim ließ sich von seinen Kameraden aus der Reiter-SS dazu drängen, diese Halbjüdin zu verstoßen, schon um selber im Club bleiben zu dürfen. Angeblich soll sie ein ziemlich munteres Leben geführt haben, wodurch sich die Trennung der Ehe innerhalb der Rinke-Familie beschönigen ließ. Ob arisch oder nicht – wenn der Gatte in Paris Franzosen ausraubt, muss das brave Mädel am häuslichen Herd in Berlin auf ihn warten. Andernfalls: Scheidung.

Doch Achim konnte von Pucki trotz seiner schlechten Vorsätze nicht lassen. Er hatte über alle nur denkbaren Beziehungen zwei Fahrkarten in den Westen ergattert, nach Bückeburg, zum Gut derer von Amelunxen. Aber – so die Überlieferung – Pucki weigerte sich noch auf dem Bahnhof, Berlin zu verlassen und mit ihrem reumütigen

Heimkehrer den Zug zu besteigen. Achim zerriss die beiden Fahrkarten und meldete sich freiwillig an die Ostfront, die lag damals ein paar Kilometer vor Berlin, in Sacrow. Da liegt jetzt er. Wenn das nicht auch eine Art von Selbstmord war, was war es dann? Vaterlandstreue?

Von Vaterlandstreue redete Hasso, der dritte der vier Brüder, gern. Aber ‚im Feld' war er nie. Das hat er geschickt vermieden. Erst war er, natürlich durch Achims Protektion, Chauffeur im besetzten Paris. Als dieser Dienst nicht mehr benötigt wurde, ging er nach Schmalkalden und wurde dort auf Guntrams Protektion hin Direktor einer Besteckfabrik. Hasso holte als guter Sohn seine in Berlin ausgebombten Eltern 1944 zu sich nach Schmalkalden, und so bekam dort ich – dank des alle anderen Ambitionen meiner Großmutter überlagernden Katholizismus – 1947 meinen Taufschein.

NACHKRIEGSSÜNDEN

UMWEG #82

Zu dieser Zeit, 1947, war Pucki schon einem smarten Australier, der ihr das Blaue vom Himmel dort unten versprochen hatte, in seine Heimat gefolgt. Da war es dann allerdings doch nicht so nobel. Pucki musste vor Ort zu ihrem Entsetzen hinter der Theke Hot Dogs verkaufen, behauptete Guntram. Puckis Schwiegermutter Maria Rinke, die in dieser Hinsicht angeblich über gewisse Erfahrungen verfügte, weil sie in der Essener Brauerei ihres Vaters als Backfisch zu ähnlichen Bouletten-Diensten herangezogen worden sein soll, solidarisierte sich keineswegs mit ihrer halbjüdischen Schwiegertochter, sondern bestand den Rest ihres streng katholischen Lebens darauf, dass Pucki die Mörderin ihres ersten Sohnes sei. Mehr Genugtuung konnte sie sich nicht erlauben; denn den Genuss der Schadenfreude über Puckis Schicksal verbot meiner Großmutter der strenge Christengott. Andererseits geleitete dieser Gott Pucki auch nicht heimwärts, das musste die bundesdeutsche

Botschaft übernehmen. Sie ließ die Gestrandete in die junge Bundesrepublik zurückschiffen, wo Pucki sich eine Zeitlang in der Nervenheilanstalt erholte.

Kriegswichtig war Hassos Besteckfabrik wohl nicht deshalb gewesen, weil die Soldaten mit Messer und Gabel essen sollten, sondern weil sie auf Munition umgerüstet hatte. 1947 war Hasso immer noch Geschäftsführer der Fabrik, die sich wieder mit Bestecken befasste, und ein führendes CDU-Mitglied (wie christlich und wie demokratisch er war, weiß ich nicht so genau) war er auch. Meine Großmutter war sogar Kreisvorsitzende der CDU Schmalkalden, und sie war immer sehr christlich und ihr Lebtag nicht demokratisch, aber nach wie vor rührig. ‚Wertheim', wo sie jeden Freitag Schweinebraten für ihre fünf Männer gekauft hatte, gab es ja nicht in Schmalkalden, nicht mal mehr in Berlin, und so lief sie raus aus dem Ort, stellte sich an die Eingangspforte eines Bauernhauses, lauschte dem appetitanregenden Gegacker und sagte, wenn die Bauersfrau auf dem Hof erschien: „Ja, Sie können wohl lachen! All die schönen Hühner! Putt-Putt-Putt-Putt. Sie haben wohl nicht mal ein paar Eier für mich, wohl nicht?" Im günstigsten Fall setzte es dann für Reinhold Rührei zum Abendbrot.

Oben: Hanno, Karen und Hasso
Unten: Isabell Gerisch und Hanno

Die Rinke-Brüder hatten im Rahmen von Achims Hochzeitsfeierlichkeiten Puckis Lieblingscousine Vicky kennengelernt und sie wegen ihres Gebarens mit dem Ehrentitel ‚die Barfrau' versehen. Trotzdem heiratete Hasso sie wenig später – wegen des Namens, behauptete Guntram. Ja, der machte schon etwas her: ‚Viktoria von Beneckendorff und von Hindenburg' las sich gut auf der Anzeige. Auch die jüngere der beiden Hasso-Töchter, die einen Baron heiratete, wollte von ihrer Mutter, als sie sie viele Jahre später zu sich nach Hamburg holte, Vicky solle aufhören ‚Rinke' zu heißen und wieder eine ‚Hindenburg' werden, in Hamburg sei so etwas wichtig. Ich fand das nicht und benahm mich von Hochzeit zu Hochzeit schlechter.

Also, in meinen linksliberalen Kreisen klang der illustre Name inzwischen nicht viel besser als bei den Studenten, die mit der RAF liebäugelten und für die alles, was mit Adel und Großbürgertum zu tun hatte, auf den Müllhaufen der Menschheit gehörte. Aber wer selber glaubte, Adel im Blut zu haben, sah das vielleicht anders. Vicky ließ sich zur Namensänderung überreden, nicht gern, wie sie sagte, aber sie galt halt als ein wenig harmlos. „Die meisten Menschen haben sicher etwas geahnt", ahnte ihre Tochter, als wir an

Berlin (1946)

einem Sommerabend im Garten über die leidige Vergangenheit sprachen, „aber Mami bestimmt nicht. Die hat nie etwas von Politik mitbekommen." Auch so lässt sich Verhalten schönreden: Zur Verantwortung gehört Bewusstsein, wo das fehlt, herrscht Unschuld.

In der eingeschränkten thüringischen Idylle gab es 1947 aber nicht nur den Bahnwärter und mich, meine Großmutter und Reinhold, Hasso, Vicky und die beiden Töchter, sondern auch die Russen. Und die waren auf Hasso nicht gut zu sprechen. Sie waren sogar so schlecht auf ihn zu sprechen, dass er eines Tages ziemlich hastig seine Koffer nahm und nach Berlin ausbüchste, in den Westsektor, versteht sich. Welche silbernen Löffel er aus seiner Fabrik gestohlen hatte oder welche Hühnchen es mit ihm zu rupfen galt, ist nie ganz klar geworden, ich habe den Verdacht, es war etwas, wovon die Amerikaner, Engländer und Franzosen auch nicht begeistert gewesen wären.

Vicky, die geborene Viktoria von Beneckendorff und von Hindenburg, sollte nicht nur mit ihren beiden kleinen Töchtern hinterherkommen, sondern möglichst mit allem Hab und Gut. Das ging aber nicht, die Russen wollten es nicht dulden, nicht, solange Vicky die Frau des Türmers Hasso Rinke war. Hasso und Vicky ließen sich also in Berlin pro forma scheiden. Mit dem Dokument der vollzogenen Trennung in der Tasche gelang Vicky der Umzug in die sowohl ehemalige als auch kaputte Reichshauptstadt. Die Abwicklung hatte jedoch eine gewisse Zeit in Anspruch genommen, und in der war Folgendes passiert:

Herr Stegenwallner hatte – in seiner Eigenschaft als Erfinder – die Lichtpause erfunden, damit konnte man das tun, was man später mit Fotokopiergeräten machte. Herr Stegenwallner ging mit dieser Erfindung zu Herrn Körte, einem Berliner Kohlenhändler, und der gründete daraufhin mit meinem Vater zusammen die ‚Eska': ‚S' von Stegenwallner, ‚K' von Körte. Anteilseigner der Lichtpausenfabrik waren aber zu je 50 Prozent Herr Körte und Guntram.

Hasso, der gerade abgebrannt in Berlin erschienen war, wurde zum Geschäftsführer gemacht; das eingekesselte Berlin war kein günstiger Standort, der Firmensitz wurde ins zentrale Düsseldorf verlegt, schließlich musste die Menschheit ja von der Existenz der Lichtpause erfahren. Dazu bedurfte es einiger Anstrengungen. Die erste war ein Stand auf der wiedererstandenen ‚Hannover Messe'.

Herr Körte war zwar kein liebevoller Vater (meine Erziehung bestand überwiegend darin, mir vorzuhalten, dass ich weit weniger als Herrn Körtes und Werner Russ' Kinder verprügelt wurde), aber Herr Körte war andererseits auch kein Kostverächter, so dass der meiner Mutter positiv in Erinnerung gebliebene, stimmungsvoll-heitere Leichenschmaus nach seiner Beerdigung, fünfzehn Jahre später, in seinem Sinne gewesen sein dürfte. Herr Körte hatte ‚Carola' aufgetan, die genau wie er kein Kind von Traurigkeit war, und er hatte sie als Hostess nach Hannover beordert. Dort traf Hasso sie, verfiel ihr und heiratete sie.

Die geprellte Vicky ließ sich mit ihren Kindern in Berlin nieder, Hasso ließ sich in Düsseldorf von Carola um den kleinen Finger wickeln. Gern ging sie auch auf die mondäne ‚Kö', um Pumps und Kleider zu kaufen; die Rechnung ließ sie dann an die ‚Eska' schicken, was weder Herrn Körte noch Guntram besonders freute.

Es gab – auch in den Fünfzigerjahren – in Frankfurt Rosemarie Nitribitt, und ich stelle mir vor, dass die beiden Frauen gewisse Gemeinsamkeiten hatten, nur dass die Nitribitt heute als Opfer der Gesellschaft dargestellt wird, während umgekehrt die Gesellschaft das Opfer von Carola wurde. Meine Mutter

Rosemarie Nitribitt (1955)

durchschaute Carola gleich bei der ersten Begegnung als ‚Weibsstück', und auch ihre Beziehung zu mir ruinierte Carola am zweiten Tag unserer Bekanntschaft zum Weihnachtsfest 1951 in Berlin sofort, indem sie sich etwas von meinem Gabentisch grabschte, zu mir in die Hocke herunterkam und mir mit einer erbastelten So-spricht-man-mit-Kindern-Stimme erklärte, das wolle sie meinen Cousinen schenken, sie hätte sonst nichts für sie. Dass Hasso überhaupt mit dieser Person, die rothaarig und laut meiner Mutter, ‚ganz hübsch, aber mit einer brutalen Kinnpartie' ausgestattet war, bei der zarten, blonden Vicky aufkreuzen wollte, war schon schlimm genug, aber sich mit meinen Geschenken einzuschmeicheln – das war die Höhe. Weibsstück! Ich vergab meiner Schuldigerin nie, nicht mal ihr Tod hätte mich versöhnt, wenn nicht das mit dem Kartoffelpuffer gewesen wäre. Gut, dass sie mit Hasso im porösen ersten Stock bei uns schlief, den zu betreten mir wegen Einsturzgefahr verboten war. Und über meinem Zimmer stand ihr Ehebett ja Gott sei Dank nicht.

Hasso lebte mit Carola in Düsseldorf herrlich und in Qualen, bis sie ihn schließlich vor die Tür setzte: Er war ausgemolken. Der unmittelbare Familienzweig behauptete, Hasso hätte sich ihr freiwillig entzogen, und ich möchte nicht darauf verzichten, auch diese Darstellung hier wiederzugeben. Die neu angeschafften Möbel jedenfalls behielt sie zurück, sie kamen ihren Erben zugute.

ÜBERWIEGEND IRENA

UMWEG #83

Nach der Scheidung zog Vicky mit ihren Töchtern hoffnungsvoll nach Düsseldorf zu Hasso. Jede Nacht, so zwischen zwei und drei, klingelte das Telefon, und Hasso machte sich auf den Weg zu Carola, weil Carola etwa um diese Zeit immer bewusst wurde, wie sehr sie noch an Hasso hing. Hasso und der Rest der Düsseldorfer Männer allein konnten Carola auf die Dauer nicht ausfüllen, und so schaffte sie sich eine Cocker-Spaniel-Hündin an: Coggy. Mit der hatte sie einen Autounfall, den Coggy besser überstand als ihr Frauchen. Die Folge waren Kopfschmerzen, und die Folge davon war Morphium. Eines Nachts ging Carola nicht zum Telefon, sondern hungrig zu ihrem Kühlschrank, schnappte sich einen kalten Kartoffelpuffer und erstickte an ihm. Streng genommen war wohl der Morphiumkonsum dafür verantwortlich, dass ihr der Bissen in der Kehle stecken geblieben war, und ein Genickschuss als Wunschtod ist sicher eleganter, schon weil Pistolen elegantere Gegenstände sind als Kartoffelpuffer, aber ich musste doch anerkennen, dass sie die skurrilste Todesart meiner entfernteren Umgebung beigesteuert hatte. Zurück blieb Coggy. Hasso nahm das Tier, von dem er schrulligerweise annahm, dass Carolas Seele von ihm Besitz ergriffen hätte, bei sich auf: Ein letzter Liebesdienst für beide Wesen; dafür schickte er Vicky mit den Töchtern wieder weg. Oder sie gingen einsichtig.

Und erst jetzt kommt Karen ins Spiel, genauer: ins Tennisspiel. Hasso lernte sie durch eine gemeinsame Freundin kennen und schätzen. Heiraten wollte er sie eigentlich nicht. Aber wie schon Guntrams erste Frau Martha sich hinter meine Großmutter gesteckt hatte, so machte es auch Karen, und meine

Oben: Karen (1960)

Unten: Guntram, Irene, Karen und Hasso (1960)

Großmutter befahl Hasso, Karen zu heiraten. Während sich jedoch Guntram von Martha zu befreien verstanden hatte, damit ich ehelich wurde, blieb Karen Hasso bis zu dessen Tod erhalten, und das war gut so.

Hasso arbeitete inzwischen für eine französische Kredit-Firma in Saarbrücken, wo er mit Karen ähnlich viele Kosten (Kaviar, Champagner, Ausflüge) verursachte, wie es ihm Carola auf der ‚Kö' vorgemacht hatte. Dies hatte zur Folge, dass er rausflog, aber meine Mutter hatte wie so oft eine passende Anzeige in der ‚Welt' gelesen: Karen bewarb sich bei ‚Avon'-Kosmetik und stieg dort auf zur Schulerin der Schulerinnen. Zu ihren Obliegenheiten gehörte es, in diversen Städten, wie sie es nannte, ‚Schellen zu zählen'. Das ist hessisch, und es bedeutete, dass Karen anhand der ermittelten Klingelknöpfe die Soll-Vorgaben erarbeitete, damit die ‚Avon'-Beraterinnen wussten, wie viele Cremetöpfchen sie in ihrem Distrikt zu verkaufen hatten. Hasso genoss derweil seine Arbeitslosigkeit mit den Frauen, die nicht wie Karen unterwegs, sondern in Saarbrücken zurückgeblieben waren.

Nachdem auch Karen – in Ehren – aus dem Berufsleben entlassen worden war, zog das Ehepaar an den Schliersee, und da lebte Karen nach Hassos Tod als Witwe mit Hund. Inzwischen hat sich

Oben: Karen (1975)
Mitte: Karen und Hasso (1980)
Unten: Karen und Hasso (1990)

ihre ältere Stieftochter erbarmt und sie nach Berlin geholt. Dort lebt die ehemals fette Karen jetzt dürr und dement vom Rest-Erbe ihrer reich gestorbenen Mutter.

Irene fand Karen zwar nicht so schlimm wie Carola, aber auch schwer zu ertragen. Karen erzählte und erzählte – von der Suppe bis zum Nachtisch. Interessant daran fand ich, dass es nicht eine, keine einzige, Geschichte mit Pointe gab. Ihr Redefluss strömte gleichmäßig aus ihr heraus, ohne Quelle und ohne Mündung, irgendwie buddhistisch.

Für Vicky hatte Irene mehr übrig, obwohl die Vergangenheit auch da Grund zur Verstimmung bot. Der Grund war Martha.

Silke und Rafał durchstreifen immer noch die engen Gassen von Pitigliano, falls sie nicht heimlich abgereist sind, und um mich von dieser Furcht abzulenken, hole ich beim zweiten Campari noch ein wenig weiter aus:

Meine Mutter war wie Vicky im Krankenhaus Danzig-Langfuhr geboren worden, aber von den Mitgliedern der Familie Hindenburg trennten sie Welten: Irena war die uneheliche Tochter einer zänkischen Polin, die sich vom Sohn

Oben: Irina (1941)

Unten: Irene (1961 am Wörthersee)

ihrer jüdischen Herrschaft ein Kind hatte machen lassen. Alles, was Irena war und konnte, hatte sie sich selbst erarbeitet. Sie schämte sich ihrer unleidlichen Mutter, aber schüchtern war sie nicht. Irenas unbekümmertes Benehmen war später, Ende der Vierzigerjahre, von meinem Vater zurechtgestutzt worden, damit sie im Kreise der Berliner Kohlenhändler allenfalls durch ihre rasante Länge auffiel. Da galt es, dem immer noch herrschenden Frauen-Ideal ‚blond und niedlich', dem Vicky durchaus genügte, etwas entgegenzusetzen, das nicht Ablehnung hervorrief, sondern ängstliche Bewunderung.

„Passen Se auf, Herr Ringe, die mechte womechlich eine Spionin sein!", sorgte sich im letzten Kriegsjahr der schlesische Mitarbeiter meines Vaters, Herr Schönhorst, ehrfürchtig, während Hasso abwiegelte: „Also, als exotisch habe ich sie eigentlich nicht empfunden. Ich habe sie nur hinsichtlich ihrer körperlichen Größe als sehr ausgefallen empfunden."

Meine Mutter ließ es sich nicht anmerken, dass sie aus keinem ganz so guten Hause kam, wie mein Vater das von sich selbst dachte. Sofort am ersten Kriegstag war sie mit ihrer Mutter aus Danzig geflohen. Die Mutter zog weiter bis Warschau, Irena schwante, dass selbst das nicht reichen würde und blieb gleich in Posen. Dort war 1943 ein SS-Offizier auf ihrer Dienststelle erschienen und hatte ihr vorgeworfen: „Sie sollen in Danzig gegen das Deutschtum opponiert haben. Es ist Anzeige gegen Sie erstattet worden." – „Was heißt hier ‚gegen das Deutschtum opponiert'?", fragte Irena unwillig zurück. „Wahrscheinlich habe ich gesagt: ‚Die Deutschen sind Idioten und sie werden den Krieg verlieren', aber opponiert habe ich nie." Wäre Irena hässlich gewesen, wäre sie vergast worden. War sie aber nicht, und so verliebte sich der SS-Mann in sie und vernichtete ihre Akte. Was das bedeutete, wurde Irena erst viel später klar, als sie noch am Leben war und Irene hieß. Mit ihrer Einschätzung über den verpatzten Endsieg hatte sie ja auch recht behalten. Hitler hätte das ‚Vorsehung' genannt.

Den SS-Mann strafversetzte das Schicksal an die Ostfront, wo er fiel, nicht nur wie der Reiter in den Graben, sondern richtig in den Tod, erfuhr man aus informierter Quelle. Irena beorderte das Schicksal dagegen nach Berlin; denn die Vorhersehung gab Irena die Erkenntnis ein, dass sie in der Höhle des Löwen sicherer wäre als im allzu überschaubaren Posen. Der Ausweis, mit dem sie reiste, war nicht gerade das, was man ein gültiges Dokument nennen konnte, aber zwischen Warthegau und

Hauptstadt wurde es nicht so genau genommen. Eigentlich war sie staatenlos, ganz ohne Papiere. Im Zug bat Irena einen Herrn um Feuer. Für ihre Zigarette. Er wurde mein Vater. Und das nur, weil sie keine Streichhölzer und er seinen Zug verpasst hatte. Schuld war die SS.

Guntram arbeitete damals bei den Kokswerken, die als ‚kriegswichtiger Betrieb' eingestuft waren; deshalb musste er auch erst im Spätherbst 1944 Soldat werden – ‚als die letzte Goebbelsspende', wie er glaubte. „Wenn die erst mich brauchen, ist der Krieg verloren", sah er ein. Das laut zu sagen, war allerdings lebensgefährlich.

Guntram rettete sich, also mich, weniger durch seinen Kampfgeist als durch sein Verhandlungsgeschick. Er überredete seine ‚Kameraden' im April 1945, sich bei Frankfurt an der Oder den Russen zu ergeben. Zur Belohnung wurde er vom Sowjet-General mit Erlaubnisschein nach Berlin entlassen, zu Irena in Frohnau. Sie war als einzige Frau auf ihrer Straße nicht vergewaltigt worden. Die anderen Frauen hatten sich alle möglichst unansehnlich gemacht. Nutzte nichts, das kannten die Tölpel von zu Hause. Irena öffnete die Tür als elegante Dame gekleidet und dezent geschminkt. „Czego pan sobie życzy?", fragte sie eisig. ‚Was wünschen Sie?' Das verschreckte die männliche Landbevölkerung. Am nächsten Tag kamen polnische Offiziere, und damit war Irena aus dem Gröbsten raus.

Als Guntram zurück war, räumten sie erst auf, zeugten anschließend mich und wurden dann, als alles picobello war, von den Franzosen aus dem schönen Haus rausgeworfen – die damals von Alliierten geltend gemachte Art des Eigenbedarfs. So kam zunächst das Liebespaar beim Kohlenhändler Kurt Becker in Neuwestend unter, später Guntram ins Gefängnis und abschließend ich zum Bahnwärter nach Schmalkalden. Irena wurde Hausfrau. „Ich habe bis zu deiner Geburt so viel erlebt, das reicht fürs ganze Leben", sagte Irene später. Aber dann war sie doch wieder gern unterwegs, nur nicht mehr auf der Flucht, sondern zum Vergnügen.

ÜBERWIEGEND MARTHA
UMWEG #84

In den Siebzigerjahren interessierte ich mich sehr für meine Herkunft, und so besitze ich alle Aussagen von Guntram, Hasso und Irene auf Tonband und brauche nichts hinzuzudichten: Ich habe mir ihre Worte so oft angehört, dass ich sie auswendig kenne.

Da sagt Guntram: „Im Mai '43 hatte ich dienstlich in Posen zu tun. Wir wollten eine Firma kaufen in Litzmannstadt, äääh, in Łódź, und dafür brauchten wir die Genehmigung des Reichssicherheitshauptamtes, Niederlassung für den Warthegau, und die war in Posen. Die SS dort, die wollte immer so blut- und bodengebundene Bauern haben, und zu deren Leuten hab' ich dann gesagt: ‚Also wissen Sie, das ist doch eine ganz falsche Überlegung. Sie haben einen Hass gegen die Industrie, aber wer schafft Ihnen denn die Hydrierwerke, wer finanziert das denn? Die Bauern, die Sie da einsetzen, die fressen alles auf und werden immer dicker, und Sie haben davon gar nichts. Für die Gesamtheit leisten doch nur wir etwas, das müssen Sie doch zugeben.'" – Die Linken widersprechen immer wütend, wenn man ihnen erklärt, dass die Faschisten völkische ‚Sozialisten' waren, trotzdem ist es wahr.

Guntram weiter: „Aber ich habe so lange reden müssen, dass ich den Zug, mit dem ich eigentlich zurückfahren wollte, verpasste, was mich sehr ärgerte, aber schließlich gab es danach noch diesen Eilzug: Man musste da ja immer die Abteile stürmen, und ich stürmte auch und nahm mir einen Fensterplatz und hängte da meinen Mantel hin, aber das war noch so ein alter Wagen, und ich hatte gesehen, dass weiter vorn auch neue Wagen waren, und ich dachte, vielleicht ist da noch ein Platz frei und stieg nochmal aus. Da sah ich die Irena. Die hatte sich so puppig aufgemacht – groß und schlank. Sie hatte ein gut sitzendes Kostüm an und einen großen, grauen Hut. Ich dachte: ‚Donnerwetter noch eins, das ist aber eine Frau!' Ich fand tatsächlich einen Platz vorn und ging zurück, um meinen Mantel zu holen, und da saß gegenüber im Abteil die Irene. Und da dachte ich: ‚Nee, nun bleib' ich.'"

‚Zufall ist das Pseudonym Gottes, wenn er nicht selbst unterschreiben will', behauptete Anatole France. Aus Irena wurde mit Guntrams Hilfe nachträglich Irene, und der Standesbeamte beglaubigte es; genauso, wie – auch ziemlich nachträglich – meine Geburt vom Standesbeamten mit seiner glaubwürdigen Unterschrift aktenkundig wurde.

Eigentlich hatte Irena ja zur türkischen Botschaft gewollt. Sie war damals – mit dreiundzwanzig! – Geschäftsführerin einer Elektrofirma in Posen geworden und behauptete, es gäbe Schwierigkeiten mit Lieferungen aus der Türkei. In Wahrheit hatte sie über Istanbul in die USA verschwinden wollen, aber ob sich dieser ehrgeizige Plan hätte umsetzen lassen, bleibt in den Maschen der Geschichte hängen; denn nun erschien der ausrückwilligen Irena ein Leben mit Guntram noch attraktiver als eins in der Metropole New York, die sie erst zwölf Jahre später mit ihm kennenlernen sollte. Die unvorhersehbare Entwicklung machte es für Guntram ein paar Monate nach der Zugfahrt 1943 notwendig, Irena von Martha zu erzählen. „Das ist eine ganz tolle Frau", sagte Guntram, „sie hat bloß einen Fehler: Sie ist mit mir verheiratet." Ob Irena damals für diesen feinen Humor empfänglich war, ist nicht überliefert.

Oben: Irena (1941)

Unten: Familie Rinke (1926)

Sie hatte nichts weiter als ihre jüdische Herkunft zuzugeben, lebensgefährlich, aber interessant. Allerdings hatte Guntram ihr das Semitische gleich angesehen und sie schon am ersten Abend darauf angesprochen. Gut, dass er kein SS-Mann war. Später traf er in Warschau ihre Mutter, die entsetzt war: „Mein Gott, das hat das Kind Ihnen erzählt?" Da war Guntrams erste Ehe bereits am Ende, wie eigentlich von Anfang an.

Guntram hatte Martha schon als Zwanzigjähriger kennengelernt. Sein Vater war, Jahre zuvor, beim Essen über ihn hergefallen: „An unserem Tisch sitzt ein ehrloser Lump!" Nachdem Reinhold sich im Anschluss an den verlorenen Krieg erfolglos eine Weile beim ‚Stahlhelm' herumgedrückt hatte, kam die zwischen Meran und Essen verstreute Familie Mitte der Zwanzigerjahre in Berlin wieder zusammen. Guntram war monatelang nicht mehr zur Schule gegangen und blieb sitzen. Reinhold, der Ferragamo nicht kannte, wollte etwas besonders Abfälliges sagen und verkündete: „Der soll Schuster werden!" Aber Maria kannte aus dem Tennisclub, bei dem sie sich die Beiträge stunden ließ, den Generaldirektor der Kokswerke und brachte dort Guntram als Lehrling unter.

Martha machte einige Jahre später in der Auslandsabteilung der Kokswerke

Oben: Freund, Guntram, Uschi, Arwed und Hasso

Mitte: Martha in Minneapolis

Unten: Martha

ein Praktikum und war damals – ohne Guntram das gleich auf die Nase zu binden – bereits achtundzwanzig; sie wurde Guntrams erste große Liebe und Hitlers letzte Nachrichtensprecherin. „Das war schon so eine richtige Frau mit Pelz“, schwärmte Guntram.

Als Guntram elf Jahre nach ihrer ersten Begegnung Martha nicht mehr liebte, heiratete er sie auf Fürbitte seiner Mutter Maria, die auch Pelze mochte. Wenn in den Siebzigerjahren neue Gäste in ihrem Winterquartier auf Mallorca eintrafen, zog meine Großmutter flink ihr Nerzjäckchen an, erzählte sie uns stolz, und dann kreuzte sie mehrfach durch die Hotelhalle, damit der Pöbel wusste, mit wem er es zu tun hatte.

Mitte der Dreißigerjahre war Martha nach Minneapolis an die Universität gegangen. Dorthin schrieb ihr Guntram, längst mit Renate verbandelt: ‚Bleib bloß da! Ich glaube, es gibt Krieg!‘ Das bezog Martha hellsichtigerweise nicht nur auf Deutschland, sondern auch auf Renate und kam, wie Guntram behauptete, sofort mit dem nächsten Schiff zurück. Zwischen den beiden Damen soll es, laut Guntram, höchst unerfreuliche Szenen gegeben haben, wörtlich sagte er: „Die Martha bekam Verfolgungswahn und ging ja auch einmal mit dem Messer auf mich los. Das war gar

Oben: Maria auf Mallorca
Unten: Gruntram (1935)

nicht angenehm. Dann war da noch die Alexandra. Da wollten die Eltern, dass ich die heirate, weil die reich war. Aber das Kapitel haben wir schnell beendet. Ich war ja sowieso mit den Nerven am Ende. Die Kitty war ich auch noch nicht los. Die Renate hatte mir auch Ärger bereitet. Denn die bekam ja ein Kind. Das musste abgetrieben werden, und das war damals ja lebensgefährlich. Also die Martha behauptete ja immer, sie bekäme ein Kind. Aber das stimmte nicht. Die Martha und Renate trafen sich ja mal, und die Martha sagte, sie sei schwanger, die Renate sagte: ‚Ja, ich auch.' Also, da möchte man doch am liebsten aussteigen!"

Das tat Guntram dann auch in gewisser Weise: Martha und Maria kamen – ganz biblisch – zusammen, anno 1941, und Martha offenbarte ihrer Wunsch-Schwiegermutter drängend: „Ich schäme mich bald, in den Spiegel zu schauen. Die Leute tuscheln schon über mich. Sie lachen." Meiner eitlen Großmutter galt dies als Zeichen äußerster Not. Erstmal versuchte sie die Situation in ihrem Sinne zu beeinflussen und entgegnete scheinheilig: „Als Frau vom Arwed wärst du mir willkommen ..." Aber nicht mit Martha, die schon mal in Amerika gewesen war! Die hatte Anspruch auf was Besseres. Arwed war nur Assessor beim Kammergericht, Guntram war charmant. Maria sah es

Oben: Guntram (1940)
Unten: Martha (1938)

ein und befahl ihrem Sohn: „Jetzt wird geheiratet!" In Europa herrschte Krieg, und Guntram war fatalistisch.

„Da war ja noch die Sache mit dem Arwed, dass der sich da abgemurkst hatte. Eigentlich war mir alles egal", sagte Guntram ins Tonbandgerät und ergänzte: „Wenn ich nicht noch die Irene getroffen hätte, dann wäre die Martha deine Mutter geworden."

Mal abgesehen von der ‚Gnade der späten Geburt', das hieß doch: Egal, wer dich ausbrütet – du wärst in jedem Fall mein Sohn geworden. – So musste ihn alles an mir, was nicht seiner Wesensart entsprach, irritieren: Es waren Brütfehler der Henne.

Die Scheidung von Martha gestaltete sich 1948 einfacher als befürchtet. Sie war mit ihrem fließenden Englisch inzwischen Dolmetscherin bei den Amerikanern geworden, und so konnte Guntram sie leicht erpressen, indem er ihr damit drohte, sie als Nazi-Rundfunksprecherin auffliegen zu lassen.

Martha war nun leider eine enge Freundin von Pucki, Vickys Cousine, und so wurde Irena in deren Kreisen mit der gebotenen Herablassung behandelt: Diese hergelaufene Person und die hochmögenden Hindenburgs-Amelunxens von

Oben: Gruntram, Hanno und Irena (1946)

Mitte: Hasso und Karen (1977)

Unten: Hasso und Guntram (1990)

sonstwas! Bloß, dass nicht nur im Osten der Adel enteignet wurde, auch im Westen zählte inzwischen Tüchtigkeit mehr als Herkunft, und da hatte Irena nun mal die beste Partie gemacht. So konnte sie es den Schnepfen, falls sie wollte, heimzahlen, fand aber stille Verachtung angemessener. Vicky tat ihr sogar leid, und sie veranlasste Guntram später, Vicky eine monatliche Leibrente zuzugestehen, was Hasso nicht wissen durfte, weil er sonst seine mickerigen Zahlungen, womöglich sowieso von Karens Geld, ganz eingestellt hätte.

Vicky war dankbar und jedes Jahr in Meran. Wenn ich in den Sechzigerjahren als Anfänger in verschiedenen Berufen nach Berlin zurückkam, war es immer schön bei Vicky gewesen. Sie hatte Stil, Geschmack und kochte gut. Als sie zum Schluss in ihrer Hamburger Wohnung gefunden wurde, lag sie mit aufgeschlagenem Kopf in der Küche. Ihr Schlaganfall war tödlich verlaufen.

Schon meine Großmutter hatte geklagt: „Es gibt so reizende Leute, aber der Hasso umgibt sich immer mit den finstersten Gestalten!“ Irene sah das ähnlich, zumal ihr Hassos hemmungsloses Berlinern auf die Nerven ging. Sie billigte sich ein Gefühl für Qualität zu, und da rutschte Hasso als Schlacke unter dem Rost durch. Manchmal wehrte sich Guntram: „Aber er ist doch mein letzter Bruder!“, und Irene ertrug ihn von Zeit zu Zeit. Doch es blieb schwierig.

Aus der Familie meiner Mutter habe ich gar keine Verwandten, auch Reinhold hätte sich wohl angesichts seiner vier Söhne nicht träumen lassen, dass mit seinem einzigen Enkel, mir, der Name seines Familienzweiges ausstirbt. Und bei seinen sieben Geschwistern sieht es nicht viel besser aus: Töchter oder früh Verstorbene. Die Natur kommt auch ohne Rinkes zurecht. Und doch. Meine nächsten Verwandten sind zwar glücklich verheiratet, konservativ und gebärfreudig, aber nicht sehr dokumentationswillig. Was ich jetzt nicht mit den verschonten Fingern meiner linken Hand trotz legasthenischer Behinderung aus dem Kopf in die Tasten fummle, das ist für immer verloren, und da ich nun mal keine Kinder habe, sind meine Aussagen mein Vermächtnis.

ALLES SEHEN WOLLEN
UMWEG #85

Silke und Rafał kamen betreten zurück. Verfallene und leerstehende Häuser bezeugten, dass pittoreskes Aussehen vielleicht für einen knappen Besuch reicht, aber nicht für ein Leben in der Einöde. Rafał war trotzdem bereichert: T-Shirts gibt es überall in Italien, wie Kirchen und Kastelle. „Wein und Öl auch", dachten wir und fuhren zurück, um beides unterwegs zu kaufen. Das Wetter war inzwischen so, dass wir auch am Hotelpool hätten bleiben können, aber was hätten wir dann alles verpasst: meine Begleiter ihre Einkaufsmöglichkeiten und meine Leser unsere Familiengeschichte.

Wir kamen mehrfach vom Wege ab, ohne auf Öl zu stoßen oder gar Wein. Ein paar einsame Höfe lagen träge im Staub wie Kühe auf der Weide, und wir mussten uns schon glücklich schätzen, dass wir es immer wieder im Vorwärtsgang zurückschafften auf die Landstraße. Wendemanöver auf einspuriger Strecke wären für Rafałs Hände und Silkes Nerven höchst anstrengend gewesen; von mir rede ich gar nicht. Ein vielversprechenderes Anwesen entpuppte sich dann auch bloß als Unterkunft für Abenteurer, aber dann, einige Kilometer weiter kamen wir an ein Gehöft, das ausgestorbener wirkte, als es war. Auf unser Klopfen hin erschien eine junge Frau und führte uns bereitwillig in ihren Keller. Dort kostete ich zum ersten Mal in meinem Leben Öl. Silke lehnte das erwartungsgemäß ab, Rafał erwartungsgemäß nicht. Es schmeckte wie eine Vinaigrette ohne Essig, und wir kauften zwei Sorten, in denen wir uns Salat und Fische vorstellen konnten. Wein gab es auch, roten und weißen. Als Rafał die Kartons aus dem hangabwärts schwer zu findenden Lager in den Kofferraum lud, kam ich mir so richtig zünftig vor, auch wenn ich Silke bitten musste, das Bargeld für mich auszulegen.

Und wieder gelang uns der Rückweg zur Landstraße, die wir aber nicht nach rechts zu unserem Hotel einschlugen, sondern nach links, Richtung Montemerano. Montemerano ist mit seinen 440 Einwohnern für das Albengatal und die südliche Maremma das, was Manhattan für New York ist. Wie üblich fuhr Rafał so nah wie möglich ans Geschehen, das sich wie üblich oben auf dem Hügel abspielte. Den Rest der Strecke musste ich zu Fuß hinter mich bringen. Aus der Ferne hatte meine Augen gleich etwas gelockt, was ich für ein Restaurant hielt. Es war dann aber eher ein Feinkost-Geschäft, das seine Waren auch auf Tellern servierte. Die paar Tische draußen, die von Sonnenschirmen geschützt wurden, waren alle belegt, und in der Sonne war es nicht auszuhalten.

Es hätte nicht mal viel genützt, allen beschatteten Müßigsitzern eine Fleischvergiftung mit blutigen Brechdurchfällen zu wünschen, die wäre eh zu spät gekommen. So setzten wir uns also in den Laden, und das war auch lustig. Rafał filmte, Silke bewunderte die Delikatessen und ich sagte der eleganten Signora, die Wein und Käse brachte, Artigkeiten.

Das war dann aber auch genug Ausflug. Bis zum Abend atmeten wir wieder den Schwefel unserer Therme ein. Der Direktor kam, um die Honneurs zu machen, und ich dachte an jene verflossenen Zeiten, als ich mir noch alles erlaufen konnte, was ich mir jetzt allenfalls erkaufen kann.

Kurz vor acht ließen wir uns unseren Wagen bringen und fuhren hinauf nach Saturnia, über dessen Geschichte (to go und sit down) ich alles Erwähnenswerte bereits geschrieben habe. An der Piazza, die das Zentrum des Ortes bildet – genau genommen, besteht Saturnia aus diesem Platz –, liegt, wie alles andere auch, das Restaurant ‚I Due Cippi'. Wir wurden freundlich empfangen und an unseren Tisch geleitet. Irgendwie kam ich mir abgeschoben vor, ohne dass ich mich direkt beklagen konnte, was es noch ärgerlicher machte. Wir saßen dicht am Platz, es kamen noch mehr Menschen. Der Sommer war warm, das Essen war gut, die Stimmen klangen vertraut italienisch. Ich ging zur Toilette und machte bei meiner Rückkehr eine flapsige Bemerkung. Silke reagierte pikiert.

Ich finde mich überflüssig, vorlaut und unappetitlich. Um das ertragen zu können, trinke ich zu viel, was mich zwar noch unerträglicher macht, aber mir hilft, das zu ertragen. Schlimm nur für Silke, für die das Wohlanständige und das Besondere gleich wichtig sind. Manchmal denke ich, dass mir ihre beschwipsten Zustimmungen früher lieber waren als jetzt ihre tadelnden Zurechtweisungen.

Im Hotel war es ruhig – bis auf die offenbar unerlässliche Sound-Berieselung, die von der Terrasse bis hinauf in mein Zimmer drang. Niemand sonst hörte zu und die Beschallung gegen Mitternacht auf. Welche auf Top-Umsätze trainierten Psychologie-Experten reden wohl den Hotel-Managements in aller Welt ein, dass die zahlenden Gäste aufgrund solcher Lärmbelästigung zufriedener oder zumindest sauflustiger werden? Diese Frage ließ ich unbeantwortet im leicht schwefeligen Raum stehen und dachte an noch Einschläfernderes. Pitigliano. Was haben Silke und Rafał wohl von dem Ort mitbekommen, was haben sie mitgenommen? Sicher mehr als ich. Ich hatte bloß auf alte Mauern geguckt und in die Vergangenheit gestarrt.

Als ich jung und aufbrausend war, habe ich immer geglaubt, dass die Menschen sehen wollen. Alle wollen alles sehen! Aber das stimmt nicht: Sie wollen nur sehen, was sie sehen wollen. Und hören? Es gibt viel mehr Geräusche als früher: Maschinen, Autos, Flugzeuge. Aber was ist heute ‚Musik'? Meine Musik nicht. Das, was mir Musik ist, ist etwas Altmodisches geworden: Die ‚unsterbliche' Klassik ist fast tot und der Pop von damals sowieso. Ich würde Fahrstuhl-Singsang, Heavy Metal und monotone Synthesizer-Orgien gern verbieten. Ja, ich bin wohl verbittert. Verbieten ist immer eine Lösung, wenn man keine weiß.

Jetzt kann ich nur noch festhalten, was ich nicht loslassen kann. Im Familienstammbaum derer von Beneckendorff und von Hindenburg kann man bei Google über Viktoria lesen: ‚Married to (Vorname unbekannt) Rinke, divorced.' Armer Hasso! Das bleibt von einem Leben übrig, wenn man nicht selber schreibt.

EINE FATA MORGANA ENDET IM GOLFCLUB

UMWEG #86

DONNERSTAG, 11. AUGUST 2016

Sehr gut. Endlich wieder beim Aufwachen wissen: Heute Abend werde in diesem Bett zumindest nicht ich einschlafen! Ich bin weg. Endlich wieder. Ja, ‚unterwegs' muss jeder Tag durchwebt sein mit Neuem, wie ein Bratenstück, das ungespickt zu trocken aus dem Ofen käme. In meinem Zuhause freue ich mich, umgekehrt, schon morgens darauf, dass unter Tage bestimmt nichts passieren wird. Oder ich gräme mich, wenn doch. In der Fremde will ich mir meinen ehemaligen Tatendrang auf der Zunge zergehen lassen, selbst, wenn mir die Fremde bestens bekannt ist und meine Zunge schon froh sein muss, wenn sie eine moderne Umami-Würze noch von wirklich salzigen Erinnerungen unterscheiden kann. Wikipedia schreibt: ‚Die Fähigkeit der Geschmackswahrnehmung nimmt generell im Alter ab, starke Geruchs- und Geschmacksbeeinträchtigungen können zu einem Verlust des Appetits führen.' Nun weiß ich, warum ich wie wild pfeffere und trotzdem nichts runterkriege.

Uns stand für heute Süßes und Saures bevor. Will ich penetrant genau sein, dann fällt mir auf und ein, dass wir drei Reisende unterschiedliche Erwartungen, also auch Eindrücke, haben (werden). Fielen sie ins Gewicht, wäre unser vollgepacktes Auto noch viel schwerer. Aber die Belastung findet im Hirn statt, Gott sei Dank.

Rafał ist neugierig und aufgeschlossen. Er sieht lieber auf als hinter die Fassaden. Silke weiß genau, was sie mag; unabgestimmte Kleidung, unkompliziertes Essen und ungewaschene Häuser oder Menschen gehören nicht dazu. Ich will alles so, wie ich es erwarte, also überraschend.

Um das Fleisch des Tages küchengerecht spicken zu können, habe ich meine Spickzettel. Da ist heute die erste Station, auf die wir unser schon recht mürbes Fleisch im komfortablen Blechmantel zubewegen, Punta Ala. 1967, auf unserer gemeinsamen Studentenreise, war Harald, Hans-Dieter und mir am dritten Tag Punta Ala erschienen, fast eine Fata Morgana. Die erste Nacht hatten wir in Freiburg verbracht, bei einem ehemaligen Klassenkameraden, dessen Vater in seinem Labor Hamburgs gesammeltes Blut untersuchte und der deshalb seinem Sohn für dessen Medizinstudium eine fürstliche *Bude* spendieren konnte. In der zweiten Nacht hatten wir ab drei Uhr auf einem Campingplatz bei Genua übernachtet, nachdem wir uns vorher so gründlich verfahren hatten, dass wir froh sein mussten, überhaupt auf eine Behausung zu stoßen. Am dritten Tag fuhren wir Italiens Westküste entlang, die hinter La Spezia ganz abscheulich wird. Harald und Hans-Dieter rauchten Irenes VW Käfer voll, und ich dachte mir wie üblich Albernheiten aus, zum Beispiel ein ‚Nasenmikroskop', das Gerüche vervielfacht. Wenn durch unser Schiebedach krasser Gestank nach Fäkalien oder Auspuffgasen den Zigarettenqualm überlagerte, lautete die Frage: „Möchtest du jetzt dein Nasenmikroskop anschließen?" Saturnia hätte dazu unbedingt Gelegenheit geboten. Und dann kam Punta Ala.

Das war damals eine langgestreckte, sanfte Bucht, an deren Ende der Leuchtturm ein markantes Zeichen setzte. Sandstrand. Mehr nicht. Sehr malerisch. Wir hatten an einem Stand, noch im Inland, jeder ein Panino mit (Parma-?) Schinken gekauft und fanden es ungewohnt, dass der rohe Schinken butterlos zwischen den Brötchenhälften hin und her rutschte, aber das ging schon in Ordnung: Die italienische Butter war damals grundsätzlich ranzig, was ein guter Grund war, im Hotel nicht zu frühstücken, allenfalls unterwegs ein Sandwich zu kaufen, das mit Mayonnaise, Artischockenstücken, hartem Ei und gekochtem Schinken zugekleistert war und mir heute nicht mehr über die Lippen käme, zu jener Zeit aber köstlich schmeckte.

Im Jahr darauf zeigte ich meiner Mutter Punta Ala auf unserem Weg nach San Gimignano. Irene war begeistert, und ich machte Fotos. Da gab es blaue Liegestühle und ein hübsches Mädchen vor unserem perlgrauen ‚Käfer'.

Als Harald und ich zwölf Jahre später Punta Ala ansteuerten, waren wir schon weniger allein.

Und jetzt? Wir fuhren hügelauf, hügelab, das heißt: Rafał fuhr, Silke und ich sahen aus dem Fenster und nahmen Abschied von der Toskana. Die Strecke zum Meer hin war so ungenutzt, dass sie nicht mal Umgehungsstraßen für die Orte aufwies. Unser breiter Wagen musste sich durch manche enge Gasse quälen. Doch dann wurde es flach, und dann kam das Meer, genauer: Wir kamen zum Meer. Und da blieben wir auch, mal näher, mal mit Abstand, wie die Via Aurelia es will. Das Wort ‚ehrwürdig' ist bei einer Straße, die durch ihren Verlauf charakterisiert wird, wohl fehl am ‚Platze', aber bemerkenswert ist sie schon, die Aurelia. Censor Gaius Aurelius Cotta gab sie im Jahr 241 vor unserem Heiland in Auftrag. Sie verlief im Endausbau von Rom aus die Küste entlang bis Pisae. Inzwischen reicht sie bis Arles. Das sind nach Wikipedias Zählart 962 Kilometer. Ich hätte sogar mehr geschätzt.

Rafał war entweder schon überall, wo wir hinkommen, und erzählt davon, oder ihn erinnert die Landschaft an etwas, was er kennt, und davon erzählte er auch. So geht das über Stunden, und an der mir vertrauten, stillen Pinienallee kurz hinter Punta Ala wollte ich es einfach nicht mehr hören, sondern lautlos meinen eigenen Erfahrungen hinterherlauschen. Ich sagte etwas. Freundlich war es, glaube ich, nicht.

Wahrscheinlich lag es an Punta Ala, dass ich so gereizt war. Denn nachdem wir die Via Aurelia planmäßig verlassen hatten, kamen wir an einen Kreisverkehr nach dem anderen, alles führte in Stichstraßen irgendwohin, aus Versehen erreichten wir so auch einen Hafen, von dem wir aber sofort abgewiesen wurden: ‚Privat!' Irgendwo parkten wir dann doch und liefen über eine Art Düne zu einer Art Strand, an dem sich eine Art Urlauber suhlte.

Wir fuhren sogar die Anhöhe empor zum Haus des Golfclubs. Silke war wie immer so gekleidet, dass wir in ihrem Windschatten das private Gelände und die Bar mit Ausblick betreten und sogar unbeschimpft wieder verlassen konnten. Dann drängte es uns zurück auf die Aurelia. Ich weiß schon: Vor fünfzig Jahren gab es noch keine Herztransplantationen und noch kein Navi, aber Punta Ala war definitiv hübscher damals.

Enttäuscht, aber nicht entmutigt fuhren wir nach Norden, eine Richtung, die ich mir angewöhnt habe zu hassen: Norden bedeutete immer Rückkehr, also Ende von Unterwegssein, und dieses Missvergnügen ist fast das Einzige, was mir von meiner früheren Rastlosigkeit geblieben ist.

IN SCHIEFLAGE
UMWEG #87

Als das Schild Pisa ankündigte, wagte ich eine der wenigen Abweichungen vom Plan: Da Pisa so ganz direkt am Wege lag, sollte es auch besichtigt werden. Ich habe Pisa nie gemocht; es war schon immer fast so touristenlastig wie die Piazza San Marco, aber wann jemals würde sich die Gelegenheit bieten, diese Sehenswürdigkeit nochmal abzuhaken? Rafał fand wie immer einen Parkplatz an einer Stelle, bis zu der andere schon kilometerweit gelaufen sind. Wir standen nach fünf Minuten vor dem Turm, und er stand schief wie immer. Vor ihm viele Menschen, auch wie immer. Wäre er gerade geblieben, würde man hier höchstens ein paar alte Frauen stricken sehen, und er hätte seine Ruhe.

Heute versucht jeder, ein möglichst schiefer Turm zu sein: auffallen, ohne umzufallen. Damals war das anders. 12 Jahre nach der Grundsteinlegung, am 9. August 1173, als der Bau bei der dritten Etage angelangt war, begann sich der Turmstumpf in Richtung Südosten zu neigen. Die Bauarbeiten wurden mehrfach unterbrochen und erst 1372 beendet. Da kann man genüsslich über den Berliner Flugplatz und den Stuttgarter Bahnhof kalauern; aber mehr als zweihundert Jahre werden heute wohl kaum einem Projekt eingeräumt. Ich habe nun mal keine Kinder, und so ist mir alles, was mehr als zwanzig Jahre braucht, ziemlich egal, wie ich bereits unter dem 2. August anmerkte. Die Sintflut würde mich gefasst antreffen. Schwimmwesten nutzen mir nichts mehr, aber auf meinen Rettungsring im Kopf werde ich mich verlassen, solange es geht.

Pisa war mal eine Hafenstadt, jetzt liegt sie zehn Kilometer landeinwärts und hat am Meer bloß eine sehr hässliche ‚Marina', in der kein Mensch mit Verstand Urlaub machen würde.

Der Grund für die prominente Schieflage von Pisas freistehendem Campanile liegt in seinem Untergrund: Lehmiger Morast und Sand, der sich unter dem Marmorgewicht verformte und den Turm gleich mitnahm. Besucher können ihn zu jeder Viertelstunde in Gruppen von maximal 40 Besuchern für eine Dauer von 15 Minuten besteigen. Viel Vergnügen! Schon immer ohne mich.

Der Platz ist großartig. Belebt, aber erträglich, und das Ensemble beeindruckend; der Dom Santa Maria Assunta und das Baptisterium sind wohlgestaltet aus schneeweißem Carrara-Marmor, aber natürlich kerzengerade und deshalb weniger aufsehenerregend.

Wir setzten uns in eine Seitengasse und tranken teils Espresso, teils Wein (ich). Die Menschen liefen hin und her; das sah beruhigend ziellos aus, aber vermutlich wollten alle etwas: Eindrücke, Ausblicke oder Hamburger, die an der Ecke gegenüber ‚McDonald's' für Geld verteilte.

Nicht immer ist es einfacher, den Schauplatz zu verlassen als ihn anzusteuern. Ohne Ariadnes Faden wäre Theseus nicht so rasch aus dem Labyrinth gekommen, nachdem er den Minotaurus getötet hatte. Auf hinzu müssen wir einfach nur da langfahren, wo es verboten ist, und die Fußgänger scheuchen. Dass sie darüber manchmal murren, ist ungerecht, jedenfalls nicht behindertengerecht. Ich würde auch lieber laufen, ihr Idioten, und wenn das hier vorbei ist, verspreche ich euch, wochenlang nicht mehr mein Haus zu verlassen, aber jetzt lasst uns gefälligst durch!

Die Navifrau nimmt dann ‚rückzu' doch irgendwann ihre Ariadne-Verpflichtungen wahr, und zehn Minuten später ist man auf der Autostrada. Sich zu fragen: ‚War das jetzt das letzte Mal?', ist eine typische Alterserscheinung, die ich schon mit zwanzig hatte. Das liegt mir im Blut. Im Frühling sah meine Mutter auf zu den blühenden Obstbäumen: „Schön ist das. Wie oft werde ich das wohl noch erleben?" Sie erschreckte mich früh mit der Aussage, dass sie ein schwaches Herz habe und jung sterben würde, und tatsächlich starb sie im März, noch vor der Baumblüte; es wäre ihre zweiundneunzigste gewesen.

Verbieten ist immer eine Lösung, wenn man keine weiß.

GENUA
PORTOFINO
LIGURIEN

‚Ö'

UMWEG #88

Unser nächstes Ziel war Portofino. Meistens kam ich von Norden, aus der Schweiz, und wenn Portofino erreicht war, dann waren wir so sehr in Italien, dass wir eigentlich für den Rest des Urlaubs hätten bleiben können. Romantischer ging es nicht.

Aber Bleiben ging auch nicht; ein Drink am Jachthafen – und weiter; nicht ausruhen – erobern! Bis auf ein einziges Mal 1976 mit Roland und Harald; da waren wir auch auf der Rückreise aus dem Süden gewesen und übernachteten im ,Nationale' direkt an der Piazza, bevor wir die Aurelia zu Ende fuhren bis Arles und es danach noch über die Camargue bis an die Costa Brava schafften, eher sportlich als erholsam.

Dieses Mal war die Strecke weniger beschwerlich. Wir konnten all die hässlichen Badeorte links liegen lassen. Erstmals hatte ich sie mit Erika und Hartmut benasrümpft, Harald und ich hatten in den Jahren danach die Ortsnamen unserem damaligen Sprachgebrauch angepasst und unter dem Oberbegriff ,Marina di Kacke, Marina di Scheiße' zusammengefasst. Pali war entsetzt, als ich ihm diese Fahrt zumutete. Er hatte kein Verständnis dafür, dass man Dinge betrachtet, nicht, weil sie anbetungswürdig schön sind, sondern, weil sie abgrundtief hässlich sind. Entsprechend ausgiebig konnte ich mich an seinem Entsetzen weiden. Für mich ist es eben ein viel erhebenderes Gefühl, an einem Schreckensort zu wissen: Hier muss ich nicht bleiben, als in herrlicher Umgebung zu wissen: Hier kann ich nicht bleiben. Na ja, vorbei ...

Wir durften all diese schlimmen Marinen sich selbst überlassen und brauchten bloß die letzte Ausfahrt vor Genua zu nehmen. Dann begann für Rafał über Rapallo und Santa Margherita eine Fahrt, die mindestens so anstrengend war wie die nach Positano. Ich ließ ihn deshalb mit dem Vertrag von Rapallo in Ruhe, den am 16. April 1922 das Deutsche Reich und die spätere Sowjetunion unterzeichneten: zwei Ausgestoßene, die gegen ihre Isolation in der Welt ankämpften und dafür die ideologischen Gräben überwanden. Gibt es heute noch Ideologien oder nur noch Ansichten? Religionen sind unheilig genug. Friedlicher ist die Welt seither nicht geworden, aber Europa ist freier, und solange ich es noch bereisen kann, tue ich das.

Bei Portofino ist Schluss. Da geht die Straße nicht weiter. Man kommt nicht um die nächste Bucht, sondern muss so zurückfahren, wie man hergefahren ist. Orte ohne Durchgangsverkehr sind angenehm – wenn man erstmal drin ist. Vorher ist es oft schwierig, und so hatte ich mich auf die beschwerlichste Ankunft der ganzen Reise gefasst gemacht. Wir wurden auch gleich in ein Parkhaus dirigiert, und es war schnell klar, dass ich von dort aus das ,Nazionale' zu Fuß nicht würde erreichen können. Ich hatte keine große Lust, die Nacht zwischen

Fiat und Toyota zu verbringen und bestand darauf, dieses schreckliche Gebäude wieder zu verlassen.

Früher hatte hier ein Parkplatz ausgereicht, um die Autos der Ankömmlinge unterzubringen, jetzt nicht mehr. Wir umrundeten den Platz. Vor einer Garage stieg ich aus und sprach mit jemandem, den ich für den Besitzer hielt – war er auch. Er nahm unseren Wagen in Empfang, lud das Gepäck auf einen Karren und versprach, uns am nächsten Morgen wieder abzuholen. Alles gegen gute Bezahlung. Von dem ortsnahen Stellplatz aus bewältigte ich den Weg zum Hotel über Stufen und Kopfstein ohne Mühe, na ja, mit Mühe. Pali sagte immer: „Probleme, die sich mit Geld lösen lassen, sind keine." Das setzt allerdings voraus, dass man welches hat.

Der Blick aus meinem Zimmer war nicht großartig: eine Hauswand mit ein paar Fenstern. Als wir aus dem Vordereingang traten, sah ich neidvoll über uns die Dachterrasse, von der aus man die Piazza mit ihren bunten Häusern und dahinter die ganze Bucht überblicken konnte. ‚Sollte ich jemals wieder hierher zurückkommen, dann will ich dieses Zimmer haben', schwor ich mir. War kein schwieriger Eid, ich kann ja auch wegbleiben.

Wir fanden Plätze vorn vor dem angesagtesten Café. Die weiß behosten Menschen von den Jachten begegneten vor unseren Augen den bunten Tagestouristen. Sie machten ihre Ausflüge in entgegengesetzten Richtungen und beachteten einander nicht. Das letzte Mal auf dieser Reise zogen Silke und Rafał los, um die Boote und Boutiquen zu erkunden, und mir blieb Zeit, die vergangenen vier Wochen zu resümieren. Tat ich aber nicht. Mir war bewusst, dass die Menschen, mit denen ich hier Negroni getrunken hatte, tot waren: Harald, Roland, Irene, Pali. Ich redete mir zu, dass es meine Bestimmung wäre, planvoll weiterzuleben. Ob das nun Aufgabe, Segen oder Unheil sei, ließ ich in der heißen Luft stehen und dachte: „Rumsitzen ist auch eine Beschäftigung", besonders, wenn man sogar über den Rand seines Glases guckt und der Welt dabei zusieht, wie sie sich dreht. Sehen, hören, schmecken, riechen – denken. Kann der Geist ohne den Körper existieren? Der Heilige Geist kann das, der menschliche wohl nicht. Wie schön, wie verheißungsvoll, an die unsterbliche Seele zu glauben. Welche Flucht, welcher Fluch.

Womöglich lindert der Glaube, der für die Menschheit insgesamt so verheerend ist, für den Einzelnen die Qual, leben zu müssen. Mir geht es zu gut, als dass ich diese Ausrede nutzen dürfte. Aber selbst Menschen jedes Alters und ohne ein schlimmes Schicksal behaupten zu glauben. Ist das Feigheit, Dummheit oder tiefere Einsicht?

Von einem ziemlich prächtigen Schiff her kam eine Gruppe Menschen: die Männer in Polohemden, die Frauen verhüllt. Sie kamen auf mich zu, nicht direkt. Sie setzten sich an den Tisch neben mir. Die vier Frauen aßen Eis – sah komisch aus. Die beiden Männer tranken Cola. „Ist mit Schweineblut verdünnt", hätte ich gern gesagt, aber ausgerechnet dieses Wort kenne ich im Arabischen nicht. ‚خنزير' ist Schwein und ‚دم' ist Blut. Aber was heißt ‚verdünnen'?

Ach, jeder soll glauben dürfen, was er will, aber er und sie sollen es nicht zur Schau stellen. Sie sollen weder ihr muslimisches Kopftuch noch ihren mit Teufelssymbolen tätowierten Schwanz unbescholtenen Mitbürgern mit dem Anspruch präsentieren: Ich darf das! Wer doof genug ist, an den Satan oder den Allah zu glauben, meinetwegen, aber er soll nicht die Öffentlichkeit dazu zwingen, mit seinen/ihren Verirrungen visuell belästigt zu werden. Die Muslime-Gruppe ging schon wieder, in Richtung Getümmel. Einer der Männer hatte gezahlt, die Verhüllten mit ihren stark geschminkten Augen redeten ganz ungezwungen. Geschnatter unterm Tschador. So viele Frauen heißen Christa oder Christina, warum heißt nicht eine mal Jesusine? Wie grenzt man eine Ferkelei, eine Schweinerei und eine Sauerei voneinander ab?

In vieler Hinsicht bin ich kindisch. Die Frage ist: Liegt das am Alter, dem man ja einen Mangel an seriösem Abstand nachsagt, oder bin ich nie erwachsen geworden? Wohl eher das Zweite, was ich mir hoch anrechne: Wirtschafts- und Staatenlenker werden früh erwachsen, Künstler bleiben davon verschont, und wenn sie gut sind, passen sie in kein Schema.

‚Gut oder böse' war immer schon Geschmacksache. ‚Schön oder hässlich' war immer schon eine Glaubensfrage. ‚Wahr' galt lange Zeit als unangreifbar. Wir finden uns leichter damit ab, dass Kannibalen es für gut halten, ihre Feinde zu essen (solange wir davon nur im Fernsehen hören), und dass Sozialisten Eisenhüttenstadts Plattensiedlungen schön finden (solange wir dort nicht wohnen müssen), als anzuerkennen, dass etwas keine Lüge ist und trotzdem nicht wahr. Die Meinung ersetzt die Tatsache. Und die gepostete Realität verzichtet auf die Ausleuchtung der Umstände. Bevor die eine Nachricht in ihrem Sinngehalt erfasst ist, wird sie von der nächsten verdrängt. Neu ist das nicht. Das war nie anders. Die wenigsten sind bereit, die Dinge so unvoreingenommen, aufgeschlossen zu durchdenken, dass man ihr Urteil ernst nehmen kann. Das macht Demokratie so schwierig. Bildung hilft. Gegen die Nazis hat sie nicht geholfen. Juristen waren nicht standhafter als Arbeiter, im Gegenteil.

Vom Araberschiff her kam ein hübscher junger Mann und fragte mich in Englisch, ob er mich in Englisch etwas fragen dürfte. Ich gewährte ihm die Bitte, auch auf Englisch. Er war auf der Suche nach seiner Gruppe. Ich wies ihm die Richtung, in der sie verschwunden war. Er wirkte ziemlich aufgeregt und ein wenig kopflos. Hochzeitsreise? Entführung? Serail? Schleier drüber!

Rafał und Silke hatten alles, was sie für sehenswert hielten, erkundet und auch am Ende der Promenade unser Restaurant entdeckt. Es hieß ‚Ö Magazin', was für ein Land, in dessen Sprache es keine Umlaute gibt, recht eigenwillig klingt. Erst jetzt frage ich mich, ob der Name irgendetwas mit ‚öko' zu tun hat.

Wir zogen uns anständig an und gingen an vielen vollen Lokalen vorbei, immer weiter hinaus, bis wir endlich das ‚Ö' erreichten. Ich mochte nichts. Das Lokal war weniger besucht als die volkstümlicheren Schenken näher an der Piazza, unsere Nachbarn am Nebentisch wirkten auf mich neureich, vulgär, kriminell, immer abwechselnd, die Kellner gefielen mir auch nicht, ligurische Arroganz, die Speisekarte verschreckte mit erlesenen Gerichten, kühl wurde es obendrein.

Ein ‚TripAdvisor' schwärmt: ‚Das kleine Restaurant ist ein Platz, um alles zu vergessen, und nur im hier und jetzt den Tag, den Ort, und die Speisen zu genießen. Lassen Sie sich fallen (solange es dazu in Portofino nicht zu voll ist), und schwelgen Sie an den Gerüchen, dem Plätschern des Meeres (ein Tisch an der Kaimauer ist das Höchste) und an Land und Leuten. Man sollte nur nicht versuchen, dies in der Hochsaison zu machen.' Es war Hochsaison, voll war es nicht; wir hatten einen Tisch an der Kaimauer, aber im Hier und Jetzt zu schwelgen, war mir nicht gegeben. Auf dem Rückweg starrte ich neidisch auf die vielen Menschen, die da unbekümmert bei Pasta und Pizza saßen, Land und Leute gab es im Überfluss. Wie kommt es nur, dass ‚arm und glücklich' so viel schöner ist als ‚reich und traurig'? Darüber muss ich nachher im Bett mal intensiv nachdenken. Hoffentlich schlafe ich nicht weg, bevor ich eine Antwort auf diese drängende Frage gefunden habe. Hoffentlich doch!

NICHTS ÜBER GENUA

UMWEG #89

FREITAG, 12. AUGUST 2016

Die Abreise war unkompliziert. Von sieben bis zehn Uhr werden in Portofino die Pfeiler weggeklappt, dann dürfen Berechtigte die Gasse herunterfahren bis auf die Piazza, und wer ist in einem Touristen-Eldorado berechtigter als der Hotelgast? Rafał lud die Koffer ein, ich meine Mitreisenden, per Kreditkarte. Die Strecke über Santa Margherita nach Rapallo war am Ufer genauso malerisch wie auf der Hinfahrt und am Lenkrad genauso nervenzerrend. Man staunt, wie überzeugend sich die Zivilisation in die Natur eingegliedert hat, welchen Luxus es gibt und wie viel Verkehr durch ein so langes, langes Nadelöhr passt.

Auf der Zufahrt zur Autostrada war es dann so weit: Wir mussten uns vom Meer trennen. Siebenmal. Immer, wenn wir dachten, das war's, tauchte das Meer ein paar Minuten später auf der linken Seite zwischen den Bergen nochmal auf. Die Autostrada verläuft auf halber Höhe über Genua und gewährt so viele Ein- und Rückblicke, dass man am Ende gar keine Lust mehr hat, beim wiedermal letzten Anblick immer noch sentimental zu werden, und man denkt: „Nun reicht's aber."

Ich kenne das von früher: Man verabschiedet sich in der Hotelhalle mit viel Brimborium von einem Künstler oder Manager – und trifft ihn, bis die Taxe kommt, noch fünfmal auf dem Gang. Erst nickt man noch fröhlich, nachher ist man nur noch genervt. Abschiede reichen, wie das Leben selbst, von herzzerreißend bis grotesk.

Ist man glücklicher, wenn man möchte, dass alles so weitergeht, wie es ist, oder wenn man möchte, dass endlich das Meer oder der Adel verschwindet und die Berge oder die Arbeiter kommen? Das Möchten muss bereits froh machen, das Wollen muss glücklich machen, das Müssen ist schon der Untergang, nach dessen Katastrophe das Dürfen bereits wieder einen Aufschwung markiert. Entscheidungen über Leben und Tod ganzer Völker werden natürlich mit dem Müssen, nicht mit dem Wollen, begründet, genauso wie Zwangsehen oder Triebtaten. Demokratie lebt davon, das Wollen zu respektieren. Gegenüber dem autokratischen Müssen ist die Demokratie deshalb immer in der Defensive, wenn ihre Mitglieder denken: ‚Es wird schon alles gutgehen', oder ‚die werden das schon richten', oder ‚die machen ja doch, was sie wollen.' Nein. Jeder Einzelne ist gefragt zu antworten.

‚Es gibt nichts Gutes, außer man tut es'. Erich Kästners Satz hat Bestand. ‚Er drückte sich immer einfach und leicht aus, also befürchtete man, es sei einfältig und ungewichtig. Was er zu sagen hatte, war immer ganz klar. Also vermisste man die Tiefe. Er war witzig, also nahm man ihn nicht ganz ernst', sagte Marcel Reich-Ranicki über Kästner.

In den Sechzigerjahren machte Pali mit Kästner Sprachaufnahmen in München. Pali fand ihn einen schwierigen, unwirschen alten Mann. Trotzdem war Pali fair genug zu erzählen, wie er Kästner aus dem Aufnahmestudio in die Sprecherkabine hinein ziemlich verzweifelt Anweisungen gab, um dem Text akustisch aufzuhelfen, und wie Kästner ganz ruhig erwiderte: „Sie brauchen mir das Gedicht nicht zu erklären. Ich habe es geschrieben."

Wer nicht zur Wahl geht, ist es nicht wert, in einer Demokratie zu leben. Wer ‚Dschungelcamp' guckt, statt sich

Oben: Harald

Mitte: Hanno

Unten: Roland und Hanno (alle 1977 in Granada)

darüber zu informieren, wie Gewaltenteilung in der Demokratie funktioniert, ist es nicht wert, eine Wahlstimme zu haben. – Zwei zutiefst undemokratische Aussagen.

Dann war das letzte Mal irgendwann doch das allerletzte Mal und das Meer war weg – für immer, für dieses Jahr zumindest.

Die Fahrzeit zwischen Genua und Verona hatte ich mit zwei Stunden in Erinnerung und deshalb gedacht, eigentlich könnte ich meinen Begleitern/Geleitern noch einen letzten Abstecher bieten: Genua. Ich war da viermal gewesen, es hatte mich allerdings kein Mal überzeugt, mit Irene nicht, mit Harald nicht, mit Pali nicht, und nicht mit Roland und Harald, als wir mit der Autofähre über Nacht von Barcelona gekommen waren. Inzwischen war Genua vermutlich nicht eigentümlicher geworden, sondern austauschbarer, wie alle Städte. „Muss ich nicht nochmal hin“, dachte ich. Kein Antrieb, keine Tat. Wo die Neugier fehlt, bleibt nur die Tugend. Resignation des Alters.

Dabei war meine Unternehmungsunlust ein Glück für die ‚Zwölf Apostel‘. Unsere Fahrt dauerte und dauerte. Erst durch die Berge, dann durchs Flachland. Vorbei an Cremona, das unter Violine-Spielern einen Ruf als Geigenstadt hat, aber vor allem berühmt geworden ist durch mein Lied von 1978: ‚In Cremona, in Cremona!!!‘. Aber das gehört in einen anderen, wenn überhaupt in einen Zusammenhang.

Genua dagegen spielte schon sehr viel früher in meinem Leben eine, genauer gesagt: keine Rolle. Meine Eltern kamen 1957 riskanterweise mit dem ‚SAS-Vogel‘ nach Amerika geflogen, setzten aber vorher fürsorglich ein Testament auf. Flugzeug, Teufelszeug, dummes Zeug – man weiß ja nie ...

Für den Rückweg wählten sie die solide Schiffsreise: ‚Andrea Doria‘. Das mal wieder sicherste Schiff der Welt ging im folgenden Jahr auf dem Atlantik unter. Von da an waren meine Eltern sehr stolz darauf, die Fahrt überlebt zu haben. Immerhin hatte in einer besonders sturmgepeitschten Nacht meine Mutter für alle Fälle ihren Schmuck angelegt, erzählte sie gern. Wäre ihre Leiche später aus dem Meer gefischt worden, hätten die Seeleute gleich gewusst, dass sie nicht zum Personal gehört hatte. „Irene war auch die Einzige gewesen, die bei hohem Wellengang noch ungerührt den Speisesaal besucht hatte“, berichtete Guntram immer ehrfürchtig. Leider habe ich ihre gastrophysische Unsensibilität nicht geerbt, und auch mit der finanziellen Erbschaft dauerte es noch sehr lange, wofür ich bis zu beiden Beerdigungen hin tief dankbar war. Dabei wäre ich als Vollwaise vielleicht doch schneller erwachsen geworden. Behütung ist schrecklich unkreativ. Aber – sie wurde mir zuteil und ich war froh darüber.

Meine Eltern gingen sicher in Genua von Bord und waren dem Zoll bestimmt unverdächtiger als wir drei Althippies 1977 im perlgrauen VW meiner Mutter. In meinem Tagebuch fasste ich damals zusammen: ‚Für mich gibt es das Alter nicht. Nur jugendlichen Schwersinn. Immer, wenn ich wohlbedacht etwas Unvernünftiges tue, starre ich in das Glas oder in das Gesicht, aus dem ich trinke, und ich sage mir: Du wirst an diesen Augenblick jetzt denken müssen und wie wild entschlossen du warst, wenn morgen die Ernüchterung kommt. Denk an diesen Augenblick, wenn du leiden wirst! Und wenn du sowieso tust, was du lassen solltest, dann vermies dir nicht noch deinen Fehler, indem du ihn dir eingestehst, geh, geh!‘ Und dann ging ich, immer wieder, und immer wieder kam ich zurück, und ich handle bis heute nach meinem Wahlspruch: ‚Bereuen muss man vorher. Nachher nutzt es nichts.‘

Nun sitze ich für immer auf dem Beifahrersitz und lebe mit den Folgen meines Leichtsinns. Natürlich geht das besser, wenn ich mir sage, den Schlaganfall hätte ich sowieso bekommen, gut, dass ich mich vorher getraut habe, nicht nur zu kosten, sondern auszukosten. Und wenn ich Lust habe, noch gesundheitsbewusster zu sein, dann sage ich mir: „Jetzt könntest du vielleicht unbeschwert durch Genua oder Granada oder Goa latschen, wenn du weniger Wein getrunken und weniger Salz gegessen hättest.“ Wären die Jahre bei fader Kost und stillem Wasser das wert gewesen? Ich und unbeschwert? Niemals. Bloß weil man in einen Wolkenbruch geraten ist, muss man sich nicht einreden, dass es gestern hier nicht geregnet hätte, und daraus, dass man in Potsdam unglücklich ist, folgt nicht, dass man in Paris glücklich wäre, hätte Margot Honecker einen Mauertoten getröstet, wenn sie Mitgefühl gehabt hätte. Gedanken bilden Blasen, bevor sie zerplatzen; anschließend kann ich dann die Pupse aufschreiben.

VENEZIA
VERONA
VENETIEN

VERSTECKTE APOSTEL

UMWEG #90

Gegen eins hatten wir die Po-Ebene durchmessen, und ich dachte: „Bestimmt sind wir schon vor halb zwei bei den ‚Zwölf Aposteln'", was aber in einem Lokal nicht besonders schlimm ist, auch wenn ich denke, dass die Kellner einen dafür verachten. Aufsehenerregende Persönlichkeiten erscheinen prinzipiell zu spät.

Wenn ich Bernstein für ein Konzert, das er dirigieren sollte, im Hotel abholen kam und er noch im Bett lag, allein oder nicht, sagte ich meinem Blutdruck immer: „Reg dich nicht auf; ohne ihn fangen sie nicht an!"

Meine Freunde habe ich auch unterteilt in die, bei denen ich schon zehn Minuten früher die Hosen anhabe und die, bei denen ich den Braten erst ins Rohr schiebe, wenn ihr Mantel an der Garderobe hängt. Muss ein schönes Gefühl sein zu wissen, dass alle Ohren gespannt aufgerichtet sind, wenn man vors Orchester tritt. Muss ein schönes Gefühl sein, vorzulesen und zu wissen: Alle hängen an meinen Lippen. An meinen Lippen hängt keiner. Niemand fragt mich, wie weit ich mit meinem Bericht bin und wann es weitergeht. Im Film sehe ich, wie der Hauptdarsteller schreibt, seine Gefährtin reißt ihm die Blätter aus den Händen und sie liest mit Inbrunst, oder sie schreibt und er reißt es ihr aus den Händen, oder beides sind Männer oder beides sind Frauen, und alle vier Händereißer sagen zu dem/der von Selbstzweifeln geplagten Dichter/-in: „Das ist ganz großartig! Das ist das Beste, was ich je gelesen habe!" Schnitt. Drei Jahre später: Die eine Person ist berühmt, die andere besoffen, oder was das Drehbuch sonst so vorsieht. Mir wird nichts aus den Händen gerissen und an meinen Lippen hängt auch keiner rum. Dass ich trotzdem schreibe, kann ich wohl nicht vermeiden. Es kostet Kraft und es gibt Kraft. Früher wollte ich immer, dass alle wissen, wie gut ich bin. Jetzt muss reichen, dass ich es weiß.

Die Po-Ebene haben Harald und ich nach den drängenden Alpen immer als Befreiung empfunden, wenn sich kurz vor Verona die letzten Hügel zurückzogen und das weite, fruchtbare Land in diesiger Hitze lag. Schon in den Sechzigerjahren habe ich ein Gedicht geschrieben, das um das Jahr 1400 in Norditalien spielt:

In Mailand und Triest ist Tanz,
man feiert dort die Renässanz.
In Verona und Vicenza
gibt's genauso schöne Tänza.
Und so weiter und so weiter.

Die Ballade endet im düsteren, noch gotikverhafteten Norden:

Und einzig und allein sich plagt
die arme Magdeburger Magd.

Die Schlusszeile konnte ich beliebig verlängern:

die arme Magdeburger Magd-
eburger Magd-eburger
Magd-eburger Magd-eburger
Magd-eburger Magd,

bis die Weghörer mit ihren Biergläsern nach mir schmissen.

Als wir die Autostrada verließen, war es eins und wir gut in der Zeit – dachten wir. Das Restaurant ‚Dodici Apostoli' sollte den krönenden Abschluss dieser Reise bilden. Ich rekapituliere kurz:

Apostel waren Männer, die noch direkt von Jesus beauftragt waren, sich um alles zu kümmern. Sie sollten auf der Erde herrschen, wenn Gott demnächst die politische Autonomie Israels wiederherstellen würde, was dann aber doch erst am 14. Mai 1948 geschah und mehr mit den Engländern als mit Jehova zu tun hatte. Als weitgehend untauglich zur Konspiration hatte sich Judas erwiesen. Dass er Jesus wegen der Silberlinge verraten habe, ist Evangelisten-Gewäsch. Er war tief enttäuscht und hängte sich aus Liebeskummer auf. Daraufhin war Judas als Apostel natürlich nicht mehr tragbar; Matthias rückte statt seiner als Zwölfter auf. Und wie wurde das entschieden? Durch Los! Neues Testament, Apostelgeschichte, Absatz 1, Vers 15 bis 26.

Die Zahl Zwölf war deshalb so wichtig, weil das Volk Israel aus zwölf Stämmen bestand, und da sollte jeder Stammestopf seinen apostolischen Deckel bekommen, wie im Nazi-Reich jede Volkseinheit ihren Gauleiter brauchte. Ernennen oder Wählenlassen? Das ist hier die (für Herrscher knifflige) Frage. Da ist das Los kein schlechter Ausweg: Losentscheid ist wie Gottesentscheid – erspart die Demokratie und macht umständliche Wahlen überflüssig.

Verona wurde irgendwann von den Euganeern gegründet. Um 550 v. Chr. eroberten die Cenomanen das Kaff, und erst ab 89 v. Chr. wurde Verona römische Kolonie. Es ging dann ständig hin und her, wie man das kennt, bis Verona 1866 von Österreich-Ungarn zähneknirschend ans Königreich Italien abgetreten werden musste. Von da an konnte Vittorio Emanuele noch elf Jahre lang fröhlich regieren, bevor er sich auf der Jagd den Tod holte (vergleiche #15).

Dass uns die Navi-Tante darauf aufmerksam machte, wie fußgängerzonig die ‚Zwölf Apostel' lägen, konnte uns nicht verblüffen. Hatte sie je von einem unserer Ziele etwas anderes gesagt? Dieses Mal hatte sie allerdings besonders recht. Rafał lenkte uns mit wachsender Nervosität durch das UNESCO-Welterbe der Altstadt, und auch ich wartete angespannt auf den Carabiniere, der den Mercedes konfiszieren und uns ins tiefste Verlies der Montagues oder der Capulets werfen würde. Er kam aber nicht. Stattdessen verkündete die Navi-Stimme am

Fuß einer Treppe stolz: „Sie haben Ihr Ziel erreicht."

Die Stufen rauf, das hätte ich mir noch zugetraut, nur konnten wir unser Auto ja nicht verschlucken, und in der Menschenmenge stehenlassen konnten wir es noch weniger. Also versuchte Rafał, den ‚Zwölf Aposteln' hintenrum beizukommen. Dieser Versuch endete in einem Innenhof, der Dante für seine Beschreibung des ‚Inferno' gefallen hätte. Ein Entrinnen schien es nicht zu geben, weil Wenden unmöglich war. Doch entdeckten wir ein Tor, durch das es weiterging – zu Fuß jedenfalls. Rafał musste nun das Kunststück fertigbringen, unseren massigen Wagen durch diese Enge zu zwingen, die in sich auch noch gebogen war, ein Um-die-Ecke-Tor. Es war Millimeterarbeit. Dafür winkten im Jenseits die ‚Zwölf Apostel'. Sofort.

Wir ließen unser Gefährt ohne viel Federlesen vor der Restauranttür stehen. Das Personal hatte unserem Einzug andächtig zugeschaut. Mehr zu sehen gab es auch nicht; die Gasse war menschenleer, die Speisewirtschaft auch. Wir waren eine halbe Stunde zu spät und bekamen trotzdem noch einen Tisch, den ersten. Silke und ich, wir einigten uns darauf, dass die Geschäftsleute schon gegessen hätten und bereits wieder in ihren Kanzleien säßen. Dass dies Veronas vornehmstes Lokal war, wurde an der Inneneinrichtung, den Bestecken und der Distinguiertheit der Ober deutlich. Man hätte ruhig auch etwas weniger verschwitzt dort eintreffen dürfen, aber Silkes Parfüm reißt ja alles raus. Das Essen war vorzüglich, fand ich.

Ein ‚TripAdvisor' lobt: ‚Wir wurden von zwei Kellnern im Frack und Fliege empfangen. Diese haben sich sogleich humorvoll um uns gekümmert. Der Service und auch die Beratung bei der Auswahl der Speisen war einzigartig. Das Essen war superlecker und überraschend.' Ein anderer tadelt: ‚Speiskarte nur auf Italienisch, KEINE andere Sprache. Wanderer kommst du nach Verona, mach eine großen Bogen um die 12 Apostel.' Wem soll man nun glauben, frage nicht nur ich mich. Inzwischen trauen ja viel mehr Menschen ‚twitter' als dem ‚Spiegel'.

Nach dem Essen wurden wir zu den römischen Fundamenten in den tiefsten Keller geführt, Geschichte zum Anfassen. Wein zum Betrachten. Fehlte nur noch eine Puccini-Oper in der Arena. Nächstes Mal.

Die Fahrt von den ‚Aposteln' zurück auf die Erde war überraschenderweise noch schlimmer als die Hinfahrt, und das lag am Markt. Der lag da, wo wir durchmussten. Navi-Ariadne wurde entnervt abgestellt, der Wagen auch fast, aber dann kriegte Rafał doch noch die Kurve, wie immer.

Der Weg die Etsch entlang nach Meran war danach ein Klacks. Ich nahm mir vor, im Herbst würden wir nochmal über Nacht nach Verona kommen, ein nahes Hotel buchen und einen unbeschwerten Abend bei den ‚Dodici Apostoli' verbringen. Dass daraus nichts werden würde, hätte ich mir denken können, aber ich war mir nicht sicher. Viel häufiger habe ich etwas getan, was ich mir vorgenommen hatte, sein zu lassen, als dass ich etwas getan hätte, bloß, weil ich mir vorgenommen hatte, es zu tun. Klingt kompliziert? Ich bin häufiger nachts mit jemandem mitgegangen als morgens durch den Park gejoggt. Meine Art der Konsequenz. Die Konsequenz daraus ist mein jetziger Zustand. Zu Hause war alles in Ordnung. Am Freitagmorgen waren wir losgefahren in Meran; am Freitagabend waren wir zurück in Meran. So gehört es sich. Die vier Wochen dazwischen waren kurz gewesen, oder lang. Das ließe sich drehen und wenden. Vier Wochen sind vier Wochen, und für jeden sind sie anders. Ich freute mich darauf, niemals wieder in ein Lokal zu gehen, nur noch im eigenen Bett zu schlafen und jeden Abend fernzusehen, alle Programme. Lebenskünstler ist nicht, wer mit jedem Dreck zufrieden ist, sondern wer sich so schamlos belügen kann, dass er sich dafür rückhaltlos bewundert.

MERAN
SÜDTIROL

GEFANGEN IM EIGENEN

UMWEG #91

SA., 13. AUGUST – DO., 13. OKTOBER 2016

Wenn ich früher irgendwo ankam, wollte ich mich dort ausleben. Heute muss ich mich an meinem Bestimmungsort einleben. Zu Hause fällt das natürlich am leichtesten. Natürlich? Nach Rolands Tod fühlte ich mich jahrelang in jedem Hotel zwischen Oslo und Toronto vom Lächeln an der Rezeption gemeinter als von den stummen Wänden meiner Wohnung nahe der Elbe.

Und in Berlin bin ich nach wie vor sofort zu Hause, obwohl ich dort ganz bewusst im ehemaligen Osten schlafe, mit dem mich biografisch weniger verbindet als mit den Stadtteilen rund um die Alster. Heimat ist für mich etwas Exotisches: Almwiesen, Meeresbrandung; Stallgeruch und Eckkneipe – etwas, das mich nicht betrifft.

Aber in Meran bin ich zweifellos zu Hause: eigenes Gefrierfach und eigenes Geschirr; eigenes Bett, eigenes Bad – mehr Zuhause geht nicht. Der Garten ist kaum größer als der in Hamburg, aber benutzbarer. Das macht das Klima. Weder mein Hamburger noch mein Südtiroler Heim ist protzig. So habe ich es mir in meinem Elternhaus abgeguckt und bin dabei geblieben. Meinen mangelnden Änderungswillen nenne ich Bedürfnislosigkeit und kehre nun zufrieden aus all den prunkvollen Hotels in meine leicht antiquiert möblierte Unsachlichkeit zurück.

Eigentlich hatte ich ja erst am Sonntagabend wieder hier sein wollen; die letzten beiden Nächte hatte ich mir am Gardasee in Salò gedacht. Aber das Hotel ‚Fasano' hatte uns abgewiesen: Ferragosto, da ist ganz Italien auf Urlaub und macht auch vor fünf Sternen keinen Halt. Ferragosto, zu Deutsch: Mariä Himmelfahrt, gehört für mich zu den merkwürdigsten Festen;

Harald, Esther, Hanno und Walter (1981 in Meran)

denn da ist die jungfräuliche Gottesmutter mit ihrem – auch schon recht betagten – Leib paternostermäßig in den Himmel entschwebt, wo sie rund um die Uhr damit beschäftigt ist, die Fürbitten unzähliger Gläubiger in Empfang zu nehmen und weiterzuleiten. Die leibliche Aufnahme Mariens in den Himmel ist ein am 1. November 1950 durch Papst Pius XII. verkündetes Dogma der römisch-katholischen Kirche. Sofort denke ich an die ferne Zeit, als mir noch jeden Sonntag der *Jesus-Körper* am Gaumen klebte, und ein bisschen bin ich gerührt.

An nichts glauben zu können ist nicht viel lebbarer, als etwas glauben zu müssen, aber sehr anders. Und doch: Mein Recht, nicht glauben zu müssen, würde ich genauso unpazifistisch mit der Waffe verteidigen wollen, wie viele Überzeugte ihren Glauben unbedingt durchsetzen wollen. Alle die, die sich auf einen Gott berufen, der ihren Gebeten zuhört und entsprechend eingreift, alle solche Fantasten sind mir verdächtig – ich kenne die Geschichte. Wenn Erleuchtete Macht hatten, haben sie kaum je widerstanden, sie im Sinne ihrer Gewissheit auszuüben. So ist aus mir wohl ein intoleranter Atheist geworden. Erwachsene, die in ihrem Weltbild einen, drei oder noch mehr Götter brauchen, darunter Menschen, denen heute die Jungfrau Maria leibhaftig in den Himmel geflogen ist, die halte ich nicht nur für verblendet, sondern auch für gefährlich. Hinzu kommt: je gläubiger desto fruchtbarer. Fünf Kinder sind noch wenig in Krisengebieten. Und wenn eines von ihnen es bis ganz nach Bayern geschafft hat? Familiennachzug ist ein Gebot der Humanität. Manche bleiben ja vorher schon auf der Strecke. „Jeder Tote ist einer zu wenig", traut sich nicht mal die AfD zu sagen. Dass manch Gläubiger trotzdem froh ist, wenn ein Papst oder ein Angehöriger die Nacht oder ein anderes Unglück überlebt hat, beweist nur, wie wenig der Bangende es dem weiterhin Zurückgebliebenen gönnt, bereits vor ihm im Himmel eingetroffen zu sein. Wir waren ja nun auch zu Hause. „Nie wieder im Leben will ich so eine Reise machen", dachte ich. Aber sicher war ich mir nicht.

WIE ALLES SEIN MUSS
UMWEG #92

Erst einmal waren wir zwei Wochen lang ganz unter uns. Dann kam Helga, und als Helga abreiste, kam Susi. Rafałs Mann Carsten kam auch, mit Hund. Besuch habe ich gern, besonders, wenn er nicht neben mir im Zimmer schläft, sondern nebenan bei Silke oder im Stockwerk über mir. Die beiden Häuser sind getrennt (oder verbunden) durch die beiden Gärten, mit Pforte dazwischen, und das ist gerade so viel Nähe und so viel Abstand, wie es uns allen guttut.

Zum Mittagessen treffen wir uns fast zeremoniell auf meiner Terrasse. Am Abend leistet zumindest Silke mir im ersten Stock Gesellschaft. Ich rede mir ein, es sei ihr ein Bedürfnis, sie redet sich ein, sie täte es mir zuliebe. Ich esse geringe vorgefertigte Mengen von typischem ‚Abendbrot', Rafał hat es meist nach meinen Vorstellungen geschmiert. Silke isst einen Apfel: Sie denkt, weil ihr das reicht; ich denke, weil ihr die Figur wichtiger ist als die Triebbefriedigung. Silke ist auf dünkelhafte Weise bescheiden oder bescheiden dünkelhaft. Sie ist – wenn sie nicht ins Gegenteil verfällt – maßlos in ihrem Maßhalten. Aber auch mir fehlt es ja nach wie vor an Demut. Wer der Heiligen Jungfrau Maria vertraut, hat es leicht, demütig zu sein, aber ich ziehe nun mal die Demut aus einem Verständnis heraus der Demut aus Unwissenheit vor.

Die karge Abendmahlzeit beginnt pünktlich zum Gong der ‚Tagesschau'. Manchmal frage ich mich, ob wir zu viel fernsehen. Dabei tun wir es vorbildlich: nie vor der ‚Börse', fünf vor acht, nie Serien im TV (‚Homeland' und ‚House of Cards' haben wir vorrätig) und nie einen Privatsender mit Werbepausen. Obwohl der Empfang in Meran mit Österreich, Schweiz und Italien viel mehr drauf hat, als Hamburg das schafft, gibt es doch Tage, an denen nichts lockt. Dann verkünde ich Silke mit bebender Stimme: „Heute bist du die Königin!" Das bedeutet, sie kann in Multiple-Choice aus zwei bis drei DVDs meiner Sammlung das wählen, was ihr Herz begehrt und wir noch nicht gesehen haben. Schon in Hamburg sorge ich rechtzeitig für Nachschub an Filmen, deren Darsteller und Handlungen in unser Weltbild passen: Edelmut und Schurkerei in ausgewogenem Verhältnis, und wenn es an der Handlung hapert, muss wenigstens das Ambiente ansprechend sein. Françoise Sagan ist bei mir weniger durch ihre Romane als durch ihre Erkenntnis unsterblich geworden (frei übersetzt): Unglücklichsein ist immer scheiße, aber ich heul' lieber im Mercedes als in der Métro. – Mal abgesehen davon, dass ich mir täglich mit ähnlichen Vergleichen meinen Zustand schönrede, forme ich mir diese Erkenntnis auch um zu: Lieber langweile ich mich in netter Kulisse als in Spießerwohnungen, die zu zeigen oder zu veräppeln ambitionierten Regisseuren Freude bereitet. Manch Überflüssiges ist unter dem von uns Gesehenen also leider ungewollt dabei, aber vor dem Bildschirm gilt die humane Maxime: Besser die Zeit totschlagen als seine Mitseher oder andere Gegner.

Anfang Juli hatte ich am Nachmittag manchmal auf dem Bett gelegen und gedacht: „Nun gucke ich weder Fußball-EM noch sonst etwas. Näher kann man dem Totsein nicht kommen. Menschen jubeln, Menschen langweilen sich – gerade jetzt, in diesem Augenblick, und ich? Mich gibt es gar nicht."

Jetzt haben wir Mitte August, und es gibt mich immer noch. Die Tage verbringe ich gleichartig, eigentlich sogar

Oben: Fasching (1974)

Mitte: Roland und Hanno (Fasching 1978)

Unten: Hanno (1980)

gleichförmig. Gegen Viertel nach neun kommt Rafał und bearbeitet meinen Körper mit seinen Händen und mit Strom. Beides soll meinen schlaffen Leib daran hindern, alle Muskeln abzubauen. Rafał plaudert derweil Vorschläge für den Tag. Mir ist alles recht. Hauptsache, es passiert nicht, nicht mir.

Ich komme mir vor wie in einem ganz exklusiven Pflegeheim mit nur einem Patienten – mich. Meine Eltern haben mir immer beigebracht, wie man ‚Verdrüsse' versteckt hält und Vorzüge betont. Mit siebzig ist das kein Argument mehr, keine Entschuldigung, höchstens noch eine Erklärung. Ertragen zu können, dass man angewiesen ist auf Hilfe, ja, das wäre Demut. Stattdessen beneide ich alle die, die sterben durften, ohne diese demütigende Situation erleben zu müssen. Ich bin nicht demütig und ich wünsche mir auch nicht, es zu sein. Der flammende Wahnsinn war immer mein Ideal. Aber getraut habe ich mich nie, ihn zu verwirklichen, weil ich auch nie ein schlüssiges Konzept hatte, was ich aus meinem Wahnsinn machen wollte. Er war wohl zu klein, um aus ihm etwas Weltbewegendes zu formen wie einen Nobelpreisträger oder einen Selbstmord-Attentäter und zu groß, um ein normaler Mensch zu werden. Ich war mal schräg, nun sitze ich hier und kann nicht weg.

Oben: Irene (1962)

Unten: Irene und Guntram (1970)

Ich sehe völlig ein, dass die Menschen meiner Umgebung vieles tun wollen, was ich nicht mehr kann. Sie laufen auf Berge und Marktplätze, sie paddeln über die Seen. Konzerte hören sie auch gern. Mich reizt das alles nicht, nicht in meinem Zustand. Andererseits feiere ich meine Orgien der Einsamkeit und berausche mich an den Einbildungen dessen, was mein Hirn mir wie der Pizza-Service liefert und was für andere selbst unter Drogen unerreichbar bleibt. Meine Wunschvorstellungen haben nicht mehr den Wunsch, Wirklichkeit zu werden, sondern sie begnügen sich damit, unumgesetzt als Wünsche zu sterben.

Tagesmittelpunkt ist, wie gesagt, das Mittagessen. 13:30 Uhr liebe ich es. Das wird berücksichtigt. Dann esse ich, was auf den Tisch kommt. Was das sein wird, habe ich allerdings am Morgen sehr genau mit Rafał besprochen. Schon während er mich schmückt, mache ich ihm für die Gestaltung der Mahlzeit Vorschläge, die er sehr ernst nimmt. Früher war ich ein begeisterter Koch. Fünfzig Jahre lang habe ich am Herd gestanden, erst für meine Eltern, dann für Roland, dann wieder für meine Eltern und schließlich für Silke. Ich bin also nicht nur Esser, sondern auch Macher und kann jetzt abwechselnd meine Erfahrungen weiterreichen und meinen Senf dazugeben.

Silke van der Velden (2006)

DER WURSTVERKÄUFER

UMWEG #93

Das Einkaufen als Vorgeplänkel zum Akt war, gerade hier in Meran, meine besondere Leidenschaft. Zum Beweis führe ich den Ausschnitt meines Briefes vom 17. Juli 1992 an Pali an:

Nun also wieder Meran, und hier passiert rein gar nichts. Meine Eltern gehen täglich in das leere Haus nebenan und richten es, den wechselnden Tageszeiten entsprechend, unterschiedlich ein, auch Farbe der Wände und Fußbodenbelag wechseln mit dem Sonnenstand. Irene erleidet von Zeit zu Zeit einen Wutanfall, weil sie befürchtet, dass sie nicht ernst genommen wird und ihr die Sache über den Kopf wächst. Dann sagt Guntram: ‚Püüüppchen!', und es wird weiterdekoriert. Manchmal gehe ich mit, meist nicht. Ich kaufe lieber Lebensmittel ein und koche. Ich koche jeden Tag, und es macht mir Freude. Aufs Schlucken habe ich weniger Lust und halte nur zum Schein mit, damit es nicht aussieht, als hätte ich was Unrechtes an die Speisen getan. Liebevoll kochen – bescheiden essen. Das ist doch ein Zeichen dafür, dass ich endlich meinen Narzissmus aufgebe, dass ich ein – zumindest gastronomisch – nützliches Mitglied der Gesellschaft werde, zumindest für meine Eltern. Wer schon so anfängt, wird vielleicht nochmal die Welt verändern, vielleicht sogar zum Guten. Auch eine andere positive Entdeckung hab' ich an mir gemacht: Ich will nicht mehr sterben.
Ich will bloß noch tot sein.

Etwas merkwürdig und meinen Todesabsichten zuwiderlaufend ist, dass ich dem Wurstverkäufer im SPAR-Laden Unter den Lauben verfallen bin. Er hat – Du wirst Dich wundern – keinen Kerlsbart, sondern trägt die poetischen Lippen ungeschützt. Er hat taubenblaue, verträumte Augen, dichtes, wenig gelocktes, tiefdunkles Haar und den anmutigsten, hüftlosen Aprikosenarsch unter der Jeans, den man sich vorstellen kann.

Wenn er sich umdreht, um Schinken hauchdünn mit der Maschine zu schneiden, so ist das ein Anblick wie der erste Atemzug aus der Poppersflasche oder die erste Magnolienknospe im April. Er ist kein Kind mehr – Ende zwanzig? –, aber er hat die schöne Unerwachsenheit der Neugierigen. Sein Blick sagt: ‚Ich seh' dich, was willst du?' Wenn ich vom Gemüse aus um die Ecke biege und meine rote Nase schon ein bisschen schneller ist als der Einkaufswagen, dann schießt er bereits, noch bevor ich die Augen so weit aufreißen kann, als hätte ich welche, diesen Blick ab: ‚Ich seh' dich, was willst du?' Er kann mich gar nicht bemerkt haben – er zieht ja Pelle ab und will sich nicht in den Daumen schneiden –, aber doch.

Nun forsche ich am Knoblauchpulver rum, als schriebe ich darüber eine Doktorarbeit, das Kräuterregal befindet sich unmittelbar vor dem Aufschnittstand. Sein Blick nimmt mir nicht eine Sekunde irgendein Interesse für das Würzpulver ab, beschämt ziehe ich mich zurück. Ich luge zwischen den Brechbohnenbüchsen durch, ein todsicheres Versteck eigentlich, aber ich fange doch sein unglaubliches ‚Ich seh' dich, was willst du?' auf, weder abweisend noch kokett, ohne Witz, aber nicht ganz ohne Spannung.

Die Unentrinnbarkeit der Situation lässt mich Größe aufbringen, und ich trete vor wie der tapfere Soldat, wenn beim Morgenappell gefragt wird: ‚Wer hat heute Nacht den Hauptmann erschossen?' Allerdings kaschiere ich meine plumpe Tapferkeit raffiniert, indem ich mich von allen Frauen am Stand wegdrängen lasse. Sagt eine: ‚Sind Sie ... dran?', lüge ich sofort: ‚Nein.' Die Umständlichsten unter den Käuferinnen sind mir die liebsten, und ich freue mich, wenn sie gar nicht wissen, was sie wollen. Er betrachtet dann die Oberfläche ihrer Gesichter lustlos fragend, etwas verschlafen, und ich kriege auch einen für die Kundinnen entbehrlichen Seitenblick ab, so was wie das weggeschnittene Stückchen Fettrand am Schinken. Wenn sie sich dann nach unzähligen Töpfchen mit Artischockenherzen und Fleischsalat noch hundert Gramm Salami geben lassen, gerate ich ganz aus dem Häuschen vor Freude, denn nun muss er an diese Maschine und mir, leicht vorgebeugt, den Rücken zuwenden. Vorne die lange, weiße, züchtige Schürze, hinten klafft dieser aufgeweckte Jeans-Arsch, das hat so was Frivoles.

Natürlich ist er eigentlich Vegetarier. Den Ekel, den er für die in Plastikdärme gepressten Fleischabfälle empfindet, die er den Frauen ins Pergamentpapier säbelt, schluckt er mit Verachtung runter, und er schneidet den Schinken deshalb so transparent, damit er sich statt rosa Schweinebacke die durchsichtigen, zyklamfarbenen Blütenblätter einer Riesenorchidee vorstellen kann, dann dreht er sich wieder um und fragt sinnend: ‚Qualcos'altro, Signora?', oder wenn die Frau Tirolerin oder Touristin ist, fragt er: ‚Sonscht noch was?' Er gibt ihr das Päckchen nicht einfach umgeschlagen wie Klappstulle, sondern – Papier oben, Papier unten, damit nichts verklebt – eingerollt wie ein Geheimnis.

Sein eigenes Geheimnis ist, dass er nur ‚eigentlich' Vegetarier ist, also nicht wirklich, sondern nur in seiner Fantasie. In Wirklichkeit nimmt er in unbeobachteten Augenblicken ein kleines Stück Wurst zwischen die Finger und schnippt es mit der Geschwindigkeit eines Vogels, der sich einen Krümel vom Gartentisch holt, zwischen die Zähne. Es schmeckt wie ein mild geräuchertes Verbot, in Lust gepökelt. Ein bisschen nach der wunden Achselhöhle eines Siegers, der die Arme hochwirft im Triumph. ‚Qualcos'altro, Signora?' – ‚Niente!'

Meine Zuneigung für die solchen erotischen Träumen äußerst dienlichen Hausfrauen schlägt allerdings in der Schlange vor der Kasse abrupt in blanken Hass um. Ich schubse sie beiseite, wo ich kann, und warte dennoch endlos. Was müssen diese unförmigen Weiber so viel Kram kaufen? Eine Binde, ein Napf ‚Du darfst' und ein Paket Knäckebrot, das sollte doch für den ganzen Monat reichen. Auch Toleranz hat Grenzen; wer sich jenseits dieser Grenzen noch als ‚tolerant' bezeichnet, der ist bloß dumm oder teilnahmslos oder chaotisch. Liberalität, das ist für die meisten Menschen: Gleichgültigkeit, wo's mich nicht zwickt. Mich zwickt's aber. Was kann ich tun, mein Gott?

Zunächst mal warte ich ab, ob ich anfangen werde, die Mortadella einzelscheibenweise zu kaufen und zwischendurch immer mal wieder einen gefüllten Schweinsfuß, dessen ich mich anschließend verstohlen in einen Papierkorb der Kuranlagen entledigen muss. Ich ängstige mich nur ein wenig vor der Kriminalpolizei, die hinter den Leichenteilen in den Meraner Abfallkübeln sexuelle Ausschweifungen wittern könnte. ‚Noch mehr Parmaschinken?

> Wir haben doch noch welchen von gestern', sagt meine Mutter, aber dann bitte ich sie aus der Küche und stelle den Backofen an.
>
> Ansonsten lese ich aufmerksam Sloterdijks ‚Kritik der zynischen Vernunft', genauer gesagt: deren ersten Band, keine leichte Kost für jemanden, der seit Jahren nur noch die Memos unseres Präsidenten gewohnt ist und seine literarische Befriedigung im Korrigieren der eigenen Hausnotizen finden muss. So lese ich langsam und geduldig, im Liegestuhl auf der Terrasse, unendliches Grün über dem Buchrand, während Irene, einen Liegestuhl weiter, im Laura-Ashley-Katalog blättert und Guntram den Wetterbericht für Nordrhein-Westfalen in der ‚Bild'-Zeitung studiert.

Zurück im Jahr 2016. Wir essen von Geschirr, das Silke und ich im Veneto, in der Nähe von Marostica, gekauft haben. Silke war das Meraner Geschirr meiner Eltern einfach zu einfach gewesen, und ich musste ihr beipflichten. Wir geben uns auch nicht mehr mit Papierservietten zufrieden, sondern benutzen weißen Stoff für unsere Münder. Rafał wäscht und bügelt täglich. Endlich lebe ich in einem geordneten Haushalt.

In meiner Umgebung komme ich mir gleich etwas weniger oberflächlich vor. Es geht nämlich nur um Essen und Garderobe: natürlich nicht um ausreichend Nahrung für Bedürftige oder um warme Kleidung für Flüchtlinge, sondern um neue Rezepte für Lachse und hübsche Jacken für kühle Abende. Ein bisschen ist es wie unter Weltenrettern, deren Gespräche auch immer um dieselbe Thematik kreisen, bloß dass das Vorzeichen vor deren Märtyrer-Melodie nicht wie bei uns ein sanftes ‚B' ist, sondern ein grimmiges Kreuz.

Während ich mit der linken Hand so zu essen versuche, als sei es die rechte, höre ich zu und mir fällt auf, dass es nicht um Inhalte geht, sondern um Form: Wie lässt sich etwas auf Smartphone vergrößern, wie rede ich auf WhatsApp Leute an? ‚Hallo Kevin', ‚Lieber Kevin', ‚Hi, Kevin', ‚Fick dich, Alter!' oder wie? Fragen zum analogen Leben dringen gar nicht mehr durch, es sei denn, es handelt sich um das Waschprogramm der Maschine im Keller. Diese Art der Betäubung zwischen Nudeln und Nachtisch tut wirklich gut: Ich lasse mich gern davon überzeugen, dass die Welt sich um die beste Art, Pancetta kross zu braten, und um Probleme wie ‚Hallo' oder ‚Lieber' dreht. Dann kann ich allen Schmerz der Welt wegschieben und mich in meine Umgebung eingeebnet fühlen. Der pessimistische Konservative sagt: „Wir müssen die Welt nehmen, so, wie sie ist, eine bessere haben wir nicht." Der vorwärtsstrebende Progressive sagt: „Die Zustände, so, wie sie sind, gehen gar nicht. Wir müssen sie besser machen. Packen wir es an!"

Na gut! Siege sind wirklich nett und kommen auch ab und zu vor. Der Einzelne, auf den es ja nicht (oder nur) ankommt, will aber bald mehr als dumme Siege: die endlose Seligkeit zum Beispiel. Ärgerlich ist, dass Erfüllung und Tod ganz dicht beieinanderliegen, und wer das eine sucht, der muss sich auf das andere gefasst machen. Ach, da denke ich lieber gar nicht weiter, sondern warte gespannt auf den Nachtisch und lasse mir erzählen, dass bei ‚Schönthaler' jetzt neue Ingwerschokoladen im Sortiment sind oder was sonst noch in der Welt vorgeht. Draußen.

Meistens sage ich zu all dem nichts, sondern höre bloß zu und kaue. Langweilig möchte ich nicht sein, vor allem deshalb nicht, weil man mit Langeweile seine Botschaften schlecht vermitteln kann. So warte ich darauf, dass mir Pointen einfallen, bevor ich rede. Habe ich eine erwischt, höre ich sofort auf zu schweigen. Locker soll das klingen. Lieber lasse ich mein Sendungsbewusstsein darben und mich von Bestmenschen bekritteln, dass ich bloß rumfasele, als das Unerreichbare sowieso nicht zu erreichen und es dem Erreichbaren durch zu viel Gedankenmüll noch schwerer zu machen, als es allem, was mehr ist als nackte Information, sowieso schon fällt, durchzudringen.

Wer welche Meisterschaft gewonnen hat und welcher C-Promi welchen Z-Promi verlassen hat, ist am jeweiligen Tag interessanter, als es die ewigen Fragen sind, die ungerührt und ungelöst im Raum stehen und wissen, dass sie noch Generationen zusetzen werden, wenn der Champion und der Promi im Erdboden schon nicht mehr nachweisbar sind. Auch eine Pointe? Jeder lacht gern. Es soll ja auch gesund sein. Darum trage ich bereitwillig dazu bei. Aber wie?

Der Mensch und seine Frau neigen dazu zu glauben, sie hätten Humor, schon deshalb, weil das eines der wenigen Merkmale ist, das sie vom Tier unterscheidet. Das Bedürfnis, und damit auch die Fehleinschätzung, Humor zu besitzen, so wie man ein Kind oder ein Haus besitzt, ist ihnen im Westen durch die Renaissance und die Aufklärung nahegelegt worden. Trotzdem wird Komik oft mit Oberflächlichkeit in Beziehung gebracht. Trotz Kästner womöglich zu Recht, weil Comedians mit

Witzigkeitsversuchen ziemlich schamlos umgehen. Oberflächlichkeit und Schamlosigkeit: Da schneide ich mir doch glatt ein paar Scheiben ab – hauchdünn. Komik liegt ja – oft unbemerkt – auf jeder Straße, und sie kleckert aus den vollgeschriebenen Seiten jeder ernst gemeinten Rede, die man nicht ernst nehmen kann. Komik braucht man gar nicht zu erfinden, man muss sie nur finden. Und sich bedienen. Ich kaue und ich klaue.

Rafał denkt sich alle möglichen Desserts aus. Silke isst keinen Nachtisch und kein Schaf und kein Kraut und auch vieles andere ungern. Am liebsten isst sie gar nichts, aber auch davon nur die Hälfte. Vor dem Mittagessen habe ich einen Fernet Branca getrunken, um mir Appetit zu machen, nach dem Essen setze ich mich vor meine Tastatur oder lege mich auf meine Terrasse. Das bin ich dem Wetter schuldig, wenn es gut ist. Darum ist mir schlechtes Wetter lieber.

HUNGER

UMWEG #94

Nach ein paar Tagen in Meran war ich konsequent genug, meinen Vorsatz über den Haufen zu werfen; auf den gehören die meisten Vorsätze sowieso. Ich hatte mir ein bisschen vorgenommen, diese unerhebliche Fahrt durch Kroatien und Italien nicht schriftlich zu verewigen, nun tat ich es doch und konnte – auch wie immer – nicht schlüssig unterscheiden, ob mein Drang mich mitzuteilen aus dem Strauch der Langeweile oder aus dem Baum des Sendungsbewusstseins erspossen war. Wie auch immer: Was ich anfange, das beende ich auch. Pali ärgerte mich mit seiner Meinung: „Du kannst nichts wegschmeißen. Das ist dein Fehler. Du bist einfach zu geizig.“ Pali bezog seine Aussage auf belichtetes Filmmaterial, überflüssige Erklärungen, verschimmelten Käse und eingelaufene Pullover. Ich schreibe also gegen ihn an und grusele mich davor, dass das Material jemals einer Lektorin in die Hände fallen könnte und ich mit ihr um jede Zeile ringen muss. Anette ist schon eine solche Lektorin, die mir in meiner Reisebeschreibung des vorigen Jahres die Passage verbot, na ja, ausredete, in der ich über Hunger schrieb. Das hat den Vorteil, dass ich das Thema jetzt aufgreifen kann, ohne mich zu wiederholen. Im Liegestuhl, nach dem Mittagessen. Garten vor Augen, Drossel vor Ohren, während die anderen anderes tun.

Sich hinzustellen, -zusetzen oder -zulegen mit dem Wunsch zu grübeln, das bringt meiner Erfahrung nach nicht viel. Man muss sich seine Erkenntnisse schon erwandern und sich die Objekte am Wegesrand ein bisschen genauer angucken oder andere Reize auf sich einwirken lassen, um zu brauchbaren Konzepten zu kommen, wie man sein Leben oder die Philosophie umgestalten oder zumindest in den Griff bekommen kann. Da ist ‚Essen', das gerade hinter mir liegt, ein guter Anfang und ‚Sex', der schon lange hinter mir liegt, ist ein gutes Ende.

Ein Beitrag der ‚Tagesschau' hat mich besonders beschäftigt. In einer Reportage beklagten Flüchtlinge auf ihrer Route nach Norden, dass sie in den Lagern nur einmal am Tag zu essen bekämen. Das ist das Paradies! Hunger ist herrlich. Auf der Speisekarte lese ich: ‚Dialog von Garnele und Rinderfilet an Brokkoli-Schaum, dazu ein Glas Château Margaux' und ich denke: „Enden wird das in einem Dialog von Scheiße und Pisse in der Kloschüssel. Aber im Gewebe bleibt natürlich auch etwas hängen." Anette sagte zu der Textstelle in meiner Reisebeschreibung des vorigen Jahres, in der steht, dass ich die Hungernden beneide: „Das kannst du nicht schreiben, lies mal Herta Müllers ‚Atemschaukel'!" Hab' ich sofort getan. Na ja, Hunger, den man nicht fühlt, sondern bloß liest, der quält ja nicht mehr als Schmerzen, von denen erzählt wird. Mitgefühl in der Seele ist erbaulicher als Peingefühl im Körper. Habe ich lieber Zahnschmerzen oder Kummer? Keiner fragt, keiner antwortet? Weil Gott oder ein ähnliches Phänomen uns ja nicht vor die Wahl stellt? Menschen tun das schon. Da spricht jemand aus, dass er lieber das Magengeschwür des Freundes hätte, als weiterhin den Tod des Sohnes zu ertragen. Abwegig. Aber die Verzweiflung hat eben nicht nur Depressionen im Köcher, sondern auch Fantasie. Die Pfeile reißen tiefe Wunden. So kommt es zu diesen Attentaten in Frankreich, in Deutschland, überall dort, wo ein Verzweifelter sein Leben als letzte Waffe einsetzt.

War das im Schützengraben damals so viel anders? ‚Deutschland muss leben, auch wenn wir sterben müssen.' Wie fremd ist uns diese Inschrift des Kriegerdenkmals am Dammtor geworden! Anderen nicht. Ein Leben, das als wertlos erachtet wird, lässt sich leicht opfern, das eigene natürlich besonders freudig, wenn das nächste so viel erstrebenswerter zu werden verspricht: mein Hauptargument gegen Religionen. Wo Religionen Nächstenliebe predigen, sind sie nützlich. Wo sie vorschreiben, was man denken, anziehen und essen soll, sind sie ein Graus.

Essen. Der geschriebene Hunger in der ‚Atemschaukel' hat mir nur wieder gezeigt, was für ein beneidenswert mächtiges, lebendiges Gefühl Hunger doch ist. Hungerhaben! Was für eine Offenbarung, was für eine wunderbare Bestätigung der Vermutung: Ich lebe. Ich will etwas. Ich bringe 100 Kilometer hinter mich und 100 Menschen um, damit ich mir etwas in den Mund stopfen kann. Kenn' ich nur aus Filmen. Und aus der ‚Atemschaukel'. Schon Knut Hamsun bekam seinen Nobelpreis für ‚Hunger'. Fürs Sattsein hätte er ihn nicht gekriegt, weil Sattsein für alle steht, die zu viel haben: die Reichen, die Korrupten, die Etablierten. Hunger ist progressiv und dynamisch. Sattsein ist dekadent, degeneriert, regressiv. Die Unterdrücker sind satt, die Revolutionäre sind hungrig. Hunger verändert die Welt, Sattsein lässt sie erstarren. Hunger hat nicht mal einen Gegenbegriff; ‚Sattsein' wird mir vom Schreibprogramm rot unterstrichen: Gibt es nicht. Bei mir doch. Essen wurde mir immer schon reingequält. Von Anfang an. Hunger ist Leben, Sattsein ist Tod. Während unserer ganzen Reise habe ich diesen Tod bei jeder Mahlzeit als stummen Gast an unserem Tisch gespürt. Aus jeder Speisekarte, aus jedem Teller lauerte er mir entgegen, kroch mir vom Gaumen in die Eingeweide und flüsterte siegesgewiss durch meine Adern: „Ich krieg' dich noch!" Hunger erweckt Leidenschaften, Sattsein erschlafft in Verdrossenheiten. Die lodernde Flamme gegen das unbrennbare Aerogel. Mit der vergällenden Bedürfnislosigkeit schlage ich mich mein Leben lang herum, und kein aufrechter Kämpfer wird mir glauben, dass ich unter meinem bleichen Sattsein genauso leide wie Bedauernswürdigere unter ihrem nachvollziehbaren Hunger.

Selbst das klingt sicher wieder ausgedacht, zählt also nicht. Pointen sind da, wo es um alles geht, unwichtig, sogar ablenkend, also störend. Pointen gehen nur die etwas an, denen die wahren Bedürfnisse (Sichsattfressen, Sichvermehren) abhandengekommen sind und die sich deshalb an Dingen weiden müssen, die nicht auf der Hand liegen und die zu Hirn gehen statt zu Herzen. Tja, tauschen kann ich nicht, nur innerhalb meiner Möglichkeiten das rausschaben, was sich noch vom Mörtel der Wände abkratzen lässt an bröckelnden Hinweisen auf das, was einmal war. Das Schlimmste, was uns passieren kann und muss (!), ist, dass wir einen Augenblick des vollkommenen Glücks zu ertragen haben ... und anschließend weiterleben müssen. Der brennende Schmerz eines glühenden Glücksmomentes verlischt erst im Tod. Und wer sich an seinen Erinnerungen nichts als freut, der ist nicht zu beneiden: Er hat das Unvergängliche, Unwiederbringliche mit eigener Seele nie erfahren.

Für viele ist es vielleicht doch besser, solches Glück nie zu erleben. Macht bloß gierig nach Vergangenheit. Ein Ziel zu haben, dauert so schön viel länger, als ein Ziel zu erreichen. Was ist ein kurzer, doofer Orgasmus gegen jahrelanges, hoffnungsloses Schwärmen? Das Wollen ist der Motor. Das Nichtwollen ist die Panne, und ohne pharmazeutischen oder psychologischen Abschleppdienst ist man verloren.

Da liege ich und sehe auf die Palme, auf den Oleander. Die vielen sorgsam gepflegten Kübel mit Stängeln, Blättern, Blüten schaffen eine Atmosphäre sommerlicher Üppigkeit. Die Kargheit der hohen Berge bedeutet mir wenig, aber es macht mir Spaß, sie als Kontrast zu wissen und hier unten aus meinem Hirn heraus abzudenken. Aufsteigen sollen die anderen. Der Nachmittag ist die Zeit, zu der meine Mitbewohner ihre Ausflüge machen, aus Rücksicht

Oben: Hanno und Roland
Unten: Hanno (alle 1982)

auf mich. Vormittags kauft meist Silke ein, Rafał kocht immer, Helga und Susi schließen sich an oder nicht. Carsten arbeitet. Sally döst. Ganztägige Ausflüge gibt es nur, wenn ich dabei bin. Der Mittagstisch ist der einzige Ort, an dem wir alle zusammen sind, also schlage ich auch nicht vor, mich allein zu lassen, obwohl ich die Mahlzeit nicht brauche, die Menschen schon.

Wenn ich Pech habe, werde ich rührselig und denke: „Es gibt viele Menschen, die genauso einsam sind wie ich. Einsamer ist keiner." Ich liege still am Rand meines kleinen Gartens und halte mich für ungenügsam. Das gefällt mir: ungenügsam! Meine Ungenügsamkeit, sie wird mit mir verlöschen. Unersättlich? Unvorstellbar. ‚Un-, un-, un-' – unbezähmbar, unbelehrbar, unentrinnbar. Unaushaltbar. Diese schwer erträgliche Spanne zwischen erst Daseinmüssen und dann Wegseinmüssen. Es tut allen denkenden Menschen weh, leben zu sollen – aber nicht mehr leben zu dürfen, das tut genauso weh. Dabei nutzt es nichts zu leben, man muss es auch ertragen können.

Wenn ich auf dieser Welt bin, um eine Prüfung abzulegen, dann werde ich sie nicht bestehen. Nur halb interessiert frage ich mich: „Was habe ich aus meinem Leben gemacht?" Ohne das bereits genau zu wissen, hielt ich mich von Anfang an nicht für besonders geeignet. Zumindest nicht fürs Leben. Schon als ich die Brust meiner Mutter verweigerte und erst recht in der Pubertät. So etwas merkt man zwar schnell, aber man denkt es nicht gleich. Das kommt erst später. Und als ich es dann wusste, sah ich meine Hauptaufgabe darin, es niemanden merken zu lassen.

SCHWERE SPRACHE

UMWEG #95

Mario schrieb mir in meinen Blog, meine Texte seien ‚kurzweilig'. Palaver. Kurzweilig zu schreiben kann reich und berühmt machen. Beides macht nicht unbedingt glücklich. Im Film erzählen sich die Gangster gern: „Nach diesem Coup hören wir auf. Dann liegen wir in Acapulco am Pool und Bräute im Bikini servieren Margaritas." Natürlich geht alles schief, weil der todsichere Tipp mehr tot als sicher war, und den Hauptdarstellern bleibt die Einsicht erspart, dass man sich am Pool nach ein paar Wochen fühlen kann wie der Salzrand der Margaritas.

Das, was mir immer am wichtigsten war, schon zu einer Zeit, in der ich noch Religiösem und Ideologischem neutral oder gar sympathisierend gegenüberstand, war die Frage: Wie sehr beeinflusst der Körper den Geist, und wie sehr beeinflusst der Geist den Körper? Experimente sind schwierig und auch nicht durchgehend überlebbar. Ich habe solch ekstatische Zustände in angemessenem Alter erlebt und fand es überhaupt nicht einfach, danach weiter zu existieren. Seither rede ich mir ein, dass Beschaulichkeit und Anhäufung von Wissen erstrebenswert wären, und wenn ich gerade mal Glück habe, glaube ich mir auch. Aber meistens sehne ich mich zurück nach jenen Minuten, in denen es mir gleichgültig war, ob mich mein Hormonspiegel oder das Göttliche ergriffen hatte; Leichtsinn oder Schwachsinn; schwindelnde Höhen oder modrige Tiefen.

Zu leben besteht zum größten Teil aus Akten und Abwaschen. Aber man fummelt sich so durch. Totsein besteht – hypothetisch – aus Seligkeit oder nix, also so wie vorher, vor dem Lebenmüssen. Auch nicht schlecht. Das Sterben zwischendurch ist das Problem, denn man weiß aus Erfahrung (nur so vom Zugucken), dass es ein hilfloser, oft schmerzhafter Zustand ist, auf den sich nicht mal Masochisten freuen. Am liebsten würde ich das gar nicht wissen.

Mein Blog beschäftigt mich sehr, nicht nur inhaltlich. Finden Menschen es schön, so häppchenweise zu lesen? Ist das cool – oder wie es früher hieß: ‚modern'? Ich schreibe jedenfalls lieber längere Passagen, am Block im Blog. Kommen die Bilder auf Smartphone überhaupt zur Geltung? Mein Schreiben ist nicht bloggerecht, ist mir klar. Ich lese andere Blogs, und ich wundere mich. Man muss sich durchtasten durch diesen Schlick aus Lügen, Hoffnungen und Einsichten. Wer gar nichts von sich preisgibt, findet keine Anhänger; wer alles von sich preisgibt, verliert sie auch schnell wieder.

Ich weiß ja, ich bin verbal inkontinent. Ich habe mich davon abbringen können, das Leben zu bewerten, aber nicht, es zu beworten. Meine erste Eigenständigkeit. Später kamen noch andere dazu. Meine Aversion gegen das Ficken zum Beispiel: Erinnert mich fatal an Hetero-Sex und hat mir wohl Aids erspart. Welche Rundungen einen abstoßen und welche einen trotz aller Vorliebe für das Kantige anziehen, das kann man sich nicht aussuchen, aber je besser man sich beherrscht, desto mehr lässt man sich entgehen – und desto eher entgeht man selbst Strafe, Krankheit und Tod. Aber schon immer gab es diese Gottesgeschöpfe, die, ob sie es wollten oder nicht, andere Früchte begehrten als das Obst, das der Masse schmeckte.

Menschen lieben es, dasselbe zu begehren. Das eint so schön – wie einen Fußballverein. Als ich mit den anderen Nachkriegsjungen aufwuchs, war das in einer ganz anderen Welt als die Welt, in die unsere Eltern hineingemusst hatten. Trotzdem waren sich meine Altersgenossen und ihre Väter über etwas einig: Es war sehr traurig, dass sie niemals Sex mit Marilyn Monroe und Brigitte Bardot gleichzeitig würden haben können. Mir blieb da nur der Katholizismus; und nach wie vor werde ich nicht versuchen, mich dem sexuellen Mainstream erläuternd anzudienen, ‚versteht mich doch!', denn das wäre geradeso, als wollte ich Biogras käuende Kühe mit einem Rezept für Rinderfilet locken. Oder den Papst mit Satanskult. Das schaffe ich nicht. Trotzdem wundere ich mich – inzwischen? –, dass den meisten Intellektuellen und Idioten das Eindringen in das Innere eines anderen Menschen so viel bedeutet: Nicht nur in die Seele wollen sie, nein, in den Körper.

Ich halte mich nicht für erwähnenswert feige, aber besonders nach meinem Schlaganfall, stürze ich ungern. Beim weiblichen Schoß kann man sich an so gar nichts festhalten, und in Tiefen einzudringen, ist mir wohl nicht gegeben: weder von Gott noch von sonst irgendwem. Ich hänge an der Oberfläche. Und Frauen haben nun mal, bei aller Wertschätzung der Klitoris, keinen Schwanz, während der männliche Anus neben seiner anderen Funktion auch als Vagina-Pendant gelten kann. Ich mag das alles nicht, denn ich sehe das sehr eng und dunkel. Diese Extreme, an die ich eigentlich nicht glaube: Schwarz und Weiß, Gut und Böse, rechts und links – rechts ist bei mir behindert, und so erlebe ich Zwiespalt ganz physisch. Die eine Hälfte macht etwas, die andere folgt nicht, weil sie nicht will oder weil sie nicht kann – für die Koordination ist das unerheblich: Sie funktioniert einfach nicht. Nekrotisches Gewebe im Hirn zu haben, ist ja von der Vorstellung her noch unangenehmer, als ein Schweineherz zu besitzen, weil das eigene weniger leistungsfähig war als das säuische. Was findet da hinter meiner Stirn statt und was nicht mehr?

Geilheit zum Beispiel findet wie alle Wünsche zunächst mal im Kopf statt, wogegen man sich schlecht wehren kann, aber dann wandert sie zielsicher nach unten. Und was passiert da? Triebforschung? Wer richtig Hunger hat, frisst der auch als Islamist jedes Schwein? Wer wirklich geil ist, der fickt vielleicht auch jede Ziege? – Wichtige Überlegungen. Religion, also Kultur, besteht darin, uns die Schweine und die Ziegen abzugewöhnen; und aus unserer unausgelebten Auflehnung gegen diese Zivilisierung entsteht Kampf – und Kunst: verdrängte Gier. Jeder bekommt davon die Krankheit, die ihm zusteht, aber nicht immer den Zuspruch, den er sich wünscht.

Es gibt ja Menschen, die werden wahnsinnig geil, wenn sie Verachtung spüren. Sie lassen sich erniedrigen und winseln unterwürfig, während sie gefesselt und ausgepeitscht werden. Also, zu denen gehöre ich nicht. Ich mag Lob. Besonders verlegen macht es mich nicht. Gleichzeitig wundere ich mich darüber, dass Anerkennung so wichtig ist. Verlogene Komplimente von Mitarbeitern, routinierte Seufzer von Nutten, profundes Wissen, dass man, weil man gottgefällig lebt, in den Himmel kommt – all das macht froh; Misstrauen macht nicht froh, selbst wenn es vor Schlimmerem bewahrt. Das Selbstbewusstsein, auf niemandes Meinung angewiesen zu sein – macht das froh?

Ich habe mich mit ‚Leichter Sprache' beschäftigt. Ein genaueres Gegenteil zu meiner Ausdrucksweise ist kaum denkbar.

Rick war Gangster und eines Tages starb er eines in seinem Beruf natürlichen Todes: Er wurde erschossen. Vorgestern hatte Rick noch geglaubt, dass Daisy es ernst meinte, als sie sagte: „Ich mach mich an Jerry ran, und wenn er mir seinen widerlichen Fickschwanz gegen den Bauch drückt, knall ich ihn ab und sage, es war Notwehr. Wenn ich von den Bullen gefragt werde, ob ich ihn nicht einfach hätte wegstoßen können, sage ich: ‚Nein!'"

Da ist nun alles drin, was in Leichter Sprache nicht sein darf. Ich versuch's mal, das zu ändern, damit ‚Personen mit kognitiven Einschränkungen' mich verstehen: Rick machte so Sachen. Er starb. Er war tot, anschließend. Darf ich jetzt die Zeitebene nach hinten zu Daisy wechseln oder geht das nicht, und ich muss vorwärts beim Frühstück des alleinerziehenden Hauptkommissars weiterschreiben? Ich erwäge, auf Personen mit kognitiven Einschränkungen zu verzichten, jedenfalls in meinen Texten, im wahren Leben ist das ja nicht nötig.

Ganze Sätze gelten ohnehin nicht mehr viel. Die Bilder zählen – und brennen sich ins kollektive Gedächtnis ein. An Geschriebenem reichen Twitter-Botschaften und

(Un-)Wörter des Jahres. Nörgeleien eines alten Mannes. Ich hätte so gern jemanden, der an mich glaubt; mit der gleichen Intensität, mit der ich nicht an Gott glaube; aber sie sind alle tot; ich muss selber an mich glauben, sonst bleibt mir nichts als meine Verachtung für die, die weniger aus ihrem Leben gemacht haben als ich.

Die Sonne geht runter, ich gehe rauf. Oben, auf dem Balkon, kann ich sie noch eine halbe Stunde länger genießen. Die friedlichste Zeit des Tages. Wenn ich den singenden Amseln lieber zuhöre als den gurrenden Tauben, fühle ich mich eins mit dem Rest der Menschheit. Rafał fragt, was ich essen möchte, und ich sage es ihm. Ich sitze vor dem externen Bildschirm, bediene die externe Tastatur, steuere meinen Laptop und zerlebe die Zeit. Ich gucke mir Pornos an, um mich abwechselnd zu erregen und zu ekeln.

Dann kommt Silke und ich wechsle das Bild. Manchmal auch nicht, dann bleibt eine unendlich fette Frau mit klaffender Vagina stehen. Silke tut so, als sähe sie es nicht. Wenn Susi da ist, sagt sie: „Du Sau!" Helga traue ich mich nicht, meinen derben Scherzen auszusetzen. Rafał hat den Teller so hergerichtet, dass jemand, der lieber guckt als isst, zufrieden sein kann. Akkurat beim Gong der ‚Tagesschau' wandert das erste Radieschen vom Teller in den Magen.

Hannos Geburtstag (1982 in Amsterdam)

WOHNEN UND SEIN

UMWEG #96

FREITAG, 14. OKTOBER 2016

Als wir abreisten, war der Himmel trüb, und die Blätter hingen lustlos an den Bäumen. Rafał hatte alles im Auto verstaut, bis auf das, was er vergessen hatte. Halb so schlimm. Carsten blieb mit Sally noch länger und konnte hinterherbringen, worum Rafał ihn schriftlich und mündlich bat. Wenn man bedenkt, wie es vor hundert und erst recht vor zweihundert Jahren war, wenn man kommunizieren wollte, dann kommt man auf die Idee, ‚Fuck ju Göhte' zu twittern. Fortschritt hat den herrlichen Nebeneffekt, sich überlegen zu fühlen: Ich laufe nicht, ich reite. Ich fahre in der Kutsche; in der Eisenbahn; im Auto. Ich fliege!

Die Vergangenheit kann ich in monumentalen Breitwandfilmen auf mein Smartphone runterladen und Charlton Heston in mini sehen, aber Science-Fiction-Filme sind noch angesagter und blockbusteriger, dafür geh' ich sogar ins Kino. Und ich esse Popcorn und ich trinke Cola und ich kaufe mir pro Woche zwei bis drei T-Shirts mit geilen Sprüchen drauf. Meine Tattoos und meine Ringe in Ohr und Nase zeigen, dass ich meinen Körper liebe wie mich selbst. „Was soll nur aus der Welt werden mit solchen Erdbewohnern?", fragten sich schon die griechischen Philosophen und fragen sich heute die Rentner, die früher engagiert waren im Kampf gegen das, was ihre Eltern nicht bereuen wollten. So geht das immer weiter, aber wie es scheint, nicht mehr linear, sondern fast schon in der Potenz.

Meran ist nicht mehr das, was es mal war. Es ist schöner, also besser, bis auf die Verkehrsführung. Die Einbahnstraßen zwingen zu mühseligen Umwegen.

Ich bin äußerlich nicht mehr der, der ich mal war, und das kann ich durch den Glauben, ich sei innerlich derselbe geblieben, nicht wettmachen. Meine Einbahnstraße lässt kein Abbiegen zu: Ich mache weiter oder ich höre auf. Den Plan, über den Reschenpass zu fahren, ließ ich fallen, rechtzeitig, noch im Bett, denn diese Tour hätte eine Stunde länger gedauert, obwohl es die kürzere Strecke ist, was auch als Gleichnis durchgehen mag: Umwege und Lügen führen schneller ans Ziel als Geradlinigkeit, die sich nicht durchsetzen kann – gegenüber Lastwagen am steilen Hang oder Unentschlossenen am Tag der Wahl. Also fuhren wir einsichtig über den Brenner, Kristina zuliebe. Auf den hohen Bergen lag Schnee, und in Österreich schien sogar die Sonne. Als wir am Schild ‚Bundesrepublik Deutschland' vorbeifuhren, ging der Abschiedsmodus endgültig in den Erwartungsmodus über.

Schreiben ist, wie jeder, der das ernsthaft tut, sagt oder verschweigt, eine einsame Beschäftigung. Wahrscheinlich ist das Trainieren für einen Pokal genauso einsam. Ich kenne nur das Komponieren in einem Umfeld, das keine Noten lesen kann. Es macht nicht hochmütig, eher fühlt man sich ausgeschlossen vom großen Kreis der Unwissenden. Kassandra muss so gefühlt haben, aber bei ihr ging es um Wahrheit, um die Vorhersage, die missachtet wurde; bei mir ging es bloß um Töne, um Gebilde aus Klang, mit denen ich die Welt erobern wollte, weil sie so nachvollziehbar schlüssig waren und in den Abwandlungen der Themen den Wandel der Zeit und des eigenen Lebens widerspiegeln sollten. Hoch rechne ich mir an, dass ich nicht gefragt habe: „Wen interessiert das?" Ich wollte es tun, ich musste es tun. Ich habe es getan. Und interessiert hat es wirklich niemanden. So habe ich im Nachhinein komponiert wie andere Kreuzworträtsel lösen oder früher Patiencen legten und heute in Computerspielen aufgehen. Das Bewusstsein, es geschafft zu haben, muss das Marketing ersetzen. Hier wird nichts verkauft, der Laden ist geschlossen, was niemand merkt, weil niemand ihn betreten will. Nun hantiere ich statt mit Tönen mit Wörtern und es beflügelt mich, mir einen Sinn einzubilden, der nur real wird, wenn jemand mein Geschriebenes liest und sich davon bestätigt, irritiert oder herausgefordert fühlt.

Wir fahren durch Berglandschaft im Herbst, die Bäume sehen aus, als seien sie der Blätter müde; wahrscheinlich wissen sie nicht, dass nach dem Abwerfen ihres Schmucks zwar erst der Winter kommt, dann aber der nächste Frühling. Vielleicht wissen sie es doch. Diese Erwägung führt direkt zu Kristina, zu ihrem Weltbild, ihrem Lebensbild.

Kristina habe ich in Moskau kennengelernt. Bernstein gab dort ein Open-Air-Konzert im Gorki-Park, was meine Anwesenheit nicht rechtfertigte, aber erklärte. Essen beim bundesdeutschen und beim US-Botschafter, Gartenparty in der Residenz, wie das eben so läuft, wenn man seine Textilien ausführen und die Zunge in Bewegung halten muss.

Nach all meinen Moskau-Aufenthalten (*Besuche* mag ich sie nicht nennen) in Eis und Schnee war dieser heiße Sommer, inzwischen unter Gorbatschow, eine wohltuende Erfrischung.

Zusammen fuhren wir im Auto unseres Tontechnikers weiter hinaus, als die Polizei erlaubt. Das Lokal an der Moskwa kannte ich schon seit zehn Jahren. Es sieht aus wie ein Blockhaus, das auf dem Weg von Kentucky nach Архангельское (Archangelskoje) verrückt geworden ist.

Kristina fotografierte erst mal alles, was sich nicht wehrte: Hütten, Frauen und Schaufenster mit nichts drin. Wehrte sich doch: Gleich nach der Speisekarte kam die Polizei und nahm uns die Pässe weg, während wir Kaviar bestellten. „Denunzianten!", dachte ich. Aber es war Sommer, in drei Jahren würde die UdSSR aufgelöst werden; länger würde unsere Haftstrafe wohl nicht dauern. Gleich nach dem Kaviar kamen unsere Pässe, mit dem Hinweis des Diensthabenden, dass wir die Gültigkeit unseres Visums überschritten hätten. Für solche Fälle habe ich einen so bekümmerten Gesichtsausdruck und eine so reumütige Stimme im Repertoire, dass sogar der Henker meine Einsichtigkeit bewundern würde und einen anderen nähme. Menschen, die in gerechter Empörung gegen die Staatsmacht aufbegehren, gefallen mir im Kino. In Wirklichkeit mag ich sie nur, wenn sie sich durchsetzen, was selten der Fall ist, und sonst gibt es statt Verfassungsänderungen bloß blutige Nasen und Tränengas. Bei uns nicht. Wir kamen im Auto des Toningenieurs wohlbehalten nicht nur zurück nach Moskau, sondern sogar im selben Flugzeug nach Hamburg, geschmuggelten Kaviar im Gepäck.

Kristina hatte ihr Studio mit Wohneinheit in Winterhude, also unweit meines Büros an der Alster. Dadurch ergaben sich in unregelmäßigen Abständen Mittagessen bei ihr. Sie kochte Pellkartoffeln, für deren Würze ich Lachs und Kaviar mitbrachte. Dann zog Kristina nach Wentorf, das nicht mehr ganz Hamburg ist, sondern zum Herzogtum Lauenburg gehört. Ich befürchtete, dass sich Fuchs und Hase da nicht ‚Gute Nacht' sagen, weil sie vorher schon vor Langeweile eingeschlafen sind, und besuchte Kristina dort nie, und auch kein anderer, wie sie mir gestand.

Irgendwann sagte sie am Telefon: „Das bin ich nicht!", womit sie, glaube ich, nicht den Fuchs meinte, sondern die Umgebung. So zog sie zurück nach Uhlenhorst, wo ich sie wiedertraf, aber das war sie dann auch nicht mehr, sondern siedelte um nach Bad Tölz.

Sie tat das, um näher an den Geldgebern zu sein, sagte sie. Kristina war für ‚Stern' und ‚Brigitte' zu Modeaufnahmen an ferne Strände gereist und kannte die Welt. Nun aber wollte sie ein Magazin herausbringen, das sich befasst mit, tja, der Ganzheit des Lebens; Gesundheit, Philosophie und Mystik sind nur Teilaspekte in der Gesamtsicht, die die Broschüre abdecken soll. ‚Atem' heißt sie. Allerdings gab es beim Erscheinungstermin Verzögerungen, die bis heute andauern.

Inzwischen ist Kristina auch nicht mehr Bad Tölz, sondern sie ist Ostallgäu, genauer Halblech-Berghof, wo Fuchs und Hase schon seit längerer Zeit ausgerottet sind. Dafür ist Schloss Neuschwanstein gangnah, und ich sehe Kristina jeden Morgen auf ihre Terrasse treten und hinabblicken auf König Ludwigs Prachtexemplar da unten. Vielleicht wohnt sie aber unterhalb ihres Palastes. Vielleicht ist es aber gar kein Palast, sondern ein Ramschladen. Alles möglich.

Genügend Zeit, um das herauszufinden, hatten wir nicht, wohl aber die Muße für ein gemeinsames Mittagessen. Diese Zusammenkunft war der eine Grund dafür, dass wir die gängige Strecke durch das Inntal mieden, der andere Grund war, dass es auf dieser Reise (bis auf Meran) keine Wiederholungen geben durfte, und am Inn entlang waren wir ja schon ‚hinzu' gefahren.

Normalerweise ging die Rückfahrt, und seit ich nicht mehr mit Harald bis Mantua durchbretterte, oft schon die Hinfahrt, über Iphofen. Da genossen wir im ‚Zehntkeller' ‚fränkische Gastlichkeit'. Seit 1962 kehrten wir dort ein. Meinen allerersten Schwips hatte ich abends in der Gaststube: von zwei Kelchen Bocksbeutel. Guntrams Chauffeur und meine Mutter waren Zeugen. Oder zumindest anwesend. Achtundzwanzig Jahre später, als ich Roland nochmal Bayreuth bieten wollte, war Iphofen Station auf unserer letzten Reise. Da war der ‚Zehntkeller' schon kein uriger Gasthof mehr, sondern ein feudales ‚Romantik Hotel'.

Den ‚Zehntkeller' hatte wie immer meine findige Mutter in der ‚Welt' entdeckt. Damals, als es noch keine Autobahn zwischen Würzburg und München gab, lag Iphofen an der Landstraße, und so lag es nahe, dort zu übernachten. Unser Chauffeur hieß Charly von Steinsdörfer, und ich war ein bisschen beleidigt, dass nicht ich mir diesen Namen ausgedacht hatte. Guntram schätzte keine plumpen Vertraulichkeiten, aber seinen Fahrer ‚Herr von Steinsdörfer' zu nennen, fand er auch etwas komisch. Charly erzählte im

‚Zehntkeller' bei Rostbratwürstchen und Wein etwas von vergrabenen Schätzen in einem geheimnisvollen Bergsee. Irene und ich kicherten angetrunken und erfuhren erst viele Jahre später, dass er womöglich recht hatte. Er hatte vielleicht wirklich gegen Kriegsende auf Befehl der SS Wertgegenstände im Toplitzsee vergraben. Man muss sich hüten, das Nächstliegende für wahr zu halten und das Verrückteste für unwahrscheinlich.

Iphofen war also nicht neu genug für unsere Rückfahrt, aber einfach losfahren und sehen, wo man bleibt, das widerspricht nicht nur meiner Planungswut, es wäre auch für Kristina unzumutbar gewesen.

Einige Kristina-Vorschläge hatte ich überprüft, sie hätten sicher vorzügliches Essen geboten, aber einen zweistündigen Umweg bedeutet, der schon deshalb nicht infrage kam, weil das glanzvolle Abschiedsdinner der Reise erst am Abend stattfinden sollte. Nach einigem Rumgoogeln hatte ich die ‚Waldwirtschaft am Mittersee' entdeckt. Die schien mir passend: Wald und See und Schweinekrustenbraten, das klingt doch vielversprechend, und was zu viel ist, lässt man liegen.

Ich kenne nur das Komponieren in einem Umfeld, das keine Noten lesen kann.

WÜRZBURG
FÜSSEN
BAYERN

FRÄNKISCHE GASTLICHKEIT

UMWEG #97

Bei Füssen mussten wir von der Autobahn, die gerade erst begonnen hatte, wieder runter. In Füssen war Rafał (wie fast überall) auch schon gewesen, und er erzählte uns, während wir dran vorbeifuhren, so gründlich davon, dass es uns fast schien, wir seien dort selber rumgelaufen.

Die Navifrau behauptete wie meistens, dass das Objekt im Sperrgebiet läge, aber das kann uns nicht mehr einschüchtern, schon gar nicht mit reservierten Plätzen. Die Anfahrt durch den Waldweg war anders als in Portofino, aber nicht sehr. Der Himmel hatte sich wieder zugezogen, See und Bäume lagen unterbelichtet da, und man konnte sich freuen, dass man nach drinnen durfte, obwohl die Sommerstühle noch vor ihren Tischen auf der Seeterrasse standen und unbeholfen von besseren Zeiten kündeten.

Wir waren zu spät, Kristina war schon da. Sie wählte die Spezialität des Hauses: Ente mit Rotkohl, und Silke aß wieder ‚ganz was Leichtes'. Wir sprachen über das Leben und über ‚Atem', also ganz was Schweres. Ich bekam ein Stück Ente zu kosten (sehr gut), aber keine Stoffservietten. Als Ausflugslokal wirklich empfehlenswert, wenn man Ausflugslokale mag, und ich tue das, manchmal.

Schon vor Meran wollten meine Eltern etwas Eigenes haben, das etwas südlicher lag. Merkwürdigerweise schafften sie sich eine Wohnung in Vöcklabruck an, und als Pali sich bei Ihnen erkundigte, ob sie wohl verrückt geworden seien, sagte Irene siegesgewiss: „Das ist gar nicht so aus der Welt, das liegt ganz nah bei Gmunden." Pali bekam einen seiner losbrechenden Lachanfälle: „Bei Gmunden!", schrie er prustend. Noch nie hatte er von dem Ort gehört, aber meine Mutter hatte es gesagt wie: ‚Zur Champs-Élysées sind es nur zwei Stationen.' Meine Eltern verkauften die Wohnung wieder ungenutzt; Halblech Berghof liegt gar nicht weit entfernt von der zweitgrößten Stadt des Ostallgäus: Füssen, und wir fuhren auf der Autobahn Richtung Norden.

Gleich hinter Füssen muss ich eingeschlafen sein. Im Auto! Ich! Ohne Ohrstöpsel und Augenbinde. Und nachts liege ich dann wach und denke den Raum voll. Ob man leicht einschlafen kann, das kann man sich genauso wenig aussuchen wie sein Geschlecht. Im zweiten Fall kommt man bei Missfallen nicht um eine Operation herum, im ersten reichen oft ‚Atem' oder Pillen.

Bei Rothenburg ob der Tauber wachte ich wieder auf. Das war unsere letzte Reise gewesen, unsere allerletzte: Roland lief schlecht, aber besser als ich jetzt. Rothenburg, Iphofen – Bayreuth. ‚Parzival', Wagners letzte Oper. Roland liebte Wagner, und ich liebe Roland, und ich wollte in die verbleibende Zeit alles, alles hineinstopfen, was es gab, so dass das ganze Büfett leergegessen wäre, wenn der Tod käme, um abzuräumen. Reisen, Eventsplanen war ja sowieso mein Schönstes, damals: mich spiegeln, in den Emotionen der Entführten. Nach jener Reise habe ich dem Schicksal jahrelang nur noch Medizinisches abgetrotzt, nicht mehr Touristisches.

Ich sehe auf die fliehenden Schilder an der Autobahn, und ich weiß, nicht sie fliehen, sondern ich. Die erste Zeile des Rückert-Liedes, das Gustav Mahler 1901 vertont hat, geht mir nicht aus dem Sinn: ‚Ich bin der Welt abhanden gekommen'. Wenn der Strom ausfiele für mehrere Wochen, dann hätte ich die elektrisch gesteuerten Rollläden meines Hamburger Schlafzimmers lieber geschlossen als offen. Morgen Abend werde ich sie wieder herunterlassen. Dennoch freue ich mich auf heute Abend, denn es erwartet uns etwas ganz Besonderes, na ja, nicht es, sondern ich erwarte: das ‚Schlosshotel Steinburg', in den Weinbergen über Würzburg.

Wir sahen das eigentümliche Gebäude schon von Weitem. Es überragte die Rebstöcke auf ihren Terrassen wie eine Gouvernante die kuschenden Zöglinge. Das ‚Schloss' ist deshalb so komisch, weil Andreas Pfannes es 1897 so ernst gemeint hat. Er war der Architekt dieser Merkwürdigkeit: ‚ein dreigeschossiger Konglomeratsbau mit Risaliten, Erkern und Turmbauten, dazu Satteldach, Krüppelwalmdach und auf den Türmen Kegel- und Pyramidendach in gotisierendem Kalksteinbossenmauerwerk.'* So steht's geschrieben und deshalb muss es stimmen.

Die Straße führte in engen Serpentinen in die Höhe. Die Anfahrt hinunter nach Triest am ersten Abend, die An- und Abstiege von Cres, Positano und Portofino: Bis heute in der herbstlichen Dämmerung hatte Rafał überall sein Geschick, Kurven zu meistern, ohne andere Fahrzeuge oder Menschen zu schädigen, unter Beweis stellen können. Dafür hatte er unterwegs nicht kochen müssen.

Wir betraten die Eingangshalle in dem Bewusstsein, dass hier schon im 13. Jahrhundert während der Regierungszeit des Bischofs Iring von Reinstein-Homburg eine hohenlohische Burg gestanden hatte, von der Pfannes allerdings nicht viel übrig ließ.

Ein Zimmer lag fast ebenerdig, über ein paar Stufen zu erreichen, das nahm ich mir, denn die anderen beiden Räume waren nur über meiner Verfassung nicht zumutbare Stiegen zu begehen, Schloss eben. Ich mochte mein Zimmer. Es hatte Fenster rechts und links und

*Quelle: wuerzburgwiki/wiki/Steinburg

vorne ein Bad. Sehr ungewöhnlich. Wie schmal war denn das Bauwerk, und wie verlief der Gang davor? Ich sollte wohl auf einer Brücke zwischen zwei klobigeren Komplexen schlafen. Aber vorher sollte ich essen. Doch noch blieb etwas Zeit für Lektüre. Aus dem ‚Spiegel' erfuhr ich: Um Donald Trump wird es einsam in der eigenen Partei. Zahlreiche prominente Republikaner sind am Samstag auf Distanz zu ihrem Kandidaten gegangen – oder forderten ihn gar zum Rückzug auf. Der Vorsitzende des Abgeordnetenhauses Paul Ryan zeigte sich „angeekelt von dem, was ich heute gehört habe". Kommentator Bob Beckel sagte auf CNN: „Dieser Wahlkampf ist vorüber. Es gibt kein Rennen um die Präsidentschaft mehr."

Später weiß man mehr. Das macht Geschichte so vieldeutig, wenn es auch im Nachhinein schwerfällt, Beschlüsse, die ins Verderben führten, aus deren Zeit heraus zu akzeptieren oder zumindest zu verstehen.

Silke bibberte in der Halle. Ihr Zimmer war „eiskalt", sagte sie, und so blieb es auch. Ohne daran etwas ändern zu können, begaben wir uns dorthin, wo es nach Essen klapperte.

Wir wurden ins zweite Speisegemach gebeten, was in mir sofort die Vision entstehen ließ, wie schön es im ersten gewesen wäre. Aber ich fügte mich und bestimmte die übliche Sitzordnung: Silke rechts neben mir und daneben Rafał, damit Silke als Dame in der Mitte sitzt. Diese Regel wird nur ausgesetzt, wenn die pralle Sonne verkehrt steht oder ich Geburtstag habe. Auf diese Weise hat jeder sein eigenes Blickfeld, Silkes deckt sich teils mit Rafałs, teils mit meinem, und wenn ich mich mit Silke über jemanden am Tisch gegenüber lustig mache, sieht Rafał gar nichts, und wenn die beiden über etwas, das hinter mir vorgeht, kichern, starre ich betreten in meinen Teller und verstecke Fleischstücke unter den Kartoffeln, damit der Kellner glaubt, ich hätte mehr gegessen.

Noch interessanter als die ausgeklügelte Speisekarte war das Publikum. Es bestand wohl überwiegend aus Erwachsenen, auffällig waren aber die tobenden Kleinen, die noch zu jung waren, um den Unterschied zwischen ihrem Kinderzimmer und einem Gourmet-Tempel zu kennen. Dass aber auch die Eltern damit überfordert waren, ihrem brüllenden Nachwuchs Einhalt zu gebieten, stimmte nachdenklich. Auffällig war zudem eine Mutter, die ihren Säugling mehrfach stillte. Ihre nackte Brust über dem Esstisch hätte ich eher am Prenzlauer Berg verortet als in einem Lokal, in dem den Gast ein erhabenes Gefühl ‚unweigerlich beschleicht', wie man im Internet erfahren kann. Mich beschlich gar nichts, mich bekreischten die Gören, und es machte mich eher misstrauisch zu lesen, dass ‚Menüs für Vegetarier und Kinder stets Teil unseres Angebots' seien. ‚Darüber hinaus gehen wir aber natürlich auch gerne auf die Wünsche von Allergikern oder Diabetikern ein.' Wie steht es denn um die Wüsche von Ruhebedürftigen, Herr Ober? Das wäre mir lieber als Ihre Wachtelbrust auf iranischem Safranschaum und Rosenrisotto zu 14,70 Euro. Da gäb' ich doch glatt ganze fuffzehn Euro und würde jovial sagen: „Stimmt so!"

Ist ja meine Schuld, dass ich heute Mittag Krustenbraten gegessen habe. Hätte ich mich auf einen Salat beschränkt, wäre ich jetzt auch nicht hungriger. Es ist nicht sinnvoll, die Lachsbrötchen am Büffet stehenzulassen, um mehr Raum für den Rehrücken zu haben, wenn einem hinterher doch alles im Halse steckenbleibt, was man ohne Grund versäumt hat. Andere haben gar nichts. Die haben's gut.

Das Essen war köstlich, wenn auch überflüssig. Die Inneneinrichtung war gediegen und die Kellner unaufdringlich. Ein ganz klein wenig ranschmeißerischer hätten sie ruhig sein dürfen. Und die überflüssigen Kinder abräumen, bitte! Aber im Sommer auf der Terrasse ist es sicher so traumhaft, wie der Prospekt behauptet.

Wir gingen auf unsere Zimmer, Rafał ohne Aussicht auf Gay Romeos, Silke in ihre Eisbude und ich in meinen Schlauch mit Aussicht nach beiden Seiten nebst umfangreicher Minibar. Auf Hamburg freute ich mich überhaupt nicht, aber auf das Mittagessen in der Heide morgen. Ausgekostet werden muss! Ausgekotzt wird später.

DIE SCHLIMME INGE
UMWEG #98

SAMSTAG, 15. OKTOBER

Am Montagmorgen waren wir zu unserer Welterschaffung aufgebrochen, am Samstagabend würden wir zurück sein. Sonntag ist natürlich Ruhetag. Einundzwanzig Wochen lang waren wir unterwegs gewesen, wenn man den letzten Sonntag abrechnet und Hamburg als Heimathafen annimmt. Bis auf Silkes und meinen Geburtstag hätte alles an jedem x-beliebigen Tag stattfinden können. Das macht den Sinn von Planung aus: Nichts mehr ist x-beliebig! Im Nachhinein sieht dann alles so aus, als hätte es gar nicht anders kommen können. Da kann man getrost behaupten, Jehova habe die Erde hintereinanderweg in sieben Tagen erschaffen und das Vermögen der Rothschilds habe die KZs geradezu provoziert. Vom Ende her zu denken ist gut, aber nur, wenn man am Anfang steht. Geschichte naseweis vom heutigen Standpunkt aus einzuordnen, bedeutet, sich der Möglichkeit zu berauben, die handelnden Personen aus ihrer Situation heraus zu verstehen. Ihnen unterstellen, dass sie bösartig und hirnverbrannt dumm waren, das kann man ja anschließend immer noch.

Als ich den rechten Vorhang öffnete, grüßte mich ein strahlend blauer Oktoberhimmel. Eigentlich grüßte ich ihn. Am linken Fenster konnte ich sogar Würzburg begrüßen; es lag mir huldvoll zu Füßen, unterhalb der Weinberge, und ich dachte: „Vor der Industrialisierung war das Maintal gewiss noch hübscher." Dann kam auch schon Rafał, angezogen und gefrühstückt, und der letzte Tag musste in all seinen Schicksalsunwägbarkeiten und Routine-Erfordernissen gewürdigt werden.

Das Wetter war zu schön, um bloß herunterzufahren und einfach abzureisen. Rafał kannte Würzburg – was kennt er nicht? –, aber Silke war die Stadt neu, und ich ergreife auf dieser Reise die letzte Gelegenheit, ein wenig auszuholen.

Mein Vater war viel im Büro und manchmal verreist. Morgens sah ich ihn nicht. Erst Annemarie (Kruse), dann Elli (Neumann), dann Helga (Stöpel), dann Lucy (Münz), dann Irmgard (Theek), dann Erna (Marquart), dann Inge (Delfs), dann Helga (Reisenauer) und dann Karin (Rickertsen) rührte mir morgens die Haferflockensuppe an. Meine Eltern frühstückten erst, wenn ich schon in der Schule war. Als Annemarie ging, um Säuglingsschwester zu werden, war ich acht; als Karin wegen Diebstahls entlassen wurde, war ich achtzehn. 10 Jahre. Damals eine Ewigkeit. „Ich hatte immer zu wenig Geld, deshalb bekam ich nur die schlechtesten Mädchen", klagte meine Mutter in den Siebzigern. Da machte sie schon jahrelang alles allein. Aber als Guntram anfing, sie zärtlich ‚Aschenblödel' zu nennen, verbat sie sich das nach dem vierten Mal.

Ja, die Hausangestellten hatten alle Macken. Erna war Mitte fünfzig und verrückt. Sie erzählte Frau Brehme, die einmal in der Woche putzen kam, dass wir nachts Männer ins Haus ließen, die über die alte Jungfer herfielen; Frau Brehme solle sich im Dunkeln hinter dem Rhododendron neben der Treppe verstecken, da könne sie es beobachten. Frau Brehme versteckte sich nicht, sondern informierte meine Mutter. Als Irene Helga Stöpel mal eine Anweisung gab, sagte Helga: „Wenn Ihnen das nicht passt, können Sie mir ruhig eine knallen; das bin ich gewohnt." Irenes Ohrfeigen waren aber für mich reserviert, wenn meine Schränke unaufgeräumt waren, genauer gesagt: wenn sie die Unordnung bemerkte, sonst hätte sie über dem vielen Backpfeifen ihre übrigen Pflichten vernachlässigen müssen. Ich bekam anschließend im Allgemeinen einen hysterischen Schluckauf, der etwa eine Stunde anhielt; später hatte ich solche Zwerchfell-Attacken nur, wenn ich beim Skat verlor. Mein Vater schlug mich selten, auf Geheiß meiner Mutter oder des überforderten Mädchens, also kühlen Blutes. Nur einmal, beim Sonntag-Mittagessen, schlug er mir ins Gesicht.

Ich fing sofort an zu bluten, was meine Eltern und meine Großmutter verstörte. Guntram hatte meine Zahnspange getroffen, und ich fand, der Schrecken über mein Blut geschah ihnen allen recht. Ich sei sehr ‚renitent' gewesen, erfuhr ich später. Auf gute Worte hätte ich nie reagiert. Kann stimmen. Als Baby hatte ich ja schon die Nächte durchgeschrien, aber Säuglinge schlägt man nicht. Oder der Bahnwärter in Schmalkalden doch?

Mein Klassenlehrer im Gymnasium war da weniger zimperlich, aber in der Mittelstufe hörte auch das auf, und ab der elften Klasse siezten uns die Lehrer. Im Mai 1964 war ich gerade noch siebzehn, und ich saß mit Harald in meinem schmalen Kinderzimmer bei philosophischen Gesprächen und, ich glaube, Lufthansa-Cocktail. Der Geschmack, behauptete er, sei ‚fruchtig-frisch mit einer perfekten Balance zwischen süß und trocken'. Während Harald und ich noch drüber stritten, ob es Gott gibt, hörten wir es knallen. Aus dem Fenster sahen wir Feuerwerk an der Elbe. Ich hatte den Schlüssel nicht zur Hand und ließ die Haustür einfach offen. Meine Mutter wäre entsetzt gewesen, aber sie war mit meinem Vater in Baden-Baden. Wir gingen runter zum Fluss und kreierten die ersten Begriffe unserer späteren ‚Terminologie'. Nach einer Stunde kehrten wir zurück. Die Tür stand offen und niemand war drinnen. Ein Weilchen konnten wir uns noch mit dem Allmächtigen auseinandersetzen, dann kam Inge (Delfs). Inges Stammkneipe lag direkt neben der Herbertstraße, und böse Zungen behaupteten, sie verdiene sich da ein bisschen was dazu, aber dazu war sie eigentlich zu drall und zu ländlich. ‚Wo de Nordseewellen trecken an den Strand' war ihr Lieblingslied. Inge mochte auch Lufthansa-Cocktail, sie tanzte auch gern (ich hatte noch meine Ray-Conniff-Phase), und als Harald, der schon zwanzig war, im Gerangel ihre Wange berührte, tat sie den später vielzitierten, verheißungsvollen Ausspruch: „Auf Bäckchen steh' ich nicht!" Harald ließ sich das nicht zweimal sagen und ‚fleischte in sie rein', wie wir es fortan nannten. Da wollte ich auch nicht abseits stehen und presste ihr meine Zunge tief in den Schlund. Ein bisschen ekelte ich mich, aber das war mir bei den ersten Austern genauso gegangen; doch brachte Inge es in meiner Wertschätzung nicht bis zur Qualität von Fines de Claires; eher fragte ich mich, ob sie womöglich bösartig und hirnverbrannt dumm sei.

Am übernächsten Tag kamen meine Eltern zurück. Meine Lufthansa-Kopfschmerzen waren gewichen, aber mein Rachen: beißend rot, Fieber kam dazu, und mein Mund voller brennender Pusteln.

Am Montag begann unsere Klassenreise. Guntram, der meine Abneigung gegen unser Schullandheim auf Föhr kannte, hatte auf dem Elternabend vorgeschlagen, doch zum Abschluss mal etwas anderes zu machen als den jährlichen Nordsee-Aufenthalt. Ausland kam nicht infrage, das wollten die anderen Eltern nicht. Guntram brachte Franken ins Gespräch, und das wurde gebilligt. Natürlich kam sofort das Schulische. Jeder sollte vor Ort einen Vortrag über Gebäude und Geschichte halten, ich über Rothenburg ob der Tauber. Damals war mein Sinn fürs Historische noch wenig ausgeprägt, und die Idee, vor meiner mittelmäßig interessierten Abiturklasse zu stehen und etwas über das Mauerwerk hinter mir zu sagen, begeisterte mich nicht. Auch hatte ich die Jugendherbergen in Verdacht, meinem aufkeimenden Individualismus zuwiderzulaufen. (Ich kannte solche Stätten von vielen Wochenend-Klassenfahrten zwischen Mölln und Undeloh – wir sagten: „Hundeklo".)

So war ich Inge ein bisschen dankbar dafür, dass sie mir die Maul- und Klauenseuche mit 40 Grad Fieber beschert hatte. Wer sonst? Trotzdem hatte ich fast ein Jahr lang Probleme damit, in Frauen zu fleischen. Von Männern war noch nicht die Denke, geschweige denn die Rede.

Während meine Klassenkameraden sich von Herrn van der Walde statt von mir Rothenburg erklären lassen mussten, bekam ich zu Hause als Rekonvaleszent Leichtschluckbares und jede Menge Ratschläge. Inge wurde von meinen Eltern in diesem Zusammenhang nicht namentlich erwähnt, wohl aber der drohende Hinweis, dass ich minderjährig sei.

Am folgenden Wochenende war ich so weit genesen, dass ich dem Trupp hinterherreisen konnte: nach Würzburg. Da hielt sogar der Trans-Europ-Express, in den mich, noch geschwächt, meine

Oben: Abiturklasse (1964 in Franken)
Unten: Harald, Knut und Hanno (1964)

Eltern gesetzt hatten, damit ich nicht im lahmen D-Zug fahren musste. Inzwischen hatte ich die Tauber verpasst und sah sie erst 1990 mit Roland, dafür bekam ich Würzburg satt, und danach noch Veitshöchheim, Kloster Ebrach und Bamberg mit literweise Rauchbier am letzten Abend, über das auf der Speisekarte stand: ‚Dieweilen aber das Gebräu beim ersten Trunk etwas fremd schmecken könnt', laß dir's nicht verdrießen, denn bald wirst du innehaben, daß der Durst nit nachläßt, sintemalen dein Wohlbehagen sichtlich zunimmt.'

Am besoffensten war unser Klassenlehrer, weil er nichts vertrug und normalerweise nur Tee trank. Ich zweifelte seine Architektur-Kenntnisse ein wenig an und behauptete: „Waldi erzählt immer von Türmen, die unten Op-Art sind und obendrüber gotisch." Er hatte tatsächlich zwei Stilrichtungen durcheinandergebracht, und meine jüdisch-zersetzende Ader machte daraus sofort eine Kabarett-Nummer. Ja, einfach war es nicht mit mir; dabei hielt ich mich damals noch für ‚arisch'.

Das imposante Treppenhaus der Residenz war mir noch gut in Erinnerung, als Rafał unseren Wagen in für mich erreichbarer Entfernung zum Eingang parkte. Einige Besucher störten schon den bombastischen Rokoko-Frieden,

Hanno (1964)

den Fürstbischof Johann Philipp Franz von Schönborn hatte haben wollen und den Balthasar Neumann so prächtig entworfen hatte. Die vielen Stufen erklomm ich zügig, nicht ganz wie 1964, aber flinker als viele andere Kunstbetrachter; vielleicht auch erwartungsloser. Ich schickte mich durch die Räume, und ich sah auf Tiepolo und auf meine Vergangenheit: Abitur wollte ich machen und Komponist wollte ich werden. Gottgefällig leben und erfahren, was die Welt im Angebot hat. Abitur schaffte ich mit Befreiung vom Mündlichen; Komponist wurde ich für den Hausgebrauch; in der Welt, einschließlich Unterwelt, habe ich mich faustisch umgesehen, so gut ich konnte, ohne herauszufinden, ‚was die Welt im Innersten zusammenhält'.* Ob mein Leben Gott gefällig war, erfahre ich erst, wenn ich vor ihm stehe. Protestantischerweise traue ich den Geistlichen als Mittler zwischen mir und jemandem, den sie sich erdacht haben, nicht mehr über den steinigen Weg.

Während Silke und Rafał noch weiterliefen, verharrte ich notgedrungen und bewundernd im Treppenhaus. Es wird überwölbt vom größten Treppenfresko der Welt, 580 Quadratmeter. Dafür bekam Tiepolo ein Honorar, dreizehn Mal so hoch wie das von Balthasar Neumann. Der Architekt erhält weniger als der Dekorateur: typisch Rokoko. Das Gesamtergebnis überzeugte nicht nur 1779 Fürstbischof Adam Friedrich August Anton Joseph Maria Graf von Seinsheim (Architekt und Auftraggeber waren schon lange tot), sondern 1981 auch die Juroren des UNESCO-Weltkulturerbes. Vor Schönbrunn in Wien und Schloss Versailles bei Paris sei die Würzburger Residenz ‚das außergewöhnlichste und homogenste Barockschloss seiner Art'**, urteilten die Experten. Da konnte ich beim Rausgehen noch viel stolzer darauf werden, hier gewesen zu sein, als in Polignano, Positano, Portofino. Pompös noch der Abgang: Vierspännige Kutschen sollten unterhalb der Treppe vorfahren und wenden können. Eine vierspännige Kutsche hat einen Wendekreis von ungefähr 19 Metern, da kam ich mit meiner Krücke spielend raus, selbst wenn Silke, Rafał und Kristina neben mir gegangen wären. Ganze Busladungen wollten stattdessen rein. Tiepolos satte Farben versanken in Rentnerbeige.

*Johann Wolfgang Goethe: „Faust – Der Tragödie Erster Teil", Kapitel 4

** Quelle: Deutsche UNESCO-Kommission; www.unesco.de

HAMBURG
SALZHAUSEN
NORDDEUTSCHLAND

WIE ES WEITERGEHT

UMWEG #99

Nun hatten wir mehr Zeit in Würzburg zugebracht als geplant. Es war nicht vergeudete, sondern bereichernde Zeit gewesen. Trotzdem hatte ich zur Kenntnis zu nehmen, dass das Display des Navis uns erst fünf nach halb zwei erlaubte, in Salzhausen zu sein. Rafał tröstete mich, er würde die paar Minuten durch schnelles Fahren aufholen und trat zur Bekräftigung forsch ins Gaspedal.

Salzhausen ist auch so etwas Ausgedachtes. Natürlich könnten wir, ohne zu verhungern oder zu verdursten, bis Othmarschen durchnageln. Aber im ‚Josthof' liegen wieder all meine lieben Leichen, die Verblichenen, mit denen ich hier das war, was mir an Glücklichsein möglich ist. Außerdem ist der ‚Josthof' mehr als siebenhundert Jahre älter als die Würzburger Residenz, zum Vergleich. ‚Romantik Hotel' ist er aber noch nicht ganz so lange.

Dass sich in Hessen der Himmel zuzog, betrübte mich nicht sehr. Vom Norden hatte ich nichts Besseres erwartet. Viel mehr erschreckte mich, dass Rafałs schöne Aufholjagd nicht nur innerhalb einer Minute wegschmolz, sondern als neue Ankunftszeit 14:30 Uhr angegeben wurde. Ich war fassungslos bei Tempo 210. Bald hinter Hannover kam die Erklärung, genauer: der Stau. Ich fand, das ging gar nicht. Am Brenner oder in Neapel, meinetwegen, aber hier, so kurz vor dem Ziel in der norddeutschen Tiefebene an einem angeblich lastwagenfreien Samstag ausgebremst zu werden, das ist, als ob das ganze Haus zusammenkracht, wenn man die Zeitung aus dem Briefkasten nimmt.

Silke musste Frau ‚Josthof' melden, dass wir erst um halb drei da sein könnten, und sie sagte: „Bis halb drei ist warme Küche."

Eigentlich behauptete unser Display inzwischen, wir würden erst sechs nach halb drei ankommen, aber das konnte Rafał mit 180 auf der Landstraße sicher aufholen. Niemand ist Freund von Staus, das erträgt man eben, und dann fährt man weiter. Ich doch nicht! Erst habe ich nur Angst um mein Mittagessen, auf das ich keinen Appetit habe. Dann beuge ich mich vor, um zu sehen, wie viel Benzin noch im Tank ist. Dann denke ich: „Wenn wir die Reise nicht stimmungsvoll im ‚Josthof' beenden können, dann war die ganze Fahrt von Rheinsberg am 23. Mai bis heute vergeblich und sinnlos." Dann überlege ich, was ich mache, wenn ich jetzt wüsten Durchfall bekomme; und nun ist es auch nicht mehr weit bis zu der Frage, wie schnell der Rettungshubschrauber eintrifft, wenn ich einen Herzinfarkt mit Lungenstillstand erleide.

Unbeeindruckt von diesem Szenario löste sich der Stau auf, nach gefühlten anderthalb Stunden, während derer ich Balthasar Neumann gar nicht genug hatte verfluchen können. Im Kaisersaal hatte Silke auch unnötig lange rumgetrödelt, fand ich jetzt. Egal, Rafał fuhr schnittig durch die Heidedörfer, und zwei vor halb drei hielt er vor dem Eingang des ‚Josthofs'. Der Koch gab gerade den Löffel ab … Nein, nein, alles gut. Wir bekamen einen hübschen Tisch, auf den wir als die einzigen Gäste auch Anspruch hatten. Ich erholte mich vom Beisitzen mit einem Hausschnaps (250 Brände im Angebot) und bezwang den Heidschnuckenbraten auf meinem Teller ohne große Mühe. Wie es weitergehen würde, war klar:

Wir würden staulos durch den Elbtunnel gleiten, im Landhaus-Supermarkt ein Salzbrenner-Würstchen, zwei Scheiben Corned Beef, zwei Scheiben Zervelatwurst, ein Paket ‚Harry'-Steinofenbrot, Butter, Schmalz, Radieschen und einen Harzer Käse kaufen, damit ich morgen an meinem einsamen Sonntag was zu beißen habe und merke, dass ich wieder in Hamburg bin, mir also alles genehmigen kann, was Silke nicht über die Lippen käme, nicht mal die Radieschen. Im Kühlschrank ruht noch eine Dose ‚Lysell'-Anchovisfilets. Warum die mir trotz zaghaften Widerwillens so gut schmecken, ist klar: ‚Das traditionelle, aufwändige Herstellungsverfahren mit seinem rigorosen Qualitätsanspruch kennzeichnet die Qualität aller Produktvarianten. Qualität ist heute auch Verantwortung für die Umwelt sowie Schonung und Erhalt der Ressourcen', erklärt die Homepage. Das hat mich überzeugt. Aber wenn Rafał am Montagmorgen an meine Schlafzimmertür klopft und eintritt, nachdem ich irgendeine Art Laut von mir gegeben habe, wird er sagen: „Du hast ja gar nichts gegessen!", und ich werde antworten: „Nein. Aber es war doch beruhigend, dass es da war."

Vielleicht werde ich still dasitzen und wehmütig-demütig an andere Zeiten denken. Hoffentlich. Hoffentlich nicht.

Damals begann jeder Morgen mit unserem gemeinsamen Frühstück. Roland und ich. Halb neun. Ein weichgekochtes Ei, eine Scheibe Schinken, zwei Scheiben Toast. Ein Löffel Konfitüre, eine Scheibe Gouda, eine Umarmung. Ein Abschied; bis zum Abend. Mit Rolands Tod habe ich aufgehört zu frühstücken. Der kulinarische Tag begann von nun an mittags mit dem ersten Glas Wein. Wasser nur für Tabletten. Wer den Tod herbeisehnt, der braucht sich keine großen Gedanken um seine Gesundheit zu machen. Wer überlebt, dann aber doch. Selbst wenn man eigentlich niemanden mehr sehen will, muss man nach dem Haarekämmen noch kurz in den Spiegel gucken, und falls man hypochondrisch ist, will man außerdem mal die rausgestreckte Zunge begutachten. Krankhafter Belag? Aber sonst nichts und niemanden.

Introvertierte aller Länder, vereinigt euch! Wenn ich mit diesem Text hier durch bin, werde ich nur noch niedliche Kätzchen bloggen. Wie sonst komme ich an Follower? Ich schreibe zu kompliziert, kopfgesteuert. Wie sonst? Der Geist kommt nicht ohne den Körper aus, der Körper ohne den Geist spielend. Das stört mich am meisten am Menschsein. Wie man da behaupten kann, Gott habe alles so prima eingerichtet, ist mir ein Rätsel. Man muss schon die Behauptung, dass unser Verstand zu klein sei, um Gottes Ratschlüsse zu kapieren, als Einsicht bemühen, damit man noch an der Stange der Gläubigkeit festhält: sich selbst und die anderen notfalls mit Gewalt. Da hat das Hirn eine ziemliche sportliche Leistung am Religionsreck zu bewältigen.

Vom Landhaus aus würden wir die Parkstraße entlang zur Bernadottestraße gefahren sein, und erst, wenn wir in den Weg einbögen, dann erst würden wir auf den letzten fünfzig Metern dieselbe Strecke zurücklegen wie auf hinzu: Nach Osten und Süden hatten wir unseren Privatweg verlassen, von Westen und Norden her würden wir ihn wieder ansteuern. Die rundeste aller Rundreisen, sowohl von den Wochentagen als auch von den Himmelsrichtungen her: perfekt! Ein Anlass, um stolz zu sein. Aber noch ist es nicht so weit. Noch ist der späte Herbst in meinem beschaulichen ‚Kutscherhäuschen' eine Erwartung ohne Garantie. Fast am Ziel. Fast.

Rafał rast mit Tempo 200 über die Autobahn den Abhang von den Harburger Bergen hinunter ins Elbtal. Ich sehe ihn an von der Seite. Ich könnte den Gurt lösen und rausspringen. Geht schnell. Ich könnte ihm aber auch ins Steuer greifen, gerade jetzt, mit beiden Händen, Kraft haben meine Hände noch, auch wenn die rechte wenig spürt, Kraft hat sie. Rafał schreckt auf, Silke schreit, der Wagen stößt gegen die Leitplanke, sie gibt nach, wir überqueren die Hürde und erreichen das andere Ufer. Ein Lastwagen im Überholvorgang, er will ausweichen, stößt mit dem anderen Lastwagen auf der rechten Spur zusammen. Sie bremsen scharf. Der Anhänger des rechten Wagens kippt, die Laster verkeilen sich und kommen quer zur Fahrbahn zum Stehen. Hinter ihnen rast ein Wagen in den vorigen, ein ohrenbetäubendes Krachen und Quietschen, das nächste Krachen. Plötzlich Stille. Das nächste Quietschen und Krachen. Alle Fahrbahnen sind blockiert. Die ersten Wagen sind zusammengequetschte Haufen. Dahinter eine Blechlawine, die in jeder Sekunde wächst. Nun beginnt das Wimmern, einzelne Schreie dazwischen. Blut tropft auf Asphalt. Körperteile, Füße, Arme, beim Aufprall aus dem Fahrzeug geschleudert. Ein abgerissener Kopf rollt auf den Mittelstreifen. Das Stöhnen schwillt an, ein Verletzter quält sich durch die Fahrertür, fällt und bleibt reglos liegen. Auto-Amok. Urlaubsende. Gemeinschaft der Sterbenden: im Aufbruch, im Ausbruch, im Abbruch. Das Ende von allem. Geiler Gedanke. Cooler Abgang. Wäre machbar gewesen. Aber.

Ende

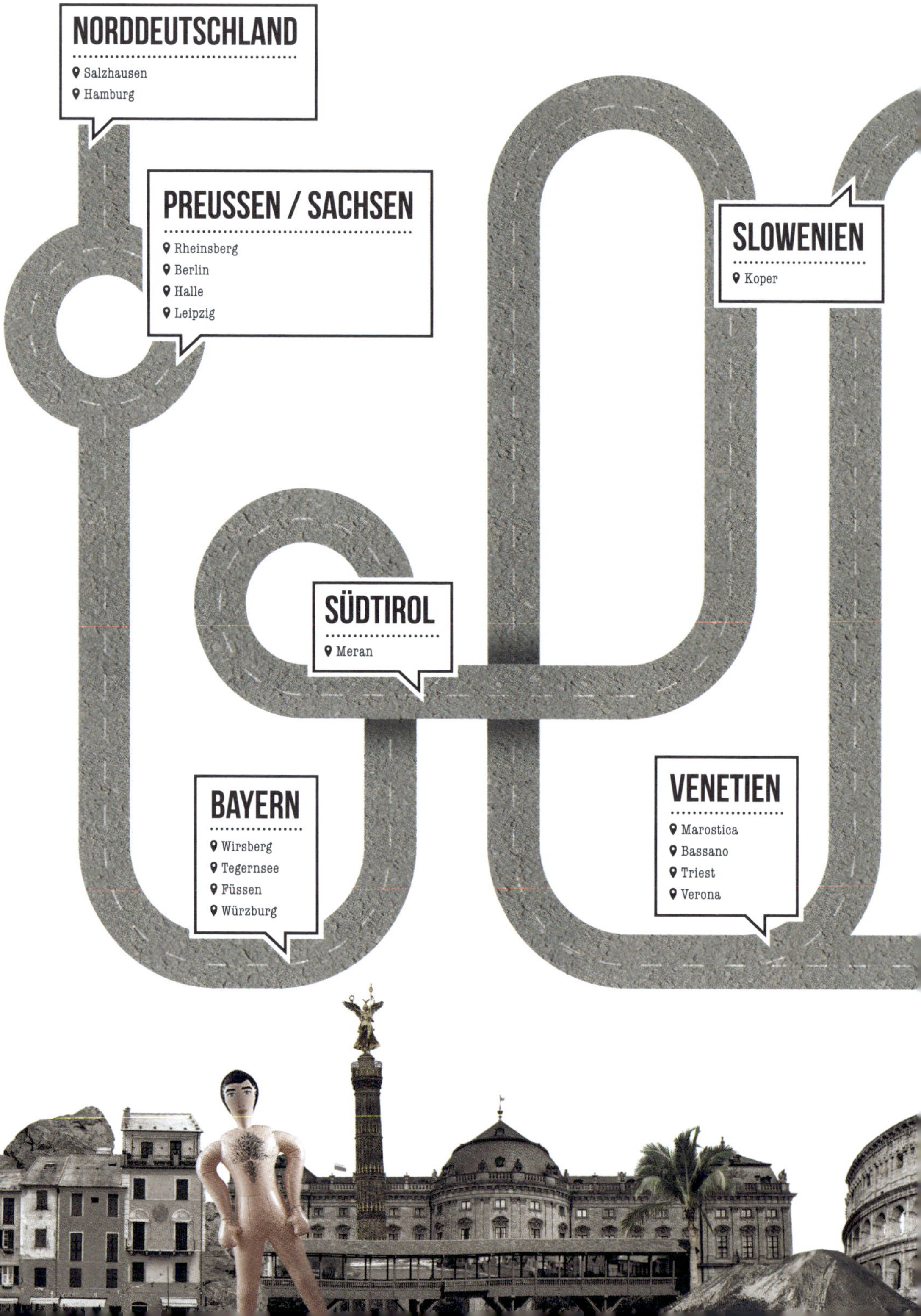
NORDDEUTSCHLAND
Salzhausen
Hamburg
PREUSSEN / SACHSEN
Rheinsberg
Berlin
Halle
Leipzig
SLOWENIEN
Koper
SÜDTIROL
Meran
BAYERN
Wirsberg
Tegernsee
Füssen
Würzburg
VENETIEN
Marostica
Bassano
Triest
Verona

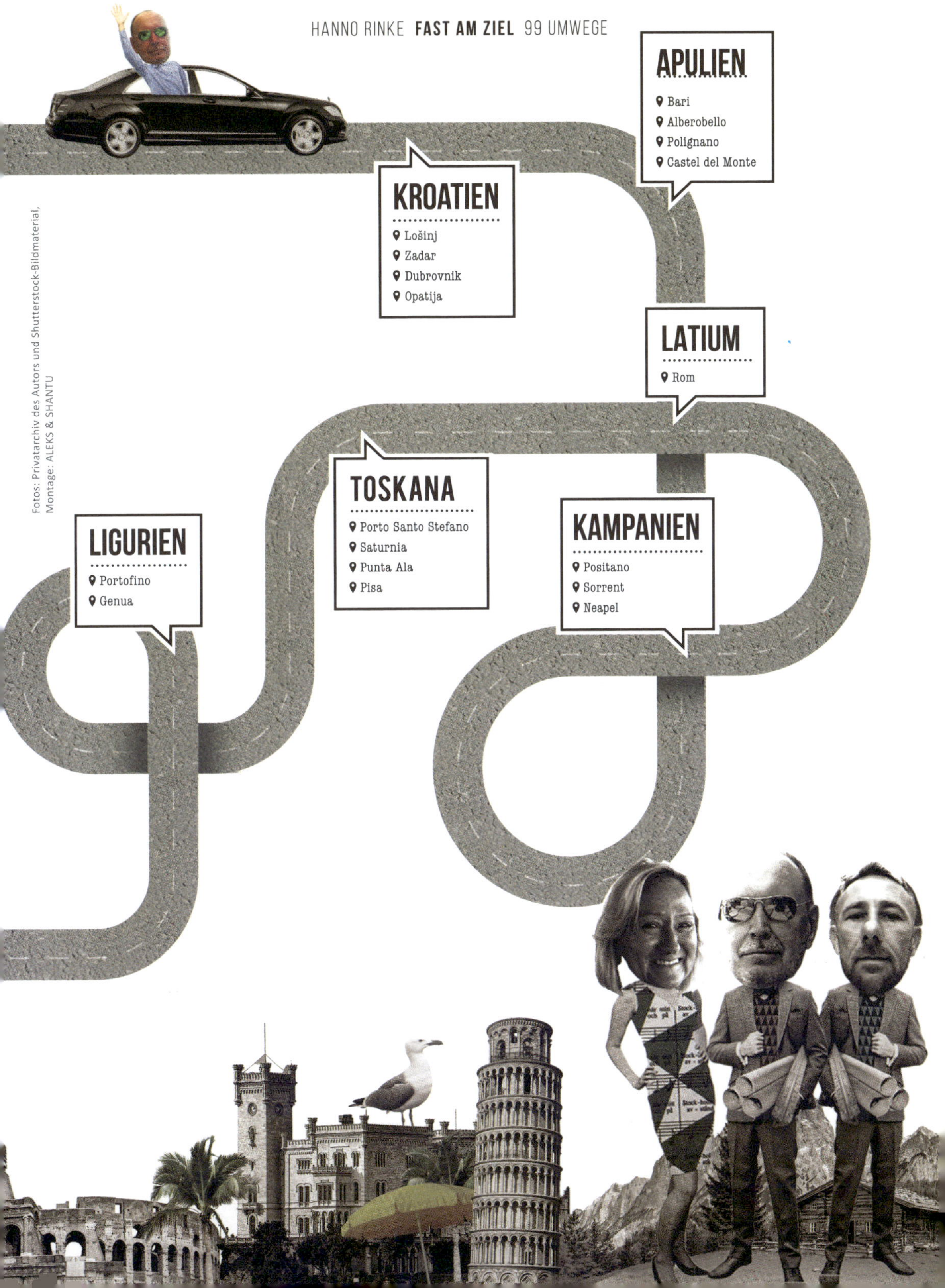

Fotos: Privatarchiv des Autors und Shutterstock-Bildmaterial,
Montage: ALEKS & SHANTU

STATIONEN EINES LEBENS

EIN BIOGRAFISCHER AUSZUG AUS DEM LEBEN HANNO RINKES

1946

Hanno Rinke wurde 1946 in Berlin geboren. Nach dem Abitur studierte er ab 1965 in Hamburg Jura und Komposition an der Musikhochschule.

1969

Nach einem Volontariat in den CCC-Studios von Arthur Brauner in Berlin begann er dort auch 1969 die „Siemens-Stammhauslehre“ für Führungskräfte und machte in Erlangen seinen Abschluss als Industriekaufmann.

1971

Es folgte aufgrund der guten Benotungen 1971 ein weiteres Ausbildungsjahr in Großbritannien, schon unter Obhut der damaligen Siemens-Halbtochter ‚Deutsche Grammophon Gesellschaft'. 1972 Product Manager für Neuveröffentlichungen in der Hamburger Zentrale dieses Schallplattenunternehmens.

1974

Seit 1974 Leiter des Repertoire-Büros: Vorbereitung von Editionen; persönliche Kontakte mit den Kultur-Organisationen der Ostblock-Staaten in Moskau, Leningrad, Warschau, Prag und Ostberlin.

Foto: picture-alliance/dpa

1977

Seit 1977 Produzent für Künstler wie Leonard Bernstein, Mstislav Rostropovich und die meisten Pianisten des Hauses. Rege Aufnahmetätigkeit in Berlin, Wien, Tel Aviv, Tokio, New York und Los Angeles.

1983

1983 nahm sich Rinke eine Aus-Zeit für und in Paris und setzte danach seine Produzenten-Tätigkeit fort, bis er 1988 Vice President für das Internationale Marketing aller Klassik-Labels des Hauses ‚Deutsche Grammophon' wurde.

1993

1993 beendete Rinke auf eigenen Wunsch seine Eingebundenheit in ein Großunternehmen und arbeitet seither als Schriftsteller, Komponist und Regisseur für das Fernsehen und für sich selbst. Hanno Rinke lebt in Hamburg und in Meran (Südtirol).

2005

Mit dem Tod der Eltern entstand der Wunsch, ihren Nachlass einem gemeinnützigen Anliegen zu widmen. So entstand im Jahr 2005 die Guntram und Irene Rinke Stiftung, die den Umgang mit der deutschen Sprache fördert.

Deutsche Erstausgabe 2020
mdv Mitteldeutscher Verlag GmbH
Umschlag und Buchgestaltung: ALEKS & SHANTU GmbH
www.aleksundshantu.com

Printed in the EU

Fotos: Privatarchiv Hanno Rinke
(alle, sofern nicht anders angegeben)

ISBN 978-3-96311-379-6

Beobachtungen bezüglich tatsächlicher Ereignisse spiegeln allein die subjektive Wahrnehmung und Erinnerungen des Autors wider.